개정

아동발달

권민균 · 문혁준 · 권희경 · 성미영 · 신유림 · 안선희
안효진 · 이경옥 · 천희영 · 한유미 · 한유진 · 황혜신

창지사

머리말

본서는 아동학과 관련 학부생들이 아동 발달을 이해하는 입문서로 사용하도록 집필되었다. 따라서 아동 발달에 대한 기본적이고도 다양한 관점의 이론을 제시하고 각 영역별 아동 발달의 특징, 개념 및 현상에 대하여 이해하기 쉽도록 기술하는 데 역점을 두었다. 그러나 본서는 아동보육, 유아교육 및 사회복지 분야와 같은 아동과 관련된 일을 전문적으로 하고자 계획하는 이들에게도 아동의 행동을 이해하는 데 유익한 정보를 줄 수 있을 것이다. 또한 현재 부모이거나 예비 부모가 자녀 양육에 필요한 정보를 얻고 참고할 수도 있다.

본서의 내용은 크게 다섯 개의 부로 구성되었다. 그 내용은 전인적이고 맥락적 존재로서의 아동에 초점을 맞추어서 Part Ⅰ에서는 아동 발달에 대한 기본적 이론, Part Ⅱ에서는 발달의 시작과 기초가 되는 수정과 태아기의 발달, 영아기의 지각과 운동 발달, Part Ⅲ에서는 생각하고 의사 소통 하는 아동, Part Ⅳ에서는 나를 알고 타인과 관계를 맺어가는 아동, Part Ⅴ에서는 생태적 맥락 내에서 발달해 가는 아동으로 개념화 하였다.

Chapter 1은 아동 발달의 개념 및 이론(천희영), Chapter 2는 아동 발달 연구 방법(이경옥), Chapter 3은 태내 발달과 출산(한유미), Chapter 4는 영아기(안선희), Chapter 5는 신체 발달(황혜신), Chapter 6은 인지 발달(안효진), Chapter 7은 지능과 창의성(신유림), Chapter 8은 언어 발달(권민균), Chapter 9는 정서 및 자아 발달(한유진), Chapter 10은 도덕성 및 성역할 발달(성미영), Chapter 11은 생태적 맥락과 발달 I: 가족(권희경), Chapter 12는 생태적 맥락과 발달 II: 또래, 매체, 보육, 교육기관의 영향(문혁준)으로 기술되어 있다. 각 장별 아동 발달의 과정 및 현상의 설명에 대한 모든 내용은 이론뿐만 아니라 실증 연구의 결과 및 실제적 적용에 대한 시사점이 포함되어서 아동 발달을 이해하는 데 이론, 연구 및 실제적 적용이 조화되도록 하였다.

본서는 다수의 연구자가 모여서 집필한 관계로 강점과 부족한 점을 동시에 갖고 있다. 부족한 점은 차후 개정에서 보강할 것을 약속드린다. 본서가 나오기까지 다양한 방법으로 도움을 주신 창지사에 감사드린다.

2012년 1월
저자 일동

차 례

PART I 아동 발달 이해의 기초

Chapter 01 아동 발달의 개념 및 이론 19

1. 아동 발달의 개념적 기초 ······ 20
   1) 발달의 개념 ······ 20
   2) 아동 발달의 단계 ······ 21
   3) 아동 발달의 원리 ······ 22
   4) 아동 발달 관련 논쟁점 ······ 24
2. 아동 발달 이론의 역사 ······ 28
   1) 역사적 기초 ······ 28
      (1) 고대 그리스 • 29
      (2) 중세기~종교개혁기 • 30
      (3) 계몽주의 시대 • 31
      (4) 생물학적 진화론의 등장 • 32
      (5) 과학적 아동 연구의 시작 • 32
   2) 20세기 중반기: 아동 발달 이론의 확장 ······ 34
      (1) 정신분석 이론 • 35
      (2) 행동주의와 사회학습 이론 • 39
      (3) Piaget의 인지 발달 이론 • 40
   3) 20세기 후반: 최근의 아동 발달 관점 ······ 41
      (1) 정보처리 접근 • 42
      (2) 발달 맥락을 강조하는 접근의 등장 • 42
   4) 우리나라의 아동 발달 이론 ······ 48
3. 아동 발달의 응용 분야 ······ 50
   1) 발달 이론적 연구 분야 ······ 51

2) 아동 교육 분야 ······ 51
3) 아동 상담 및 치료 분야 ······ 52
4) 가족 · 사회 · 문화 환경 및 아동 복지 분야 ······ 52

Chapter 02 아동 발달 연구 방법 55

1. 아동 발달 연구의 특징 ······ 56
1) 아동 발달 연구의 목적 ······ 57
(1) 아동 발달의 기술●57
(2) 아동 발달의 기제●58
(3) 아동 교육 및 복지를 위한 활용●58
2) 아동 발달 연구 방법의 필요성 ······ 59
2. 아동 발달과 과학적 연구 ······ 60
1) 아동 발달의 과학적 연구 ······ 60
2) 과학적 연구의 개념 ······ 62
3) 아동 발달 연구의 과학적 절차 ······ 63
3. 아동 발달 연구의 설계 ······ 65
1) 종단적 설계 ······ 65
2) 횡단적 설계 ······ 66
3) 계열적 설계 ······ 67
4. 아동 발달 연구의 유형 ······ 69
1) 상관 연구 ······ 69
2) 실험 연구 ······ 70
3) 사례 연구 ······ 72
5. 아동 발달 연구를 위한 자료 수집 방법 ······ 74
1) 관찰법 ······ 74
2) 질문지법과 면접법 ······ 76
3) 검사법 ······ 77
6. 아동 발달 연구의 동향과 과제 ······ 79
1) 아동 발달 연구의 동향 ······ 79
2) 아동 발달 연구의 윤리적 문제 ······ 81

PART II 발달의 기초

Chapter 03 태내 발달과 출산 85

1. 태내 발달 ········ 86
   1) 생명의 시작 ········ 86
      (1) 수 정 • 86
      (2) 유 전 • 88
      (3) 성의 결정 • 90
      (4) 쌍생아 • 91
   2) 태아 발달의 단계 ········ 92
      (1) 배란기 • 92
      (2) 배아기 • 93
      (3) 태아기 • 93
   3) 태내 발달에 영향을 미치는 요인 ········ 95
      (1) 유전 요인 • 95
      (2) 환경 요인 • 98
      (3) 태내 진단 • 102
2. 출 산 ········ 104
   1) 출산 과정 ········ 104
      (1) 출산의 단계 • 105
      (2) 대안적인 출산 방법 • 106
   2) 출산과 관련된 문제 ········ 111
      (1) 유 산 • 111
      (2) 조산과 미숙아 • 112

Chapter 04 영 아 기 115

1. 신생아의 특징 ········ 116
   1) 신체적 특징 ········ 116
   2) 생리적 기능 ········ 118
2. 반사행동 ········ 119

3. 신생아의 상태 123
1) 수 면 125
2) 울 음 126
3) 신생아의 행동 평가 127
4) 학습능력 128
4. 영아기의 신체 및 운동 발달 131
1) 신체 발달 131
(1) 신체 크기의 변화 • 131
(2) 근육과 뼈의 성장 • 132
2) 두뇌 발달 132
3) 운동 발달 134
(1) 운동 발달의 순서 • 135
(2) 대근육 발달 • 136
(3) 소근육 발달 • 137
5. 영아기의 지각 발달 139
1) 촉 각 139
2) 청 각 140
3) 시 각 141
(1) 색 지각 • 142
(2) 형태와 패턴 지각 • 143
(3) 깊이 지각 • 144
4) 미 각 145
5) 후 각 146

Chapter 05 신체 발달 147

1. 유아기의 신체 발달 148
1) 신체적 성장 148
(1) 키와 몸무게 • 149
(2) 뼈의 발달 • 150
(3) 치아의 발달 • 151
2) 뇌 발달 151

3) 운동 발달 ········ 153
(1) 대근육 운동 ● 153
(2) 소근육 운동 ● 158
(3) 자조 기능 ● 160
2. 아동기의 신체 발달 ········ 160
1) 뼈와 근육 체계 ········ 160
2) 운동 기술 ········ 161
3. 건강과 질병 ········ 163
1) 발달적 관점에서 본 아동의 건강 ········ 163
2) 영 양 ········ 165
3) 운동과 스포츠 ········ 166
4) 아동의 질병과 건강 ········ 167
(1) 오늘날의 아동 ● 167
(2) 아동의 질병 ● 168

PART III 인지와 언어 발달

Chapter 06 인지 발달 173
1. Piaget의 인지 발달 ········ 174
1) 개 요 ········ 174
2) 발달단계 ········ 175
(1) 감각 운동기 ● 176
(2) 전조작기 ● 177
(3) 구체적 조작기 ● 181
(4) 형식적 조작기 ● 184
3) Piaget와 교육 ········ 184
4) 평 가 ········ 185
2. Vygotsky의 사회 문화적 이론 ········ 186
1) 개 요 ········ 186
2) Vygotsky 이론의 개념 ········ 188

(1) 내면화 ● 188
(2) 고등 정신 기능으로서 자기 조절 ● 189
(3) 사고와 언어 ● 189
(4) 근접 발달 영역 ● 191
(5) 비 계 ● 193
3) Vygotsky와 교육 194
4) 평 가 195
3. 정보처리 이론 195
1) 개 요 195
2) 정보처리의 모형 197
(1) 일반적인 모형 ● 197
(2) 케이스 모형 ● 198
3) 기억 능력의 발달 199
(1) 기억용량의 증가 ● 199
(2) 기억 전략의 발달 ● 200
(3) 초인지 ● 203
4) 정보처리 접근의 평가 204

Chapter 07 지능과 창의성 205
1. 지능에 대한 관점 206
1) 심리측정적 관점 206
(1) 2요인설 ● 206
(2) 다요인설 ● 206
(3) 위계설 ● 207
2) 정보처리적 관점 209
3) 다중지능 이론적 관점 209
2. 지능검사 213
1) Stanford-Binet 검사 213
2) Wechsler 지능검사 214
3) Kaufman 지능검사 217
3. 지능과 관련된 이슈 217

1) 지능의 유전 대 환경의 영향 ········ 217
2) 취학 전 조기 개입과 지능 발달 ········ 219
3) 지능검사와 문화적 차이 ········ 220
4) 지능의 안정성 ········ 221
5) 지능검사 결과의 올바른 사용 ········ 222
4. 창의성 ········ 223

Chapter 08 언어 발달 229
1. 언어에 대한 기초적 이해 ········ 230
2. 언어 발달의 이론 ········ 232
1) 행동주의 이론 ········ 232
2) 생득주의 이론 ········ 233
3) 상호작용주의 이론 ········ 235
(1) 인지적 상호작용 • 236
(2) 사회적 상호작용 • 236
4) 신경-생물학 이론 ········ 239
3. 언어 발달의 차이 ········ 241
1) 언어 발달 속도에서의 개인차 ········ 241
2) 초기 언어 유형에서의 개인차 ········ 242
3) 문화적 차이 ········ 243
4. 언어 발달의 과정 ········ 244
1) 영아기 언어 발달 ········ 246
(1) 전언어기 • 246
(2) 한 단어기 • 249
(3) 명명 폭발기 • 249
(4) 두 단어기 • 257
(5) 문법 폭발기 • 257
2) 유아기 언어 발달 ········ 258
(1) 유아 전기 • 258
(2) 유아 후기 • 259

5. 언어 발달에 관계된 요인 260
1) 유전적 요인과 기질적 요인 260
2) 환경적 요인 260
3) 아동 대상의 언어 262

PART IV 사회정서 발달

Chapter 09 정서 및 자아 발달 267
1. 정서 발달 268
1) 정서의 기능 268
2) 정서 표현 269
3) 정서 이해 271
4) 정서 사회화와 정서 조절 274
2. 기질과 발달 276
1) 기질의 특성 276
2) 기질의 안정성 278
3) 기질과 적응 279
4) 기질과 양육 태도 280
3. 애착과 발달 281
1) 애착 이론 282
(1) 정신분석 이론•282
(2) 학습 이론•282
(3) 인지 발달 이론•283
(4) 동물행동학 이론•283
2) 애착의 유형 284
(1) 안정 애착•285
(2) 회피 애착•285
(3) 저항 애착•285
(4) 혼란 애착•285

3) 애착 반응 ······ 287
4) 애착에 영향을 주는 요인 ······ 288
5) 애착과 이후 발달 ······ 289
6) 어머니의 취업과 애착 ······ 290
4. 자기 이해의 발달 ······ 292
1) 이론적 접근 ······ 292
(1) 정서적 체험으로서의 자아 • 292
(2) 사회적 구성물로서의 자아 • 293
(3) 성숙한 '자아'의 개념 • 293
(4) 현상학적 자아 • 294
2) 자아의 발달 ······ 294
(1) 자아인식 • 294
(2) 자아존중감 • 296
(3) 자기 통제감 • 297
(4) 사회인지 발달 • 299

Chapter 10 도덕성 및 성역할 발달 303
1. 도덕성 발달 ······ 304
1) 도덕성의 개념 ······ 304
2) 도덕성 발달 이론 ······ 305
(1) 정신분석 이론 • 305
(2) 인지 발달 이론 • 306
(3) 사회학습 이론 • 313
3) 도덕성 발달과 영향 요인 ······ 314
2. 이타성 발달 ······ 316
1) 이타성의 개념 ······ 316
2) 이타성 발달 이론 ······ 317
(1) 생물학 이론 • 317
(2) 정신분석 이론 • 317
(3) 사회학습 이론 • 317
(4) 인지 발달 이론 • 318

3) 이타성의 발달적 경향 ······ 318
3. 공격성 발달 ······ 319
1) 공격성의 개념 ······ 319
2) 공격성 발달 이론 ······ 320
(1) 정신분석 이론 • 320
(2) 사회학습 이론 • 321
(3) 사회적 정보처리 이론 • 321
3) 공격성의 발달적 경향 ······ 322
4. 성역할 발달 ······ 323
1) 성역할의 개념 ······ 323
2) 성역할 발달 이론 ······ 324
(1) 정신분석 이론 • 324
(2) 사회학습 이론 • 325
(3) 인지 발달 이론 • 325
(4) 성 도식 이론 • 326
(5) 성역할 초월 이론 • 327
3) 성역할의 발달적 경향 ······ 328
(1) 성 고정관념 • 328
(2) 성 정체감 • 329
(3) 심리적 양성성 • 330

PART V 생태적 맥락과 발달

Chapter 11 생태적 맥락과 발달 I: 가족 335
1. 아동의 사회화와 가족 ······ 336
1) 사회화와 가족의 역할 ······ 337
(1) 가족의 직접적, 간접적 영향력을 미치는 체계 • 337
(2) 지속적인 발달을 이루어가는 체계 • 339
(3) 가족보다 더 큰 사회에 포함되어 있는 체계 • 339
(4) 가족 체계가 변하는 체계 • 340

2) 부모의 양육 태도와 아동 발달 ······ 340
(1) 권위가 있는 부모 ● 341
(2) 허용적 부모 ● 341
(3) 권위적 부모 ● 341
(4) 무관심한 부모 ● 342
(5) 부모의 양육 방식에 영향을 주는 요인 ● 344
3) 형제 관계와 아동 발달 ······ 346
(1) 형제 관계와 가족의 변화 ● 347
(2) 형제 관계와 부모의 양육 방식 ● 348
4) 아버지의 역할과 아동 발달 ······ 349
(1) 아버지 역할의 중요성 ● 349
(2) 아버지 역할과 아동 발달의 관계 ● 349
2. 다양한 가족 형태와 아동 발달 ······ 353
1) 이혼 가족 ······ 353
2) 재혼 가족 ······ 355
3) 한부모 가족 ······ 357
3. 아동 학대와 가족 ······ 360
1) 아동 학대의 유형 ······ 360
2) 아동 학대가 아동 발달에 미치는 영향 ······ 361
3) 학대의 예방 ······ 363

Chapter 12 생태적 맥락과 발달 II: 또래, 매체, 유아교육기관, 학교의 영향 365
1. 또래와 아동 발달 ······ 366
1) 또래 관계의 발달 ······ 367
(1) 영아기 또래 관계 ● 367
(2) 유아기 또래 관계 ● 367
(3) 학동기 또래 관계 ● 367
2) 또래의 기능 ······ 368
3) 또래 수용 유형과 특성 ······ 368
4) 또래 괴롭힘의 원인과 문제점 ······ 370
5) 원만한 또래 관계를 위한 지침 ······ 372

2. 매체와 아동 발달 …… 373
1) TV …… 373
2) 컴퓨터 …… 374
3) 전자 게임 …… 376
3. 유아교육기관과 아동 발달 …… 378
1) 유아교육기관의 유형 …… 379
(1) 유치원 • 379
(2) 어린이집 • 379
2) 유아교육 및 보육이 아동 발달에 미치는 영향 …… 381
3) 유아교육 및 보육의 질 …… 382
4. 학교와 아동 발달 …… 384

참고문헌 • 387

Part I 아동 발달 이해의 기초

Chapter 01 아동 발달의 개념 및 이론
Chapter 02 아동 발달 연구 방법

Part I 에서는 아동 발달을 이해하는 데 기초가 되는 발달의 개념과 발달 이론을 고찰하고 아동 발달의 연구 방법에 관하여 살펴보고자 한다.

Chapter 1에서는 아동 발달의 기초 개념을 소개하고 이에 따른 아동 발달의 단계 및 원리에 대하여 살펴보며, 아동 발달의 다양한 관점에 기초하여 지속되고 있는 발달의 핵심 논쟁을 소개하였다. 또한 고대 그리스에서부터 출발하여 아동 발달 연구를 통한 주된 이론의 역사적 흐름을 정신분석 이론, 행동주의 이론, 인지 발달 이론을 중심으로 살펴보고, 최근 인지주의, 맥락주의적 접근과 함께 우리나라의 발달에 대한 전통적 관점을 기술한다. 마지막으로 아동 발달의 개념과 이론이 다양한 분야에서 어떻게 활용되고 있는지를 살펴볼 것이다.

Chapter 2에서는 아동 발달 이론과 더불어 발전되어 온 아동 발달 연구 방법에 대하여 기술하고 있다. 먼저 발달 연구의 특징에 기초하여 아동 발달 연구의 과학적 접근에 관한 기초 개념과 절차에 대하여 기술한다. 나아가 아동 발달 연구 방법을 구체적으로 이해할 수 있도록 발달 연구의 설계 방법, 연구 유형, 자료 수집 방법에 대한 구체적인 내용을 담고 있다. 마지막으로 최근의 발달 연구의 동향이 연구 방법의 변화에 어떻게 반영되고 있는지를 간략히 소개하고 더불어 아동 연구의 윤리적 문제의 중요성을 지적할 것이다.

Part I 에서 소개된 내용들을 통해 아동 발달 이론과 연구의 전반적인 흐름을 이해함으로써 아동 발달의 이해와 연구의 중요성을 인식하기를 기대한다.

Chapter 01

아동 발달의 개념 및 이론

아동 발달은 수정의 순간부터 초등학교 시기까지의 인간의 변화에 관해 연구하는 학문으로, 인간의 전 생애를 다루는 발달심리학 또는 인간 발달의 한 분야라고 볼 수 있다. 본 Chapter에서는 아동의 구체적인 발달 특성을 이해하기 위해 기본적으로 알아야 할 것으로서, 먼저 아동 발달에 관련된 개념적 기초와 아동 발달 연구의 역사를 살펴볼 것이다. 그리고 아동 발달 지식과 정보의 응용 분야를 살펴봄으로써 아동 발달의 학문적 의의와 그에 대한 관심을 높이고자 한다.

1. 아동 발달의 개념적 기초

1) 발달의 개념

발달(development)이란 인간의 생명이 시작되는 수정의 순간에서부터 죽음에 이르기까지의 전 생애를 통해 연속적으로 이루어지는 변화의 양상과 과정을 의미한다(송명자, 2010: 20). 인간은 전 생애에 걸쳐 개체의 동질성을 유지하면서도 매 시점에서 매우 다른 모습을 보인다. 즉, 모든 인간은 공통적으로 신생아에서 아동으로, 그리고 청장년으로, 노인으로 변화하면서 어느 한 시점도 신체적 · 심리적으로 동일한 모습을 보이지 않는다. 신생아는 시간이 흐름에 따라 점차 키와 몸무게가 증가하는 양적인 증대와 함께, 신경조직, 근육조직, 내분비선, 순환계통의 구조적 정밀성도 나타낸다. 또한 걷고 뛰며, 말을 하고 감정도 표현할 줄 알게 된다. 이처럼 발달은 양적인 변화와 질적인 변화를 포함한다.

발달과 관련된 개념으로 성장, 그리고 성숙과 학습을 들 수 있다. 성장(growth)은 키가 크거나 아는 것이 많아지고 인간관계가 넓어지는 등의 양적 · 질적으로 상향적으로 변화하는 것을 의미한다. 아동기와 청년기의 발달은 흔히 상향적인 변화를 보이지만 중년기 이후부터는 분석, 통합, 추론, 문제해결 능력 등 일부 영역에서만 상향적인 변화를 보일 뿐 체력이 떨어지고 기억력이 감소하는 등 하향적인 변화가 일어나게 된다. 따라서 발달은 인간 개체의 여러 측면에서 일어나는 증가와 쇠퇴의 모든 변화를 포함하므로 성장과는 구별된다. 성숙(maturation)은 유전적 요인에 의해 발달적 변화가 통제되는 생물학적 과정을 말하며, 학습(learning)은 훈련이나 연습에 기인하는 발달적 변화를 의미한다. 유아기의 놀라운 성장과 사춘기의 2차 성징과 같은 변화는 성숙에 의한 결과이며, 피아노를 연주하거나 외국어를 습득하는 것은 학습의 결과라 할 수 있다. 발달은 인간의 전 생애 동안 성숙과 학습에 의해 나타나는 변화를 포괄한다.

2) 아동 발달의 단계

아동 발달은 수정에서부터 초등학교를 졸업하는 시기까지의 변화 과정을 아동의 연령과 발달 특성에 따라 태아기, 영아기, 유아기, 아동기의 네 단계로 나누어 접근할 때 아동 발달을 보다 쉽게 이해할 수 있다(정옥분, 2002; Berns, 1994). 물론 각 단계의 해당 연령 범위는 융통성이 있다.

① 태내기

수정의 순간부터 출생 때까지의 시기이며, 이 기간 동안 정자와 난자가 결합한 수정란은 하나의 생명체로 성장한다. 태내기(prenatal period)는 약 9개월로 짧지만 신체 구조와 기관이 형성되는 중요한 시기이다.

② 영아기

출생 후 1개월간의 신생아기(neonatal stage)를 포함하여 생후 2년간을 영아기(infancy)라고 한다. 이 기간 동안 영아는 독립된 개체로서 성장할 준비를 하게 된다. 즉, 신체 발달이 급속히 이루어지며, 의사소통이 가능할 만큼 언어능력이 발달된다. 또한 부모와의 애착 관계 형성을 통해 이후의 사회성 발달의 기초를 형성하며 인지 발달의 촉진을 위한 감각 자극이 요구되는 시기이다.

③ 유아기

영아기 이후 초등학교 입학 이전까지의 시기에 해당한다. 유아기(early childhood)는 운동 기술과 체력이 발달한다. 창의력과 상상력이 풍부하며 자율성과 자기통제력이 증가하는 시기이기도 하다.

④ 아동기

초등학교에 입학하는 만 6세부터 11세까지의 시기를 아동기(middle childhood)라고 한다. 생활의 중심이 학교로 옮겨감에 따라 학교생활의 중요성이 커진다. 아동은 많은 사회적 관계를 형성하게 되며 또래 집단의 비중 또한 커지게 된다. 유아기의 자기중심성은 사라지고 인지 발달과 함께 자아개념이 발달한다.

3) 아동 발달의 원리

인간의 발달은 복잡하고 다양한 요인들의 영향을 받아 개별적이고 임의적으로 일어나는 듯하지만 몇 가지 기본적인 원리를 바탕으로 질서정연하게 이루어진다. 여러 학자의 주장을 정리하면 다음과 같은 일반적인 원리에 따라 발달이 진행된다.

① 발달에는 순서가 있으며, 그 순서는 일정하다.

아동은 일정한 순서에 따라 발달하므로 발달적 변화는 상당히 규칙적이며 예측 가능하다. 예를 들어, 모든 영아는 앉을 수 있게 된 다음에 설 수 있고, 옹알이를 한 다음에 말을 할 수 있다. 인지적인 발달에서도 구체적인 사고가 가능한 후 비로소 추상적 사고가 가능하게 된다.

② 발달은 일정한 방향으로 진행된다.

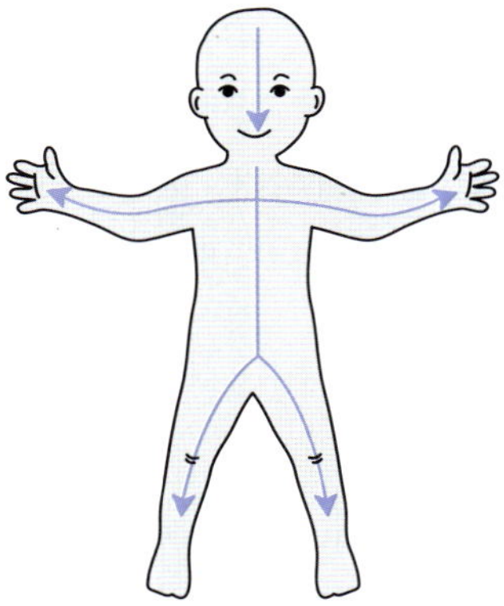

[그림 1-1] 머리에서 발끝 방향과 중심에서 말초 방향의 발달 도식

발달의 진행 방향은 크게 세 가지로 나뉜다. 첫째, 머리에서 발끝 방향(cephalo-caudal direction, top-to-bottom)으로 발달이 일어나므로, 머리 부분이 몸통이나 다리보다 먼저 발달한다는 것이다. 이에 영아는 목을 가눈 후에야 몸을 가누어 앉고, 걸을 수 있게 된다. 둘째, 중심에서 말초 방향(proxicimo-distal direction, inner-to-outer)으로 발달이 일어난다. 팔을 움직일 수 있게 된 후 손목, 손, 손가락의 순서로 움직일 수 있게 된다. 셋째, 일반적인 것에서 특수한 것으로(general to specific), 또는 전체 활동에서 세분된 활동(mass-specific direction)으로 발달이 진행된다. 영아기 초 몸 전체를 사용하는 미분화된 행동은 점차 분화되고 정밀한 행동으로 대체된다. 영아는 앞에 놓인 딸랑이를 처음에는 온 팔과 손바닥을 이용해 무작정 잡으려 하지만 점차 손목과 손가락을 이용하여 단번에 잡을 수 있게 된다.

③ 발달은 연속적인 과정이지만 속도는 일정하지 않다.

수정의 순간부터 죽을 때까지 발달은 계속적으로 일어나지만 발달의 속도는 영역에 따라 일정하지 않고 시간적 연속선상에서, 특히 변화가 많이 이루어지는 성장 급등(growth spurt) 시기가 있다. 신체의 다양한 기관과 부위의 발달 속도를 보면, 키와 몸무게는 첫 돌까지 크게 증가하지만 생식기관은 사춘기에 급속하게 발달한다. 정신 기능의 발달도 마찬가지여서 영아기에는 어휘 습득 속도가 빠르지만 논리적 문제해결 능력은 청년기에 현저히 향상된다. 이와 같이 신체 부위에 따라 성장 속도가 다르게 나타나는 현상을 비동시적 성장(asynchronous growth)이라고 한다.

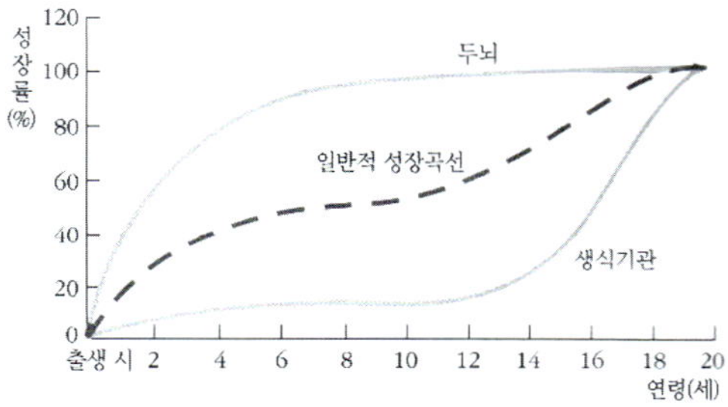

[그림 1-2] 성장곡선

④ 발달에는 개인차가 있다.

모든 아동이 일정한 발달 순서에 따라 발달하지만 발달의 속도와 양상은 개인마다 다르며, 심지어 일란성 쌍생아 간에도 태어날 때부터 개인차가 나타난다. 아동은 인간 발달 예정표의 범위 내에서 각자의 고유한 특성에 따라 다르게 발달하는 것이다. 그러나 발달의 개인차를 고려하여 수없이 많은 다른 설명들로 아동 발달을 표현할 필요는 없다. 왜냐하면 각 개인은 독특하지만 서로 많은 유사점을 가지고 있으며 대부분이 평균적으로 발달하기 때문이다.

⑤ 발달에는 민감기가 있다.

발달은 인간의 전 생애에 걸쳐 일어나지만 영역에 따라 보다 용이하고 최적의 발달이 이루어질 수 있는 민감기가 존재한다. 즉, 애착의 형성은 성인기나 노년기보다 생의 초기에 훨씬 민감하게 이루어진다. 예를 들어, 아비뇽의 숲 속에서 발견된 늑대소년은 단지 어린 시절 동안 야생동물과 생활했지만 문명 세계에서 언어적인 의사소통이 불가능했다는 것을 들 수 있다. 이러한 발달의 민감기는 대부분 생의 초기에 집중되어 있으며, 이 시기의 발달 실조 경험은 이후 발달에 부정적인 영향을 미칠 수 있다. 최근 발달심리학자들은 인간이 부정적인 생활 경험에 반응하여 변화할 수 있는 가능성(plasticity)을 가지고 있다고 주장하지만 여전히 발달의 초기 단계는 일생 중 가장 중요한 시기로 간주된다.

⑥ 발달의 각 영역은 상호 밀접하게 연관되어 있다.

인간의 신체, 운동, 정서, 사회성 등 발달의 제 영역은 서로 유기적으로 연결되어 일어나는 전체적인 과정(holistic process)이다. 따라서 한 영역의 발달 또는 지체는 다른 영역의 발달을 촉진 또는 지연되게 함으로써 영향을 미친다. 예를 들어, 신체적으로 건강하고 잘 걷는 영아는 주위 탐색을 잘할 수 있어 활발한 인지적 발달이 기대된다.

4) 아동 발달 관련 논쟁점

발달은 쉽게 파악되기 어려운 복잡한 과정이기 때문에 발달이론가들 간에 발달에 대한 관점이 다양하게 제시되고 있다. 이론가들 간의 쟁점에 대한 답을 찾으려는 노력을 통해 발달하는 아동을 이해하는 것은 물론, 아동에게 유익한 도움(예 양육, 교육, 복지서비스, 상담 등)을 준비하기 위한 기초가 마련된다(김춘경 외, 2002; 김태련 외, 2004; Berk, 2006; Shaffer, 2000).

〈표 1-1〉 발달에 관한 논쟁점과 관련 질문

논 쟁 점	관련 질문
개체의 속성	아동은 어떤 존재인가? 선천적으로 선한 존재인가, 아니면 악한 존재인가? 능동적 존재인가, 아니면 수동적 존재인가?
발달의 기제	발달의 근원적인 힘은 무엇인가? 성숙인가? 아니면 학습인가?
발달의 과정	발달은 질적인 불연속적 변화인가, 아니면 양적인 연속적 변화인가?
발달의 패턴	발달의 패턴은 모든 아동 간에 유사한가, 아니면 유사점보다 차이점이 더 두드러지는가?

1 아동은 어떤 존재인가?

아동이 어떤 존재인가라는 개체의 속성에 관한 사회철학자들 간의 논쟁은 수세기에 걸쳐 이루어졌고 그에 대한 관점은 세 가지로 정리된다(Shaffer, 2000). 그 첫째는 아동이 선천적인 이기주의자(selfishegoist)이므로 사회에 의해 통제되어야 할 존재라고 보는 Hobbes의 원죄(original sin)설이다. 둘째는 성선(innate purity)설로, 아동은 선한 존재로 태어났으나 종종 사회에 의해 잘못 안내된다는 Rousseau의 주장이다. 이러한 두 가지 관점은 자녀 양육을 위한 시사점을 달리 제공하였다. 원죄설에서는 부모가 이기적인 자녀를 엄격하게 제한해야 한다고 주장한 반면, 성선설은 아동을 '고상한 미개인'(noble savages)으로 보고 타고난 긍정적인 성향을 펼쳐 나갈 수 있는 자유가 그들에게 주어져야 한다 주장했다. 아동과 아동 양육에 관한 세 번째 관점으로는 Locke에 의해 주장된 백지(tabula rasa)설이 있다. 아동은 선천적으로 선하지도 악하지도 않으며 다만 백지와 같은 그들의 정신이 양육 과정에서의 경험에 의해 채워진다고 본다. Hobbes와 유사하게 Locke도 자녀가 허용될 수 없는 충동을 갖지 않고 좋은 습관을 갖도록 하려면 훈육이 필요하다고 주장했다.

아동의 존재와 관련된 또 다른 논쟁점은 아동이 자신의 발달에 능동적인 역할을 하는가, 아니면 수동적인 역할을 하는가라는 질문으로 요약된다. 능동적인 역할을 지지하는 입장에서는 아동이 자신의 내부에 존재하는 유전적 프로그램에 따라 발달을 주도적으로 이끌고 환경을 선택하여 자신의 경험을 구조화하며, 발달의 방향과 속도는 개인적 특성에 따라 달라진다고 본다. 예를 들면, 부모와 상호작용을 하는 데 있어 아동은 능동적인 역할을 해 부모와 함께 자신의 양육 환경을 조성해 간다는 것이다. 반면 아동을 수동적인 존재로 보는 입장에서는 발달이 환경, 양육, 학습 등의 외부의 영향에 의해 일어나므로 아동은 단지 수동적인 역할을 할 뿐이라고 주장한다. 이외에 아동을 수동적인 존재로 보기보다는 좀 더 능동적인 성향을 가진 존재로 보는 중도적인 입장도 있다. 이는 인간의 발달이 아동과 환경 간의 연속적인 상호작용에 의한다고 보는 상호결정론(reciprocal determinism)적 관점으로, 아동이 자신의 발달에 영향을 미치는 환경을 조성하는 데 있어 수동적인 존재보다는 좀 더 능동적으로 개입하는 존재임을 시사한다.

② 발달의 근원적인 힘은 무엇인가?

발달 이론가들 간 가장 오래된 논쟁점 중 하나가 천성(nature) 대 양육(nurture)의 문제로, 유전 대 환경, 성숙 대 학습 등 다양한 명칭으로 논의되기도 한다. 천성 또는 성숙을 강조하는 학자들은 아동 발달의 패턴이 출생 전부터 유전적으로 프로그램화되어 있다고 주장한다. 환경의 역할을 부인하지는 않지만 부모로부터 물려받은 유전자에 의해 아동의 공통된 발달 패턴과 개인차의 일부가 결정된다고 주장한다. 이에 비해 양육을 강조하는 입장에서는 환경의 질, 환경의 변화, 학습 등 외적인 영향에 의해 발달은 쉽게 영향받고 발달 시기가 달라지기도 한다고 본다. 아동을 발달에서 수동적인 존재로 보는 입장과 상통한다.

물론 대부분의 현대 발달심리학자들은 중간적인 입장을 취하고 있다. 생물학적 소인과 환경의 힘 간의 오랜 상호작용의 산물이 인간의 속성이라 보고, 두 영향 요인이 발달적 변화를 가져오기 위해 어떻게 결합하는지 또는 상호작용하는지에 관해 알고자 노력한다.

[사진 1-1] 쌍생아 연구는 유전과 환경의 영향 연구를 돕는다. 쌍생아를 따로 키우더라도 지능과 기질은 대부분 유사하다는 연구 결과는 천성의 영향력을 보여준다.

출처: Rice(1998)

3 발달의 과정은 어떠한가?

발달적 변화의 과정이 점진적이고 계속적으로 일어나는 것인지, 아니면 다소 급진적으로 일어나는 것인지의 문제를 말한다. 아동의 발달을 작은 단계들이 점진적으로 누적되는 과정이라고 보는 학자들은 그 과정을 부드럽게 변화하는 성장 곡선으로 나타낸다. 즉, 발달은 질적인 변화를 의미하는 것이 아니라 양적인 정도(degree)의 증가 또는 감소 변화를 의미하므로 발달에서의 연속성이 유지된다고 보는 것이다. 발달의 연속성을 보여주는 예로는 아동의 키가 점점 커지고, 지식을 점점 더 많이 쌓아가는 것을 들 수 있다. 반면, 발달의 불연속성을 주장하는 입장은 발달이 일련의 급진적이고 불연속적인 변화를 통해 한층 높은 수준으로 기능할 수 있게 되는 것을 의미한다고 본다. 발달적 변화는 질적인 변화, 즉 성장 곡선에서 고원(高原)으로 표시되는 발달단계를 통한 종류(kind)의 변화이므로 불연속적이라고 간주된다. 추상적인 사고를 하지 못하던 아동이 어느 날 추상적인 사고를 할 수 있게 되며, 사춘기에 도달 못한 청소년이 어느 날 성적으로 성숙된 존재로 변화되는 것은 발달의 불연속성을 보여주는 예이다.

그러나 발달단계를 주장하는 이론가들도 발달의 과정에서 연이어 나타나는 다음 발달단계가 이전 단계의 능력 진전과 각종 기술의 양적인 연속 변화를 보인다는 점에서 발달의 연속성을 인정하므로, 연속성이냐 불연속성이냐의 양자택일적 논쟁은 다소 부자연스러운 것으로 보인다.

[그림 1-3] 발달의 연속성과 불연속성

④ 아동 간의 발달 패턴은 유사한가?

아동들이 유사한 발달 패턴을 보이는지, 아동들이 특정 기술을 비슷한 연령에서 습득하는지 등의 질문은 두드러진 발달 결과가 아동들에게 보편적으로 나타나는 것인지, 아니면 아동에 따라 달리 나타나는 특수한 것인지와 관련된 것이다. 보편적인 발달은 모든 아동이 규준적인 발달 결과를 나타낸다는 것을 의미한다. 일반적으로 신체, 언어, 인지 발달에 초점을 둔 이론가들은 모든 아동이 성장하면서 보이는 공통적이거나 규칙적인 발달 양상을 강조한다. 발달단계 이론가들이 발달단계가 모든 문화권의 정상인에게 적용될 수 있으므로 보편적인 것이라고 믿는 것도 이러한 입장에 속한다. 그러나 발달적 보편성에 유일하게 초점 맞추는 것은 개별 아동을 독특한 존재로 만드는 요인들을 무시한다는 점에서 불완전한 입장이라고 비판된다.

발달의 특수성을 주장하는 이론가들은 문화에 따라 발달의 경로가 다를 수 있으며, 같은 문화 내에서도 발달 결과는 하위 문화나 민족 집단에 따라, 그리고 개인에 따라 차이가 있을 수 있다고 주장한다. 그들은 인간의 발달이 다양한 방향으로 진행될 수 있으므로 발달은 단계 이론가들이 주장하는 것보다 훨씬 덜 보편적으로 일어난다는 입장을 취한다.

2. 아동 발달 이론의 역사

1) 역사적 기초

현대의 아동 발달 이론은 서구 문화의 가치, 아동에 대한 철학적 사고, 과학에서 일어난 수세기에 걸친 변화의 산물이다. 아동 발달 연구의 출발점이 되는 고대 그리스의 관점에서부터 20세기 전반기까지의 초기 이론과 연구는 과학적인 아동 연구의 기초를 제공했다는 점에서 주목할 만한 것이다.

(1) 고대 그리스

아동 발달에 관한 고대 그리스의 관점은 철학자인 Platon과 Aristoteles의 견해를 중심으로 다음과 같이 살펴볼 수 있다(정옥분, 2002, 2003).

Platon(B.C. 472~347)은 「국가론(the Republic)」을 통해 자신의 인간 발달에 대한 견해와 교육 철학을 밝혔다. 그에 의하면 인간의 발달은 세 가지 측면으로 나타난다. 가장 낮은 수준인 '욕망'은 주로 신체적 욕구 만족과 관련된 본능, 충동 등이며, 그다음 수준인 '정신'은 용기, 확신, 절제, 인내, 대담과 같은 개념이다. 최고 수준의 '이성'은 초자연적이고 영원하며 우주의 본질을 이루는 것이다. 발달이란 인간의 성장에 따라 가장 낮은 수준에서 높은 수준으로 대체되는 과정이라고 보았다. Platon은 성격의 형성에 있어 초기 경험의 중요성을 강조하며, 3세까지 유아가 공포나 슬픔의 감정을 경험해서는 안 된다고 했다. 아동기에는 아직 이성이 성숙되지 않았기 때문에 아동 교육도 또래와 어울리며 사회성을 발달시키는 데 중점을 두어야 한다고 주장했다.

환경의 영향을 받아 인간의 성격이 수정되고 정신이 발달되는 것을 교육이라고 본 Platon은 교육에서 개인차가 중요하다는 것을 일찍이 인정하고 각 개인이 적성에 맞는 일에 종사할 것을 권장하였다. 신화가 난무하고 발달의 개념조차 없던 그리스 시대에 Platon이 최초로 이상과 같은 발달적 관점에서 아동의 연령(발달) 단계를 구분하여 발달을 보고 개인차를 인정하였다는 점에서 그는 발달 이론의 형성에 기원을 마련했다고 평가된다(정옥분, 2003).

Aristoteles(B.C. 384~322)는 Platon의 제자로서 정신세계의 세 가지 수준에 동의하며 생물학적, 진화론적 관점에서 정신 구조를 이해하였다. 인간 발달의 궁극적인 목적은 최고 수준의 이성적 사고 능력의 발달이며, 이는 인간과 동물 세계를 명확히 구분 짓는 힘이라고 보았다. 또한 인간 발달을 유년기(출생~7세), 소년기(7세~사춘기), 청년기(사춘기~21세)의 세 단계로 나누고, 유년기의 유아는 쾌락을 추구하는 존재이지만 높은 수준의 발달로 나아갈 수 있는 잠재력을 갖고 있다는 점에서 동물과 차이가 있다고 했다. Aristoteles는 Platon의 철학적 범주 안에서도 독자적으로 보다 현실주의적 입장에서 유전을 지지하는 입장을 취했다고 평가된다(정옥분, 2003).

(2) 중세기~종교개혁기

중세기(6~15세기) 동안 아동기는 인간 발달에서 분리된 하나의 단계로서 주목받지 못했다. 이는 수정의 순간부터 이미 정자 속에 축소된 인간이 만들어져 있다는 전성설(preformationism)에 따라 아동은 성인과 다른 독특한 존재라기보다 성인의 축소판으로 간주되었기 때문이다. 아동은 성인과 동일한 관심사를 가지고 있으므로 연령에 관계없이 성인에 상응하는 취급을 받아야 한다고 보았기 때문에 성인에 대한 요구가 똑같이 아동에게도 부과되었고, 필요에 따라 엄격한 훈련이 실시되었다. 이러한 전성설적 입장은 16세기 아동의 본성(성선설 대 성악설)이 강조되면서 쇠퇴하기 시작했고, 과학과 의학의 발전으로 아동이 성인의 축소판이 아니라는 것이 확인되었다.

16세기 종교개혁 시기의 성직자나 사회사상가들은 신이 부여한 순수함과 순진성을 지니고 아동이 태어난다고 보는 성선설적 입장과 선천적으로 사악한 존재로 태어난다고 보는 성악설적 입장 등 상반된 입장에서 아동을 이해하고자 했다. 아동의 본성을 무엇으로 보든 이러한 주장들은 아동이 어른과 다른 존재라는 점과 아동 교육의 중요성을 강조하였다는 데 공통점이 있다. 아동의 타고난 선을 보존하기 위해 또는 타고난 악함으로 인한 비합리적이고 잘못된 버릇을 고쳐 주기 위해 엄격한 훈련이 필요하다고 본 것이다.

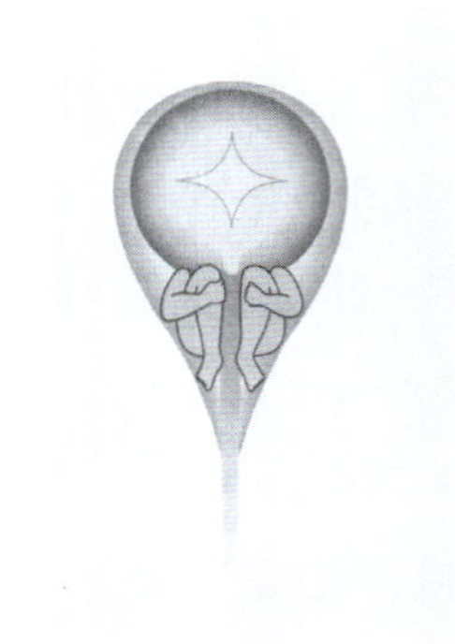

[그림 1-4] 정자 속의 축소 인간

출처: Berk(1997)

[그림 1-5] 아동을 성인의 축소판으로 그려낸 중세의 그림

출처: Rice(1998)

(3) 계몽주의 시대

John Locke(1632~1704)

17세기 인간의 존엄성을 강조하는 계몽주의 철학이 등장함으로써 아동기는 보다 인도주의적 관점에서 개념화되었다.

17세기 말 영국의 철학자 Locke는 인간이 선천적으로 관념을 가지고 태어나는 것이 아니라 백지 상태(blank state)로 태어난다고 주장하였다. 전성설 이론과 달리 아동은 양적으로, 질적으로 성인과 다른 존재이며, 동등한 백지 상태로 태어난 인간에게서 발견되는 차이점은 모두 환경과 경험 때문이라고 보았다. Locke는 인간의 발달이 점진적으로 이루어지며, 아동 초기에는 정신 상태가 수동적이지만 청년기에는 이성적 사고가 나타나 능동적 정신 상태가 될 수 있다고 하였다.

아동이 성인의 축소판이 아니라는 Locke의 주장은 아동 발달에 관한 새로운 이론과 인간의 본질에 관한 과학적 연구의 필요성을 대두시켰고, 이후 심리학자와 교육학자들에게 상당한 영향을 미쳤다. 예를 들어, 연합 · 반복 · 보상과 벌 등의 학습 원리는 학습 이론의 기초를 제공함은 물론, 오늘날 교사들의 교수 방법에도 많은 시사점을 주었다. 또한 환경의 중요성을 강조함으로써 Rousseau가 인간 발달에서 환경의 잠재적 영향을 인식하는 데 영향을 미쳤다.

18세기 프랑스의 계몽주의 철학자 Rousseau는 Locke와 같이 아동은 특유의 감정과 사고 방식을 지닌 개체로서 성인의 축소판이 아니라는 입장을 취하였으나, 인간 발달의 본질에 대해서는 상이한 이론을 펼쳤다.

Jean Jacques Rousseau(1712~1778)

Rousseau의 철학은 두 가지의 영향력 있는 개념을 포함한다. 첫째는 성숙(maturation)의 개념으로, 그의 저서 「에밀(Emile)」에 의하면 인간 발달은 사전에 계획된 자연스런 성숙의 과정이다. 선천적으로 선하게 태어난 아동이 자연의 법칙에 따라 발달하도록 내버려 두었을 때 가장 바람직하게 발달한다. 반면 성인 사회의 구속과 열악한 교육은 오히려 아동을 타락시켜 성격 형성에 부정적인 영향을 미치게 된다.

둘째는 단계(stage)의 개념으로, Rousseau는 Aristoteles와 마찬가지로 특정 단계에서 나타나는 아동의 발달에 주목하며 발달단계를 4단계로 나누어 설명했다. 생후 4, 5세까지의 유아기 동안 쾌락과 고통의 감정에 지배되며, 강한 신체적 욕구를 지니고, 아동기(5~12세)까지도 이성적 사고 · 도덕적 사고가 불가능하다고 했다. 청년 전기(12~15세)에 접어들어야 이성과 자의식이 발달되고 일반적 의미의 교육이 가능해지며, 가치 체계와 도덕관이 형성되고 성인과 같은 사회적 활동이 가능한 시기는 청년 후기(15~20세)라고 보았다.

Rousseau의 발달 이론은 당대의 사회나 문화가 인간 본래의 모습을 손상시킨다는 것을 비판하고 인간 회복을 주장하는 입장에서 등장한 것으로, 성장 과정에서의 교육, 사회의 중요성을 소홀히 했다는 지적을 받기도 한다. 그러나 발달 이론에서 인간 내부에서 일어나는 생물학적 성숙 개념을 도입했으며, 인간의 불연속적인 단계적 발달을 주장하고, 아동을 발달 특성에 따라 교육해야 한다는 '아동 중심적 교육 철학'을 주장했다는 점에서 긍정적으로 평가된다.

(4) 생물학적 진화론의 등장

Charles Darwin
(1809~1882)

영국의 박물학자 Darwin은 1859년 출판된 「종의 기원(Origin of Species)」을 통해 생물학적 진화론을 주장함으로써 발달의 본질에 관한 사고의 조류를 바꾸어놓았다. 진화란 유기체가 변화하는 환경의 압력에 반응하여 스스로 변화하는 과정으로, 단순한 형태로부터 복잡한 형태로 성장·발달함으로써 변화에 성공하여 보다 적응적인 유기체가 되는 것이다. 진화론은 유기체의 신체 특성과 행동이 갖는 적응적 가치를 강조함으로써, 아주 오랜 옛날 덜 진화된 상태의 인간에게 중요한 생존 기제였던 행동이 오늘날에도 인간의 행동으로 계속 나타난다고 보는 동물 행동학적 이론의 중심 개념을 제공했다.

비록 진화론은 아동 발달에 관해 직접적인 언급을 하지 않았으나, 그 당시의 생물학자들에게 영향을 미쳐 태내 발달(개체 발생)이 인간의 진화 과정(계통 발생)과 비슷한 발달 단계를 거친다는 '반복의 원리(principle of recapitulation)' 주장을 낳게 했다. 오늘날 반복의 원리는 과학적으로 증명되지는 않았으나 Darwin의 입장은 초기 아동 발달 이론가들에게 큰 영향을 미쳐 과학적인 아동 연구의 초석이 되었다(정옥분, 2002, 2003; Berk, 2006).

(5) 과학적 아동 연구의 시작

19세기 말에 접어들어서야 비로소 아동에 대한 과학적인 연구가 시작되었다. 단일 아동을 초보적으로 관찰하는 것으로 시작된 아동 연구는 연구 방법과 이론적인 아이디어를 개발하는 데 기여하였다.

1 아동 전기 기록

19세기 말 아동의 발달에 관한 초기 연구자들은 자녀 또는 가까운 친척 아동 한 명을 선택하여 영아기 초부터 매일 행동을 기록하여 아동 전기(baby biography)를 발간하였다. 대표적으로 아동 전기를 기록하며 발달 특성을 연구한 학자는 Darwin과 Preyer였다. 비록 Darwin은 발달 과정 자체에 대한 흥미 때문이 아니라 진화론의 증거를 찾기 위해 아들의 성장과 행동을 관찰하였으나, Preyer는 관찰 연구 발전에 직접적인 기여를 하였다(김태련 외, 2004). 예를 들어, 직접 관찰, 자연 관찰을 하되 관찰 내용을 즉각 기록하고 관찰자 간의 관찰 내용 점검이 있어야 하며, 한 아동에게 적어도 하루 세 번은 관찰이 이루어져야 한다는 등 관찰 연구의 실제에 대해 언급하였다. 이에 Preyer는 현대 발달심리학의 출발선 상에 있는 인물로 간주된다(Cairns, 1998).

2 아동 연구 운동

G. Stanley Hall
(1844~1924)

Hall은 20세기 초 가장 영향력 있는 미국의 심리학자이자 아동 연구 운동의 창시자이다(Berk, 1997). 그는 Darwin의 진화론, Haeckel의 반복 원리를 적용하여 모든 발달이 유전적 요인에 의해 결정되며 출생 후의 발달도 반복의 원리에 따른다고 보았다. 그러나 청년기에 오면 유전과 환경의 상호작용에 의해 개인적 발달이 이루어지며, 계통 발생을 끝내고 개체 발생을 시작하게 된다고 설명했다. 또한 Rousseau의 자연주의에 영향받아 청년기부터 교육자의 지도가 필요하다고 했으며, 인간의 발달을 유아기, 아동기, 청년 전기, 청년기의 4단계로 구분하였다.

Hall은 그의 제자인 Gesell(1880~1961)과 함께 아동 전기 방법의 한계점인 객관적인 자료의 수집을 위해 아동 연구에서 규준적 접근(normative approach)을 시도했다. 이 접근법은 다수의 아동을 대상으로 측정하고, 연령별 평균치를 구하여 전형적인 아동 발달을 보여주는 것이다. Hall은 상이한 연령의 아동들을 대상으로 그들의 모든 것(예 흥미, 두려움, 이상적인 친구, 꿈 등)을 조사하는 질문지를 만들어 실시함으로써 집단을 대상으로 한 체계적인 아동 연구 방법인 질문지법을 고안하였다. Gesell은 유아와 아동 행동에 대한 보다 상세한 규준 정보를 수집하여 오늘날에도 사용되는 '발달의 규준'을 제공하였다. 비록 규준적 접근이 상이한 연령의 아동 발달을 단지 기술(description)하는 데 그쳤으나, 이후 아동 발달을 효과적으로 설명하는 데 기초를 제공했다.

3 지능검사 운동

Alfred Binet(1857~1911)

미국에서 Hall과 Gesell이 규준적 접근에 따라 이론과 연구 방법을 개발하는 동안 프랑스의 Binet는 최초의 실험아동심리학자로서 Simon과 함께 1900년대 초 프랑스에서 특수학급에 배치될 지체 아동을 진단하는 지능검사를 개발하였다. 이로써 Binet는 발달에서의 개인차, 특히 고등 정신기능에서의 개인차에 관심을 자극하고 지능에 대한 유전과 환경의 기여도 논쟁을 불러일으켰다. 또한 연구의 초점이 아동의 개인적 특성(예 인종, 출생순위, 가정환경 등)에 따른 지능검사 점수의 비교에 맞추어지게 되었다.

4 Baldwin: 초기의 발달이론가

지난 수십 년간 아동 발달 연구의 역사에서 간과되어 왔으나 중요한 영향력을 재인식하게 된 미국의 심리학자는 Baldwin(1861~1934)이다. 그는 아동관찰자라기보다는 이론가로서 물리적·사회적 세계에 대한 아동의 이해는 연속적인 단계를 거쳐 발달한다고 믿었다. 인지 발달의 단계를 반사적 또는 물리적 단계, 감각 운동 단계, 상징 전환 단계로 나누고 정신 발달의 구조를 설명하기 위해 조절, 동화, 순환 반응 등의 용어를 사용하기 시작했다. 아동의 사회성은 자기중심적 수용적 단계, 주관적 단계, 공감적·사회적 단계를 거쳐 발달한다고 보았다. Baldwin은 천성과 양육 모두가 아동 발달을 통제하는 데 중요 역할을 하며, 발달이 진전됨에 따라 상호 호혜적 방식으로 아동은 환경의 영향을 받으면서도 그들에 대한 환경의 반응에 영향을 미치게 된다고 주장했다. 현대의 아동 발달 이론을 살펴보면 이와 같은 Baldwin의 입장을 쉽게 발견할 수 있다.

2) 20세기 중반기: 아동 발달 이론의 확장

20세기 중반기에는 아동 발달학이 하나의 학문으로 자리 잡고, 관련 학회가 결성되고 학술지가 발간되는 등 아동 발달에의 관심이 고조되었다. 이 기간 동안 많은 이론가들이 등장하였는데, 유럽의 학자들은 아동의 내면 사고와 감정에, 미국의 학자들은 과학적 정확성과 객관적 · 관찰 가능한 행동에 초점을 두었다.

(1) 정신분석 이론

정신분석 이론(psychoanalytic theory)은 인간의 행동을 일으키는 정신의 무의식적인 힘을 분석하고 밝히는 데 목적을 둔 이론이다. Freud의 심리성적 이론(psychosexual theory)과 그의 이론을 수정한 신 프로이드 학파의 심리사회적 이론(psychosocial theory)을 포함하므로, 본 항에서는 Freud의 이론과 함께 후자를 대표하는 Erikson의 이론을 살펴보기로 한다.

① 심리성적 이론

Sigmund Freud
(1856~1939)

정신과 의사로서 최면을 통해 이를 수 있는 무의식적인 정신 과정에 관심이 있던 Freud는 인간의 행동이 무의식 속에 잠재된 생각이나 욕망에 의해 일어나므로 이를 통해 이해될 수 있다고 믿었다. 인간의 본성 이해를 위해 Freud는 다음과 같은 세 가지의 기본 가정을 전제하였다(조복희, 1995; Shaffer, 2000). 첫째는 인간의 모든 정신적 활동이 그 이전의 행동이나 사건에 의해 결정된다는 '정신적 결정론' 가정이며, 둘째는 인간의 행동이 과거 경험뿐만 아니라 일상생활에서는 인식되지 않는 무의식에 의해 유발된 동기에 의해서도 결정되므로 무의식적 동기가 작용한다는 가정이다. 셋째는 인간의 본능, 특히 성적인 본능이 사고와 행동의 동기를 제공한다는 가정으로, 본능에 의해 일어난 욕망을 충족할 수 있도록 사고와 행동이 동기화되고, 그 결과 정신적인 긴장이 해소되는 과정이 바로 인간의 성격 발달 과정이라는 것이다. Freud의 이론을 심리성적 이론이라고 부르는 이유도 여기에 있다.

정신과 환자의 문제가 어린 시절의 성적인 갈등에서 비롯된다는 것을 임상 경험을 통해 발견한 Freud는 가장 중요한 본능을 성적인 본능이라고 보고 리비도(libido)라고 불렀다. 성을 폭넓게 개념화하여 손가락을 빨거나 배설하는 것과 같은 신체적 쾌감을 일으키는 모든 행동이 성적 본능에 의한 행동이라고 보았으므로 어린 아동도 성적인 존재라고 생각했다. 아동이 성장함에 따라 리비도가 집중되는 신체 부분, 즉 성적인 만족을 얻을 수 있는 신체 부분은 달라진다. 입에서 항문으로, 항문에서 성기로, 두의식 속에 잠복했다가 다시 성기 부위로 정해진 순서에 따라 그 위치가 달라지므로 아동의 심리성적 발달은 구강기, 항문기, 남근기, 잠복기, 생식기의 단계로 일어나게 된다. 그리고 단계적인 발달 과정에서 성격의 구성 요인 중 선천적인 원초아(id), 유아기 초에 발달하는 자아(ego), 3~6세에 나타나는 초자아(superego) 간의 관계가 설정되어 성격의 기본을 형성하게 된다.

Freud는 생의 초기에 아동이 거치는 각 발달단계에서 부모의 역할이 중요하다고 했다. 부모에 의해 아동의 성적인 욕구가 지나치게 충족되거나 혹은 충족되지 못하면 아동은 그 욕구를 충족하기 위한 활동에 집착하게 되어 그 발달단계에 고착(fixation)하게 된다. 어린 시절의 경험과 갈등은 잔존하여 성인이 되었을 때 흥미나 활동, 성격에 영향을 미친다는 것이다. 이러한 Freud의 아동 발달에 대한 입장은 아동 발달 연구자들에게 초기 경험이 중요하며 인간 발달에서 애정 · 불안과 같은 정서가 개인의 성격 형성에 중요 역할을 한다는 인식을 심어주었다.

〈표 1-2〉 Freud의 심리성적 발달단계

해당 연령	단 계	특 징
출생~1세	구강기 (Oral Stage)	• 입과 구강 부위의 자극으로 쾌락을 추구한다. • 자아가 발달되지 않은 상태에서 원초아에 의해 쾌락만 추구한다. • 구강 쾌락의 과도한 만족 또는 좌절은 과식, 지나친 흡연, 손톱 물어뜯기 등 구강기에 고착된 반응을 보이는 구강기 성격이 나타나게 한다.
1~3세	항문기 (Anal Stage)	• 괄약근의 발달로 배설을 통제하게 된 유아는 대소변을 배출하거나 보유함으로써 쾌락을 경험하게 된다. • 이 시기의 배변 훈련은 욕구 만족에 대한 외부의 간섭을 처음 접하게 한다. • 항문기에 고착되면 청결이나 질서에 대한 강박적 욕구를 보이거나 수전노, 낭비벽이 심한 사람이 되기도 한다.
3~6세	남근기 (Phallic Stage)	• 리비도가 성기로 이동하며 성기에 대한 관심이 고조된다. • 남아는 어머니를 애정의 대상으로 추구하고 아버지를 경쟁자로 인식하며 오이디푸스 콤플렉스, 거세 불안(castration anxiety)을 경험한다. 반대로 여아는 아버지에 대한 애정 표현이 어머니에 의해 좌절되는 엘렉트라 콤플렉스를 경험하며, 남근 선망(penis envy)을 지니게 된다. • 이 시기의 콤플렉스를 벗어나기 위해 아동은 동성의 부모와 동일시하여 행동하거나 부모의 가치와 도덕률을 내면화하여 초자아를 발달시킨다.
6~12세	잠복기 (Latency Stage)	• 성적인 욕구에 대한 흥미가 약해지고 그 욕구를 억누르고 있는 시기이다. 리비도는 여전히 성기 부위에 있으나 성에 대한 표현이나 행동은 두드러지게 나타나지 않는다. 대신 성적인 에너지를 사회적으로 바람직한 활동, 즉 운동, 학업 등에 쏟아 붓는다.

12세~	생식기 (Genital Stage)	• 생식기가 성숙되고 호르몬이 분비되면서 생식기 부위를 통한 성적인 만족을 얻고자 한다. • 청소년기나 성인 초기 동안 사람들은 이성 교제와 같은, 자녀를 갖고 성적 본능을 만족시키는 데 필요한 활동을 한다. • 청소년이 이성에 대한 욕구를 운동, 사회 봉사 활동과 같은 대체 활동으로 승화시키지 못하면 성적 에너지가 비행으로 표출된다.

2 심리사회적 이론

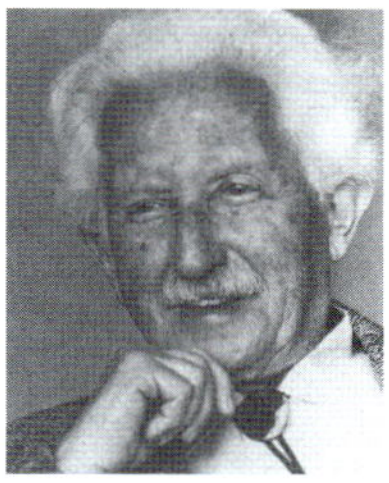
Erik Erikson
(1902~1994)

Erikson은 비엔나에서 정신분석 훈련을 받은 후 미국으로 건너가 다양한 사회 집단에서 일어나는 발달의 유사점과 차이점을 관찰하였다. Freud의 심리성적인 이론 체계에 기초하면서도 다음과 같은 차이점을 통해 독자적인 이론을 제시하였다(Shaffer & Kipp, 2007).

첫째, 아동은 환경에 적응하고자 능동적으로 탐색하는 탐험자와 같으므로 생물학적인 충동에 얽매인 수동적인 존재가 아니라고 보았다. 이에 인간 발달의 각 단계에서 성공적으로 적응하기 위해서는 사회적 현실에 대처하는 데 중요 역할을 하는 자아의 발달이 중요하다고 했다. 둘째, 자아의 발달 과정에서 문화적 요인의 영향을 강조했다. 어린 시절의 경험에서 부모의 중요성만을 강조했던 Freud와 달리, 가족 · 친구 · 사회와 문화 배경도 중요 영향 요인이라고 보았다. 셋째, 한 발달단계에서의 실패는 적절한 사랑과 보살핌으로 수정될 수 있다는 낙관적 견해를 가짐으로써 실패를 되돌릴 수 없다는 비관적인 견해를 가졌던 Freud와 대조적이다. 넷째, 아동기를 중심으로 제한적으로 발달단계를 언급하기보다 전 생애에 걸쳐 사회적 환경에 적응하려는 개인의 욕구와 욕구 충족 과정에서 야기되는 갈등의 해결을 중심으로 8개의 발달단계를 제시함으로써 평생 발달의 중요성을 강조했다.

〈표 1-3〉 Erikson의 심리사회적 발달단계

연 령	발달단계	특 징	중요 사회적 대상 · 환경	Freud의 대응 단계
출생~1세	기본 신뢰 대 불신	어머니(또는 돌보는 사람)에 대한 신뢰를 배운다. 어머니가 영아에 대해 거부적이거나 양육의 일관성을 덜 보이면 영아는 세상과 사람에 대해 불신하기 쉽다.	대표 양육자	구강기
1~3세	자율성 대 수치와 회의	유아는 스스로 먹고 배설하며 옷을 입는 등의 행동을 통해 자율성을 기르게 된다. 이러한 자율적 행동을 성취하지 못하면 유아는 자신의 능력을 의심하며 수치심을 느낀다.	부 모	항문기
3~6세	주도성 대 죄책감	유아는 자신의 능력 이상의 목표를 설정하며 그것을 달성하고자 노력하는 주도성을 가진다. 주도적 행동이나 목표가 가족 구성원의 것과 상충될 때 죄책감을 느끼며 둘 간의 균형을 이루려고 노력한다.	가 족	남근기
6~12세	근면성 대 열등감	초등학교 생활을 통해 아동은 중요한 사회적 · 지적 · 신체적 기술을 익힌다. 자기와 또래 아동을 비교하며 충분히 근면하다고 생각하면 자신감을 갖지만 그렇지 못할 때는 열등감이 생긴다.	교사, 또래 아동	잠복기
12~20세	정체감 대 역할 혼미	아동기와 성인기 사이의 교차점이다. 청소년은 "나는 누구인가"를 알기 위해 노력하며 기본적인 사회적 · 직업적 정체감을 형성한다. 그렇지 못할 때는 역할 혼미를 느껴 이후의 생을 부정하거나 영웅에 대해 무조건적 동일시나 충성을 한다.	또래 집단 학교 환경	초기 생식기
20~40세 (성인기 초)	친밀감 대 고립감	타인에 대해 친밀한 우정을 형성하고 동료애, 애정을 갖는다. 그렇지 못할 때에는 고독감, 고립감을 느낀다.	애인, 배우자, 친구	생식기
40~65세 (성인기)	생산성 대 침체감	성인은 자신의 일에서 생산적이며 후세대인 자녀를 양육하거나 젊은이들의 요구를 돌본다. 생산성의 기준은 문화에 의해 규정된다. 이러한 일을 하지 못할 때 침체되거나 자기중심적으로 되며 타인에 대한 관대함도 결여된다.	가족, 직장 문화적 규준들	생식기

노년기	자아통합 대 절망	지나온 생을 회고하여 의미 있고 성공적이며 행복한 경험이었다고 인식되면 자아통합감을 얻는다. 지나온 삶이 무의미했다고 느끼면 절망감을 느끼게 된다. 가장 중요한 것은 일생 동안의 사회적 경험이다.	가족, 종교 또는 사교 집단	생식기

출처: 전예화 외(2010), Shaffer & Kipp(2007).

(2) 행동주의와 사회학습 이론

John Watson
(1878~1958)

정신분석 이론이 주목받던 시기에 아동 연구에 영향을 준 또 다른 관점은 Locke의 백지설에 영향받은 행동주의(behaviorism)였다. 미국의 행동주의는 Watson에 의해 창시되었으며, 그는 심리학이 객관적인 과학이 되려면 보이지 않는 정신보다는 자극과 반응 같은 직접 관찰 가능한 것을 연구해야 한다고 믿었다. 행동주의에 따르면, 발달은 개체의 내적인 힘이 아닌 외적인 힘, 즉 다양한 환경에 의해 일어나므로 아동은 환경에 비해 상대적으로 수동적 위치를 차지한다. 또한 아동 발달이 양적인 것이며 누적적이고 연속적인 특성을 갖는다고 이해한다.

이와 같은 Watson의 입장은 러시아의 생리학자 Pavlov의 동물 학습에 관한 연구에 자극받은 것이었다. Pavlov는 음식에 대한 선천적인 반사반응으로 침이 분비된다는 사실에 근거하여, 반사반응을 일으키는 자극(음식)이 중립 자극(종소리)과 연합되면 그 중립 자극 자체가 반응을 일으킬 수 있다는 고전적 조건형성(classical conditioning)의 원리를 발견하였다. Watson은 고전적 조건형성이 아동의 행동에도 적용될 수 있는지를 실험하고, 흰쥐에 대한 공포 반응이 선천적으로 공포 반응을 일으키는 큰 소리와 중립 자극인 흰쥐가 연합되어 일어난다는 것을 보여주었다(Berk, 2006).

Burrhus F. Skinner
(1904~1990)

1950년대와 1960년대에 절정을 이루었던 Watson의 행동주의를 비판하며 등장한 사람이 Skinner였다. Skinner는 고전적 조건형성의 원리가 선천적인 반사 행동의 학습을 설명하는 데는 유용하지만 유기체 스스로 조작하는 행동을 설명하기에는 부족하다고 믿었다. 쥐가 먹이를 얻기 위해 지렛대를 누르는 조작적 행동이 그에 따른 먹이 보상의 획득, 즉 강화에 의해 반복적으로 나타나게 된다는 실험을 통해 조작적 조건형성(operant conditioning)의 원리를 주장했다.

Albert Bandura(1925~)

그러나 사회적 장면에서 이루어지는 인간의 학습을 동물 대상의 실험에 근거하여 설명하는 것이 타당할까? Skinner의 조작적 조건형성은 동물에 있어서는 중요 학습 원리이지만 동물과 달리 인지적 존재인 인간은 직접적인 강화 없이도 학습이 일어나며, 사회적 상황 속에서 타인의 행동을 관찰함으로써 더 빨리 학습할 수 있다는 사회학습 이론(social learning theory)이 Bandura에 의해 등장했다. Bandura는 행동의 원동력이 환경이라는 초기 행동주의의 기본적인 가정에서 벗어나 발달 과정이 개인과 환경 간의 상호성에 의한다는 상호결정론(reciprocal determinism)적 입장을 취했다. 또한 자기 효능감(self-efficacy), 즉 자신이 어떤 일을 잘해낼 수 있다는 개인적 신념이 발달됨으로써 아동은 어떤 행동을 모방할지를 결정하는 데 도움을 받게 된다고 보았다.

행동주의와 사회학습 이론은 정신분석 이론과 마찬가지로 아동에 관한 응용 연구에 큰 영향을 미쳤다. 예로서 '응용 행동 분석'은 아동의 부적절한 행동을 줄이고 사회적으로 수용되는 반응을 증가시키기 위해 조건화와 모델링을 결합한 절차를 적용하여 공격적 행동이나 언어 발달 지체 등의 심각한 문제 아동을 치료해 왔다. 모델링과 강화가 아동의 발달을 완전히 설명하지 못한다는 한계점이 있으나, Bandura가 인지의 역할을 강조하여 아동이 자신의 학습 과정에서 적극적인 역할을 하는 존재임을 인정했다는 것은 주목된다.

(3) Piaget의 인지 발달 이론

현대 아동 발달심리학에 가장 큰 영향을 미친 사람은 스위스의 인지이론가인 Piaget이다. 미국의 심리학자들은 1960년 이전까지 Piaget의 연구에 주목하지 않았는데, 이는 20세기 중기까지의 미국 심리학의 주류를 이루던 행동주의에 비해 그의 아이디어와 연구 방법이 너무나 생소했기 때문이었다. 행동주의자들은 아동의 정신세계를 연구하지 않았고, 사고를 단순히 자극과 반응 간의 연합으로 보았으며, 발달이란 연령에 따라 그러한 연합의 수와 강도가 점증하는 연속적인 과정이라고 이해했다. 대조적으로 Piaget는 지식이 수동적이고 강화받은 아동에게 주어지

Jean Piaget(1896~1980)

는 것이 아니라 아동의 주변 세계 탐색을 통해 적극적으로 구성된다고 보았으며, 그러한 인지적 발달은 단계적으로 일어난다고 했다(Berk, 2006). 단계적인 인지 발달의 구체적인 내용은 본서의 Chapter 6에 제시되어 있다.

Piaget는 생후 2년간 아동이 어떻게 사고하고 인지가 변하는지 알기 위해 연체동물을 연구하던 생물학자로서의 이전 경험을 살려 자신의 세 자녀를 주의 깊게 관찰하고 그들에게 일상적인 문제(예 아이 앞에서 감춘 물건을 찾도록 요구함)를 제시하였다. 아동기와 청소년기의 사고 연구에는 아동이 자신의 사고를 기술하는 능력을 이용하였다. 정신분석학의 개방적인 임상적 면접 방법을 채택하여, 과제에 대해 아동이 반응하면 그 반응에 기초하여 다음 질문을 하는 방식으로 사고능력을 알고자 했다.

인지 발달에 대한 Piaget의 관점은 아동이 성인의 가르침에 따라 배우는 것이 아니라 스스로의 방법으로 배우며 사고방식이 성인과는 다르다고 주장함으로써 주목받았고, 이는 교육에도 큰 시사점을 주었다. 아동의 물리적 세계에 대한 이해뿐 아니라 사회적 세계에 대한 이해, 즉 자신과 타인, 그리고 인간들 간의 관계에 대한 개념을 연구함으로써 사회인지라는 새로운 연구 영역을 구축했다. 그러나 인간 발달에 대한 사회와 문화의 영향을 거의 고려하지 않았으며, 연구 방법 측면에서 단계의 진전이나 주요 개념들의 과학적 검증이 어렵다고 지적된다. Piaget 이후 아동의 인지 발달은 그의 이론에 근거하여 단계적 발달을 인정하되 단계의 전이가 보다 점진적으로 일어난다고 보는 신 Piaget 접근 이론가들과, 인지단계론을 포기하고 정보처리의 과정을 발달이라고 보는 정보처리 이론가들로 나뉘어 연구되고 있다.

3) 20세기 후반: 최근의 아동 발달 관점

2차 세계대전 이후 과학의 발전과 재정 지원에 의해 아동 발달 연구는 더욱 활발히 이루어졌으며, 특히 컴퓨터의 등장, 생물학의 발전, 연구 방법의 다양화는 발달 이론과 연구 주제를 변화시켰다. 발달 연구의 중요 주제로서 인지의 등장, 인간 발달의 맥락을 강조하는 전망의 등장 등을 중심으로 살펴보기로 한다(김태련 외, 2004; Berk, 2006).

(1) 정보처리 접근

인간 발달에 대한 연구의 초기부터 인지는 주된 관심사였으나 연구 방법의 모호성으로 인해 제대로 연구되지 못하던 중 1960년대 미국에 Piaget의 이론이 소개된 이후 주요 연구 주제로 재등장하면서 인간 이해의 틀을 완전히 바꾸었다. 행동주의의 설명만으로는 정신을 제대로 이해할 수 없다는 인식의 확산은 새로운 인지 연구의 틀이 필요했고 컴퓨터의 등장과 연결되면서 1970년대 정보처리 접근(information processing approach)이 등장하였다.

정보처리 접근은 인간의 사고 과정을 컴퓨터의 작동에 비유하여 정보가 흐르는 상징적 조작 체계로 보고 설명한다. 즉, 감각을 통해 들어온 환경으로부터 정보를 수용하는 순간과 가시적 반응이 나타나는 순간 사이에 어떤 과정을 거치는지, 아동 내부에서 정보를 조작하는 기제가 무엇인지를 조명하고자 한다. 구체적인 내용은 본서의 Chapter 6에 서술되어 있다.

정보처리적 입장은 Piaget와 유사하게 아동이 환경의 요구에 반응하며 자신의 사고를 수정하는 적극적이고 이성적인 존재로 본다. 그러나 사고의 과정이 모든 연령에 유사하며 아동기에만 그 과정이 나타나는 것이 아니므로 발달은 연속적인 상향적 변화라는 입장을 취함으로써 Piaget와 차이가 있다. 인지 과정에 대한 정보처리적 입장에서의 연구는 아동의 다양한 사고 과정을 보여줌으로써 많은 교육적 시사점을 제시했으나, 상상과 창의성 같은 비논리적 사고의 연구를 간과하였고, 실험실에서 인위적으로 이루어진 연구 결과에 근거한 입장이라는 점에서 비판된다.

(2) 발달 맥락을 강조하는 접근의 등장

아동 발달에 관한 많은 이론의 등장은 아동의 삶에서 간과되어 온 측면들에 관심을 갖도록 했다. 다음에 소개될 세 이론은 발달의 다양한 맥락 또는 환경이 아동 발달에 미치는 영향에 대한 인식을 높였다.

1 동물 행동학과 진화론적 발달심리학

동물행동학(ethology)은 진화론적 관점에서 인간 행동의 진화론적 기초와 함께 그 진화된 반응들이 종의 생존과 발달에 어떻게 기여하는지를 과학적으로 연구하는 이론이다. 오스트리아의 동물학자 Lorenz(1903~1989)는 1933년 동물학 박사 학위를 취득한 후 Tinbergen과 함께 진화 과정과 적응 행동 간의 밀접한 관계를 강조함으로써 동물 행동학의 기초를 확립했다. Lorenz는 오리가 부화하자마자 처음 본 움직이는 물체를 어미로 인식하여 따라다니는 행동을 보고 결정적 시기(critical period)에 경험된 내용이 각인(imprinting)되어 사라지지 않음을 발견하였다.

동물의 행동에서 쉽게 확인되는 이러한 각인 현상을 인간에게서 찾으려 했던 학자는 1960년대 말 영국의 정신분석학자 Bowlby였다. 그는 동물 행동학적 이론을 인간의 발달, 특히 영아와 어머니 간의 관계를 이해하는 데 적용하였다. 미소, 옹알이, 울음 등 영아의 선천적인 행동 반응은 양육자인 어머니를 가까이 머물게 하며 자신이 안전하게 보호되고 건강하게 성장하는 데 필요한 자극과 애정을 이끌어냄으로써 주 양육자를 각인하고 긴밀한 정서적 유대를 형성해 나가는 과정을 설명하는 애착 이론을 제시했다.

Lorenz와 그에게 각인된 오리들. 오리들은 생존을 위한 반응으로 Lorenz가 헤엄쳐 가는 대로 따라간다.

출처: Berk(2006)

아동과 영장류의 사회적 행동이 유사하다는 동물 행동학자들의 관찰은 최근 진화론적 발달 심리학(evolutionary developmental psychology)으로 연구 영역을 확대하였다. 진화론적 발달심리학은 여러 종(種)에서 나타나는 인지적, 정서적, 사회적 능력이 연령에 따라 변화하면서 어떤 적응적 가치를 갖는지를 알고자 한다. 예를 들면, 신생아가 얼굴 모양의 시각 자극을 선호하는 것이 생존에 어떤 역할을 하는지, 그것이 영아가 되었을 때 낯선 사람과 낯익은 양육자를 구별할 수 있는 능력을 지지하는지와 같은 질문에 대해 답을 찾는다. 그러나 진화론적 심리학자들은 유기체-환경 체계 전반을 이해함으로써 발달의 유전적이고 생물학적인 근원뿐 아니라 발달적 변화 과정을 밝혀 효과적인 발달 중재를 모색하는 데 도움을 주고자 한다.

② 사회문화적 이론

Erikson의 심리사회적 이론을 비롯한 생태학적 체계 이론이 문화와 발달의 연관성을 강조하는 가운데 1980년대에 접어들면서 비교문화 연구가 급증하였다. 특히 각 문화의 특수한 양육 실제가 아동 발달과 어떠한 관계가 있는지를 조사하는 연구가 더욱 많이 이루어지는 데 기여한 학문은 문화인류학이고, 학자로서는 러시아의 심리학자인 Vygotsky를 들 수 있다.

Lev Vygotsky
(1896~1934)

Vygotsky의 이론은 Piaget가 자신의 이론을 만들고 있던 1920년대와 1930년대에 발표되었으나, 1960년대 이후 그의 책이 영어로 번역되면서 비로소 서구의 학자들에게 영향을 미치기 시작했다. Vygotsky는 발달에 변증법적 공식을 적용하고 나아가 개체의 변화 역동성은 사회문화적 체계의 끊임없는 영향을 받는다고 보았다. 이에 사회문화적 이론을 제시하고 특정 문화의 가치, 신념, 관습, 기술이 다음 세대로 어떻게 전수되는지 설명하려고 했다. 특정 문화에서 아동이 적절하게 사고하고 행동하는 법을 습득하려면 사회적 상호작용, 특히 아동과 성인 간의 대화가 필수적이라는 그의 주장은 비교문화 연구를 통해서 확인되고 있다. 예를 들어, 브라질에서 사탕을 파는 아동은 학교 교육을 거의, 혹은 전혀 받은 적이 없어도 정교한 수리능력이 발달되는 것을 볼 수 있는데, 이는 성인이나 경험 있는 또래들과 함께 가격을 설정하고 손님들과 흥정하는 것을 통해 문화적으로 가치 있는 기술이 아주 어린 나이에 습득된다는 것을 뒷받침하는 것이다(Berk, 2006).

Vygotsky의 이론은 Piaget가 간과했던 사회문화적 요인을 강조함으로써 아동의 인지 발달 연구에도 영향을 미쳤다. 즉, 아동의 인지 발달 역시 성인을 포함한 사회의 중재에 의해 일어나므로 성인의 직접적인 가르침이 인지 발달에 중요하며, 모든 아동이 똑같은 인지 발달단계를 거친다는 것을 부인하고 문화적 특수성을 주장했다는 점에서 Piaget의 접근법과는 차이를 보인다(본서의 Chapter 6 참조).

Vygotsky의 중요한 공헌은 개인의 발달에서 사회문화적 맥락의 중요성을 강조하고, 나아가 아동 발달에서의 문화적 상대성을 인정하였다는 데 있다. 반면, 인간 발달의 생물학적 측면과 어머니 외의 다른 사회적 인물과의 관계에 대해 간과했다는 비판을 받기도 한다.

3 생태학적 체계 이론

1970년대 이후 등장한 인간 발달 연구의 또 다른 흐름은 변증법적 사고였다. 인간의 고등 정신 과정이 정−반−합의 끊임없는 통합의 과정을 걸쳐 발달한다는 변증법은 변화의 역동성을 강조한다. 발달의 역동성에 영향을 미치는 사회·역사적 맥락이 고려되고 인간의 전 생애로 발달의 시야가 넓어지면서 아동 발달 이론은 1970년대 말 생태학적 체계 이론(ecological system theory)이라는 보다 넓은 틀을 갖게 되었다. 그 대표 주자는 미국의 심리학자인 Bronfenbrenner로서, 발달 현상은 마치 러시아 인형 세트처럼 아동을 둘러싸고 있는 복잡한 수준의 체계와의 관계 속에서 이해되어야 함을 강조했다. 아동이 가지고 있는 생물학적인 속성이 환경의 영향력과 상호작용하며 발달이 일어난다고 본다는 점에서 최근에는 그의 관점을 생물학적 모델(biological model)이라고도 한다(Bronfenbrenner, 1995). 본서의 Chapter 11과 Chapter 12는 다양한 환경 체계와 아동 발달의 관계를 잘 보여준다.

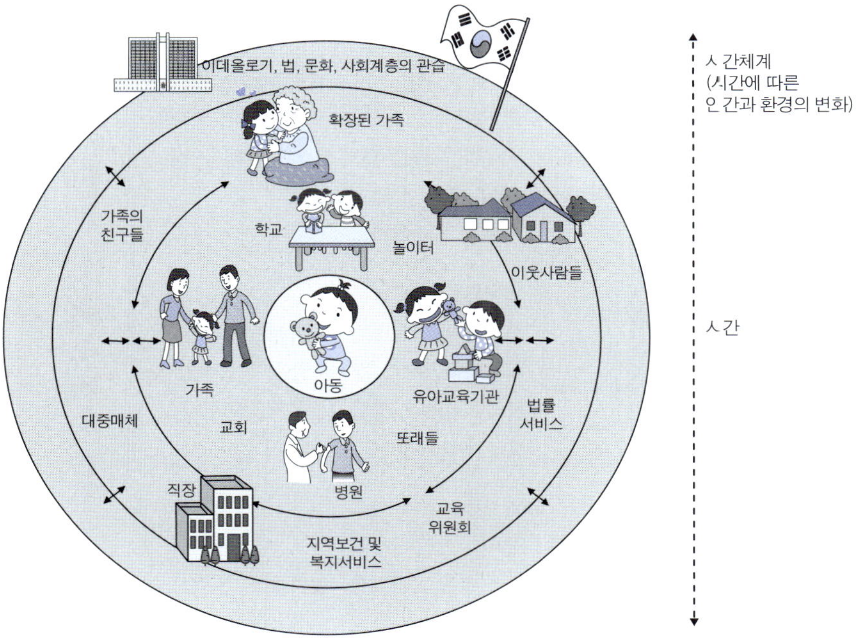

[그림 1-6] Bronfenbrenner의 생태학적 접근에 의한 체계 구성

아동 발달 이론의 확장기인 20세기 중반 이후 최근까지 등장한 주요 발달 이론들은 여러 측면에서 차이가 있다. 첫째, 발달의 상이한 측면에 초점을 두고 있다는 것이다. 예를 들어, 정신분석 이론과 동물 행동학적 이론은 아동의 사회적 · 정서적 발달을 강조하지만, Piaget의 이론, 정보처리 이론, 그리고 Vygotsky의 이론은 사고 과정에서의 변화에 초점을 둔다. 나머지 행동주의, 사회학습 이론, 생태학적 체계 이론은 아동이 기능하는 모든 측면에 영향을 미치는 요인들에 관해 논의한다. 둘째, 각 이론은 아동의 천성과 발달에 대한 시각을 달리한다. 셋째, 각 이론은 장단점을 가지므로 하나의 이론이 발달을 완전히 설명하지는 못한다. 따라서 인간의 발달이 전체적으로 이해되어야 한다는 점을 함께 고려하여 많은 발달심리학자들은 각 이론의 아동 발달에 대한 기여 부분을 인식하고 그것들을 통합하여 아동 발달을 이해하려는 절충적 접근(eclectics approach)을 취한다.

〈표 1-4〉 아동 발달 관련 논쟁점에 있어서의 주요 발달 이론의 입장 비교

이 론	인간의 능동성 대 수동성	천성 대 양육	발달의 연속성 대 불연속성	발달의 경로 단일 여부
정신분석 이론	능동성: 아동은 타고난 본능에 의해 동기화되며, 타인의 도움으로 사회적으로 바람직하게 배출된다.	모두 인정: 생물학적 힘(천성, 성숙)이 발달단계를 진전시킨다. 조기 경험이 이후 발달의 경로를 결정한다.	불연속성: 심리성적 또는 심리 사회적 발달단계를 강조한다.	단일경로: 단계는 보편적이라고 가정된다.
행동주의 · 사회학습 이론	수동성: 아동은 환경에 의해 만들어진다(Bandura는 발달하는 인간 또한 환경에 영향을 미친다고 했다).	양육을 강조: 발달은 조건화와 모델링의 결과이다. 조기 경험과 나중의 경험 모두가 중요하다.	연속성: 학습된 반응의 점진적인 증가를 강조한다.	가능한 많은 경로: 강화받고 모델링한 행동은 아동에 따라 다를 수 있다.
인지발달 이론	능동성: 아동은 자신과 타인, 그리고 적응할 환경에 대한 더욱 깊은 지식을 적극적으로 구성해 간다.	모두 인정: 뇌의 성숙과 자극적인 환경에서 현실을 발견하려는 타고난 추동을 연습함으로써 발달이 일어난다. 조기 경험과 나중의 경험 모두가 중요하다.	불연속성: 질적으로 독특한 인지 단계들의 불변적 순서를 강조한다.	단일경로: 단계는 보편적이라고 가정된다.

정보처리 이론	능동성: 아동은 자신, 타인, 그리고 적응할 환경에 대한 더욱 깊은 지식을 적극적으로 구성해 간다.	모두 인정: 아동은 뇌가 성숙하고 새로운 환경 요구에 직면함에 따라 사고를 변화시켜 나가는, 적극적으로 사고하는 존재이다. 조기 경험과 나중의 경험 모두가 중요하다.	연속성: 지각, 주의, 기억, 문제해결기술이 점차 향상된다.	단일 경로: 연구된 변화들로써 대부분의, 혹은 모든 아동들을 특징지을 수 있다.
동물 행동학 · 진화론적 발달심리학	능동성: 인간은 생물학적으로 결정된 행동들을 가지고 태어난다. 그것들은 적응된 발달을 돕는다.	모두 인정: 진화와 유전이 행동에 영향을 미치고 학습은 행동이 더 융통성 있고 적응적으로 되도록 한다. 민감기 동안 조기 경험은 이후 발달의 경로를 결정한다.	모두 인정: 아동의 적응적 행동이 점차 더 폭넓게 발달한다. 민감기가 있어서 질적으로 독특한 능력들이 갑자기 출현한다.	단일 경로: 적응적 행동과 민감한 시기는 같은 종(種)의 모든 구성원들에게 적용된다.
사회문학적 이론	능동성: 아동은 환경의 정보를 적극적으로 받아들이고 행동을 해석한다. 또한 문화적으로 가치 있는 속성과 사고 양식을 획득한다.	모두 인정: 유전, 뇌 성장, 더 뛰어난 사회구성원과의 대화가 함께 발달에 기여한다. 조기 경험과 나중의 경험 모두가 중요하다.	모두 인정: 언어 획득과 학교 교육이 변화를 이끈다. 더 뛰어난 사회구성원과의 대화 또한 연속적인 변화를 이끄는데, 그것은 문화마다 차이가 있다.	가능한 많은 경로: 사고와 행동에 있어 사회적으로 중재된 변화는 문화에 따라 다르다.
생태학적 이론	모두 인정: 인간은 자신의 발달에 영향을 미치는 환경 맥락에 적극적으로 영향을 주기도 한다.	모두 인정: 아동의 특징과 타인의 반응이 양방향적으로 서로에게 영향을 미친다. 생태층들이 아동의 양육 경험에 영향을 미친다. 조기 경험과 나중 경험 모두 중요하다.	명확하지 않음.	가능한 많은 경로: 아동의 특징은 환경의 영향력과 함께 중다 수준에서 작용하여 독특한 방식으로 발달을 모형화한다.

출처: Berk(2006), Shaffer(2000),

4) 우리나라의 아동 발달 이론

서구의 학자들이 제시한 아동 발달 이론은 그들의 문화에서 성장하는 아동에 기초하여 생성된 것이다. 그러나 인간의 발달을 제대로 이해하기 위해서는 성장하는 아동의 사회문화적 배경과 그에 담긴 가치 체계의 이해가 필수적이다. 이에 우리나라 아동의 발달 이해를 위해 전통적인 아동 발달에 대한 관점을 살펴보고자 한다(정옥분, 2002, 2003; 한미라 외, 2002).

고대 국가의 성립 이후 고려시대까지 국가의 통치 이념으로 불교가 받아들여짐으로써 그 시대의 아동관에 큰 영향을 미쳤다. 불교에서 아동은 성인과 동일하게 주체적 인격체로서 수행을 통해 자신의 타고난 업을 개선하고 불성을 발휘하여 깨달음에 도달할 수 있는 존재로 간주된다. 아동이 유전과 업에 의해 태어나더라도 개인의 의지와 환경에 의해 앞으로의 향상을 가져올 수 있으며, 이를 위해서는 부모로부터의 유전, 현재의 환경, 아동 개인의 의지가 상호작용하게 된다고 보았다. 인간 발달의 단계는 현생의 인간 일생을 중심으로 태내기와 태외기로 나뉠 수 있으며, 아동기는 태외기 중 아기가 탄생한 후부터 소년기까지에 해당한다. 아동에게는 성인, 즉 부모의 보호와 교육이 일차적으로 필요하며 자녀는 이러한 부모의 은혜를 갚고자 노력해야 한다고 강조한다.

한편, 조선시대를 지배했던 유교사상은 태내에서 잉태되는 순간부터 하나의 인격체로 아동을 존중했는데, 이는 아동이 선한 본성을 가지고 있으며 무한한 발전 가능성을 지닌 존재, 자연성과 존엄성을 지닌 존재라고 보았기 때문이다. 그러나 일면 성인에 비해 생각이 부족하며 욕망이나 잘못된 행위를 할 수 있는 존재이므로 아동에게 적절한 훈육을 통해 예를 실천하도록 가르치는 것이 무엇보다 중요하다고 보았다. 특히 아동의 교육은 가능한 한 일찍, 일상생활을 통해 가까운 관계에서부터 시작하는 것이 효과적이라고 보았기 때문에 가정교육이 중요시 되었다. 태아기(胎兒期), 유아기(幼兒期), 유유아기(乳幼兒期), 동몽전기(童蒙前期), 동몽후기(童蒙後期)까지의 단계에 해당하는 아동기 동안 아동은 지도자가 되기 위해 필요한 성현들의 언행을 배워야 하며, 부모는 가족 공동체의 구성원인 자녀를 엄격한 상하질서 속에서 교육하되 10세 이전에는 자애로움을, 이후에는 어버이에 의한 엄격함이라는 덕목을 강조하며 연령에 따라 상이한 부모-자녀 관계를 가져야 한다고 보았다.

그러나 이와 같은 유교사상에서의 아동관은 인간으로서 아동이 갖는 권리보다는 윤리 도덕이 강조됨으로써 오히려 전통 사회에서 소중하게 인식되어 온 아동 존중 사상을 퇴색시켰다고 비판하는 시각도 있다. 예로서 장유유서(長幼有序)의 윤리는 아동을 경시하고 그들의 인격을 무시하는 유교 윤리로 간주된다. 비판적 시각의 중심에는 동학사상의 영향을 받은 소파 방정환(1899~1931)이 있었다. 개화기와 일제강점기의 아동문학가, 아동운동가 등으로 호칭되는 방정환은 아동의 본성이 선하다는 성선설적 입장에서 아동을 천사로 보는 천사주의(天使主義) 아동관(조채영, 1997)을 가지고 있었다. 유교적 전통에서 아동을 환경과 수동적인 관계를 맺는 존재라고 본 것과 달리, 아동을 일제라는 환경과 경제적 · 사회적으로 낮은 지위의 환경을 극복하고 바르게 성장할 힘이 있는 존재, 즉 환경과 적극적으로 상호작용하는 존재라고 보았다. 가능성과 독특성을 지닌 아동이 전인적으로 성장과 발달할 수 있도록 교육할 것을 주장하고, 이를 위해 시대적 상황에 의한 애국 교육 외에 예술 교육과 도덕 교육을 아동 중심적 교육 방법으로 실천해야 한다고 했다.

이상과 같은 우리나라의 아동 발달에 대한 관점들은 서양의 발달 이론과 비교하여 긍정적인 면을 보여준다(정옥분, 2002, 2003). 첫째, 인간 발달의 기제로서 유전과 환경의 상호작용에 대한 비중이 커지고는 있으나 일찍이 고대 불교의 인간 발달관에서 유전과 환경, 개인의 의지라는 세 요인의 상호작용이 강조된 바 있다는 것이다. 둘째, 서양의 발달 이론들이 생의 전반부의 발달에 주로 초점을 맞추었다면, 유교의 입장에서는 이미 수백 년 앞서 태내기에서 노년기까지 전 생애에 걸쳐 인간 발달단계를 상세히 나누어 제시하였다는 것이다. 셋째, 서양에서는 출생 후 첫돌이 되어야 한 살이지만 우리나라에서는 태어나자마자 한 살을 먹는다. 이는 수정의 순간부터 생명체로 인정함으로써 생명 존중 사상과 함께 태아 발달을 과학적으로 사고하였음을 반영한다. 넷째, 인지와 정서, 이성과 감성 등 이원론적 사고로 발달을 보는 서양과는 달리 우리나라에서는 일원론적 사고를 바탕으로 인간 발달의 모든 영역을 총체적으로 파악했다는 것이다.

이러한 긍정적인 측면에도 불구하고 우리나라에서는 아직 전통사상에 근거한 아동 발달관 또는 발달 이론에 대한 연구가 체계적으로 이루어지지 않고 있으며 현대사회에 적합한 발달 이론이 아직 나오지 못하고 있다. 그러나 20세기 초 서양의 아동 발달 연구나 교육 사상에 영향을 받지 않고도 독자적으로 아동 존중 사상과 그 실천방법이 모색되었다는 것은 한국적 아동 발달 이론의 발전 가능성을 보여주었다. 우리나라 아동을 제대로 이해할 수 있도록 우리 문화에 적합한 아동 발달 이론이 제시되기를 기대해 본다.

3. 아동 발달의 응용 분야

19세기 말 아동 발달에 관한 과학적인 연구가 시작된 이래, 아동 발달에 대한 지식의 양이 매 3년마다 두 배씩 늘어난다(Driscoll & Nagel, 2002)고 할 만큼 오늘날 아동 발달에 대한 정보와 지식의 양은 매우 방대하다. 아동 발달은 앞서 살펴본 아동 연구의 오랜 역사를 거치며 하나의 학문 영역으로 자리 잡고 있다. 이 같은 아동 발달학의 발전은 아동심리 연구가 아동에 대해 사회과학적이며 미시적인 접근을 하는 것과 달리, 자연과학적 관점을 포함하며 그 접근이 거시적이고 학제적이라는 데 원동력이 있다(조복희, 1995; Belsky, Lerner, & Spanier, 1984). 생물학, 심리학, 가정학, 교육학, 인류학, 사회학, 의학, 사회복지학 등의 영역에서 행해진 연구들도 모두 학제적인 아동 발달 연구에 포함될 수 있다. 생명체의 구조와 기능을 다루는 생물학은 아동의 신체 발달 변화와 발달에서의 유전의 영향을 밝혀주었고, 심리학은 아동의 신체와 운동 발달, 지적 능력의 변화, 사회 · 정서적 반응의 일반적 경향과 개인차를 규명해 주었다. 인류학은 아동 발달에 대한 문화적인 영향을 자연 상황에서 알고자 노력했으며, 사회학은 가족이나 계층 등의 사회 구조에 관심을 두고 아동 발달 연구에 공헌하였다. 따라서 아동 발달 연구는 단순히 아동을 이해하고자 하는 아동심리 연구와 비교할 때, 아동 이해에 대한 사회적인 요구에 부응하여 실용적인 측면이 강조(김태련 외, 2004; 조복희, 1995)되었기 때문에 학제적 성격을 띠며 응용 연구가 활성화될 수밖에 없었던 것이다.

그렇다면, 아동의 발달을 연구하는 목적은 무엇인가? 아동 발달학의 학제적 성격에 비추어볼 때, 아동 연구는 아동의 행동과 발달에 대한 과학적인 지식과 현상을 기술하고 설명해 줌으로써 아동 관련 다양한 이론들을 발전시키며 이를 기초로 보다 좋은 환경을 조성해 주는 데 그 첫째 목적이 있다. 둘째 목적은 아동의 미래 행동을 예측해 봄으로써 아동의 복지를 향상시키는 데 있다(김춘경 외, 2002). 이와 같은 아동 발달학 또는 아동 발달 연구의 궁극적 목적에 근거하여 보다 구체적으로 아동 발달 지식과 정보가 응용될 수 있는 분야를 살펴보면 다음과 같다(김춘경 외, 2002; 김태련 외, 2004; 이윤경 외, 2003; Berk, 2006; Borich & Tombari, 1997).

1) 발달 이론적 연구 분야

아동 발달학은 과학적인 아동 연구를 통해 발달 이론, 발달의 특성, 발달 이상에 대한 정보를 제공한다. 이러한 정보는 대부분의 아동이 그 연령대에서 보이는 일반적인 발달 특징인 발달 규준(developmental norm)을 제공함으로써 아동의 발달이 빠른지 혹은 늦은지를 진단 · 평가할 수 있도록 한다. 발달 이상에 대한 연구를 통해 밝혀진 발달 이상의 유형별 특성, 원인에 관한 지식들은 발달정신병리학의 기초를 제공한다. 아울러 아동에 대한 대략적인 이해는 인간의 발달 현상을 객관적으로 기술하며, 행동 변화의 원인을 설명하고, 나아가 인간의 행동을 예측 또는 통제하는 데 중요하다.

2) 아동 교육 분야

아동 교육의 핵심이 되는 교육과정은 아동의 발달에 적합하게 준비되어야 한다. '발달에 적합한 실제(developmentally appropriate practice)' 로서의 유아교육과정은 아동 발달에 대한 정확한 지식과 이해를 토대로 구성될 수 있다. 또한 아동을 지도하는 교사는 아동 발달에 대한 이해를 기초로 아동에게 적절한 교수 방법, 적절한 교육 환경과 활동, 학급 관리를 위한 효과적인 방법 등을 구안할 수 있으며, 아동과 어떻게 상호작용하는 것이 아동의 발달을 촉진시킬 수 있는지를 알 수 있다.

그러나 아동을 지도하는 교사가 발달 지식을 참고할 때는 주의할 점이 있다. 아동의 발달 규준은 평균적인 발달 수준을 의미하는 것이므로 유아교육과정의 계획시 연령에 따른 적합성과 함께 아동의 개인차를 생각한 개인적 적합성을 고려해야 한다는 것이다. 또한 아동 발달 관련 각 논쟁점(본 Chapter의 1절 참조)에 대한 교사의 시각에 따라 아동에 대한 이해, 교사로서의 역할에 차이가 있을 수 있다는 점을 염두에 두어야 한다는 것이다. 예를 들면, 발달의 기제를 학습이라고 보는 교사는 자신의 가르침이 있어야 아동이 발달될 수 있다는 믿음으로 교사 중심적인 교수 방법을 채택하게 된다.

정상적으로 발달하는 아동 외에 환경적 문제나 생리적인 문제로 장애의 위험에 처해 있거나 장애가 있는 아동들을 위한 조기 중재, 그리고 아동 특수 교육 분야에서 발달정신병리학적 지식은 적절한 교육적 중재 방법을 발견하는 데 있어 중요 역할을 한다. 학제적 성격을 띤 발달정신병리학은 아동의 이상 발달에 대한 지식뿐 아니라 정상 발달에 대한 지식에 크게 의존한다.

한편 아동 교육 행정가가 교육 행정이나 정책을 구안하는 데 있어서도 아동 발달에 대한 이해는 필수적으로 요구된다.

3) 아동 상담 및 치료 분야

최근 아동의 정신적 · 행동적 문제를 다루는 소아정신과나 심리치료센터, 아동상담센터 등이 급증하고 있다(김춘경 외, 2002). 아동에게 상담과 치료 서비스를 제공하는 것은 직접적인 문제의 치료에서 나아가 잠재적인 문제, 청소년기 비행이나 폭력 문제 등을 예방한다는 점에서 중요하다. 상담과 치료를 위한 이론과 기법, 상담사나 치료사의 훈련을 위한 정보 등이 아동 발달 지식에 기초함은 물론이다.

4) 가족 · 사회 · 문화 환경 및 아동 복지 분야

아동 발달에 대한 지식은 부모들에게 자녀 양육의 지침을 제공하므로 자녀의 건전한 발달을 돕는 것은 물론 부모가 자녀의 발달 특징을 간과하거나 지나치게 심각하게 생각하는 것을 예방하며, 자녀가 일으킬 수 있는 심리적 · 행동적 문제를 최소화 할 수 있다. 자녀 양육과 교육을 돕는 부모 역할과 양육 방법을 부모에게 교육하는 프로그램의 개발은 아동의 심리적 · 신체적 발달과 그러한 발달에 영향을 미치는 부모 관련 요인들에 관해 아동 발달 분야에서 행해지는 연구들에 기초한다.

아동 발달에 관한 연구는 부모의 자녀 양육에 필요한 지식을 제공할 뿐 아니라 가족 환경 조건(예 가족의 구조, 안정성, 주거 환경 등)과 가족 내 인간관계 요인(예 부모-자녀 관계 외에 형제 관계, 부모의 양육 태도 등), 그리고 아동학대, 부모의 실직, 이혼, 취업모 문제 등 다양한 요인들이 아동 발달에 영향을 미침을 보여준다(본서의 Chapter 11 참조). 또한 아동을 둘러싼 생태학적 환경으로서 사회 · 문화적 환경, 즉 사회의 가치관과 태도, 학교와 지역사회 내의 인간관계, 대중매체, 법과 제도 등의 역할 역시 아동 발달 연구를 통해 밝혀져 있다(본서의 Chapter 12 참조). 특히 생물학적 요인과 환경적 요인이 문화를 매개로 인간 발달에 영향을 미친다는 주장에 따라 최근 발달심리학에서 문화의 영향력에 대한 관심이 고조되고 있다. 청소년의 성, 십대의 임신, 약물중독, 학습장애, 사이버상의 문제 등 발달상의 문제는 문화적 맥락에 대한 이해가 없으면 해결되지 않는 것들이다.

아동의 발달 지지는 아동이 우리의 미래, 즉 미래의 부모, 노동자, 시민이며 인본주의적 시각에서 인간으로서의 기본권을 인정받아야 한다는 데서 출발해야 한다. 이를 위해 가족, 사회, 국가의 각 주체들이 무엇을, 어떻게 해야 할 것인가를 고려할 때 아동 발달 연구 결과들은 중요 정보를 제공해 준다.

이러한 측면에서, 아동 발달을 포함한 인간의 발달에 관한 실용 연구가 발달과학(developmental science)으로 발돋움하고 있다는 지적(김태련 외, 2004)은 주목된다. 발달과학은 응용발달심리학과 발달공학의 구체적인 흐름으로 나타난다. 전자는 아동의 교육과 양육, 가족 문제 등의 현실적 문제를 다루면서 아동 복지를 위한 정책적 기초를 제공하며, 생태학적 접근을 통해 빈부격차나 아동 폭력 등 다양한 문제에 대한 사회의 영향을 인식시켜 주고 있다. 후자인 발달공학(developmental engineering)은 인간의 제반 발달 특성을 고려하여 교육 도구를 제작하거나 제품을 설계하고 환경을 배치하는 것과 같은 보다 구체적이고 적극적인 응용을 포함한다. 아동의 발달을 촉진하는 프로그램의 설계, 놀이 공간이나 주거 공간 등 발달 환경을 설계하는 데 아동 발달 지식이 활용되는 것이다. 또한 건축설계사는 아동을 위한 미술관이나 어린이집을 아동 주도적인 교육 효과를 거둘 수 있도록 아동 발달 지식을 참고하여 설계하게 된다.

Chapter 02

아동 발달 연구 방법

앞 Chapter에서 소개한 다양한 아동 발달 이론과 아동의 행동에 대한 이해는 아동 발달과 행동 특성에 대한 여러 연구를 통하여 가능하게 되었다. 본 Chapter에서는 아동 발달 연구의 특징과 과학적 연구 방법에 대해 소개하고자 한다. 또한 발달 연구의 설계 및 연구 유형, 그리고 구체적인 자료 수집 방법에 대해 살펴보고 최근 아동 발달 연구의 동향과 아동 연구의 윤리적 문제에 대해 살펴보고자 한다.

1. 아동 발달 연구의 특징

아동 발달에 관한 연구는 오랜 역사를 가지고 있다. 발달 이론의 발전과 더불어 아동 발달에 관한 연구 또한 끊임없이 이루어져 왔으며, 많은 발전을 이루었다. 아동 발달에 관한 연구는 아동이 어떠한 과정을 거쳐 발달을 이루어 나가는지, 왜 아동이 그러한 발달 과정을 보여주고 있는지를 기술하고 설명하고 있으며, 이를 바탕으로 아동 발달의 주요 이론을 형성하고 발전시켜 왔다.

아동 발달을 설명하고 있는 주된 이론들을 살펴보면 각 나름의 독특한 연구 방법에 기초하고 있다. 연구 목적 및 연구 설계에 있어서나 정보를 수집하는 방법이나 수집된 정보를 해석하고 이를 실생활에 적용하는 방법에 있어서 차이가 있음을 알 수 있다. 예를 들면, 눈에 보이는 외적 행동을 강조하고 있는 학습 이론은 자극과 반응에 대한 직접적인 관찰을 통해 인간의 학습 과정을 설명하고 있다. 이러한 학습 이론은 행동의 조건화와 모델링을 교육적으로 활용하여 아동의 부적절한 행동을 줄이고 사회적으로 수용 가능한 행동을 증가시키는 데 활용되고 있다. 임상적 접근에 기초한 Freud의 정신분석 이론, 사례 연구와 실험 과제에 기초한 Piaget의 인지 발달 이론 등 아동 발달에 관련한 모든 이론은 그 나름의 연구 방법에 기초하여 자료를 수집하고 수집된 자료를 해석하며 이를 바탕으로 아동 발달을 위한 구체적인 적용을 제안하고 있다.

이러한 아동 발달에 대한 이론과 연구는 어떻게 이루어지는가?

아동을 대상으로 한 연구는 성인을 대상으로 한 연구와 달리 아동에게 직접 질문하거나 기술하게 하여 아동의 생각이나 행동 방식에 대한 자료를 얻기가 쉽지 않다. 따라서 아동의 행동을 관찰하고 아동의 생각과 느낌을 이끌어내기 위한 여건을 마련하거나 성인들의 어린 시절을 회상하게 하여 자료를 수집하게 된다. 그러나 이러한 방법들은 아동의 행동이나 사고를 주관적으로 해석할 가능성이 있으며, 기억에 의존한 정보의 편파성과 한계성으로 인하여 아동의 사고와 감정에 대한 적절한 정보를 얻기가 쉽지 않다. 따라서 아동 발달에 대한 연구는 보다 체계적인 절차와 과정에 기초한 연구 방법과 자료 수집 방법을 통하여 계획하고 설계되어야 하며, 보다 엄격한 과정을 거쳐 이루어져야 한다.

1) 아동 발달 연구의 목적

아동 발달 연구의 목적은 아동의 발달 과정을 기술하고 설명하며, 나아가 발달 연구에서 얻어진 연구 결과를 아동 교육 및 복지를 위하여 활용하는 데 있다. 아동 발달에 대한 이론과 연구는 아동 발달의 과정을 이해하고 설명하는 데 있어서 중요한 역할을 수행할 뿐만 아니라, 얻어진 연구 결과를 아동 발달에 적용하는 데 중요한 역할을 수행하고 있다.

(1) 아동 발달의 기술

무엇보다 아동 발달 연구는 아동의 연령 변화에 따른 아동의 발달적 특성과 변화양상에 대한 현상적 기술에 중요한 역할을 하였다. 신생아는 엄마의 소리를 구분할 수 있는가? 첫 단어를 말하는 시기는 언제인가? 유아기 읽기 발달은 어떠한 과정을 거쳐 이루어지는가? 이러한 질문에 대한 연구 결과는 발달 현상을 있는 그대로 기술하는 역할을 수행한다. 아동의 발달 양상을 이해하기 위하여 아동 발달 현상에 관한 자료를 수집하고 이를 구체적으로 기술할 필요가 있다. 아동 발달의 기술을 통하여 아동 발달의 보편적 과정을 이해할 수 있으며 개별 아동의 발달적 특수성을 파악할 수 있다. 아동 발달의 과정 및 현상을 기술하는 것은 아동 발달 연구의 가장 기본적인 목적이라고 할 수 있다.

아동 발달의 보편적 과정과 현상을 이해하기 위하여 아동의 행동과 반응을 관찰하여 자료를 수집하게 된다. 또한 질문지나 면접을 통하여 다수 아동의 보편적 발달을 이해하기 위한 자료를 수집할 수도 있으며, 특정 아동에 대한 사례 연구를 통하여 발달 과정에 대한 구체적인 정보를 획득하기도 한다.

(2) 아동 발달의 기제

아동 발달에 대한 연구는 아동 발달에 대한 기술과 함께 왜 이러한 발달적 변화가 발생하는지를 설명하고 어떠한 과정을 거쳐 아동의 발달적 변화가 나타나게 되는지를 이해하기 위하여 수행된다. 아동의 발달적 특성과 행동의 변화 양상이 발생하는 근원적인 요인과 구체적인 변화 과정에 대한 이론적 기반을 밝혀 나가는 데 있어서 아동 발달 기제에 대한 연구는 매우 중요한 역할을 한다. 유아기 폭발적 언어 발달의 배경이나 원인을 밝혀내거나 영아기에 나타나는 반사 작용(예 걷기 반사)이 점차 소실되고 다시 새로운 자극에 대한 능동적 반응(예 걷기 발달)이 나타나는 과정을 설명하기 위한 노력이 이에 속한다.

발달 과정과 발달의 원인을 밝혀 나가는 과정은 단순히 발달을 기술하는 것과는 다른 연구 과정을 필요로 한다. 때로는 발달 기제를 밝혀내기 위하여 인위적인 실험 상황을 구성하기도 하고, 의학이나 물리학 등의 학문 분야에서 사용되는 실험 기기나 의학적 정보가 활용되기도 한다. 다양한 문화적 환경 속에서 나타나는 발달적 과정을 분석하고 이해하기 위한 인류학이나 민속학적인 연구가 활용이 되기도 하며 동물의 행동을 관찰하고 분석하는 노력이 이루어지기도 한다.

(3) 아동 교육 및 복지를 위한 활용

아동 발달 연구의 궁극적 목적은 아동과 관련한 다양한 영역에서 아동의 긍정적인 발달과 복지를 향상시키기 위한 것으로 다양한 영역에서 이를 적절히 활용하는 방안을 제시하는 데 있다. 아동 발달 현상 및 과정에 대한 연구 결과는 아동에 적절한 교육 환경을 구성하는 데 활용되어질 수 있으며, 아동 복지의 향상을 위한 목적으로 현장에서 다양하게 활용될 수 있다. 발달 과정에 따른 연령별, 영역별 특성의 이해는 특정 발달 단계 아동의 심리적 특성에 기초하여 발달이 정상적으로 이루어지고 있는지를 판단하는 중요한 자료로 사용되고 있다. 발달 과정에 대한 이해는 아동의 발달을 촉진하기 위한 다양한 프로그램의 개발을 통해 구체적으로 활용될 수 있다. 교육 현장을 중심으로 이루어지는 대부분의 연구와 최근 들어 널리 소개되고 있는 실행 연구 등이 발달 연구가 활용되는 대표적인 예이다.

2) 아동 발달 연구 방법의 필요성

아동 발달에 관한 연구는 아동의 발달 현상이 어떠한지를 기술하고, 왜 아동이 그러한 발달 과정을 보여주고 있는지를 설명함으로써 아동 발달 이론을 발전시켜 왔음을 알 수 있다. 아동 발달에서 얻어진 연구 결과를 통하여 아동을 위한 여러 가지 구체적인 노력을 기울이도록 도와준다. 그렇다면 이러한 아동 발달 연구 방법에 대한 이해가 왜 필요한가에 대하여 생각해 보자.

하나의 연구 대상을 학문적으로 체계적으로 접근해 가기 위해서는 일정한 연구 방법론이 요구된다(김주후, 1995). 아동 발달 연구 방법이란 아동 발달 연구의 기술과 방법을 의미하는 것으로 연구 수행의 기본 도구이며 하나의 연구가 과학적 체계를 갖기 위해 반드시 필요한 것이다. 따라서 아동 발달 연구 방법은 아동 발달 이론의 발전을 위한 전제 조건이 되며, 발달 이론의 발전은 새로운 연구 방법의 개발을 요구하게 된다. 아동 발달에 관한 기존 이론을 발전시켜 나가고 새로운 이론을 정립해 나가기 위하여 연구 방법은 매우 중요한 역할을 수행하고 있다. 이와 같이 아동 발달 연구를 수행하는 연구자나 이론가에 있어서 연구 방법은 매우 중요한 의미를 지닌다.

그러나 직접적으로 새로운 이론을 창출하거나 실제 연구를 수행하는 이론가나 연구자가 아닌 경우에도 아동 발달의 연구 방법에 대한 이해는 매우 중요하다. 아동 발달의 연구 방법에 대한 이해는 아동 발달의 이론과 아동 발달에 관련한 연구 결과를 보다 구체적으로 이해하는 데 필요한 정보를 제공한다. 아동과 관련한 현장에 종사하는 교사, 행정가, 정책 결정자들은 아동 발달에 대한 다양한 이론과 끊임없이 발표되고 있는 연구 결과들을 적절히 이해할 때 이를 올바로 적용할 수 있다.

최근 들어 다양한 연구 결과들이 매스컴이나 인터넷 등의 매체를 통하여 소개되고 있다. 그러나 구체적인 연구 방법에 대한 이해 없이 연구 결과만을 주목하게 될 경우, 여러 가지 오해와 왜곡이 발생하게 된다. 아동 발달 연구 방법에 대한 이해가 충분할 때 연구 결과에 대한 올바른 이해가 가능하기 때문이다. 정서지능(EQ)에 대한 구체적 개념적 정의 없이 EQ 프로그램이 난무하는 현상이나 언어적 민감기의 개념이 조기 영어 교육의 근거처럼 악용되는 현상은 연구 방법이나 발달 이론에 대한 이해 없이 연구 결과에 대한 단편적 지식에 의존하는 태도에서 비롯된 오류라고 할 수 있다. 이와 같이 아동 발달에 대한 이론의 도출이나 연구 수행과 무관한 경우에도 아동 발달의 연구 방법에 대한 이해는 연구 결과의 올바른 이해와 적용에 있어 중요한 의미를 지닌다.

아동 발달 연구 방법에 대한 이해는 아동과 관련한 다양한 현장에서 아동 발달의 이해를 위해 수행되는 연구에 필요한 자료 수집 및 연구 설계 방법을 결정하는 데 실질적인 도움을 줄 수 있다. 아동 발달을 직접적으로 경험하고 있는 현장 교사 및 아동 관련 종사자들이 직접 연구 자료를 수집하거나 전문 연구자의 연구 수행을 지원함으로써 아동 발달에 대한 이론과 연구의 발전에 실질적으로 기여할 수 있다. 아동 발달에 대한 연구들은 대체로 현장 교사와 아동 관련 종사자들의 도움에 기초하여 이루어지고 있기 때문에 아동 발달에 관한 보다 정확한 연구 자료를 획득하기 위하여 아동과 직접 관련된 교사나 현장 실무자들의 역할이 매우 중요하다.

아동 발달 연구 방법에 대한 이해는 현장의 교사와 아동 관련 종사자들이 현장의 문제를 해결하거나 현장을 개선하는 데 필요한 연구 문제를 주체적으로 제기하거나 실제로 연구를 계획하고 수행하는 데 있어서도 매우 중요한 역할을 수행한다. 연구 방법의 이해는 구체적인 현장에서 목격되는 아동 발달에 대한 탐색과 현장 문제를 해결하기 위한 체계적인 연구 방향을 제시해 줌으로써 교사나 아동 관련 종사자들이 연구의 주체가 되어 연구를 수행할 수 있도록 도와주며, 연구 결과가 현장의 개선이나 아동과 관련한 문제의 해결에 직접적으로 기여할 수 있다. 이와 같이 현장의 문제에 직면하여 현장의 개선을 위해 노력하고 있는 일선 교사와 현장 종사자의 연구능력을 기르기 위해서도 연구 방법에 대한 이해는 매우 필요한 부분이다.

2. 아동 발달과 과학적 연구

1) 아동 발달의 과학적 연구

우리는 아동 발달에 대한 지식을 어떻게 획득하는가? 대부분의 부모들은 자녀를 양육하면서 아동의 발달 과정에 대한 경험적 지식을 획득하게 된다. Piaget를 비롯한 많은 아동 발달 이론가들 역시 자기 자녀의 발달 과정을 지켜보면서 아동의 발달에 대한 이론을 형성하였다. 또한 우리가 경험하지 못한 발달에 대한 이해나 전문적인 해석은 위대한 학자들의 이론을 수용하여 믿고 따르는 경우가 많다. 이와 같이, 개인적 경험이나 직관, 또는 권위 있는 연구자의 이론이나 연구 결과에 의존하여 아동 발달에 대한 정보를 얻게 된다(Cosby, 1989).

대개의 경우 개인적 경험을 통하여 많은 지식을 얻게 된다. 물론 경험은 우리가 어떤 정보를 획득하는 데 있어 가장 기본적인 역할을 수행한다. 우리가 관찰한 것으로부터 얻어진 정보를 일반화하고 자주 기억되는 특별한 경험을 진실이라고 여기게 된다. 흔히 만류인력의 법칙은 Newton이 사과가 나무에서 떨어지는 것을 경험함으로 가능하였다고 말한다. 그러나 왜 과수원의 농부는 사과가 나무에서 떨어지는 것을 수없이 경험(관찰)하고도 Newton과 같이 과학적 이론을 끌어내지 못했을까? 과수원의 농부와 달리 Newton은 사과가 나무에서 떨어지는 것을 단순히 경험하기에 앞서 엄청난 물리학적 이론과 기초 지식을 습득하였다. 이러한 이론적 기초가 사과가 나무에서 떨어지는 사소한 경험에서 이론의 탄생을 가능하게 하였다. 따라서 아동 발달에 대한 이론은 개인적 경험에서 얻을 수 없는 중요한 발달의 측면을 이해할 수 있도록 도와준다.

아동의 발달에 있어서도 아동의 발달 과정을 직접적으로 경험함으로써 아동 발달에 대한 많은 지식을 얻기도 한다. 발달 이론이나 발달에 대한 학문적 지식이 없으나 아이를 양육한 경험이 있는 할머니가 지닌 아동의 발달 및 양육에 대한 정보는 아동을 양육한 경험 속에서 획득된 것으로 때로는 아동 발달 전문가도 알지 못하는 많은 정보를 제공하기도 한다. 그러나 경험이 어떤 정보를 획득하는 절대적인 방법이라고 생각하는가? 또한 경험에 기초한 정보들이 얼마나 타당하다고 생각하는가? 개인적 경험은 주관적이며 많은 오류를 포함하고 있다. 또한 우리가 보고 들은 것들이 잘못 해석되기도 한다. 각 개인의 경험은 완전히 객관적일 수는 없기 때문이다. 경험에 기초한 주관적 판단이나 직관적 해석은 아동 발달이나 행동에 대한 지나친 일반화나 주관적 편향성으로 인하여 아동의 행동이나 발달 과정을 올바르게 이해할 수 없다는 한계점을 지닌다.

이와 같이 개인적 경험이 지니는 주관성과 한계성 때문에 우리는 권위 있는 학자나 전문가로부터 얻은 정보에 의존하여 지식을 구성하고 이를 신뢰하게 된다. 오늘날 정보의 홍수 속에서 유명한 학술가의 저서와 다양한 출판물, 신문이나 잡지, 정부 관료나 종교적 지도자의 주장 등 아동 발달에 관한 다양한 정보들이 제공되고 있다. 우리는 이러한 권위 있는 자료들이 진실이라고 믿는다. 그러나 권위 있는 자료들에 대한 우리들의 믿음은 항상 올바른 지식을 구성하는 방법이라고 보기는 힘들다. 또한 이들 권위 있는 학자나 전문가들이 말하는 아동 발달에 대한 정보나 주장이 때로는 서로 상반된 경우도 있다.

예를 들면, 어떤 이들은 언어적 민감기인 유아기에 언어의 습득이 빠르게 이루어질 수 있기 때문에 외국어 교육을 가능하면 일찍 시작하는 것이 좋다고 주장한다. 또 다른 전문가는 모국어가 완전히 습득된 후에 다른 언어를 습득하는 것이 보다 효율적일 뿐만 아니라 아동의 논리적 사고력의 향상에도 긍정적 영향을 미친다고 주장한다. 이런 경우 어느 연구 결과에 따라 교육과정을 구성할 것인가? 개별 이론과 연구 결과를 보다 정확하게 이해하기 위하여 연구 방법에 대한 적절한 이해가 요구되어진다. 즉, 연구에 참여한 연구 대상의 특성과 사용된 연구 도구 및 절차 등 연구 방법을 주의 깊게 살펴보아야 한다. 과학적 연구 방법에 대한 이해는 올바른 아동 발달의 이해를 도울 수 있으며 아동의 발달에 적절한 환경을 제공할 수 있도록 해준다. 아동 발달에 대한 이론은 과학적 연구에 기초하고 있으며 아동 발달에 대한 정보는 과학적 방법으로 획득되어야 한다(Kerlinger, 1986).

2) 과학적 연구의 개념

부모, 가족, 교사 등 많은 사람들이 아동의 발달 과정을 이해하고 아동의 행동을 설명하고자 하였다. 앞서 제시한 것처럼, 대개의 경우 권위나 신념, 또는 개인적 경험이나 직관에 의존하여 아동 발달과 행동을 이해하고 설명하고 있다. 그러나 이와 같이 단순한 경험이나 권위에 의존한 아동 발달과 행동에 대한 이해는 과학적 절차에 따른 과정이라고 볼 수 없다. 과학적 연구는 아동 발달과 아동의 행동을 이해하기 위한 가장 합리적인 방법이다. 그렇다면, 아동 발달에 관한 지식은 물리학이나 화학과 같은 학문적 분야에서 수행되는 과학적 연구 방법과 같은 방식으로 획득될 수 있는가? 과학적 연구 방법이 다른 접근 방법에 비해 아동 발달을 이해하는 데 어떠한 차이가 있는가?

아동 발달 연구 방법에 있어서 과학적 연구란 무엇을 의미하는가?

과학적 연구란 일반적 현상 가운데서 관계가 있으리라고 생각되는 가설적인 명제들을 체계적, 통제적, 경험적, 비판적으로 탐구하는 활동을 말한다(Kerlinger, 1986). 아동 발달에 대한 연구 역시 다른 과학적 연구와 마찬가지로 아동 발달에 대한 과학적 연구에 기초하여 학문적 발달을 이루어왔다. 일반적으로 과학적 연구란 대개의 경우, 행동과학 또는 경험 과학(empirical science)에 기초하여 존재하는 사실이나 현상을 체계적으로 설명하기 위한 이론 정립을 목적으로 수행되는 일련의 과정을 의미한다(Tashakkori & Teddlie, 1998). 다시 말해서, 과학적 연구란 기존의 이론에 기초하여 개발되거나 관찰된 변수들 간의 가정된 관계를 경험적으로 검증하는 과정이라고 할 수 있다. 과학적 연구는 객관적이고 체계적이며, 타당하고 검증 가능한 속성을 지닌다. 이러한 과학적 속성은 개인의 주관적 경험이나 신념, 또는 감정에 기초하여 정보를 획득할 가능성을 줄이고 보다 정확한 정보를 획득할 수 있도록 해준다.

앞서 Newton의 예에서 설명했듯이 하나의 이론이 탄생하기 위해서는 경험과 더불어 이러한 경험을 이론화 할 수 있는 여러 가지 물리학적인 이론이 중요하였다. 아동 발달의 이론 또한 아동 발달에 대한 기존의 지식과 이론이 관찰이나 실험을 통한 아동 발달에 대한 구체적인 경험과 결합될 때 새로이 탄생될 수 있음을 이해할 필요가 있다. 과학적 연구는 이와 같이 논리적 접근(이론)과 경험적 접근(실증적 자료)이 적절히 조화를 이루고 있다. 우리가 접하는 대부분의 연구 논문들이 이론적 배경 또는 선행 연구를 중심으로 구성된 논리적 부분(이론)과 연구 방법 및 연구 결과로 구성되는 경험적 부분(실증적 자료)이 결론 및 논의로 종합되어 제시되고 있음을 알 수 있다.

3) 아동 발달 연구의 과학적 절차

과학적 연구는 몇 가지 중요한 절차를 거쳐 진행된다. 과학적 연구는 연구 문제의 설정, 자료 수집, 자료 분석, 결과 및 결론의 도출 과정으로 나누어 이루어진다(Wiersma, 1995). 과학적 연구 절차를 세분하여 살펴보면 [그림 2-1]과 같다.

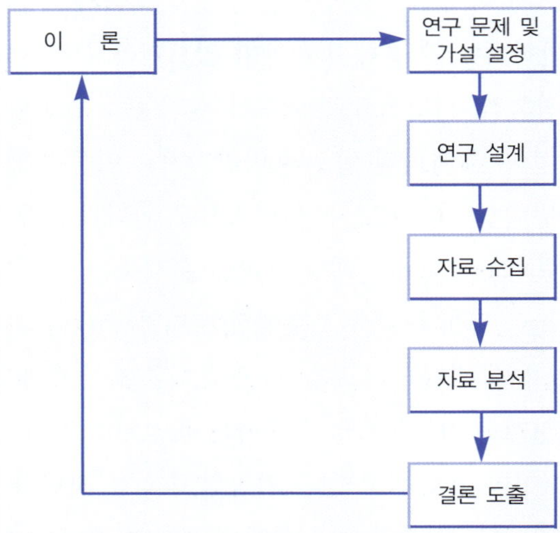

[그림 2-1] 과학적 연구 절차

과학적 연구의 시작은 기존의 연구 결과 및 이론에 기초하여 논리적으로 제시된 가설이나 연구 문제를 개념화하는 것에서 출발한다. 이는 일반적 수준에서 연구 문제를 개념화하고 이론을 도출하거나 하나 이상의 가설을 제시하는 것으로 구성된다. 다음으로 연구 문제 및 가설에 기초하여 과학적 절차에 따라 구체적인 자료를 수집하기 위한 체계적인 연구 과정을 설계하게 된다. 설계된 자료 수집의 과정은 연구 문제와 관련하여 자료를 과학적 방법과 타당하고 검증 가능한 절차를 통하여 수집할 수 있게 해준다. 일단 자료가 수집되면 통계적 절차에 따라 자료의 특성을 분석하고 종합하여 결과를 도출하는 단계로 나아가게 된다. 마지막으로 얻어진 연구 결과에 기초하여 연구 결과 및 이론을 재정립하고 수정 · 보완하는 절차를 거치게 된다. 이러한 과학적 연구 절차를 통하여 아동 발달 연구들이 수행되고 있다.

3. 아동 발달 연구의 설계

아동 발달 연구에 있어서 아동의 연령에 따른 변화 과정을 살펴보는 것은 매우 중요하다. 아동의 연령 변화를 살펴보기 위한 방법은 특정 아동을 일정 기간에 걸쳐 연령에 따른 변화 과정을 연구하거나 각기 다른 연령의 아동을 대상으로 발달적 차이를 비교하는 방법이 있다. 아동 발달 연구는 연구 설계 방법에 따라 종단적 설계, 횡단적 설계, 그리고 계열적 설계로 나누어 볼 수 있다.

1) 종단적 설계

종단적 설계(longitudinal design)는 같은 연구 대상을 대상으로 장기간에 걸쳐 일정 간격으로 반복하여 관찰 또는 측정하여 발달의 일반적 변화 과정을 추적하여 연구하는 방법을 말한다. 예를 들어 아동의 자아개념 발달을 종단적 연구 설계를 통하여 연구하고자 하는 경우, 유치원생을 표본으로 선정한 후 초등학교와 중학교에 진학할 때까지 매 2년마다 반복하여 해당 아동의 자아개념을 측정함으로써 유아기에서부터 아동기, 청소년기에 걸친 자아개념의 발달 과정을 연구할 수 있다.

이와 같이 종단적 설계를 통하여 개별 아동의 언어 발달, 정서 발달 및 인지 발달변화 과정을 잘 파악할 수 있다. 이러한 종단적 설계의 가장 큰 장점은 시간의 흐름에 따른 동일 아동의 발달 과정을 반복적으로 측정함으로써 아동의 발달 및 변화 과정을 이해할 수 있다는 점이다. 따라서 종단적 연구 설계는 시간의 흐름에 따른 발달의 변화 과정을 정확하게 이해하도록 도와주며 발달적 인과 관계(cause and effect)를 파악하게 해준다는 장점이 있다.

그러나 종단적 설계를 통하여 2세에서 5세 사이의 발달적 변화를 파악하고자 한다면 적어도 4년이라는 긴 시간이 요구된다는 것이 단점으로 지적될 수 있다. 종단적 설계의 경우에는 긴 시간이 요구되므로 시간과 노력뿐만 아니라 많은 경비가 요구되는 단점이 있다. 연구 기간이 길어짐으로 인하여 연구 대상자가 연구에 더 이상 참여하는 것을 거부하거나 이사나 사망 등과 같은 이유로 연구 대상자의 중도 탈락이나 손실 등의 문제가 발생할 수도 있다. 또한 같은 연구 도구를 사용하거나 실험 상황에 익숙해짐으로 인하여 연습 효과(practice effect)와 같은 문제를 초래할 수 있다. 종단적 설계의 가장 큰 단점은 표집의 편향성(bias)에 있다. 왜냐하면 종단적 연구는 연구 참여자로 하여금 장기적으로 연구에 참여할 것을 요구한다. 따라서 종단적 연구에 참여하고 있는 연구 대상자의 경우, 연구에 대한 적극적인 자세가 요구된다. 이러한 연구 대상자의 적극적인 성향은 연구 결과를 일반화하는 데 있어 문제점으로 제기될 수 있다. 또한 모든 연구 대상자가 출생 동시 집단으로 연령 변화를 이해하는 데 도움이 되나 이러한 연구 결과가 다른 시기에 출생한 집단의 특성으로 일반화하는 데 있어서 조심스러운 측면을 지닌다.

국내에서 이루어진 종단적 연구의 대표적 사례로 최근 육아정책연구소에서 실시하고 있는 한국아동패널 연구가 있다. 한국아동패널 연구는 2008년에 시작되어 2020년까지 수행될 계획이며 2008년 의료기관에서 출생한 신생아 2,078명에 대한 매년 설문조사 및 심층조사를 실시하고 있다. 자세한 사항은 육아정책연구소의 홈페이지나 한국아동패널 홈페이지(http//kicce.re.kr/panel/)를 통해서 자세히 살펴볼 수 있다.

2) 횡단적 설계

횡단적 설계(cross-sectional design)는 연령이 다른 연구 대상자를 동시에 표집하여 각 연령 집단 간의 발달적 특성을 비교 연구하는 방법이다. 예를 들면, 유아기 어휘력이 2세에서 4세까지 어떻게 발달하는지를 알아보기 위하여 2세에서 4세의 유아를 각 연령별 표집하여 어휘력을 검사할 수도 있다. 이때 표집된 연구 대상자가 각 연령 집단의 발달적 특성을 대표하게 되므로 매우 조심스런 표집이 요구된다.

종단적 설계와 비교할 때, 횡단적 설계의 경우 시간과 경비를 줄일 수 있다는 점이 가장 두드러진 장점이다. 또한 같은 연구 대상자에게 동일한 관찰이나 검사를 실시하지 않아도 되기 때문에 검사 효과 등의 문제는 우려하지 않아도 된다.

그러나 횡단적 설계의 경우, 종단적 설계와는 다른 측면에서 표집의 문제가 발생한다. 즉, 횡단적 설계를 통해 얻어진 연구 결과에서 나타나는 발달적 차이가 연령에 따른 차이인지 또는 각 연령 집단에 표집된 각 연구 대상 아동이 다르기 때문에 나타나는 차이인지를 알 수 없게 된다.

같은 시기에 태어난 아동이 갖는 특성의 유사점으로 나타나는 출생 동시 집단 효과(cohort effect)를 연령 변인과 혼동할 수 있다. 출생 동시 집단(cohort)이란 유사한 문화적 환경과 역사적 사건을 경험한 같은 연령 집단을 의미한다. 따라서 1990년에 출생한 아동과 2000년에 태어난 아동의 경우, 자라난 시대적 특성이 아동의 발달에 미치는 영향이 같다고 보기는 힘들다. 그 밖에 연령 집단에 따른 집단 간 비교를 통해 개인의 발달적 변화에서 나타내는 발달의 변화 과정을 이해하기가 어렵다는 점이 지적될 수 있다. 일반적으로 연령별 비교를 실시하는 대부분의 연구들은 횡단적 설계에 기술하여 실시되고 있다.

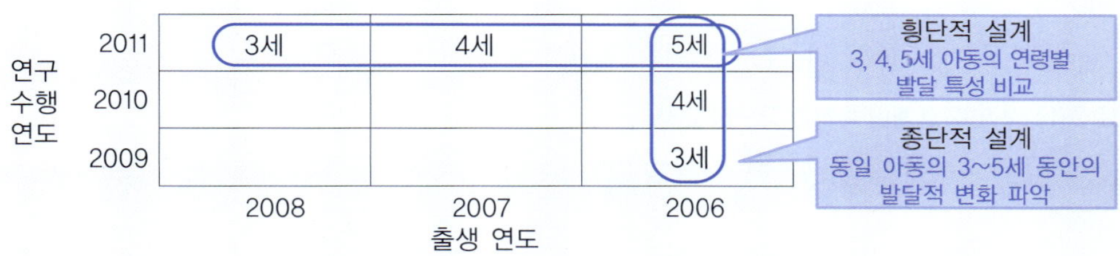

[그림 2-2] 종단적 연구 설계와 횡단적 연구 설계

3) 계열적 설계

계열적 설계(cross-sequential design)는 종단적 연구와 횡단적 연구의 장단점을 절충 · 보완한 연구 설계(Schaie, 1965)로 비교적 짧은 기간의 연구를 통하여 연령 효과와 출생 동시 집단 효과(cohort effect)를 파악할 수 있다는 장점이 있다. 이러한 연구 설계는 연구의 초기에는 횡단적 설계와 마찬가지로 몇 개의 연령 집단을 선정한 후, 종단적 설계처럼 선정된 연구 대상을 반복적으로 측정하는 것이다. 연구 출발점에서 2세, 3세, 4

세의 세 연령 집단의 아동을 선정한 후, 2년간 각 연령 집단을 반복 측정하게 되면, [그림 2-3]에서 보는 바와 같이 출생 동시 집단의 효과와 더불어 측정 시기의 효과를 감안한 연령별 발달 과정을 이해할 수 있게 된다. 이는 종단적 연구보다 짧은 기간에 효과적으로 발달적 변화 과정에 대한 연구를 수행할 수 있다는 장점을 가지나 횡단적 연구에 비해 시간이 오래 걸리고 연구 수행 과정이 다소 복잡한 단점이 있다.

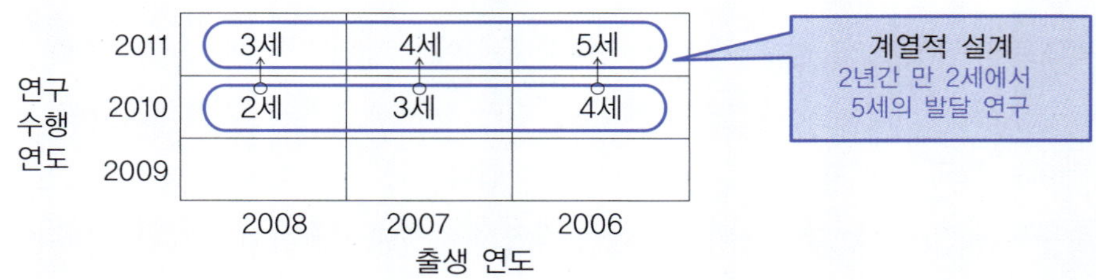

[그림 2-3] 계열적 연구 설계

〈표 2-1〉 각 연구 설계의 특징과 장단점 요약

연구 설계	특 징	장 점	단 점
종단적 설계	• 동일 집단의 연구 대상자의 변화를 반복적으로 연구	• 발달적 변화 양상 파악 용이 • 초기 발달과 이후 행동 간의 관계 연구 가능	• 많은 시간 및 노력 요구 • 연구 대상자의 중간 탈락률 • 훈련 효과에 의해 왜곡
횡단적 설계	• 주어진 시점에 다른 연령 집단 아동에 대한 연구	• 시간 및 노력의 절약 • 자료 수집의 용이성	• 개인의 발달적 변화 과정에 대한 연구 불가능 • 동시대 집단 효과로 인해 연령차 왜곡
계열적 설계	• 둘 이상의 연령 집단의 연령 변화에 대한 반복적 연구	• 종단적 설계와 횡단적 설계의 단점 보완 • 동시대 집단 효과 파악	• 연구 설계 및 수행의 복잡성 • 비용의 문제

4. 아동 발달 연구의 유형

아동 발달의 연구 유형은 크게 상관 연구, 실험 연구, 사례 연구로 분류할 수 있다. 각 연구 방법은 장단점을 지니고 있으며 이러한 장단점을 고려하여 연구 목적과 연구 대상에 적절한 연구 유형을 선택할 수 있다. 대부분의 경우 각각의 연구 방법들은 상호 보완적으로 사용하여 연구의 효율성을 꾀할 수 있다.

1) 상관 연구

상관 연구는 둘 이상의 변인 간의 관계의 정도를 알아보는 연구 방법으로 아동 발달의 연구에 있어서 가장 보편적인 연구 방법이다. 예를 들면, 지능과 창의성의 관계, 유아기 언어능력과 아동기 학업 성취능력과의 관계, 양육 행동에 따른 아동의 문제 행동 발생 간의 관계 등 변인들 간의 관계를 이해하기 위한 연구들이 있다.

상관 연구는 상관 분석이라는 통계적 분석을 사용하여 두 변수 간의 상관관계를 밝히고 있다. 상관 분석에서는 변인 간의 관계를 나타내는 상관계수를 통계치로 산출하게 된다. 상관계수는 피어슨 적률 상관계수(Pearson product moment correlation coefficient)를 사용한 두 변인 간의 선형적 관계(linear relationship)에 기초하고 있다. 상관계수 r값은 −1에서 +1의 범위를 가지며, r=0일 경우, 두 변인 간에는 상관이 전혀 없음을 의미하며, 절대값이 1에 가까울수록 높은 상관관계가 있음을 의미한다. 대개의 경우, 상관계수 r값이 ±.7~1.0인 경우, 높은 상관관계를 의미하며, r값이 ±.3~0이면 낮은 상관관계를 의미한다. 상관계수 r값의 부호는 관계의 방향성에 대한 정보를 제공해 준다. r〉0인 경우, 두 변인 간에는 정적인 상관관계가 있음을 의미하며, r〈0인 경우에는 두 변인 간에 부적인 상관관계가 있음을 의미한다. 즉, 지능과 창의력의 상관관계가 r=.70(r〉0)이라면 지능이 높을수록 창의성이 높음을 의미하며 지능과 창의성 간의 상관관계가 높음 역시 의미한다.

그러나 상관관계가 있다고 해서 인과관계가 있음을 의미하는 것은 아니다. 인과관계가 있을 경우, 상관관계가 높게 나타날 것이나 상관관계가 높다고 해서 인과관계가 있다고 보기는 힘들다. 인과관계는 두 변인이 원인과 결과의 관계를 갖는 경우를 의미하며, 실험 연구와 같이 원인되는 변인을 조작하고 그 외의 모든 가능한 변인들을 철저히 통제하는 실험 연구의 경우에만 인과관계를 파악할 수 있다. 따라서 상관 연구들이 인과관계로 이해되는 오류를 범하지 않도록 각별한 주의가 요구된다. 상관관계 분석결과를 변수의 효과나 영향력으로 설명하는 것은 인과성을 의미하는 것으로 상관연구에서 가장 흔히 범할 수 있는 오류이다.

Arthur Jensen(1923~)

대표적인 상관 연구의 예는 유전과 환경의 영향과 관련한 Jensen(1969)의 유전 · 환경의 유사성에 대한 각 쌍의 IQ 상관관계에 대한 연구가 대표적인 예이다. 함께 성장한 일란성 쌍생아들의 IQ 간의 상관은 r=.85로 가장 높았고 다음으로 다른 가정에서 자란 일란성 쌍생아(r=.70), 동성의 이란성 쌍생아(r=.55), 같은 환경에서 자란 형제(r=.55), 다른 가정에서 자란 형제(r=.25)의 순으로 나타나 유전과 환경의 유사성이 높아질수록 IQ 간의 상관이 높아지고, 이에 반해 유사성이 낮아질수록 상관이 낮아지는 것을 볼 수 있다. 이와 같이 변수들 간의 상관관계에 대한 조사를 바탕으로 관련 변수들의 관계를 설명하는 데 많이 사용되고 있다.

2) 실험 연구

실험 연구는 앞서 언급한 바와 같이 두 변인 간의 인과관계를 밝혀내기 위한 연구 방법으로 체계적인 조작(manipulation)과 통제(control)에 의해 이루어진다. 실험 연구에 있어서 변인(variable)이란 측정 가능한 조건으로서 양적으로 변하는 요인을 말한다. 실험을 수행할 때 다른 조건들을 일정하게 하고 그것들과는 달리 원인이 될 만한 것을 선택하여 처치(treatment)를 가함으로써 독립변인을 조작(maniputing)하게 되는데, 이와 같이 조작된 사건은 원인(cause)에 해당한다. 이때 처치(treatment)란 독립변인이 어떻게 결과변인에 영향을 미치는지를 알아보기 위해 마련된 조작을 의미하며, 독립변인의 조작으로 인해 발생한 행동의 변화를 결과(effect) 또는 종속변인이라고 한다. 독립변인 이외에 종속변인에 영향을 줄 수 있는 변인들을 가외변인(extraneous variable)이라 한다. 따라서 실험 연구에서는 어떤 행동의 원인이 되는 변인을 조작하여 독립변인(independent variable)으로 설정하고 그 밖의 가외변인들을 철저히 통제(control)하여 조작된 독립변인이 종속변인(dependent variable)에 미치는 영향을 밝혀냄으로써 인과관계를 파악할 수 있도록 해준다.

예를 들면, Bandura와 그의 동료들은 관찰 학습의 영향과 조건에 대한 연구에서 아동을 다섯 집단으로 분류하여 실험 처치를 하였다. 〈집단 1〉에게는 성인 모델이 실물 크기의 플라스틱 인형을 언어적, 신체적으로 공격하는 장면을 관찰하도록 하고, 〈집단 2〉에게는 〈집단 1〉의 성인 모델의 행동을 비디오를 통하여 관찰하도록 하였으며, 〈집단 3〉은 만화로 제공된 공격적 행동을 관찰하도록 하고, 〈집단 4〉는 비교집단으로 아무것도 보여주지 않았으며, 마지막 〈집단 5〉는 비공격적이며 감정을 억제하는 모델을 보여주었다. 각기 다른 관찰 학습을 처치한 후 처치 과정에서 모델이 처해 있던 상황과 유사한 실험실에 아동을 안내하여 아동의 언어적, 신체적 공격 반응의 발생 빈도를 관찰하였다. 그 결과로 공격적 행동을 관찰한 모든 집단의 아동들은 비교집단의 아동에 비해 높은 공격적 반응을 보였으며, 감정 억제 모델을 관찰한 아동은 비교집단에 비해 낮은 공격적 반응을 나타내었다. 이 연구를 통하여 공격적인 행동을 하는 모델의 관찰이 아동의 행동에 영향을 주어 아동이 공격적 행동을 나타냄을 알 수 있다. 이러한 연구에 기초하여 Bandura는 사회적 관찰 학습의 의미를 밝히고 있으며 인지적 사회 학습 이론을 주장하고 있다.

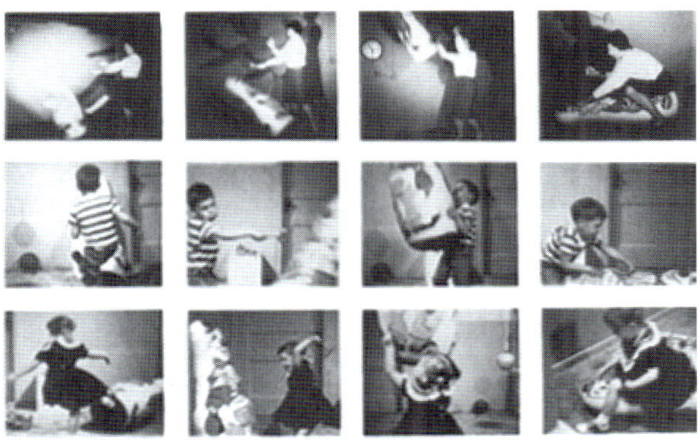

[사진 2-1] Bandura의 공격성 모방 행동에 관한 연구

출처: Bandura, Ross, & Ross(1963)

아동 발달 연구에 있어서 실험 연구는 아동의 발달 과정의 어느 한 요인이 다른 요인에 어떻게 영향을 미치는지 살펴보는 연구로 인과관계에 대한 가설을 만들고 그 가설을 증명하기 위하여 실시된다. 실험 연구의 장점은 인과관계를 명확하게 알 수 있으며 연구 절차가 명확하고 체계적이어서 다른 사람들이 정확하게 같은 방법으로 실험하는 반복 연구(replication)가 가능하다. 이러한 실험 연구는 주어진 연구 대상자를 실험집단과 통제집단에 무선 배치(random assignment)를 함으로써 종속변인에 영향을 미칠 수 있는 외생변인을 통제하게 된다. 그러나 대부분의 교육 현장을 중심으로 한 연구나 실험적 조직이 불가능한 연구의 경우에는 무선 배치가 현실적으로 어렵다. 이와 같이 자연 상태에서 얻어진 집단을 대상으로 실시되는 연구를 준실험 연구 또는 유사 실험 연구(quasi-experimental research)라고 하며, 필요한 경우 통계적 통제 등을 통하여 한계점을 보완할 수 있다. 준실험 연구의 경우, 처치와 집단의 효과가 복합(confound)되어 있어 인과관계를 명확히 밝히기 어려우며, 집단 선정에 따른 오류로 인하여 일반화에 문제가 발생할 수 있으므로 연구 설계 및 분석에 주의가 요구된다.

3) 사례 연구

Piaget와 그의 가족(Piaget는 세 자녀에 대한 사례 연구를 통하여 발달 이론을 설명한다.)

출처: Santrock(2001)

사례 연구(case study)는 한두 명의 연구 대상자를 깊이 있게 연구하는 것으로 집단보다는 개인에 초점을 둔 연구라고 볼 수 있다. 사례 연구에서는 관찰, 잘 조직된 개별화된 질문, 육아 일기, 기록물, 아동 작품, 각종 검사 등이 사용될 수 있으며, 이렇게 수집된 모든 정보들을 종합하고 분석하며 판단하는 연구 방법이다. Piaget가 자신의 자녀를 관찰함으로써 인지 발달의 단계를 정립한 것처럼 사례 연구는 비교적 많은 수의 일반 아동보다는 독특한 상황을 경험하거나 특수한 아동에 대한 주의 깊은 연구를 통하여 아동 발달의 특성을 이해하고자 하는 연구 방법이다.

〈표 2-2〉 연구 방법에 대한 특징과 장단점

연구 설계	특 징	장 점	단 점
상관 연구	• 두 변인 간의 관련성 연구	• 변인 간 관계 파악 용이	• 인과관계 파악 어려움
실험 연구	• 둘 혹은 그 이상의 조건에서 처치 효과를 비교하는 연구	• 인과관계의 파악 용이 • 변인 통제 용이	• 일반화의 문제 • 실험 설계의 어려움
사례 연구	• 특정 개인에 대한 집중적인 연구	• 개인의 발달의 복잡하고 세부적인 변화에 대한 분석 가능	• 일반화의 문제 • 자료의 주관성

아동 발달의 연구에 있어서 개별 아동의 일상적 경험은 어떠한지, 주어진 상황에 대한 개인적 경험을 어떻게 해석하고 받아들이는지, 주변 세계에 대한 탐색과 반응이 어떠한 과정을 거쳐 발생하는지를 이해하기 위한 노력은 양적인 자료에 의존하기보다는 개별 아동의 사례를 수집하고 분석하는 질적인 접근이 유용한 경우가 많다.

그러나 사례 연구의 경우, 관찰자의 편견이 작용할 수 있으며. 관찰자가 누구인가에 따라 관찰 결과가 달라질 수도 있다. 특히 관찰자가 어머니인 경우 아동 발달의 긍정적 측면이 부각될 가능성이 있다. 또한 특정 개인에 대하여 수집된 자료를 다른 대상에 일반화하기 곤란하다는 단점이 있다. 이는 자료의 외적 타당성에도 영향을 미친다. 따라서 사례 연구는 과학적인 체계성과 객관성이 제한된 연구 방법이기는 하나 아동 발달의 구체적이고 세부적인 정보를 획득하는 데 유용한 연구 방법이다. 따라서 사례 연구는 탐색적 차원의 연구 목적으로 많이 활용되어진다. 또한 아동과 같이 자기 의사 표현이 불분명하거나 연령이 너무 어려서 실험 연구가 불가능한 경우, 특정 아동의 사례를 다양한 자료를 통하여 자료를 수집함으로써 아동의 발달에 대한 보다 세부적인 정보를 획득할 수 있다.

임상 장면에서 내담자의 행동 변화와 과거사, 심리 검사 자료, 대인관계의 특징 등을 연구하는 방법을 임상법(clinical method)이라고 하는데, 개인의 과거사를 중심으로 임상 장면에서 이루어지는 경우를 '임상사례법'이라고 한다. 현재보다는 과거에 초점은 두고 있는 사례사(case history)의 경우, 개인이 기억해 내는 사건이나 과거에 대한 기록을 분석하고 재구성하는 방식으로 수행된다. 대표적인 예로 Freud의 임상적 접근 방식이 있으며 성인을 대상으로 실시된 연구를 통하여 아동기의 경험을 이해하는 데 유용하게 활용될 수 있다. 이렇게 과거를 회고하며 재구성하는 사례사는 회고적 방법(retrospective method)이라고도 한다.

5. 아동 발달 연구를 위한 자료 수집 방법

아동 발달에 관한 연구는 아동에 대한 다양한 정보 수집을 필요로 한다. 아동 발달을 연구하기 위한 자료 수집 방법에는 크게 관찰법, 질문지법과 면접법, 검사법으로 나누어 살펴볼 수 있다.

1) 관찰법

관찰법은 피험자의 행동을 집중적이고 의도적으로 관찰하고 기록하여 자료를 수집하는 방법으로 아동을 대상으로 한 연구에서 가장 널리 사용되는 방법이다. 관찰법은 연구 대상자의 행동을 주의 깊게 관찰하여 자료를 수집한다. 과학적인 연구를 위한 관찰은 무엇을 관찰할 것인지를 명확하게 한 후 편견이 없는 객관적인 방식으로 수행하여야 한다. 또한 관찰한 내용을 정확하게 기록하고 분석하여야 하며 관찰한 내용을 효과적으로 전달할 수 있어야 한다(Santrock, 2001). 과학적인 관찰을 통하여 얻어진 자료는 아동 발달과 행동에 대한 자세하고 정확한 정보를 획득하는 데 도움이 된다.

일반적으로 아동 발달 연구는 아동의 실제적인 행동을 기술하고 행동의 변화를 설명하기 위하여 계획되고 수행되어진다. 이때 주어진 연구 대상자나 연구 상황에 어떠한 조작도 가하지 않은 자연스러운 실제 상황에서 연구자가 아동의 자연스러운 행동을 관찰하고 기록하는 방법을 자연적 관찰법(naturalistic observation)이라고 한다. 반면 연구자가 미리 관찰한 내용, 방법, 시간 등을 결정하여 관찰하고 기록하는 경우를 체계적 관찰법(systematic observation)이라고 한다. 체계적 관찰법은 시간표집법과 사건표집법 등이 있으며, 관찰 내용을 정해진 틀에 따라 체계적으로 관찰하고 기록하게 된다. 이때 미리 정해진 계획에 따라 동일한 시간 간격으로 관찰을 수행하는 관찰 방법을 시간 표집법(time sampling)이라고 하고, 관심 있는 특정 행동을 미리 정하고 정해진 행동의 발생을 기록하는 방법을 사건표집법(event sampling)이라고 한다. 시간표집법은 빈번하게 발생하는 행동의 빈도나 지속 시간 또는 행동의 존재 여부에 대한 자료 수집에 용이하다. 반면 사건표집법은 특정 행동이 발생하는 맥락과 행동 발생의 인과관계를 파악하는 데 적절한 방법이다.

[사진 2-2] 일방경이 설치된 관찰실에서 유아의 행동을 관찰하고 이를 관찰기록지에 기록한다.

출처: Santrock, 2001

자연적 관찰법은 아동의 행동에 영향을 미치는 다양한 변인들을 체계화하여 적절히 관찰하지 못함으로 인해 행동의 기술과 설명이 불명확할 수 있다는 단점이 있다. 반면, 체계적 관찰법은 사전에 계획된 한계성 내에서 관찰이 이루어진다는 단점이 있다. 자연적 관찰법이든 체계적 관찰법이든 관찰에 의해 자료를 수집할 때 주의를 기울이지 않으면 객관적이고 공정한 연구를 하기가 매우 어렵다. 관찰자의 주관적 생각이나 편견이 관찰 결과에 영향을 미칠 수 있기 때문이다. 따라서 관찰 내용과 기록을 구체적이고 체계적으로 준비하여 계획성 있는 관찰이 되도록 해야 하며, 객관적이고 공정한 태도로 관찰을 수행하기 위하여 노력하여야 한다. 특히 관찰법을 사용하기 위해서는 관찰자의 능력이 요구된다. 관찰 과정에서 관찰자의 주관이 개입될 소지가 많고, 관찰자의 편견이나 희망이 반영되어 관찰자 편향(observer bias)이 개입될 수 있다. 이러한 오류를 피하기 위해 관찰자는 정확하게 관찰하고 기록하는 훈련을 받아야만 한다. 관찰법은 관찰자뿐만 아니라 관찰대상자인 아동에게도 영향을 미치게 된다. 낯선 관찰자의 존재나 관찰이 수행되는 낯선 상황이 아동 행동에 변화를 발생시킬 수 있다. 이러한 문제는 아동과 관찰자가 친밀해질 수 있도록 충분한 시간을 가진 후에 관찰을 수행하거나 일방경(one-way mirror)을 설치한 관찰실을 활용하는 방법으로 최대한 관찰의 오류를 막아 객관적인 관찰이 이루어지도록 해야 한다.

2) 질문지법과 면접법

Hall이 사용한 이후, 발달 연구에 있어 가장 널리 사용되는 자료수집 방법 중 하나가 질문지법이다. 질문지법(questionaire)은 연구하고자 하는 내용을 직접 연구 대상에게 질문 문항을 작성하여 답하도록 하고, 그 응답 내용을 종합 · 분석 평가하는 연구 방법이다. 특히 질문지법은 광범위한 연구 대상자를 대상으로 비교적 짧은 시간에 자료를 수집할 수 있어 가장 널리 사용되어지는 자료수집 방법이다.

그러나 유아와 같이 글을 읽을 수 없거나 질문의 내용이 사전에 체계적으로 준비될 수 없는 경우에 아동에게 직접 질문하여 응답 내용을 기록하는 면접법(interview)이 사용될 수 있다. 질문지를 사용하여 이루어지는 질문지법과 달리 면접법에서는 연구 대상자와 면대면 상황에서 직접적인 질문을 통하여 자료를 수집하게 된다. 면접법은 구조화된 면접과 비구조화된 면접법으로 구분된다. 구조화된 면접법의 경우, 면접을 통하여 질문하고자 하는 내용이 사전에 미리 준비되고 계획되어 면접이 보다 객관적이고 체계적인 과정을 거쳐 이루어질 수 있도록 수행하는 방법이다. 반면 비구조화된 면접법은 응답자의 응답 내용에 따라 질문의 방향과 내용이 결정되는 자료 수집 방법으로 면접자의 능력에 따라 자료의 유용성이 결정된다.

아동의 심리와 행동 특성을 알아보기 위해서는 실험 연구나 사례 연구 등의 방법이 더 적절할 수도 있으나 그러한 방법들을 통해 알아낼 수 없는 현상들도 상당히 있다. 예를 들면, 쉽게 관찰되지 않는 행동이나 관찰을 통해 얻기 힘든 내면적 사고나 태도 등이 이에 해당한다. 질문지법은 이러한 관찰하기 힘든 행동과 쉽게 조작되지 않는 행동에 대한 연구에 유용하게 사용될 수 있다. 그러나 질문지법이 사용될 경우, 연구 대상자의 행동이나 발달적 특성이 대표성을 가져야 하고, 자료 분석이 통계적으로 잘 이루어져 해석에 오류가 없어야 한다. 질문지법의 경우 대규모의 자료 수집과 통계적 분석의 적용이 용이하기 때문에 연구 결과의 대표성과 객관성에 있어서 다소 유리한 연구 방법이라고 할 수 있다. 그러나 이러한 대표성과 객관성은 타당하고 신뢰할 수 있는 설문 문항을 전제로 하고 있다.

또한 연구 목적 및 내용에 적합한 연구 대상자를 선정하여 선정된 연구 대상자에게 준비된 설문지를 배부하고 이에 대한 회수율이 적절하여야 하며, 연구 목적에 적절한 통계 분석 방법을 사용함으로써 달성할 수 있다. 특히 질문지법의 경우, 영 · 유아들에게는 사용할 수 없다는 단점이 있다. 또한 발달 현상 및 과정에 대한 단편적 정보를 얻기에는 용이하나 발달의 인과관계를 밝혀내기 어려우며 연구변인의 통제가 불가능함으로 인하여 연구 변인들 간의 복합 효과(confounding effect)의 가능성을 배제할 수 없다는 것이 문제점으로 지적될 수 있다.

반면 면접법의 경우, 연구 대상자와 직접적인 관계 속에서 자료를 수집할 수 있다는 장점이 있다. 면접 내용에 대한 연구 대상자의 태도나 행동을 직접 관찰함으로써 연구 자료에 대한 보다 구체적인 정보를 얻을 수 있으며 예기치 못한 응답에 대한 추가 질문이나 부연 설명을 통하여 자료 수집을 보다 구체적으로 수행할 수 있다는 장점이 있다. 그러나 아동을 대상으로 한 면접의 경우, 면접자의 특성이나 면접 방식이 대상 아동에 미치는 영향을 배제할 수 없다는 점이 문제가 되기도 한다. 또한 면접자의 주관적 해석이 아동의 행동이나 사고에 대한 주관적 판단을 내릴 가능성이 있으므로 정확한 자료 수집을 위하여 엄격한 면접자 훈련이 요구된다. 또한 성인 면접자에 대한 아동의 반응이 제한적일 수밖에 없다는 사실을 이해하고 아동과 충분한 관계 형성을 통하여 친근한 분위기 속에서 면접이 이루어지도록 하여야 한다.

3) 검사법

검사법이란 발달의 특성을 이해하기 위하여 개인의 행동표집을 끌어내기 위해 표준화된 방식으로 설계된 자료수집 방법이라고 정의된다. 즉, 검사법의 경우, 연구 대상이 되는 변인을 수량화하는 기법을 사용하여 관심이 되는 행동 특성을 일련의 문항을 체계적으로 제시하고 그 결과를 점수화하고 대표적 집단에 의해 얻은 규준(norm)이나 채점표에 기초하여 각 관찰대상자의 상대적 위치를 파악할 수 있다. 검사법은 직접 관찰할 수 없는 심리 특성이나 구성 개념(construct)을 수량화하여 개인차를 측정하는 것을 기본 목표로 하며, 특히 심리검사법은 인간의 능력, 지능, 흥미, 태도, 성취 적성 등과 같은 모든 종류의 심리적 특성을 측정하기 위해 사용된다. 대표적인 예로 지능검사나 발달검사 등이 있다.

심리 검사의 특징으로는 측정 순서와 방식이 표준화되어 제시되어 있고, 반복하여 관찰할 수 있기 때문에 신뢰도를 얻기가 용이하고 체계적 방법으로 수량화가 가능하다는 점을 들 수 있다. 검사 방법에 따라 개인 검사와 집단 검사로 나뉘어지며, 검사 재료에 따라 지필 검사와 도구 검사가 있다. 검사법은 검사 결과 얻어진 자료를 기초로 개별 아동의 발달에 대한 상대적 비교가 가능하며 이를 바탕으로 개인차의 구체적인 정보를 획득할 수 있다. 그러나 검사법은 어린 연령의 유아에게 사용될 경우, 검사 상황이 주는 심리적 부담감으로 인해 올바른 결과를 파악하기 힘들다는 단점이 있다. 아동의 능력을 충분히 검토할 수 있는 검사 도구의 개발이 전제되어야 하며 아동의 행동과 능력을 평가하는 데 있어 검사 수행 및 결과 해석에 많은 주의가 요구된다.

또한 검사 도구의 개발에 있어서 검사 문항이 특정 문화나 성별에 편파성을 지닐 경우 검사 결과에 미치는 부정적인 영향이 지적되고 있다. 특정 문화나 성별에 대한 편파성을 극복한 적절한 검사 도구의 개발 및 선정이 검사법의 적절한 활용을 위해 요구된다. 검사법은 검사 도구의 특성을 비롯하여 검사 절차 및 해석 방법을 적절히 알고 사용하여야 한다.

〈표 2-3〉 자료 수집 방법의 특징과 장단점 비교

방 법	특 징	장 점	단 점
관찰법	• 주어진 상황에서 자연스러운 행동의 관찰	• 자연스러운 행동의 관찰 가능 • 구체적이고 세부적인 개인 행동에 대한 분석	• 자료 해석의 어려움 • 관찰자 편견의 개입 가능성
면접법 질문지법	• 질문지나 면접을 통하여 미리 계획된 질문에 대한 응답자의 응답 결과를 분석하는 방법	• 자료 수집의 간편성 • 관찰 불가능한 행동의 연구 가능 • 보편적 특성 파악 용이	• 표본의 대표성 • 언어능력에 따른 결과 제한
표준화 검사법	• 표준화된 검사 도구를 사용하여 연구 대상자 특성을 평가하는 방법	• 상대적 비교 가능 • 신뢰성과 타당성 보장	• 적절한 검사 도구 선정의 어려움 • 검사 절차의 어려움

6. 아동 발달 연구의 동향과 과제

아동 발달 연구 방법의 특징에 기초하여 최근 국내외의 아동 발달 연구를 분석해 봄으로써 아동 발달 연구의 전반적인 동향을 이해할 수 있으며, 앞으로의 과제를 생각해 볼 수 있다. 먼저 아동 발달 연구의 동향을 살펴보고 아동 대상 연구에 있어서 매우 중요한, 그러나 간과되고 있는 윤리적 문제에 대하여 검토해 보고자 한다.

1) 아동 발달 연구의 동향

아동 발달 연구의 최근 동향은 생태학적 접근(ecological approach)을 무엇보다도 강조하고 있는 Bronfenbrenner의 발달에 대한 새로운 시각에 영향을 받고 있다. 발달에 있어 사회적, 역사적 맥락의 중요성이 강조되기 시작하였으며 전 생애적 발달의 개념으로 확대하여 아동 발달을 실험실 내의 한정된 연구에서 아동을 둘러싼 역동적인 발달 현상을 이해할 수 있는 연구로 발전시켰다. 이는 발달의 보편성보다 주어진 맥락 속에서 나타나는 발달의 특수성을 강조하고 있다. 이러한 경향은 연구 방법에 있어서도 특정 방법에 의존하기보다는 다양한 연구 방법에 기초한 생태학적인 접근을 요구하고 있다.

영아 연구의 확대는 아동 발달 연구의 새로운 경향으로 두드러지게 나타난 현상이다. 아동 발달에 있어서 영아 연구의 확대는 무엇보다도 연구 방법의 발전에 기초하고 있다. 영아의 발달에 관한 연구는 영아의 발달적 특성상 매우 힘든 영역이었다. 영아의 행동 특성을 영아의 맥박수, 뇌활성화 등을 다양한 의학기기를 동원하여 측정함으로써, 영아의 정서적 반응이나 지각을 습관화와 탈습관화, 지각선호성 등을 활용하여 객관적으로 평가하거나 발달 초기의 특성에 대한 과학적 연구에 많은 기여를 하였다.

마지막으로 아동 발달 연구의 최근 동향으로 두드러진 현상은 전반적으로 아동 발달에 관한 과학적 접근이 다양하게 모색되었을 뿐만 아니라 발달 연구가 다양한 분야에서 이루어진다는 점이다. 아동 발달의 연구는 단순히 발달 현상을 기술하고 발달 과정을 밝히는 것에서 교육, 복지, 제도에 필요한 실제적인 문제를 해결하기 위한 연구로 발전되어 가고 있다. 특히 발달심리학 분야에서 뿐만 아니라 유아교육과 아동학 분야에서도 아동의 발달에 대한 연구가 활발히 이루어지고 있다. 이는 아동 발달의 연구가 아동 발달의 일반적 경향을 이해하고 발달 기제를 파악하기 위한 목적뿐만 아니라 아동을 둘러싸고 있는 구체적인 상황 속에서 적극적으로 활용하기 위한 목적으로 이루어지고 있음을 의미한다. 따라서 현장 연구를 중심으로 한 연구 방법의 다양화가 강조되고 있다.

그렇다면 국내의 아동 발달 연구의 동향은 어떠한가? 국내에서 이루어진 1991년 이후 아동 및 유아 관련 학술지에 발표된 발달 연구 논문의 연구 경향을 탐색한 최미숙과 황윤세(2004)의 연구 결과에 따르면, 분석 대상 총 239편의 연구 중 횡단적 설계가 226편(94.6%), 종단적 설계는 10편(4.2%)과 계열적 설계는 단 3편(1.3%)으로 대부분의 연구가 횡단적 설계에 의존하고 있음을 알 수 있다. 이는 연구 설계의 용이성에 의한 편중된 연구 경향으로 볼 수 있다. 앞으로 아동의 발달적 변화 과정을 볼 수 있는 종단적 설계나 계열적 설계의 필요성이 제기된다. 연구 유형의 경우, 분석 대상 논문 총 265편 중 실험 연구가 124편(46.8%), 상관 연구가 63편(23.8%), 사례 연구가 14편(5.3%), 문헌 연구 등을 포함한 기타 연구 유형이 64편(24.1%)으로 대부분의 연구들이 실험 연구를 중심으로 이루어지고 있음을 알 수 있다. 자료 수집 방법에 있어서는 총 275편 중 관찰 연구가 80편, 검사법이 118편, 질문지법(43편)과 면접법(34편)이 총 77편으로 자료 수집에 있어서는 비교적 고른 분포를 나타내었다.

이러한 연구 결과는 국내에서도 아동 발달 연구가 활발히 이루어지고 있다는 긍정적인 평가를 내릴 수 있으며, 동시에 아동 발달 연구에 있어서 다양한 연구 방법의 활용이 앞으로의 주된 과제로 부각됨을 알 수 있다. 이는 우리나라 아동의 발달적 특성을 이해하기 위한 필수적인 과정으로 발달 연구 방법에 대한 보다 적극적인 관심이 요구된다.

2) 아동 발달 연구의 윤리적 문제

아동 발달에 관한 연구 방법은 아동의 발달과 변화에 대한 연구 및 이론과 함께 발전해 왔다. 아동 발달 연구 방법에 기초하여 아동의 발달 과정을 기술하고, 설명하고자 하였으며, 아동 발달에 적합한 환경을 구성하고 이를 지원하기 위하여 적극적으로 활용되었다. 아동 발달 연구 방법은 아동 발달에 대한 체계적인 연구를 위한 기본적인 틀을 제공함으로써 아동 발달의 이론과 실천에 기여하였다. 이러한 아동 발달 연구에 있어서 윤리적인 문제에 대하여 생각해 볼 필요가 있다. 아동을 대상으로 한 연구의 윤리적인 문제는 절대 간과할 수 없는 매우 중요한 부분이다. 외국의 경우 연구 참여자를 보호하기 위하여 모든 연구가 일정한 윤리 기준을 마련하여 연구 수행에 앞서 이러한 기준을 검토하는 절차를 거치도록 하고 있다. 그러나 우리나라의 경우 아직 이러한 기준과 절차를 구체적으로 마련하고 있지 않은 실정이다.

일반적으로 연구 대상자의 권리를 보호한다는 관점에서 연구 참여에 대한 사전 동의, 사생활 보호 및 비밀 보장에 대한 기준을 제시하고 있다. 그 밖에 연구 대상자에게 부정적 영향을 입히거나 상대적 불이익을 당하지 않도록 주의해야 하는 것을 기준으로 제시하고 있다. 특히 아동을 대상으로 한 연구에 있어 이러한 윤리적 기준은 매우 중요한 것으로 절대 간과해서는 안 된다.

연구 과정 중 아동은 얼마나 많은 불안을 수용할 수 있는가? 각종 검사나 여러 가지 실험들의 정서적인 긴장이나 장기적인 효과에 대해 충분히 고려하였는가? 실험 연구에서 실험 처치의 유해성과 상대적 박탈감에 대하여 고려하였는가? 아동의 진정한 권리는 무엇인가? 아동 권리를 위한 안전장치는 마련되어 있나? 지금까지 수행해 온 발달에 대한 연구가 아동의 권리에 기여하고 있는가?

이러한 질문은 아동 대상 연구에 있어서 매우 중요한 윤리적 기준이 될 수 있다. 아동의 권리와 연구의 윤리적 기준을 잘 고려하여 연구 결과뿐만 아니라 연구 과정이 아동에게 유익한 과정이 될 수 있도록 하여야 할 것이다. 아동 발달 연구를 수행할 때 이러한 아동의 권리와 연구 윤리를 고려하여 연구 방법을 조심스럽게 설계하고 연구 목적에 적합한 자료 수집 방법을 선정하여야 한다.

Part Ⅱ 발달의 기초

Chapter 03 태내 발달과 출산
Chapter 04 영아기
Chapter 05 신체 발달

Part Ⅱ에서는 발달의 기초에 대한 내용을 소개하며, 생명의 시작인 태내 발달과 출산, 영아기, 신체 발달이 포함된다. Chapter 3에서는 태내 발달과 출산 과정을 다룬다. 태내기는 다른 어떤 시기보다 급속한 성장이 이루어지며 이 시기에 형성된 신체적 구조와 기능은 개인의 일생을 통해 기초가 된다. 인간 발달을 이해하기 위해서는 유전의 기제에 관한 지식이 필요할 뿐만 아니라 태아의 건강과 생존을 위협하는 유해한 환경과 정상적인 태내 성장에 필요한 환경적인 지원도 중요하다. 시대를 거듭함에 따라 여러 출산 방법이 나타나기 시작하였으며 의학의 발달로 미숙아와 저체중으로 태어난 영아들의 생존율도 상당히 증가하고 있다.

Chapter 4에서는 신생아의 반사 행동, 상태, 학습능력을 살펴보며 초기 운동 발달과 감각 발달을 고찰한다. 신생아는 한동안 수동적이고 무능한 존재로 여겨졌으나 최근에 신생아의 능력을 측정할 수 있는 방법과 장비가 개발되어 인간은 출생 당시부터 매우 복잡하고 다양한 능력을 가진 존재임을 알게 되었다. 영아기는 전체 인생주기로 볼 때 짧은 기간이지만 현저하고 급격하게 발달이 이루어지는, 인간 발달의 초석이 되는 중요한 시기이다. 영아들의 전반적인 능력과 특성에 대한 지식과 이해를 통해 영아기가 새롭게 인식될 것이다.

Chapter 5에서는 유아기와 아동기의 신체 발달에 대하여 다룬다. 유아기는 영아기의 급격한 신체 발달에 비해 비교적 완만하나 꾸준히 발달이 진행되며 운동능력도 함께 발달한다. 아동기는 유아기에 비해서 더욱 완만한 신체 발달이 이루어지나 지속적인 발달로 인해 더욱더 운동능력이 발달하며 완만하던 발달 양상은 아동기말을 지나 사춘기를 맞으면서 신장과 체중이 다시 급격히 증가한다. 이에 따라 영아기의 성장 급등을 제1차 성장급등기라고 하며 아동기말에 나타나는 급격한 성장을 제2차 성장급등기라 한다.

Chapter 03

태내 발달과 출산

태내기는 수정 순간부터 출생에 이르기까지의 약 9개월간으로 출생 후 다른 어떤 발달단계보다 급속한 성장이 이루어지는 시기이다. 또한 태내기에 형성된 신체적 구조와 기능은 개인의 일생을 통해 신체 구조와 행동 발달의 기초가 된다.

본 Chapter에서는 태내 발달로서 수정, 태아 발달의 단계, 태내 발달에 영향을 미치는 요인에 대해 알아보고 출산 과정과 출산과 관련된 문제에 대해 살펴본다.

1. 태내 발달

태내기는 수정에서 출생에 이르기까지의 기간으로서 다른 어떤 시기보다 급속한 성장이 이루어지는 시기이다. 또한 태내기에 형성된 신체적 구조와 기능은 개인의 일생을 통해 신체 구조와 행동 발달의 기초가 된다. 우리나라나 중국 등 몇몇 문화에서 출생 시 영아에게 나이를 한 살을 부여해 왔던 것도 태내기 발달의 중요성을 나타내는 증거로 볼 수 있다(Bukatko & Daehler, 1995).

1) 생명의 시작

(1) 수 정

생명은 여성의 난자와 남성의 정자가 결합하는 순간 시작되며, 이를 수정이라고 부른다. 난자는 0.12㎜의 크기로 인체 내에서 가장 큰 세포이며, 모양은 타원형이다. 출생 전부터 여성(여태아)은 이미 5백만 개의 원시난자를 갖고 있는데, 이는 성장함에 따라 점차 감소하게 된다. 사춘기가 되면 3만 개 정도의 난자가 남게 되며, 이 중에서 약 400개가 가임기간 동안 성숙하여 배란이 된다(Samuels, 1986). 배란주기는 약 28일로서 2개의 난소에서 교대로 1개씩 난자가 배출된다. 배출된 난자가 자궁을 향해 이동하는 중 정자와 만나면 정상적으로 수정이 된다. 수정의 기회는 생리 시작 14일경부터 시작되며, 이 기간 동안 수정이 이루어지지 않으면 월경이 되어 난자가 질 밖으로 나오게 된다.

남성의 정자는 사춘기 이후 고환에서 매일 100만 개 정도(매초 당 약 1,000개)씩 생산된다. 정자는 난자와는 달리 편모가 있어서 운동력을 지니고 있어 난자가 있는 곳으로 활발히 헤엄쳐 간다. 1회 사정 시 수억 개의 정자가 나오는데, 이 중에서 난자와 만나 수정이 되는 것은 단 1개뿐이다. 정자는 올챙이 모양을 하고 있으며, 크기도 난자보다 훨씬 작다. 1개의 정자가 난자의 세포막을 뚫고 들어가면 정자의 꼬리 부분이 잘라지고,

정자의 핵과 난자의 핵이 결합하여 수정란이 된다. 수정란은 부모로부터 받은 유전 정보를 지니고 빠른 속도로 성장해 나가며, 수정이 되는 순간 성별이 정해지고, 유전적 특성과 정상 여부 등 전 생애에 큰 영향을 미치는 여러 가지 발달적 특성이 결정된다.

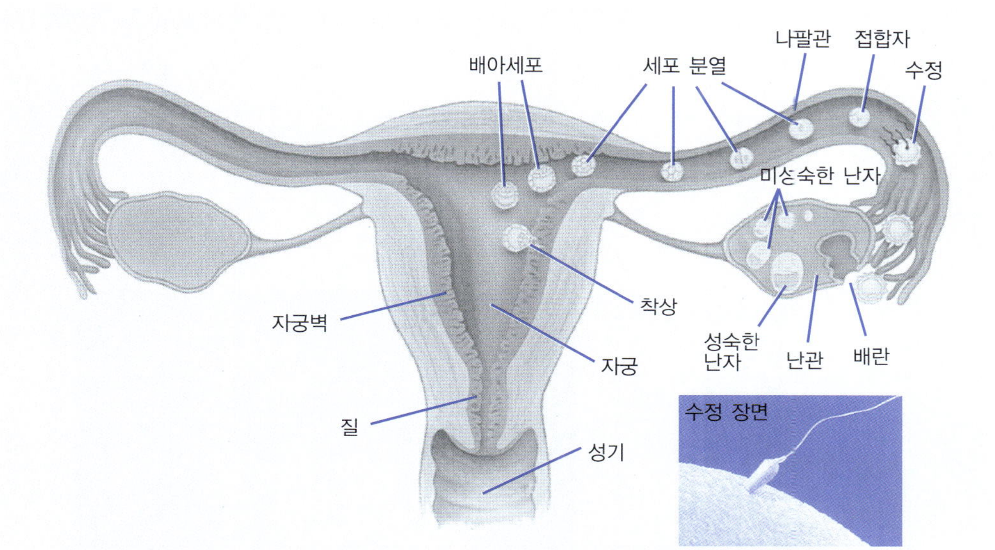

[그림 3-1] 여성의 생식기, 수정과 착상

출처: Berk(2000)

그러나 실제로 정자와 난자가 만나 임신이 되는 것은 그렇게 쉽지 않다. 그 이유는 난자의 생존 기간이 한 달 중 72시간 정도로 제한되어 있으며, 자궁 입구가 좁아서 사정된 정자의 극히 일부만이 자궁으로 갈 수 있기 때문이다. 또한 난자가 있는 나팔관까지 갈 수 있을 만큼 정자가 활발하고 건강해야 한다(조복희, 2000). 부부가 일 년 동안 부부생활을 정상적으로 계속해 왔는데도 불구하고 임신이 안 되는 경우를 불임이라고 하는데, 우리나라 가임연령 부부의 10~15%가 불임으로 진단받고 있다. 현재 불임의 원인은 여성, 남성, 그리고 양쪽 모두 때문인 경우가 각기 40%, 40%, 20%로 보고되고 있으며, 불임 문제를 해결하기 위해서 호르몬 치료, 인공수정, 시험관 아기, 대리모 등의 방법이 이용되고 있다.

(2) 유 전

모든 생명체는 고유의 유전인자(gene)를 가지고 있으며, 유전인자의 특징에 의해 생명 현상의 상당 부분이 결정된다. 유전인자는 이중 나선 구조 형태의 DNA(deoxyribonucleic acid)라는 분자로 구성되어 있다. 유전인자가 모여 있는 집합체를 염색체라고 하며, 인간의 염색체는 총 23쌍(46개)으로 형성되어 있다. 일란성 쌍생아를 제외하면 모든 사람들은 서로 다른 유전인자 조합을 갖고 있다. 성별, 키, 머리나 눈동자 색깔 등이 다른 것은 모두 유전인자의 차이 때문이다. 인간의 특성과 관련된 모든 유전인자는 항상 같은 염색체 상의 같은 위치에 있으므로 오늘날에는 유전인자들의 위치를 규명함으로써 출산 전에 유전적 결함을 진단하고자 한다.

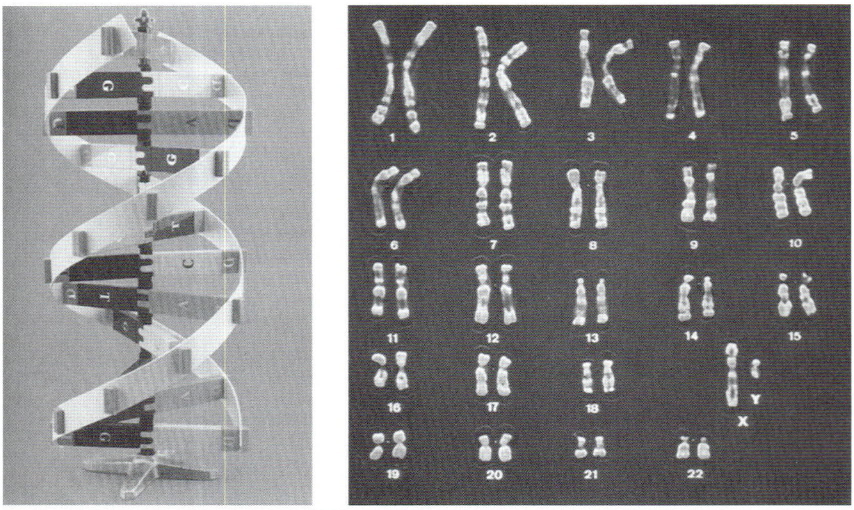

[사진 3-1] 좌 : 이중나선 구조로 이루어진 DNA 우 : 인간(남성)의 염색체

출처: McDevitt & Ormrod(2002)

한편 인간은 생식세포(gemete)라 불리는 정자와 난자가 만나 수정이 이루어져야만 형성될 수 있다. 생식세포는 인체의 다른 일반적인 세포의 절반에 해당하는 23개의 염색체만 가지고 있다. [사진 3-1]과 같이 생식세포가 형성될 때 46개의 염색체에서 23개의 염색체로 수가 줄어들므로 이를 감수분열(meiosis)이라고 한다. 감수분열시 세포 내 46개 염색체는 23개의 염색체 쌍을 형성하고 세포가 둘로 나누어질 때 각각 23개의 염색체로 나누어지면서 결과적으로 생식세포는 23개의 염색체만을 보유하게 된다. 23개의 염색체로 나누어질 때 어떤 염색체가 포함될지 여부는 알 수 없다. 그러므로 동일한 사람일지라도 형성되는 생식세포 내 염색체 조합은 같을 수가 없으며, 이로 인해 같은 부모에게서 태어난 형제 간이라도 개인차를 보이게 된다.

한편 각 개인마다 고유한 유전인자의 구성을 유전형(genotype)이라고 하며, 이러한 유전인자가 실제 발현되어 머리색과 같이 외부에 표출되는 것을 표현형(phenotype)이라고 부른다. 자녀는 23쌍의 염색체 각각에 대해 부모로부터 각기 1개씩 염색체를 받기 때문에 같은 위치에 있는 한 쌍의 유전인자, 즉 알레르(alle)는 서로 동질적일 수도 있고 이질적일 수도 있다. 2개의 알레르가 같은 특징을 발현시키는 것이면 동질접합(homozygous gene)이라고 부르며, 서로 다른 특징을 발현하는 것이면 이질접합(heterozygous gene)이라고 한다. 2개의 알레르 중 표현형으로 발현하는 데 우세한 유전인자를 우성인자(dominant gene)라 하고, 반대로 열세한 유전인자를 열성인자(recessive gene)라 한다. [그림 3-2]와 같이, 모든 인간은 부모로부터 각각 절반씩 유전인자를 물려받기 때문에 같은 종류의 표현형을 결정하는 유전인자라 할지라도 실제 자녀가 물려받는 표현형은 다를 수 있다. 우성인자인 경우 절반의 인자만 물려받더라도 표현형으로 발현되지만, 열성인자는 양쪽 다 물려받을 경우에만 표현형으로 발현된다. 대부분의 유전적 질환은 열성인자에 속하며 극히 일부의 경우에만 우성인자로 전달되게 된다.

어머니의 유전형 (Ff) \ 아버지의 유전형 (Ff)	F 정자	f 정자
F 난자	FF (동질접합) 유전형-정상	Ff (이질접합) 유전형-정상
f 난자	fF (이질접합) 유전형-정상	ff (동질접합) 유전형-비정상

F는 정상인자, f는 열성인자를 나타낸다. 부모 모두 표현형은 정상이지만 유전형은 이질접합(Ff)인 경우, 자녀의 25%는 FF 동질접합, 50%는 이질접합(Ff)을 갖게 되며 이들은 질병을 나타내지 않는다. 그러나 자녀의 25%는 ff 열성인자의 동질접합으로 질병을 나타내게 된다.

[그림 3-2] 유전의 법칙

출처: Bukatoko & Daehler(1995)

〈표 3-1〉 우성인자와 열성인자의 예

우성인자	열성인자
검은 머리	노랑 머리
정상 머리	대머리
곱슬 머리	직 모
빨간 머리 외	빨간 머리
보조개	보조개 없음
정상 청력	청각장애
정상 시력	근 시
원 시	정상 시력
정상 피부	알비니즘
A 형	O 형
B 형	O 형
Rh+형	Rh−형

출처: Berk(2000)

또한 유전과 환경의 상호작용의 관점에서 볼 때 표현형은 유전형의 한계 안에서 발현될 수 있다. 예를 들어 정신지체를 일으킬 유전형을 갖고 태어난 다운증후군 아동은 지적 자극이 풍부한 좋은 환경에서 성장할 경우, 열악한 시설에서 성장할 때보다 훨씬 높은 수준의 지능을 나타낼 수 있다. 또한 모든 아동이 환경의 영향을 받지만 이것이 표현형으로 발현되는 범위는 유전형에 따라 다르다.

(3) 성의 결정

염색체 23개 중 22개는 상염색체로서 개체의 특성과 관련되며, 1개는 성염색체로서 태아의 성별을 결정짓는 유전인자를 갖고 있다. 여성의 난자는 X염색체만 있으나 남성의 정자는 X염색체와 Y염색체 등 두 가지 종류가 있으므로 정자의 염색체에 따라 성별이 결정된다. 난자가 X염색체를 가진 정자와 만나 XX조합을 이루면 여아가 되고, 난자가 Y염색체를 가진 정자와 결합하여 XY조합을 구성하면 남아가 태어난다.

정자의 절반은 X염색체를 갖고 있고 절반은 Y염색체를 갖고 있으므로 원칙적으로는 남아와 여아가 반반씩 태어나야 한다. 그러나 Y염색체를 가진 정자는 머리가 작고, 꼬리가 길어 활동성이 높으므로 난자와 결합하기 쉽다. 따라서 수정 시 성비는

100 : 160 정도로 남아가 훨씬 더 많이 수정된다. 그러나 수정 이후 태내에서 남아의 사망률이 훨씬 높기 때문에 출생 시에는 성비가 100 : 106 정도로 비슷해진다.

(4) 쌍생아

쌍생아에는 일란성 쌍생아(identical or monozygotic twins)와 이란성 쌍생아(fraternal or dizygotic twins) 등 두 종류가 있다. 일란성 쌍생아는 1개의 정자가 1개의 난자에 수정된 수정란이 발달 초기에 2개의 배아로 분할되어 따로 성장 발육한 경우이다. 그러므로 일란성 쌍생아는 동일한 유전인자를 갖고 있고 태반도 공유한다. 따라서 일란성 쌍생아는 모두 동성일 뿐 아니라 신체 특성이나 성격 등도 유사하다.

이란성 쌍생아는 여성이 한 번에 2개 이상의 난자를 배란하고, 이들이 서로 다른 2개의 정자에 의해 수정된 경우로서 서로 다른 태반을 형성하여 성장한다. 따라서 이들은 성별이나 신체적 특성, 성격 등이 서로 다를 수 있다. 즉, 동시에 이루어진 임신이고 함께 출생할 운명일 뿐 유전적으로는 다른 형제자매나 다를 바 없다.

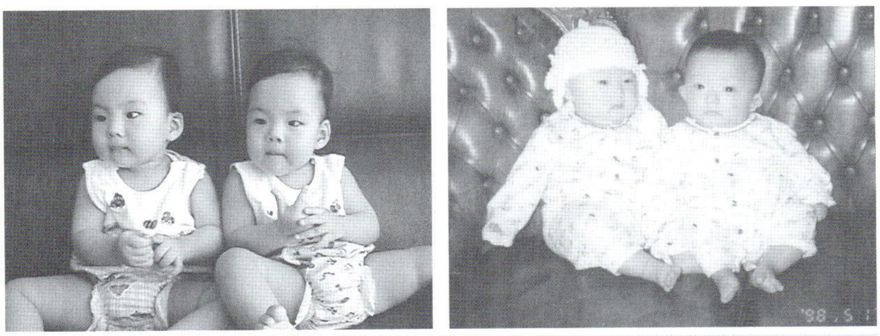

[사진 3-2] 일란성 쌍생아와 이란성 쌍생아

원래 자연적인 상황에서도 일란성 쌍생아보다 이란성 쌍생아가 더 많이 태어나지만, 오늘날에는 불임 치료 기술의 발달로 인해 이란성 쌍생아를 더욱 자주 볼 수 있게 되었다. 이란성 쌍생아가 생기는 데에는 〈표 3-2〉와 같은 유전적, 환경적 요인이 작용하는 것으로 알려져 있다.

〈표 3-2〉 이란성 쌍생아 출생의 유발 요인

요 인	설 명
인 종	1,000번의 출생 당, 백인종은 8, 흑인종은 12~16, 황인종은 4
연 령	35세까지 증가하다가 다시 급격히 떨어짐
영 양	영양 상태가 나쁜 여성에게서는 잘 나타나지 않고, 키가 크고 과체중인 여성에게서 많이 나타남
분만 횟수	분만 횟수가 늘수록 증가함
배란 유도제 및 인공 수정	인공 수정을 하거나 호르몬제로 배란을 유도할 경우 증가함

출처: Berk(2000)

2) 태아 발달의 단계

태내기(prenatal development)는 수정 순간부터 출산에 이르기까지의 약 9개월간으로서 출생 후 다른 어떤 발달단계보다 빠른 발달 속도를 보인다. 자궁 안에서 태아의 발달은 배란기, 배아기, 태아기 등 세 단계를 통해 순서적으로 이루어진다.

(1) 배란기

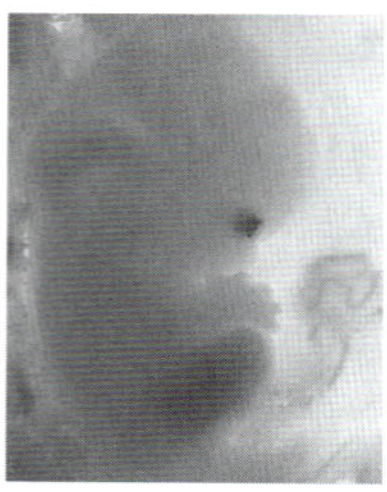

[사진 3-3] 배아기의 발달

배란기(germinal period)는 수정란이 자궁벽에 착상되기 전까지, 즉 수정 후 14일간을 말한다. 마지막 월경 시작일 14일 후 난소에서 배출된 난자는 정자와 만나 수정이 된다. 이렇게 해서 생긴 수정란은 0.2mm 정도의 단세포로서 접합자(zygote)라고도 불린다. 수정란은 자체의 영양으로 급속한 세포분열을 시작한다. 또한 활발히 세포분열을 계속하면서 난관 내의 융모 운동과 난관 수축 운동으로 난관 속을 지나 점차로 자궁 내로 이동하게 된다. 수정 7~10일 후 자궁 내에 도착하여 내막의 표면에 정착하게 되는데, 이러한 현상을 착상이라고 하며 비로소 임신이 시작된 것으로 간주된다. 따라서 임신 1개월이라고 하면 마지막 월경 시작일로부터 4주간을 말하지만 실제 임신 1주와 2주는 임신하지 않은 상태인 것이다.

이 시기에는 세포단(cell mass)에 변화가 생겨서 배아의 가장 안쪽 부분의 세포가 바깥쪽 세포와 분리되기 시작하는데, 바깥쪽 세포를 외배엽, 안쪽 세포를 내배엽이라고 한다. 후에 이들은 다음과 같은 신체기관이 된다.

외배엽(ectoderm): 피부, 손톱, 발톱, 머리카락, 신경계, 감각기관

중배엽(mesoderm): 근육, 골격, 순환기, 생식기, 배설기관

내배엽(endoderm): 소화기관, 간, 췌장, 호흡기

(2) 배아기

배아기(embryonic period)는 주요 기관과 조직이 형성 · 발달되는 단계로서 수정란이 착상한 이후 골격이 형성되는 수정 후 3~8주를 말한다. 배아(embryo)는 자궁벽으로부터 영양을 섭취하며 성장을 계속한다. 배아기는 인간의 발달 과정 중 성장 속도가 가장 빠른 시기로서, 이에 따라 태내 환경의 영향에 의해 상처를 받기도 쉽다.

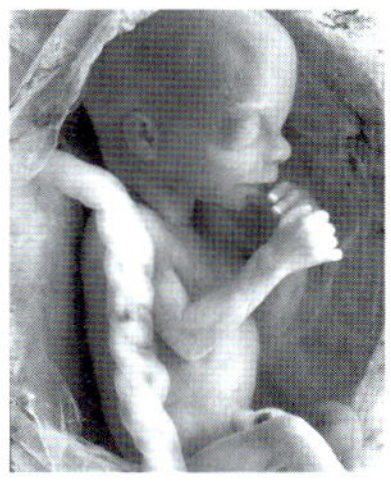

[사진 3-4] 태내에서 손가락을 빨고 있는 태아

출처: Berger(2007)

배아의 발달은 머리 부분부터 이루어져서 머리가 전신의 절반 정도가 되고, 눈, 코, 입, 귀가 형성된다. 기관별로는 순환계가 가장 빨리 발달하여 분당 65회 정도로 심장이 박동하게 된다. 뇌, 신장, 간과 식도가 발달하기 시작하고, 위에서 소화액이 분비되기 시작한다. 얼굴도 발달하기 시작하고 이빨과 혀가 나타난다. 팔 끝에 손과 손가락, 그리고 다리에는 무릎, 발목, 발꿈치가 분명해지며 생식기도 발달한다(TAE, 1995).

(3) 태아기

태아기(fetal period)는 태아가 모체 환경에서 기능하기 위한 준비를 하고 기관이 급속히 성장하는 기간으로 수정 후 8주에 시작하여 출생 시까지를 말한다. 이 시기에는 배아가 성장하여 태아(fetus)가 되면서 손톱, 발톱, 눈꺼풀, 목청, 입술, 코 등을 갖추게 된다. 태아는 숨을 쉬고 오줌도 눌 수 있고 팔, 다리, 엄지손가락, 머리를 움직일 수 있으며 반사행동도 나타낸다. 이와 같이 신체 각 부위와 기관들이 정교한 구조로 발달하면서 태아는 더욱더 활동적이 된다. 예를 들어 차기나 뻗기 등을 할 수 있으며, 임신 17주 정도에는 자신의 손가락을 빨기도 한다. 5개월째에는 심장박동을 들을 수 있으나 호흡기관은 7개월이 되어야 자궁 밖에서 생존할 만큼 발달하게 된다. 따라서 7개월 전에 태어난 아기는 생존하기 어렵다. 8~9개월에는 뇌가 놀라울 정도로 발달하며, 피하지방

이 형성되어 인간으로서의 모습을 갖추어 나가게 된다.

또한 이 시기의 특징은 태반의 완성이며, 태반을 통해 태아와 모체가 불가분의 관계에 놓이게 된다. 태반은 태아에게 산소와 영양 등을 공급해 줄 뿐 아니라 모체로부터 탯줄로 들어오는 혈류를 여과하는 역할을 한다. 이러한 여과작용은 혈액 내의 많은 세균이나 영양에 관계없는 물질로부터 태아를 안전하게 보호한다. 태반은 5개월 정도가 되어야 완성되므로 그 이전에는 유산의 위험이 크다. 태반과 태아는 탯줄로 연결된다.

이와 같은 태내 발달단계 중 배아 또는 태아가 특히 상처받기 쉬운 시기가 있다. [그림 3-3]과 같이 심장 결함, 귀머거리, 구개열 등 대부분의 출생 결함은 첫 번째 발달단계, 즉 배란기에 일어난다. 따라서 이 시기에 임산부는 영양과 건강에 각별한 주의를 기울여야 하지만 모체가 임신 사실 자체를 자각하지 못하고 지나치는 경우가 많다.

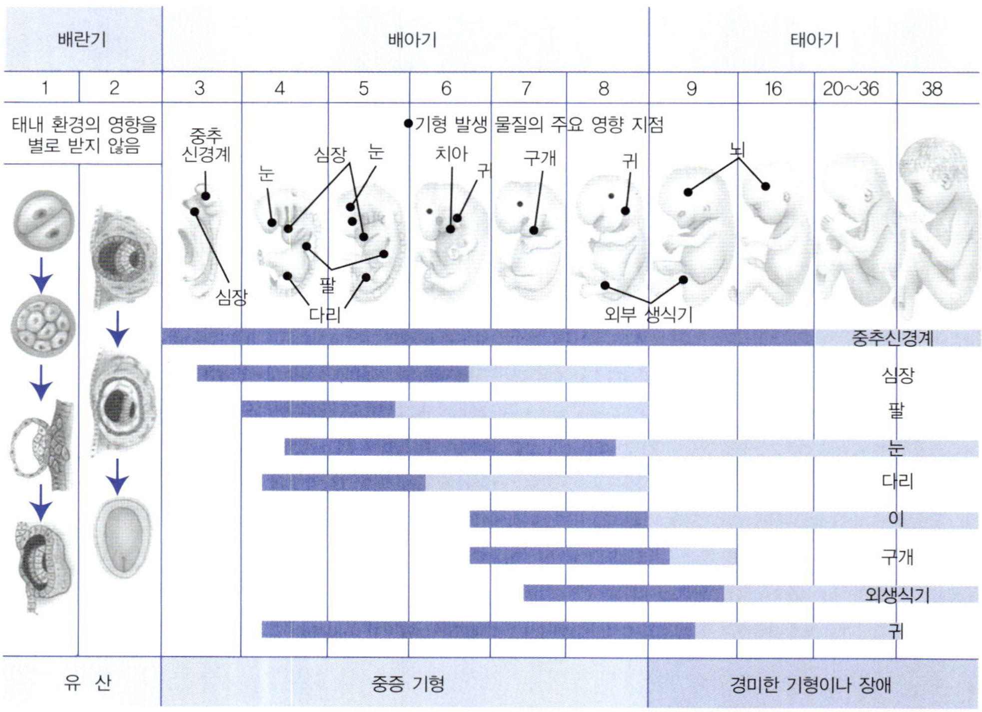

[그림 3-3] 태내 발달의 민감기

출처: Morre & Persaud(1993), Berk(2000), 재인용

3) 태내 발달에 영향을 미치는 요인

대부분의 아기들은 정상아로 태어나지만 일부 아기들은 출생 시 이미 결함을 갖고 태어난다. 그리고 오늘날에는 기형아나 장애아의 출생 빈도가 과거보다 더 높아지고 있다. 태내 발달에 영향을 미치는 환경적 요인과 유전적 요인, 그리고 이를 진단하기 위한 태내 검사들을 살펴보기로 한다.

(1) 유전 요인

수정된 경우 절반 정도는 유전인자나 염색체의 이상을 갖고 있는 것으로 추정되며, 이들은 대부분 임신 초기에 바로 자연유산이 된다. 그러나 유전인자나 염색체의 이상을 갖고 태어난 경우 대부분 부정적 영향이 전 생애에 걸쳐 지속된다.

① 유전인자 이상

일반적으로 정상 유전인자는 비정상 유전인자에 비해 우성이다. 따라서 우성인자에 의한 유전병은 매우 드물다. 그러나 열성인자에 의한 유전병과 달리 우성인자에 의한 유전병은 보균 상태로 머물지 못하고 반드시 병이 발생하게 되어 있다. 우성인자에 의한 대표적인 질병은 헌팅톤 병(Huntington disease)인데, 이 질병은 35~40세 전에는 증상이 잘 나타나지 않으므로 자신도 모르는 채 자녀에게 결함을 전해줄 수 있다. 헌팅톤 병은 일단 발병하면 인성의 변화, 우울, 기억 및 운동능력 상실, 뇌 세포 파괴로 인한 정신적 손상 등의 증상이 나타나며 결국 사망하게 된다(Berk, 2000). 이외에도 우성인자에 의한 결함은 단지증(short-finger gene)과 성장장애(maturation-achardroplasia)가 있다.

대부분의 유전적 결함은 열성인자에 의한 것이지만 건강해 보이는 사람도 열성인자에 의한 질병을 보유하고 있을 수 있다. 부모 모두 결함이 있는 열성인자를 갖고 있을 때 자녀가 결함을 나타낼 확률은 25%이다. 한쪽 부모만 결함이 있는 열성인자를 갖고 있을 때에는 자녀에게서 결함이 나타나지 않는다. 그러나 다시 그 자녀들이 낳은 자녀는 그 결함을 나타낼 수도 있고 보유자일 수도 있는 확률이 반반이다. 근친혼을 금하는 것도 바로 같은 조상으로 물려받았을지도 모르는 열성인자로 인한 유전병을 줄이기 위한 것이다(정옥분, 2002). 열성인자로 인한 대표적인 결함은 아미노산 대사 장애로 인한 지능장애와 신경계의 손상을 일으키는 페닐케토뉴리아(Phenylketonuria: PKU)이다. 이외에도 색소가 형성되지 못하여 피부나 머리카락, 눈동자에 정상적 색소가 결핍된 알비노이즘(Albionism), 효소의 결핍으로 뇌세포가 급속히 파괴되고 시력과 청력을 상실하게 되는 테이색스병(Tay-sacks), 주로 흑인에게서 나타나는 낭초성 섬유증(Cystic fibrosis) 등도 모두 열성인자에 의한 결함에 속한다.

2 염색체 이상

대부분의 염색체 결함은 난자와 정자 등 생식세포가 감수분열 되는 과정에서 생겨난다. 염색체의 수나 조합의 이상으로 인해 나타나는 결함을 상염색체와 성염색체로 나누어 살펴보면 다음과 같다.

ㄱ. 상염색체와 관련된 결함

정상적인 인간은 염색체가 46개, 즉 23쌍인데, 염색체 수가 이보다 많거나 적은 사람들이 있다. 가장 흔한 염색체 이상은 정자나 난자가 감수분열할 때 23쌍의 염색체 중 21번째 염색체가 한 쌍(2개)이 아니라 3개가 되는 다운증후군(Down syndrome)이다. 따라서 다운증후군은 전체 염색체 수가 47개인 경우이며, 다운증후군의 발생률은 산모의 연령이 많을수록 기하급수적으로 증가한다. 이는 난자의 노화현상에 의한 것으로 보인다. 남성은 사춘기 이후 계속 새로운 정자를 생산해 내나 여성은 출생 시부터 난자를 갖고 태어나므로 나이 든 여성의 난자는 노화되거나 질이 떨어질 가능성이 많기 때문이다.

다운증후군이 있는 아동들은 심한 정신지체 현상을 보이며 병에 대한 저항력이 약하여 심장병이나 백혈병, 호흡기 질환 등에 걸리기 쉽다. 외모적으로는 뒤통수가 납작하고 목이 짧으며 혀가 튀어나오고 코가 낮아서 몽고인을 연상하게 하므로 몽고리즘(Mongolism)이라고 부르기도 한다.

ㄴ. 성염색체와 관련된 이상

성염색체 이상은 성염색체 중 하나가 더 많거나 없는 경우로서 사춘기까지 장애가 잘 나타나지 않는다. 성염색체 이상의 가장 흔한 유형은 남성이 X염색체를 하나 더 갖게 되는 클라인펠터 증후군(Klinerfelter's syndrome)이다. 즉, 정상적인 남성의 성염색체는 XY인데 비해, 클라인펠터 증후군 남성은 XXY 배열을 갖고 있다. 이들은 Y염색체가 있으므로 남성이기는 하지만 X염색체가 2개이므로 남성적 특성이 약하고 여성과 같이 유방과 엉덩이가 발달하는 특징이 있다. 또한 고환이 미성숙하여 정자를 만들지 못하므로 생식능력이 없다.

정상적인 여성의 성염색체는 XX이나 터너 증후군(Turner syndrome) 여성은 X염색체가 하나여서 XO 배열을 나타낸다. 따라서 이들은 전체 염색체의 수가 45개뿐이다. 이들은 여성호르몬이 부족하여 사춘기가 되어도 2차 성징이 잘 나타나지 않으며, 생식능력도 없다.

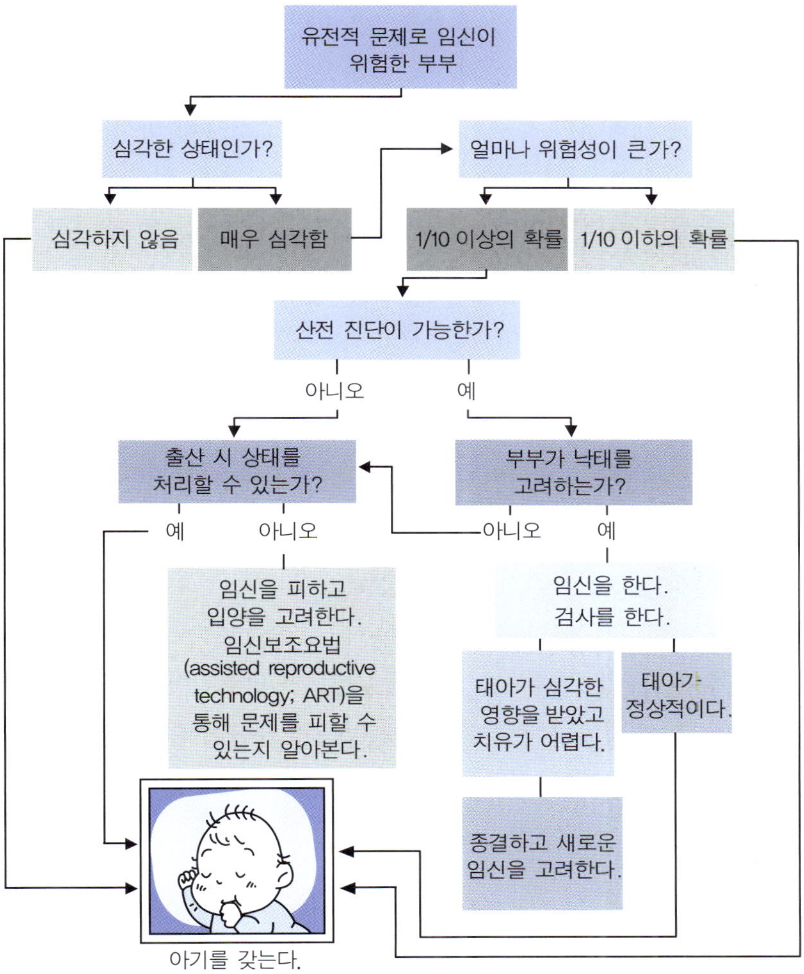

[그림 3-4] 고위험 부부의 출산 결정 수형도

출처: Berger(2007)

(2) 환경 요인

태내 환경은 바깥세상과 격리되어 외부 자극을 차단해 주는 안전한 장소라고 볼 수 있다. 그러나 태아는 미성숙한 상태이므로 태내 환경이 적절치 못할 경우 손상을 입을 수 있다. 따라서 태내기 발달 동안에 어머니와 관련된 모든 요인들이 태아에게 영향을 미침을 인지해야 한다.

① 영양 상태

어머니의 영양 상태는 태아 발달에 결정적인 요인이다. 임신 초기에는 양적으로 많은 음식을 필요로 하지는 않지만 질적으로 균형 있는 영양소가 필요하며, 임신 후기에는 양적으로도 많은 영양분이 요구된다. 일반적으로 임산부의 하루 섭취량은 임신 전보다 15~30%(300~500㎉) 정도 증가시키는 것이 바람직하며, 철분, 칼슘, 비타민 등의 섭취도 충분히 공급해 주어야 한다. 서구에서는 기형아 방지를 위해 임신 전부터 꾸준히 엽산을 섭취할 것을 권장하고 있다.

임산부의 영양 상태는 태아 발달에 결정적인 영향을 준다. 영양 부족의 임산부에게서 태어난 아기는 모든 발달이 저조하지만, 만일 영양 부족이 심했던 시기가 바로 신경계, 특히 뇌의 발달이 이루어지는 시기에 해당한다면 그 영향은 더욱 회복하기 어렵다(서봉연 · 유안진, 1982). 일례로 네덜란드에서는 2차 세계대전 시 임신 전기에 있던 여성들이 기아로 인해 유산을 하거나 신체적 결함이 있는 아기를 출산하고, 임신 전기를 넘어선 경우에는 생존율은 올라가지만 체중 미달아나 머리가 작은 아기를 낳는 경우가 많았던 것으로 보고된다(Stein, Susser, Saenger, & Marolla, 1975).

과거에는 가난이나 식량 부족으로 인한 영양실조가 많았지만, 최근에는 날씬한 몸매에 대한 선망으로 인해 중류나 상류 계층 임산부들의 태아에게서도 영양실조가 발견되고 있다. 임신 말기에는 체중이 11~12kg 증가하는데, 임산부들은 이를 자연스러운 현상으로 긍정적으로 받아들여야 할 것이다.

② 연 령

흔히 25~29세 사이를 임신과 출산의 최적 연령이라 하며, 임산부의 연령이 35세를 넘을 경우 의학적으로 노산이라고 부른다. 근래에는 의학의 발달로 임산부의 연령이 태아에게 미치는 영향이 과거보다 많이 감소했지만, 노산인 경우 자연유산, 난산, 임신 중독증, 다운증후군이나 미숙아 출산 비율이 급격히 증가하는 것으로 알려졌다.

반대로 임산부의 연령이 너무 어려도 조산이나 사산의 위험이 크고 미숙아나 체중미달아 출산 가능성이 증가한다. 그러나 10대 임산부에게서 태어난 아이들이 문제가 있는 것은 신체적 미성숙보다는 심리적 미성숙에 의한 것으로 볼 수 있다. 이들은 신체적으로는 임신을 유지할 만큼 튼튼하지만, 심리적으로 어머니가 될 준비를 하지 못하고 원치 않은 임신으로 인해 스트레스를 받고 있을 것이기 때문이다. 또한 임신 중 의료적 처치를 잘 받지 못하고, 영양불량, 건강 문제 등이 많은 저소득층 출신이 많다는 것도 원인일 수 있다.

3 질 병

임신 중 5% 정도의 여성은 어떤 종류로든 바이러스에 감염된다. 일상적인 감기 같은 질병은 대부분 태아에게 별 영향을 미치지 않지만, 태아에게 심각한 영향을 미치는 질병이 있다. 그 대표적인 것이 풍진으로, 임산부 본인에게는 가벼운 질병이지만 임신 전반기에 감염될 경우 태아에게 시각장애, 청각장애, 정신지체 등의 심각한 결함을 초래할 수 있다. 1960년대 세계적으로 홍역이 유행했을 때 많은 아기가 심각한 결함을 갖고 태어난 바 있다. 따라서 가임기에 있는 모든 여성은 임신 전에 필수적으로 풍진 예방주사를 접종받아야 한다.

매독이나 임질 등의 성병도 기형아 출산 등 심각한 영향을 미칠 수 있다. 임산부가 임질에 걸린 경우 출산 과정에서 태아가 임질균에 감염될 수 있으며, 출생 직후 신생아의 눈에 페니실린을 떨어뜨리지 않으면 시각장애가 일어날 수 있다. 매독은 대개 태반을 통해 태아에게 전달되며 청각장애, 대뇌손상, 피부장애 및 태아 사망을 일으키기 쉽다(정정옥 외, 2003). 최근에는 면역계를 파괴하는 질병인 AIDS에 걸린 여성의 수가 급격히 증가하고 있으며, 이에 따라 태반이나 출산 과정 중 접촉을 통해 AIDS에 감염된 신생아들도 늘고 있다. 태내에서 AIDS에 걸린 아기들은 증상이 나타난 후 5~8개월밖에는 생존하지 못한다. 치료제인 AZT는 태내 AIDS 전이를 75%까지 줄여주지만 출생 결함을 초래할 수 있다(Berk, 2000).

이외에도 임산부가 당뇨병이 있는 경우 사산을 하거나 호흡기 이상과 저혈당 등의 문제를 갖고 태어날 가능성이 높다. 또한 임산부가 날고기나 덜 익은 고기를 먹거나 감염된 고양이의 배설물을 만지면 주혈원충병(toxoplasmosis)에 걸려 태아의 눈과 뇌에 손상을 일으킬 수 있다. 따라서 임산부 자신의 올바른 생활 습관과 건강관리 등 최대한의 예방에 힘을 기울이는 것이 필요하다.

4 흡연 및 음주

담배에 있는 중독 물질인 니코틴은 태반을 비정상적으로 자라게 만든다. 그 결과 영양분이 잘 전달되지 않아 태아의 몸무게가 잘 늘지 않게 된다. 또한 흡연은 어머니와 태아의 혈류에 일산화탄소의 농도를 상승시켜 중앙신경계를 손상시키므로, 태아의 몸무게가 감소할 수 있다. 임산부 흡연의 결과로 가장 잘 알려진 것은 저체중아이며, 이외에도 미숙아, 수면 중 호흡곤란, 유산, 영아 사망, 아동암 발생 등의 가능성도 높다. 또한 신체적 이상 없이 출생한 것 같아 보일지라도 행동상의 문제가 있을 수 있다. 예를 들어, 흡연한 임산부가 출산한 아기는 소리에 덜 반응하며, 근육에 긴장을 보이는데, 이러한 특성은 양육자에게 상호작용을 유발하지 못함으로써 심리 발달을 저해할 수 있는 가능성이 있다. 또한 종단연구 결과 유아기에 주의집중 간격이 짧고 지능지수가 낮은 것으로 나타났다(Fergusson, Horwood, & Lynskey, 1993; Fried & Watkinson, 1990).

임신 중의 음주도 태아에게 좋지 않은 영향을 미친다. 알코올을 대사하기 위해서는 산소가 많이 필요하므로 뇌와 신체 부위의 세포 성장에 필요한 산소를 태아에게서 뺏어가기 때문이다. 그래서 임신 기간 내내 알코올을 많이 마신 여성에게서는 태아 알코올 증후군(Fetal Alcohol Syndrome: FAS)이 발견된다. 이런 아기는 신체 성장 속도가 느리며, 정신지체나 비정상적인 얼굴 모양 등의 결함이 있다. 태아 알코올 증후군이 있는 아기는 아무리 풍부한 영양을 섭취해도 이후 또래의 신체 크기를 따라잡지 못하고 영구적인 정신지체를 보이는 것이 발견되었다(Berk, 2000).

[사진 3-5] 태아 알코올 증후군(Fetal Alcohol Syndrome: FAS)

출처: Berger(2007)

5 약물 복용

과거에는 임산부들의 정서 안정이나 치료의 목적으로 의사들이 신경안정제를 처방해 주기도 했다. 그러나 1956년 탈리도마이드(Thalidomide)의 출현 이후 임산부가 복용하는 약물의 위험성에 대한 경각심이 높아졌다. 탈리도마이드는 입덧을 완화시키기 위한 일종의 신경안정제인데, 이를 복용한 임산부에게서 팔다리가 아예 없거나 아주 짧은, 극심한 기형아들이 태어났다. 수면제의 일종인 세코날(Seconal)을 복용한 임산부에게서 태어난 아기들은 생후 2일 동안 계속 졸려하며, 종합 호르몬제인 DES(Diethylstilbestrol)를 복용한 임산부의 경우 뇌의 기형이나 두뇌에 암이 발견되었다(서봉연 · 우안진, 1984). 또한 임산부들이 미처 임신 사실을 인식하지 못하고 피임약을 복용하는 경우가 있는데, 이러한 경우에도 태아가 염색체 이상을 나타낼 확률이 높다. 임산부가 취하는 약물은 다른 영양물질과 마찬가지로 태반을 통해 태아에게 그대로 전달되기 때문이다. 특히 임신 초기에는 태아에게 미치는 영향력이 치명적일 수 있다. 따라서 임신이 가능한 여성은 감기약일지라도 가능한 한 약물 복용을 자제하는 것이 바람직하다.

6 유해 물질

2차 세계대전 시 히로시마의 원폭 피해로 인해 방사선이 기형아나 정신지체아를 출생하게 한다는 것이 입증되었다. 그러나 방사선에 노출되었다고 모두 다 기형아를 출산하는 것은 아니며, 방사선의 종류, 조사량, 방사선 촬영의 횟수에 따라 피해가 다를 수 있다. 일반적으로 진찰을 위한 소량의 X-ray나 CT 촬영은 태아에게 별다른 영향을 미치지 않지만, 임신 중기나 후기에 비하여 임신 전기 착상 무렵에 방사선에 노출되는 경우는 유산이 되거나 기형아가 태어날 확률이 현격하게 높아진다.

일상생활에서 흔히 사용하는 물건 중에도 유독성 화학물질이 포함된 경우가 많다. 이러한 위험성을 의식하지 못하고 지나치는 경우가 많지만, 살충제, 제초제, 공업용 화학용품, 시너, 가구광택제 등은 특히 심각한 결함을 초래할 위험성이 있으므로 반드시 피해야 한다. 또한 산업폐수로, 수은으로 오염된 지역에 살던 임산부에게서 태어난 아기들은 정신지체와 언어장애가 있고 씹기나 삼키기를 잘 못하고 협응된 동작을 하지 못하는 것으로 나타났다. 임산부는 자동차 매연이나 오래된 건물 벽에서 떨어진 페인트 조각 등으로부터 납중독이 될 수 있는데, 이러한 경우 미숙아, 저체중아, 뇌손상, 심각한 신체적 결함 등을 가진 아기를 출산할 수 있다. 그리고 최근에는 PCBs(polychlorinated biphenyls)에 오염된 물고기를 자주 먹은 임산부들이 머리가 작고 체중이 적은 아기들을 출산한 이후 이 화학물질에 대한 경각심이 높아지고 있다(Berk, 2000).

7 정서 상태

많은 문화에서 임신 중에 놀라거나 스트레스를 받으면 태아에게 해롭다고 믿어 임산부들에게 평온한 마음가짐을 가질 것을 권해왔다. 우리나라에서도 태중 교육 10개월이 출생 후 스승에게 10년 배우는 것보다 더 중요하다고 하면서 태교를 강조해 왔으며, 태교의 중요성은 현대사회에서도 과학적으로 입증되고 있다. 예를 들어 임신기 동안의 스트레스 상황에서 임산부는 조산을 하기 쉽고, 태아는 저체중과 호흡곤란 등을 갖고 태어나는 것으로 밝혀졌다. 또한 출생 후에도 과잉행동을 보이거나 불안정한 성격을 갖고 있으며, 이러한 신생아의 특성은 어머니로 하여금 양육을 어렵게 만들어 부모-자녀 관계에도 부정적 영향을 미치는 것으로 연구되었다.

임산부가 정서적으로 불안하게 되면 부신 호르몬의 분비가 촉진되며, 이는 태반을 통해 태아에게 직접적으로 영향을 미치게 된다. 뿐만 아니라 스트레스는 흡연이나 알코올 섭취 등을 유발하여 간접적으로도 태아에게 해를 끼칠 수 있다(Bukatko & Daehler, 1995). 따라서 임산부 스스로 정신 수양을 하는 것은 물론이고 남편이나 가족 등 주위 사람들도 임산부의 마음이 편안할 수 있도록 배려해야 한다.

(3) 태내 진단

오늘날에는 의학의 발달로 출생 전에 태아나 자궁의 상태를 진단해서 유전적, 환경적 요인에 의해 생겨난 결함을 진단할 수 있게 되었다. 이러한 태내기 진단을 통해 심각한 장애를 가진 태아를 유산시키거나 혹은 치명적인 상태로 질환이 진행되기 전에 태내에서 조치를 취하고 적절한 분만 방법을 준비할 수 있다. 특히 〈표 3-3〉과 같은 경우는 태내 진단이 적극 권장된다.

〈표 3-3〉 태내 진단이 필요한 경우

- 35세 이상 산모
- 전에 염색체 이상이 있는 태아를 임신했던 경우
- 부모 중 어느 한쪽에 염색체 이상이 있는 경우
- 가까운 친척 내에 다운증후군이나 다른 염색체 이상이 있을 경우
- 멘델성 혹은 다인자성 유전질환(구순열, 구개열 등)이 있는 경우
- 전에 신경관 결손이 있는 태아를 임신했거나, 부모 중 어느 한쪽에 신경관 결손이 있는 경우 및 선별검사에서 비정상인 경우
- 초음파에서 기형이 발견된 경우
- 전에 기형아를 분만했으나 염색체 검사 등을 시행하지 않은 경우
- 심각한 반성유전질환에서 태아의 성감별이 필요한 경우
- 유전학적 설문조사에서 의미 있는 답변을 얻었을 경우

1 초음파 검사

초음파 검사(Ultrasound)는 가장 보편적으로 사용되는 태내 진단 검사로서 양수 검사나 융모막 검사와 달리 임산부의 체내에 도구를 삽입하지 않고, 임부의 복부에 초음파를 통하게 하여 자궁 내부의 사진을 찍는 기법이다. 초음파 검사는 임신 초기에는 정상 임신(예 쌍생아)을 진단하기 위해, 임신 중기에는 해부학적 기형을 알아내기 위해, 임신 말기에는 태반과 태아 위치나 태아의 발육 정도를 평가하기 위해 시행된다. 즉, 초음파를 통해 태아의 해부학적 모양뿐 아니라 태아의 호흡, 심장 운동, 혈관 박동 등 태아의 상태를 관찰할 수 있으며, 혈류 상태를 관찰하여 태아가 건강한지, 자궁 내에서 위험한 상태인지도 구별할 수 있다. 최근에는 컴퓨터를 이용하여 태아를 여러 각도에서 보다 정밀하게 관찰할 수 있는 입체 초음파 검사까지 등장하고 있다.

2 양수 검사

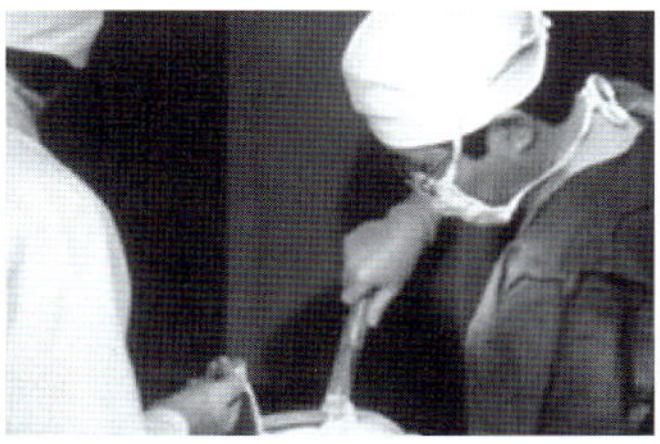

[사진 3-5] 양수검사

출처: http://www.bohoon.co.kr

양수 검사(Amniocentesis)는 염색체 이상을 판별하기 위해 산모의 배꼽 주위에 주삿바늘을 넣어 소량(20cc)의 양수를 추출하는 시술로서 일반적으로 임신 15~18주에 시행된다. 검사의 성공률은 약 99%에 달하며, 산모 및 태아에게 미치는 위험은 크지 않지만 너무 일찍 검사를

하면 자연유산을 할 가능성이 있다. 검사 시간은 15～25초 정도로 융모막 검사보다 간편하고 산모에게 통증도 크게 주지 않지만 융모막 검사에 비해 검사 시기가 늦다는 단점이 있다. 즉, 임신 초기에는 양수가 적기 때문에 임신 15주 이후에나 양수 채취가 가능하며 검사 결과를 확인하는 데에도 시간이 걸리므로 태아에게 심각한 결함이 있어도 유산하기에 너무 늦어버리게 될 수 있다.

③ 융모막 검사

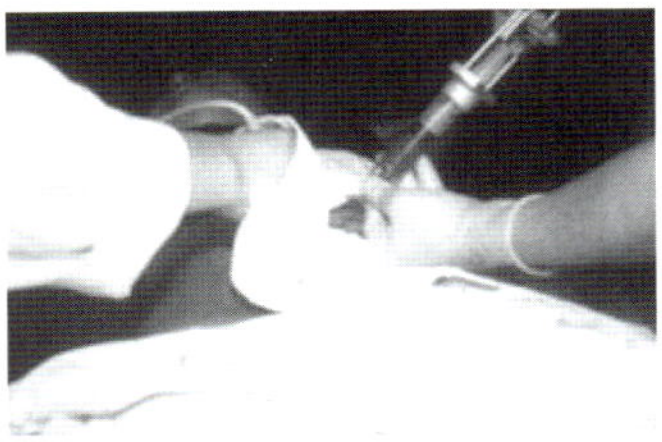

[사진 3-6]
복식 융모막 채취 장면

출처: http://www.bohoon.co.kr

융모막 검사(Chorionic Villus Sampling; CVS)는 장차 태반이 될 융모를 검출하여 염색체 이상을 검사하는 것이다. 대개 카세터(Catheter)라는 기구를 자궁 경부나 배를 통하여 자궁 안에 넣어 융모를 검출한다. 이 검사의 장점은 양수검사보다 임신 초기(임신 2개월)에 실시할 수 있고, 결과도 빨리 알 수 있다는 것이다. 그러나 시술이 어려울 뿐 아니라 유산의 가능성이 있으며 태아에게 사지기형을 일으킬 수 있다는 단점이 있다.

2. 출 산

1) 출산 과정

흔히 아기는 열 달 동안 엄마 뱃속에 있다고 말하지만 실제로 수정 후 태아가 자궁에서 지내는 기간은 266일간이다. 수정된 날짜를 정확히 알기 어려우므로 마지막 월경 시작 일을 기준으로 280일이 되는 날을 분만예정일로 계산한다. 분만 달(월)은 마지막 생리가 시작한 달에 +9를 하면 된다. 그러나 더한 합이 12가 넘는 경우 −3을 한 이듬해로 계산한다. 예정일은 마지막 생리가 시작된 날에 7을 더해주면 된다. 그러나 정확히 분만예정일에 출산하는 산모는 많지 않으며, 태아의 크기, 자궁의 상태, 임산부의 생리적 심리적 상황, 분만 경험 등에 따라 분만예정일보다 먼저 혹은 나중에 분만하는 경우가 많다. 대개 분만예정일을 전후로 2주간을 정상으로 본다.

(1) 출산의 단계

출산이 가까워지면 태아가 골반으로 내려오고 태아의 움직임이 줄어든다. 또한 출산을 대비한 자궁 수축 운동으로 배가 자주 당기고 허리와 등이 같이 아프면서 아랫배가 단단해지는 느낌이 들기도 한다. 이러한 징후가 나타나고 1주일 정드 지나면 피가 섞여 있는 이슬이 비치게 되는데, 이후 10시간~3일 후 대개 진통이 시작되므로 입원 준비에 들어가는 것이 좋다. 한편 대부분 출산 직전에 파수가 되는 것이 정상이지만, 임산부 10명 중 2~3명은 진통이 시작되기 전에 양수가 먼저 터지는 조기파수를 경험한다. 파수가 되고 48시간이 지나면 태아와 양수가 감염될 우려가 있으므로 파수가 일어났다면 바로 병원에 가야 한다. 출산의 단계는 다음 세 단계로 나누어진다.

① 개구기 또는 준비기

진통 시작에서 자궁구가 완전히 열릴 때까지를 말하는 것으로, 대개 초산부는 10~12시간, 경산부는 4~6시간이 소요된다. 이때 자궁은 규칙적인 간격으로 수축하는 반면 태아가 산도 속을 통과할 수 있도록 자궁경부가 서서히 팽창된다 처음에는 10~20초 동안의 진통이 20여 분 간격으로 있다가 점점 진통 간격이 짧아지고 진통 시간은 길어진다. 1분 정도의 진통이 2~3분 간격으로 오면 자궁 안의 압력이 높아지면서 자궁 입구가 열리기 시작한다.

② 배출기 또는 산출기

자궁 입구가 완전히 열려 아기가 밖으로 나올 때까지로서, 대개 초산부는 2~3시간, 경산부는 1시간~1시간 30분이 소요된다. 양수가 터진 다음에는 진통이 더 심해지며 진통 시간도 길어지고, 배는 물론 허리나 발바닥까지 아플 정도로 통증이 심하지만, 태아가 나오고 나면 언제 그랬냐는 듯이 통증이 사라진다. 정상적으로는 태아가 머리부터 나오게 되지만 그렇지 않은 경우 어려움이 있다. 또한 이 과정이 너무 길어지면 태아는 태반으로부터 산소를 공급받지 못하여 뇌손상을 입을 수 있다.

1단계 : 개구기

2단계 : 배출기

3단계 : 후산기

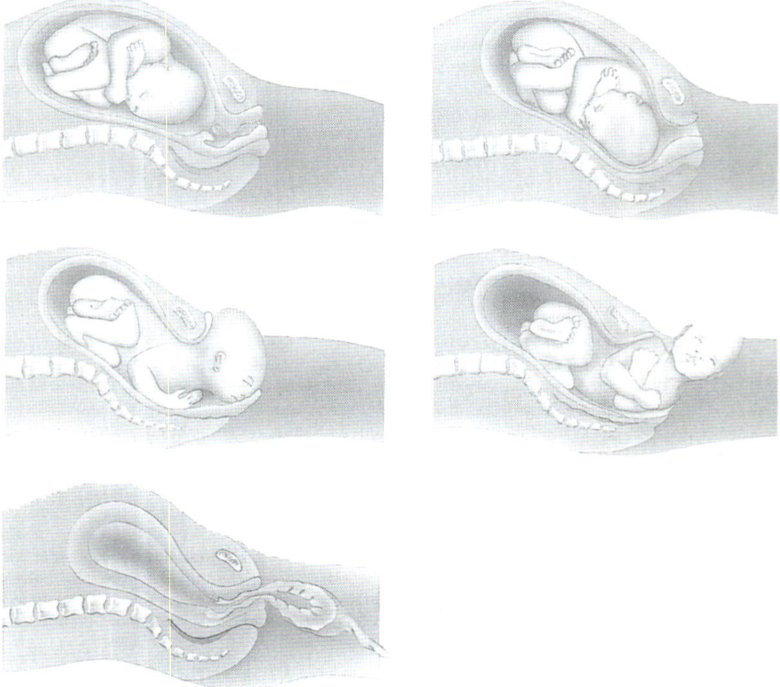

[그림 3-4] 출산 단계

출처: Berk(2000)

③ 후산기

아기가 태어나고 태반이 나올 때까지를 말하며 소요 시간은 15분 정도로 그리 길지 않다. 아기가 태어난 후 자궁이 수축되면서 자궁벽에서 태반이 떨어져 나와 양막과 함께 밖으로 나오면 분만이 종료된다. 그러나 이후에도 자궁이 예전의 크기로 돌아가기 위해 수축하면서 다소의 진통을 경험하게 된다.

(2) 대안적인 출산 방법

일반적으로 출산 방법이라고 하면 누워서 하는 체위만을 떠올리기 쉽지만, 과거에는 선 자세(standing), 무릎을 대고 앉는 자세(kneeling), 앉은 자세(sitting), 쪼그리고 앉는 자세(squatting) 등 다양한 체위가 사용되었다. 현대사회에서는 산모의 고통을 덜어주고 출산 과정을 원활히 하기 위해서 다음과 같이 다양한 분만 방법이 개발되고 있다 (http://www.amc.seoul.kr/service/serviceContent.html?code=health& number=16&temp1=1).

① 제왕절개 분만

제왕절개 분만(Caesarean section)은 임신부의 배를 절개하고 인공적으로 태아를 꺼내는 분만 방법이다. 세계보건기구에서는 제왕절개 분만 비율이 10% 정도가 적당한 것으로 제시하고 있다. 우리나라의 경우 제왕절개 분만의 의료보험 수가가 자연분만에 비해 높기 때문에 제왕절개 분만 비율이 40% 정도로 나타나는데, 제왕절개 분만은 비용이 비쌀 뿐 아니라 수술 후 산모의 회복 기간이 오래 걸리는 등의 문제가 있으므로 신중히 결정해야 한다. 제왕절개 분만이 필요한 경우는 산모의 몸에 문제가 있는 경우나 태아가 거꾸로 있거나 4kg 이상의 거대아, 쌍생아인 경우, 그리고 전치태반이거나 조기 파수가 일어났을 때 등이다. 즉, 제왕절개 분만은 남용되어서도 안 되지만 위험상황에서는 효과적으로 사용될 수 있으므로 분별력 있는 선택이 필요하다.

② 무통 분만

무통 분만이란 말 그대로 마취 등의 방법을 이용하여 산모가 산통을 느끼지 않게 하고 분만시키는 것을 말한다. 무통 분만에는 전신마취에 의한 방법과 산모의 의식을 잃게 하지 않으면서 통증을 완화시키거나 느끼지 않게 하는 국소마취 방법이 있다. 전신마취법은 약제가 태아에게 작용할 위험이 크므로 최근에는 분만 전반기에 한하여 사용하고 후반기에는 경막외마취 등 국소마취제를 사용하는 것이 일반적이다.

무통 분만은 산모의 극심한 통증을 경감시켜 주고, 이로 인해 통증이나 스트레스가 있을 때 혈관을 수축시키는 카테콜라민 호르몬의 생성을 감소시켜 자궁에서 태반으로 가는 혈류를 증가시켜 준다. 그러나 이와 같이 산모의 진통을 덜어주기 위해 투여된 약물이나 주사는 태아에게 좋지 않은 영향을 미치며 산모와 아기의 초기 결속 관계를 방해할 수 있으므로 물리적 방법에 의한 무통 분만보다는 라마즈법과 같이 정신에 의한 무통 분만을 선택하는 것이 바람직하다.

① 그리스에서는 출산을 촉진하기 위해 임산부를 묶어서 매달았다.
② 16세기 임산부가 옷을 완전히 차려입고 출산의자에 앉아서 출산을 하고 있다.
③ 16세기 11명의 아이를 한꺼번에 낳은 이탈리아 여성이 후프로 배를 지지하고 있다.
④ 인디언들은 탯줄을 꺼내는 동안 임산부의 복부를 끈으로 묶었다.
⑤ 태아가 자궁 위쪽으로 올라가는 것을 막기 위해 19세기 일본 임산부들은 거들을 입었다.
⑥ 동남아시아인과 남아메리카 인디언은 향을 피우면 임산부가 안정하고 악마를 쫓을 수 있다고 믿었다.
⑦ 구약성서에 임산부가 앉아서 출산할 수 있도록 의자를 사용했다고 기록되어 있다.
⑧ 베트남에서는 출산을 유도하기 위해 산파가 임산부 위에 올라섰다.
⑨ 마오리 족은 출산 후 아기를 나무를 깎아 만든 그릇에 받았다.

[그림 3-5] 출산의 역사적, 문화적 다양성

출처: Hamlyn Press(1970)

③ 라마즈 분만

러시아의 Pavlov 조건반사 현상을 분만에 이용한 것이 라마즈 분만법의 시초이며, 프랑스 산부인과 의사인 라마즈 박사에 의해 전파되었다. 라마즈 분만은 질을 통한 정상 분만을 원칙으로 하며 진통 및 분만 시의 고통을 경감시키고 분만이 보다 즐겁고 좋은 추억이 되게 하는 데 그 목적을 둔다.

현재 우리나라에서도 널리 시행되고 있는 라마즈 출산 교육은 부부가 함께 참여하는 가족 중심의 출산법이다. 교육 내용은 크게 세 가지로 나눌 수 있는데, 즐거웠던 일을 떠올리는 연상법, 우리 몸 전체의 긴장을 풀어주는 이완법, 그리고 분만의 경과에 따라 호흡을 조절하는 호흡법으로 이 세 요소가 합쳐져야 효과가 크다. 구체적인 내용은 다음 페이지를 참고한다.

④ 폭력 없는 탄생

산모뿐 아니라 태아의 고통에도 관심을 두어야 한다는 입장에서 프랑스 산부인과 의사 Leboyer가 개발한 방법이다. 그는 「폭력 없는 탄생」이라는 저서에서 어머니의 자궁 안은 어둡고, 양수가 있는 아늑하고도 방음이 된 공간인데, 분만 시 강렬한 빛과 소리로 불안한 상태에서, 산소를 공급받던 탯줄마저 잘리므로 아기가 공포와 불안에 떨게 된다고 하였다. 그래서 아기의 입장에서 폭력 없는 분만 환경으로 만들어 보자는 데 초점을 두고 다음과 같은 수칙을 제시했다. 첫째, 태아는 여러 감각 중 청각이 가장 발달했으므로 분만에 임하는 모든 사람은 소곤소곤 말한다. 둘째, 연약한 태아의 시력을 보호하고 안정감을 주기 위해서는 분만실 불빛을 약하게 한다. 셋째, 바로 엄마의 배 위에 올려놓아 모유를 먹게 한다. 넷째, 아기가 폐로 산소를 받아들이는 것에 익숙해지도록 분만 5분 후 탯줄을 자른다. 다섯째, 아기를 욕조에 넣어 엄마 자궁 안과 비슷한 환경에서 놀게 한다(http: //www.sosmamma.com/birth/ birth05.htm). 그러나 희미한 불빛으로 인해 출산 과정에서 발생할 수 있는 위험 요소를 놓칠 수 있고 아기가 물로부터 병균에 감염될 수 있다는 점을 들어 이 분만 방법을 반대하는 이들도 있다(정옥분, 2002).

라마즈 출산 교육

연상법 : 진통이 시작되면 억지로라도 가장 즐거웠던 순간을 연상해 진통의 괴로움에서 벗어나 다른 생각을 한다. 즐거운 생각을 하면 엔돌핀이 분비돼서 진통제와 같은 효과를 주기 때문이다.

이완법 : 진통할 때 근육을 이완시키면 피로가 덜하고 자궁구도 쉽게 열린다. 남편과 함께 하므로 심리적 효과도 있다.

- 아내는 옆으로 눕는다. 남편이 한 손으로 아내의 팔꿈치와 손목 중간 부위를 잡고 다른 한 손은 아내의 손을 잡아 위아래로 5~6회 움직인다.
- 아내가 옆으로 누운 상태에서 남편이 아내의 어깨와 팔꿈치 중간 부위를 잡고 한 손으로는 손목을 받쳐 준다. 5~6회 정도 팔꿈치에서 손목까지를 구부렸다 폈다 한다.
- 아내는 옆으로 눕는다. 이 상태에서 남편이 아내의 손목을 가볍게 잡고 몸을 조금 일으켜 아내의 귀까지 들어 올려 어깨를 긴장시킨 뒤, 바깥쪽으로 원을 그리듯 5~6회 돌려준다.
- 아내가 옆으로 누운 상태에서 남편이 한 손으로 아내의 발목을 잡고 다른 손으로는 발을 받쳐 든다. 발목을 위아래로 5~6회 움직인다.
- 아내는 옆으로 눕는다. 그 상태에서 남편은 아내의 허벅지를 들고 다른 한 손으로는 발목을 잡고 관절이 움직이는 방향으로 다리를 구부렸다 폈다 하는 동작을 5~6회 반복한다.
- 어깨 이완 시처럼 남편이 몸을 일으켜 원을 그리듯 안에서 바깥쪽으로 다리를 올린다.

호흡법 : 온몸에 산소를 공급해 근육을 이완시키며, 관심을 통증에서 호흡으로 돌리는 효과도 있다.

- 분만 전기(6~7시간) : 입으로 호흡을 하면 입안이 말라서 탈수증에 걸릴 수 있으므로 코로 숨을 들이쉬고 내쉰다.
- 분만 중기(5~7시간) : 같은 호흡량으로 숨을 들이쉬고 내쉬되 빠르고 얕게 한다. 역시 코로 호흡한다. 눈을 뜨고 어느 한 곳을 바라보면서 자신의 숨결을 듣고 리듬을 타면 집중력이 생겨 호흡이 쉬워진다.
- 분만 후기(30분~1시간) : 가장 힘들 때지만 자궁구가 완전히 벌어질 때까지 힘주기를 참는다. '히히' 소리를 내며 숨을 들이마시고 '후' 소리를 내며 내쉬면 통증을 견디기 쉽다. 호흡이 매우 중요한 시기이다.
- 분만 만출기(30분~2시간) : 심호흡을 크게 두 번 하고 숨을 멈추고 가능한 한 길게 힘주기를 한다. 양다리를 벌리고 무릎 뒤에 손을 걸쳐 가슴으로 잡아당긴 뒤에 턱을 당긴 자세로 시선은 배꼽을 향한다.

출처: http://www.mam.co.kr

⑤ 수중 분만

글자 그대로 물속에서 아이를 낳는 것을 말한다. 욕조에 따뜻한 물을 채우고 산모와 남편이 함께 들어가 진통부터 분만 때까지 욕조 안에서 쪼그리고 앉는 자세로 힘을 준다. 수중 분만은 누운 자세가 아니라 쪼그리고 앉는 자세이므로 분만을 용이하게 하며, 따뜻한 물속에서의 이완감으로 회음부 근육의 이완을 도와 회음절개 없이도 분만을 가능하게 한다. 신생아에게도 출산 시 양수와 비슷한 환경에서 태어나기 때문에 아기에게 친숙함을 느끼게 하고 환경의 변화가 적다는 장점이 있다. 그러나 사람들이 가장 호감을 느끼는 점은 기존의 방법보다 진통이 적어 보이고, 남편과 함께 다른 조작술 없이 태아를 분만하고 분만 직후 본인의 손으로 아이를 안을 수 있다는 것이다. 문제점으로는 모든 산모가 수중 분만이 가능한 것은 아니며, 욕조와 수질 관리가 철저하지 않을 경우 산모와 태아가 감염될 위험이 있다는 것이 있다. 또한 현재의 의료수가로는 수중 분만에 드는 시설과 경비를 충당하기가 어렵다는 현실적인 문제도 있다.

2) 출산과 관련된 문제

임신에 성공하여도 정상적인 임신 기간을 채우지 못하고 태아가 중도에 배출되는 경우가 있다. 이러한 경우 기간에 따라 유산과 조산으로 구분한다. 유산은 태아가 모체 밖에서 생존하는 것이 불가능한 임신 초기에 중절이 되는 것을 말하며, 조산은 모체 밖에서 태아의 생존이 가능한 시기의 분만을 뜻한다.

(1) 유 산

유산은 임신 24주 이전의 분만을 말한다. 유산의 빈도는 모든 임신의 10% 전후로 보고 있는데 그 대부분은 임신 15주 안에 일어난다. 그 이유는 태반이 완성되지 않았기 때문이다. 유산의 원인은 여러 가지가 있으나 크게 수정란에 원인이 있을 때와 모체에 원인이 있을 때로 나누어 볼 수 있다. 수정란 원인으로는 수정 전의 난자나 정자에 이상이 있을 때, 정상적인 수정란이 세포분열하는 과정에서 문제가 생겼을 때, 수정란이 비정상적으로 착상했을 때 등이다. 최근에는 수정란의 염색체 이상에 의한 경우가 많이 발견된다. 모성 원인에는 당뇨병, 호르몬 불균형, 자궁근종 등의 질환을 들 수 있다. 또한 모자간의 혈액형 부적합이나 면역학적 불균형도 원인으로 알려지고 있다. 유산의 두드러진 증상은 자궁출혈인데, 이외에도 하복부의 통증을 수반하거나 배가 팽팽한 느낌이 지속되는 경우 및 간헐적으로 통증이 되풀이되는 경우가 있다.

임신이 자연히 중단되는 경우를 자연유산이라 하고, 인위적으로 유산시키는 경우를 인공유산이라고 한다. 인공유산의 경우는 치료를 목적으로 임신을 중절시키는 것으로서, 비합법적으로 행해지는 낙태와 구별된다. 또 자연유산이 3회 이상 계속 일어난 경우를 습관성 유산이라 하는데, 이 경우 불임으로 이어지기 쉬우므로 각별히 주의해야 한다.

(2) 조산과 미숙아

조산은 임신 29~38주에 일어나는 분만을 말하며, 자연조산과 인공조산으로 나뉜다. 자연조산은 쌍생아나 기형아, 태아의 위치 이상, 태반이나 탯줄의 이상 등 태아에 원인이 있는 경우와 자궁질환, 임신중독증, 심장병, 당뇨병, 설사, 백신 사용 등 모체에 원인이 있는 경우가 있다. 또 외상, 수술, 과격한 운동, 황체 호르몬, 비타민 K나 비타민 E 등의 부족도 조산의 가능성을 증가시킨다. 인공조산은 분만예정일 전에 인위적으로 진통을 일으켜 분만을 유발하는 방법으로서, 태아가 태내 생활을 계속하지 못하는 상태에 한해서 실시한다. 모체의 상태가 좋으면 되도록 건강한 아이를 얻기 위해 임신 34주 이후에 하는 것이 좋다(http://100.daum.net/DIC/detail?id =1750200&sname=).

예전에는 2.5kg 미만의 신생아를 미숙아라고 했으나 요즘은 저출생 체중아라고 부르고, 미숙아는 자궁 밖 생활에 적응할 만큼 성숙하지 못한 신생아로 정의한다. 조산에 의해 태어난 신생아는 미숙아인 경우가 많다. 그러나 이처럼 임신 기간이 차지 않아서 체중이 미달하는 미숙아(preterm)도 있지만, 임신 기간을 다 채우고 태어났음에도 체중이 미달하는 미숙아(small for date)도 있다. 두 번째 유형의 미숙아는 첫 번째 유형의 미숙아보다 문제가 더 심각하며, 출생 후 사망 가능성이 높고 감염이 잘되고 뇌손상을 입었을 가능성도 있다. 원인은 임산부가 잘 먹지 않거나 태반이 정상적으로 기능하지 않았거나 또는 태아 자체가 성장을 지연시키는 결함을 갖고 있기 때문일 수 있다(Berk, 2000).

일반적으로 미숙아는 폐 기능이 부족하여 산소 결핍 상태가 되기 쉽고, 체내에서의 열 생산이 적은 데다 열의 손실이 많아서 저체온이 되기 쉽다. 저항력도 약해서 감염되기 쉽고, 감염되면 증세가 심각하게 진행된다. 젖 빠는 힘이 약하여 빨다가도 곧 지쳐 잠이 들고, 극단적으로 작은 미숙아는 젖을 빨지도 못한다. 간의 활동이 불충분하므로 황달이 심해지기 쉽고, 생후 1개월 전후부터 빈혈이 되기 쉬운 특징도 있다. 따라서 미숙아는 인큐베이터에서 25℃의 온도와 60%의 습도를 유지하고 여러 가지 의료기기를 이용하여 미숙아의 상태를 지속적으로 관찰하고 즉각적인 조치를 취하는 등 집중적인 관리가 필요하다. 또한 미숙아에게도 모유가 바람직하지만, 모유 영양만으로는 단백질 · 칼슘 · 나트륨이 부족하여 체중 증가의 불량 또는 뼈의 발육 불량이 일어나므로 미숙아용 분유와 혼합 영양을 공급하는 것이 좋다.

의술의 발달로 미숙아의 생존율은 두드러지게 향상되었다. 출생 체중 1.5~2.0kg의 약 90%, 1.0~1.5kg의 약 80%, 0.8~1.0kg의 약 50% 정도 생존할 수 있게 되었다. 뇌성마비 · 간질 · 시력장애 등의 후유증도 줄어들었다(http://100.daum.net/DIC/detail?id=1750200& sname=). 미숙아를 치료하는 데에는 많은 비용이 들지만 우리나라에서는 아직까지 국가의 지원이 그리 많이 이루어지지 않았다. 또한 미숙아를 키우는 것은 정상아에 비해 많은 어려움이 있으므로 미숙아의 출생을 예방하고, 이미 태어난 미숙아에 대해서는 인도적 차원에서 사회적 관심과 지원을 높여야 할 것이다.

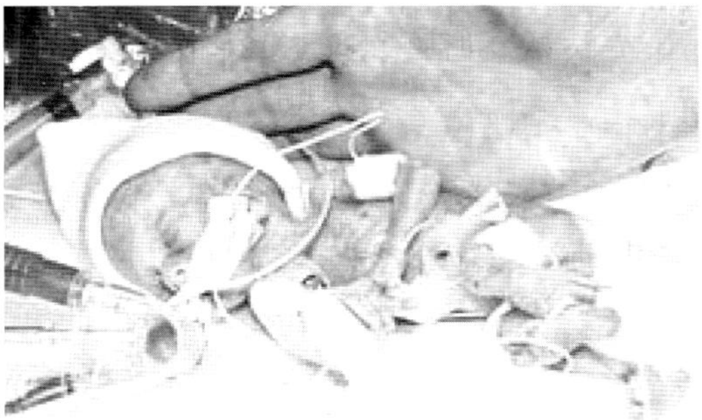

[사진 3-7] 세계 최소의 미숙아 출생(255g, 25.4㎝)

출처: http://news.media.daum.net/foreign/others/200412/22/nocut/v7985103.html

Chapter 04

영아기

영아기는 출생에서 약 2세까지의 기간을 말한다. 영아기는 전체 인생 주기에서 2% 정도를 차지하는 짧은 기간이지만 가장 현저하고 급속하게 발달하는 시기 중 하나이다. 신생아는 놀랄 정도로 복잡한 감각과 운동능력을 가지고 세상에 태어나고, 생후 2년 안에 스스로 걸을 수 있으며 손을 사용할 수 있게 된다. 그리고 유일하게 인간만이 가지고 있는 능력인 언어를 획득할 준비를 갖춘다. 본 Chapter에서는 신생아에서 만 2세까지 영아의 전반적인 특징과 발달 과정을 살펴본다.

1. 신생아의 특징

신생아기는 엄마의 자궁 밖으로 나온 후 첫 한 달을 말하며, 엄마에게서 떨어져 나와 독립적인 존재로 전환해 가는 시기이다. 신생아의 외모는 볼품없고 작아서 얼핏 보기에 먹고 자는 것밖에는 아무 일도 할 수 없는 듯하지만 생존하는 데 필요한 여러 가지 능력을 가지고 있다. 신생아는 태어나면서부터 주변의 물리적 · 사회적 환경에 적극적으로 반응한다.

1) 신체적 특징

신생아의 피부는 붉은색을 띠며 쭈글쭈글하고 몸 전체가 끈적끈적한 태지와 솜털로 덮여 있다. 머리는 몸에 비해 상당히 크고 몸통은 짤막하며 허리와 무릎을 구부리고 있다. 임신 기간 동안 부모가 마음속으로 생각하였던 이상적인 이미지와는 많이 다르지만 신생아는 둥근 얼굴, 볼록볼록한 볼, 큰 이마 등은 껴안고 싶을 만큼 매력적이다.

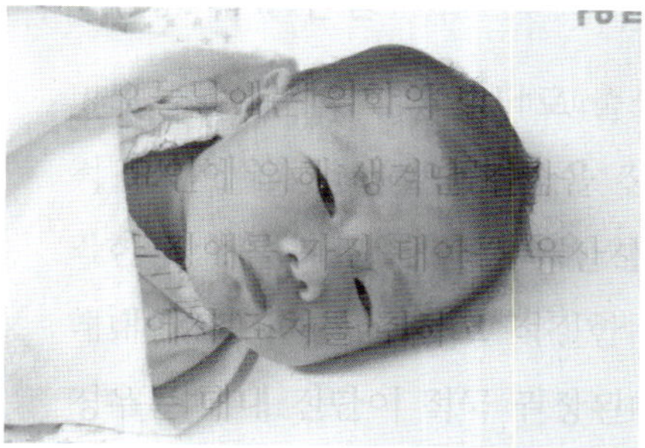

[사진 4-1] 신생아

신생아의 평균 키는 남아가 50.12㎝이고 여아는 49.35㎝이다. 평균 체중은 3.41㎏, 3.29㎏이다(〈표 4-1〉). 출생 당시의 신체 크기는 아기의 성별, 엄마의 영양 및 건강 상태, 부모의 체격 등과 관련이 있다. 출생 시 남아가 여아보다 키가 더 크고 체중은 더 많이 나가는 반면, 여아가 남아보다 신체 지방은 약간 더 있다. 그리고 첫째 아이가 둘째 아이보다 체중이 더 적은 경향이 있다.

〈표 4-1〉 아동의 신체 발달 기준표

남				연령	여			
체중(kg)	신장(cm)	체질량지수(kg/m²)	머리둘레(cm)		체중(kg)	신장(cm)	체질량지수(kg/m²)	머리둘레(cm)
3.41	50.12		34.70	출생시	3.29	49.35		34.05
5.68	57.70		38.30	1~2개월	5.37	56.65		37.52
6.45	60.90		39.85	2~3개월	6.08	59.76		39.02
7.04	63.47		41.05	3~4개월	6.64	62.28		40.18
7.54	65.65		42.02	4~5개월	7.10	64.42		41.12
7.97	67.56		42.83	5~6개월	7.51	66.31		41.90
8.36	69.27		43.51	6~7개월	7.88	68.01		42.57
8.71	70.83		44.11	7~8개월	8.21	69.56		43.15
9.04	72.26		44.63	8~9개월	8.52	70.99		43.66
9.34	73.60		45.09	9~10개월	8.81	72.33		44.12
9.63	74.85		45.51	10~11개월	9.09	73.58		44.53
9.90	76.03		45.88	11~12개월	9.35	74.76		44.89
10.41	78.22		46.53	12~15개월	9.84	76.96		45.54
11.10	81.15		47.32	15~18개월	10.51	79.91		46.32
11.74	83.77		47.94	18~21개월	11.13	82.55		46.95
12.33	86.15		48.45	21~24개월	11.70	84.97		47.46
13.14	89.38	16.71	49.06	2~2.5세	12.50	88.21	16.34	48.08
14.04	93.13	16.29	49.66	2.5~3세	13.42	91.93	16.01	48.71
14.92	96.70	15.97	50.10	3~3.5세	14.32	95.56	15.76	49.18
15.91	100.30	15.75	50.43	3.5~4세	15.28	99.20	15.59	49.54
16.97	103.80	15.63	50.68	4~4.5세	16.30	102.73	15.48	49.82
18.07	107.20	15.59	50.86	4.5~5세	17.35	106.14	15.43	50.04
19.22	110.47	15.63	51.00	5~5.5세	18.44	109.40	15.44	50.21
20.39	113.62	15.72	51.10	5.5~6세	19.57	112.51	15.50	50.34
21.60	116.64	15.87	51.17	6~6.5세	20.73	115.47	15.61	50.44
22.85	119.54	16.06	51.21	6.5~7세	21.95	118.31	15.75	50.51
24.84	123.71	16.41		7~8세	23.92	122.39	16.04	
27.81	129.05	16.97		8~9세	26.93	127.76	16.51	
31.32	134.21	17.58		9~10세	30.52	133.49	17.06	
35.50	139.43	18.22		10~11세	34.69	139.90	17.65	
40.30	145.26	18.86		11~12세	39.24	146.71	18.27	
45.48	151.81	19.45		12~13세	43.79	152.67	18.88	
50.66	159.03	20.00		13~14세	47.84	156.60	19.45	
55.42	165.48	20.49		14~15세	50.93	158.52	19.97	
59.40	169.69	20.90		15~16세	52.82	159.42	20.42	
62.41	171.81	21.26		16~17세	53.64	159.98	20.77	
64.46	172.80	21.55		17~18세	53.87	160.42	21.01	
65.76	173.35	21.81		18~19세	54.12	160.74	21.13	

주: 1~2개월은 1개월부터 2개월 미만에 해당하며, 다른 연령에도 동일하게 적용됨

출처: 한국 소아 신체발육표준치(보건복지부, 2007)

신생아는 생후 며칠 동안 수분이 빠지기 때문에 체중이 5～10% 정도 감소하나 약 5일째부터는 체중이 늘기 시작하여 10～14일이 되면 출생 때의 체중으로 회복된다. 출생 때 신생아는 크림과 같은 끈적끈적한 태지에 싸여 있는데, 이것은 엄마의 자궁 안에 있을 때 양수로부터 태아의 피부를 보호해 주고, 출산 과정에서 윤활유 기능을 하여 태아가 자궁에서 쉽게 빠져나오도록 돕는다. 또한 태어난 후에는 세균 감염을 막아주는 보호막 구실을 하는데, 며칠 안에 건조해 버린다. 온몸이 솜털로 덮여 있으나 며칠 지나면 빠진다.

출생 후 3～4일이 지나면 신생아는 피부와 안구가 노랗게 되는 신생아 황달을 겪는다. 이 현상은 간의 미성숙 때문에 일어나는데, 대개는 심하지 않고 약 1주일이 지나 간 기능이 원활하게 되면 회복된다.

신생아의 머리는 몸 전체 길이의 1/4가량 되고 두개골에는 6개의 천문(숫구멍)이 피부 바로 아래 단단하고 탄력 있는 엷은 막으로 덮여 열려 있다. 두개골의 뼈와 뼈 사이를 이어주는 결제조직에 의해 만들어진 천문들은 두개골을 유연하게 하여 출생 때 태아가 산도를 통과하기 쉽도록 해준다. 6개의 천문 중에 대천문과 소천문이라 불리는 2개의 천문은 외부에서도 쉽게 볼 수 있다. 앞이마 위에 있는 대천문은 생후 18개월경이 되면 닫히고, 머리 뒤쪽에 있는 소천문은 생후 1년 이내에 닫힌다.

2) 생리적 기능

출생 전부터 엄마와 태아는 독립된 순환기 계통을 가지고 심장박동을 한다. 신생아의 심장박동은 어른보다 빠르고 불규칙하며 속도는 1분에 120～160회 정도이며 출생 후 4～5일 지나면 약간 느려진다. 엄마 뱃속에 있는 동안에는 탯줄을 통해 산소를 공급받고 이산화탄소를 배출하였으나, 엄마 몸 밖으로 나온 후 신생아는 더 많은 산소를 필요로 하고 혼자서 구해야 한다. 출생 즉시 신생아는 허파 벽에 있는 공기주머니를 팽창시켜서 산소를 흡입한다. 출산할 때의 아기의 울음은 최초의 호흡으로 1분당 35～45회 호흡하며 어른의 두 배이다. 신생아의 호흡은 일반적으로 얕고 불규칙하며 딸꾹질과 재채기를 하기도 한다.

신생아의 체온은 성인보다 약간 높은 평균 37～37.5C이다. 신생아는 체온 조절이 잘 되지 않기 때문에 춥다고 많이 덮어주면 몸이 금방 따뜻해지고 옷을 입히지 않으면 금방 차가워진다. 이렇게 신생아의 체온이 잘 조절되지 않은 이유는 명확하지 않으나, 뇌에 있는 온도 조절 기제가 미성숙하거나 아기의 피하지방층이 얇기 때문에 단열이 잘 되지 않아서 그럴 수 있다고 한다. 체온 조절 능력은 땀샘 호르몬이 제구실을 할 수 있는 한 살 때까지 완전히 발달되지는 않는다. 아기는 스스로 체온 조절을 못하기 때문에 실내 온도를 자주 점검하고 아기가 어느 정도로 옷을 입고 있을 때 편안해하는지 살펴보아야 한다. 이와 같이 신생아가 성인에 비해 호흡과 맥박이 빠르고 체온이 높은 것은 신진대사의 속도가 어른보다 빠르다는 것을 의미한다.

출생 후 하루나 이틀 동안은 하루에 4～5회 태변을 배설하는데, 그 빛깔은 검은 녹색이고 끈끈하다. 이것은 태중에서 손가락을 빨 때에 양수를 삼켜 직장에 괴어 있던 것이다. 신생아는 하루에 18회 정도로 자주 소변을 보며, 요산염이 많기 때문에 기저귀가 황갈색이 되기 쉽다.

신생아는 출생 당시에도 이미 소화 효소를 분비하고 있어 음식물을 충분히 소화할 수 있다. 그러나 위의 모양이 수직이어서 많이 먹으면 토할 수 있으므로 자주 젖을 먹여야 된다. 신생아는 일반적으로 2～3시간 간격으로 하루에 7～8회 젖을 먹는다. 몇 주가 지나면서 4시간 정도로 수유 간격이 길어지나 이는 신생아에 따라 차이가 있다. 신생아의 소화체계는 단백질과 당분을 흡수하고 소화시키기에 충분한 효소를 만들어내지만 포화지방은 잘 흡수할 수는 없기 때문에 지방이 많은 분유보다 모유가 적합하다. 첫 1～2일에 산모에게서 나오는 황갈색의 초유는 신생아에게 먹이는 것이 좋은데, 이것은 초유가 태변의 배설을 촉진할 뿐만 아니라 면역체를 함유하고 있기 때문이다.

2. 반사 행동

밝은 빛을 보면 눈을 깜박이거나 무릎을 살짝 맞으면 발을 앞으로 차는 것 등은 의도적이거나 계획된 행동이 아니라 무의식적인 반사 행동으로 반응하는 것이다. 반사 행동은 어떤 특정 자극에 대해 타고난 자동적인 반응이다. 신생아는 여러 가지 반사 행동을 가지고 세상에 나온다. 가령, 손가락으로 아기의 볼을 부드럽게 건드리면 머리를 그쪽 방향으로 돌리거나 손바닥에 손가락을 얹어놓으면 아기는 그 손가락을 꼭 쥔다. 아기를 안고 있다가 갑자기 내려놓으면 팔을 활모양으로 휘는 반응을 보이는데, 이와 같은 반응이 반사 행동이다. 〈표 4-2〉는 신생아의 여러 종류의 반사 행동을 보여준다 ([사진 4-2]).

〈표 4-2〉 신생아의 반사 행동

반사 유형	자 극	반 응	사라지는 시기	중요성
찾기 반사	입 주변의 뺨을 건드린다.	자극을 준 쪽으로 머리를 돌린다. 입을 벌린다.	3주	젖꼭지를 찾게 한다.
빨기 반사	아기의 입에 손가락을 댄다.	손가락을 규칙적으로 빤다.	영구적 반사	젖을 빨게 한다.
수영 반사	물속에 아기의 얼굴을 담근다.	수영 동작으로 손을 휘젓고 다리를 버둥거린다.	4~6개월	물속에 빠졌을 때 생존에 도움을 준다.
바빈스키 반사	발바닥을 건드린다.	발가락을 부챗살처럼 펴고 발을 안으로 비튼다.	8~12개월	알려지지 않음.
모로 반사	아기의 등을 수평으로 받친 채 갑자기 머리를 떨어뜨리거나 또는 갑자기 큰 소리를 낸다.	팔과 다리를 벌리고 손가락을 펴며 마치 무엇을 껴안으려고 하는 자세를 한다.	6개월	진화 과정에서 어머니에게 매달리도록 한다.
파악 반사	아기의 손바닥을 손가락으로 누른다.	어른의 손가락을 자동적으로 쥔다.	3~4개월	자발적인 잡기를 훈련한다.
걷기 반사	아기의 팔 밑을 잡고 평평한 곳에 맨발이 닿게 한다.	걷는 것처럼 발을 교대로 움직인다.	2개월	자발적인 걷기를 준비시킨다.
눈 깜박임 반사	아기의 눈에 밝은 빛을 비춰준다. 머리 가까이에서 손뼉을 친다.	눈꺼풀을 빨리 닫는다.	영구적	강한 자극으로부터 보호한다.
목 강직 반사	등을 바닥에 대고 눕히고 머리를 한쪽으로 돌린다.	한쪽 팔은 머리가 향하고 있는 방향 앞으로 펴고 다른 팔은 구부리며 마치 펜싱 자세를 한다.	4개월	자발적인 뻗기를 준비시킨다.

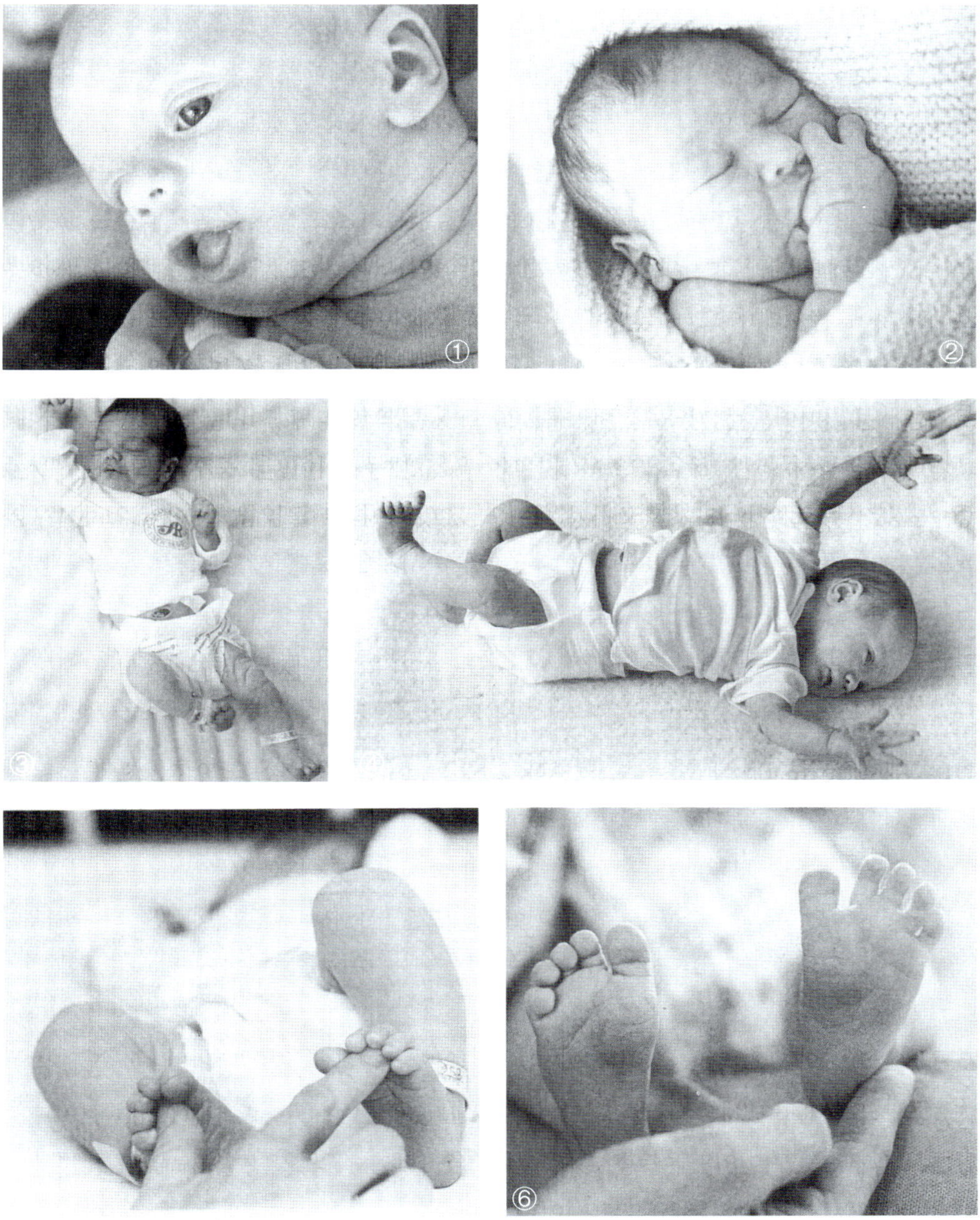

① 찾기 반사 ② 빨기 반사 ③ 목 강직 반사 ④ 모로 반사 ⑤ 족부 반사 ⑥ 바빈스키 반사

[사진 4-2] 신생아의 반사 행동

출처: Schickedanz et al.(1993)

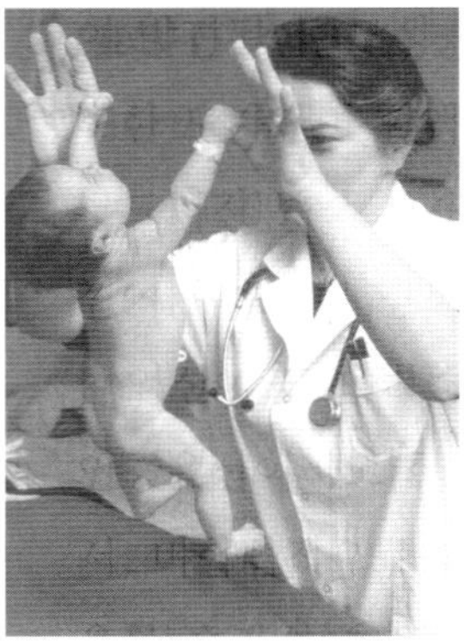

[사진 4-3]
신생아의 파악 반사

출처: Berk, 1994

신생아가 보여주는 일부 반사 행동은 생존하는 데 필요한 것이 있다. 가령 아기가 엄마의 젖꼭지를 찾는 데 도움을 주는 '찾기 반사'와 입에다 젖꼭지를 물려주면 반사적으로 빠는 '빨기 반사'는 생존에 필요하다. 젖꼭지를 빠는 데 필요한 혀와 입술의 움직임 같은 복잡한 행동을 신생아에게 가르칠 수 없기 때문에 이와 같은 행동이 자동적으로 이루어지지 않는다면 생존이 불가능할 것이다. 또한 '모로 반사'와 '파악 반사'는 아기가 엄마에게 매달려 있는 데 도움을 준다. 생후 첫 1주 동안에도 신생아의 쥐는 힘이 매우 강해 손가락 힘만으로 온몸이 매달려 있을 수 있다([사진 4-3]). 이와 같은 반사 행동은 아기와 부모 간에 만족스러운 관계가 빨리 형성되도록 도와준다. 수유할 때 엄마의 젖을 성공적으로 찾아서 빨고, 엄마가 손가락을 갖다 대면 꼭 쥐는 행동은 아기를 사랑으로 대하도록 만든다. 또 어떤 반사는 나중에 발달할 복잡한 운동기술을 위한 기초가 되기도 한다. 예를 들어, 목 강직 반사는 아이가 스스로 뻗기를 준비할 수 있게 해준다. 등을 바닥에 대고 '펜싱 자세'로 누워 있을 때 아기는 자연스럽게 눈앞에 있는 손을 응시한다. 이 반사는 아기에게 눈과 팔의 움직임을 협응하도록 해주고 궁극적으로는 대상물에 손을 뻗게 해준다(Berk, 2006). 이와 같이 일부 반사 행동은 인간의 생존에 도움을 주기는 하나 모든 반사가 기능적이지는 않다.

반사 행동이 아기의 성장 발달에 중요한 의미가 있는데, 이는 반사 행동의 유무가 신경 발달을 평가하는 데 지침이 되기 때문이다. 반사 행동이 나타났다가 사라지는 데는 일정한 시간표가 있다. 신생아의 대부분의 반사 행동은 생후 6개월이 되면 사라진다. 이것은 대뇌피질이 발달함에 따라 점차적으로 행동을 자발적으로 조절할 수 있게 되기 때문이다. 만약에 출산 과정에서 신생아에게 뇌손상이 있었다면 반사 행동이 약하거나 전혀 나타나지 않을 수도 있으며, 반사 행동이 정상적으로 사라져야 할 시기에도 계속될 수도 있다. 뇌성마비의 조기 징조 중의 하나는 목 강직 반사, 모로 반사, 파악 반사가 계속해서 나타나는 것이다(Barabas & Taft, 1986). 그러나 반사 행동에도 개인차가 있기 때문에 신생아의 신경계의 정상 여부를 정확하게 판단하기 위해서는 다른 방법과 함께 검토해야 한다고 전문가는 조언한다.

3. 신생아의 상태

신생아의 하루를 보면 평균 16~18시간을 잠을 자고, 나머지 시간은 조용히 누워 있으면서 주위의 시청각 자극에 반응하며, 팔다리를 활발하게 움직이고, 울면서 보낸다. 신생아가 태어날 때 대개는 깨어 있지만 약 1시간 후에는 길고 깊은 잠에 빠진다. 신생아가 하루나 그 이상 동안 잠을 지속해서 자는 것은 세상에 나와 겪고 있는 모든 변화에 적응하기 위함이라고 한다.

신생아의 행동은 낮과 밤 동안 잠을 자고 깨어 있는 정도에 따라 여섯 가지 다른 형태의 주기로 나타난다(〈표 4-3〉). 즉, 수면, 졸림, 깨어 있는 상태를 반복하는데, 첫 한 달 동안은 이러한 상태가 자주 달라진다([사진 4-4]). 이 중에서 조용히 깨어 있는 상태가 가장 짧아 금방 보채고 우는 상태로 바뀌며 수면상태가 가장 길다. 활발한 움직임 상태에서는 활기차고 산만한 운동 활동을 보여주며, 조용히 깨어 있는 상태 동안에는 움직임은 활발하지 않지만 주변 환경의 시각적 주사활동(scanning)이 활발하게 일어난다. 이러한 상태에서 아기는 감각 자극에 반응을 보이며 많은 것을 학습하게 된다. 신생아의 행동은 무작위로 일어나는 것이 아니라 순환적이기 때문에 현재 상태에 의해 다음의 행동을 예측할 수 있다.

출생 후 2년 사이에 수면 상태와 깨어 있는 상태의 구성이 크게 변한다. 2세가 되어도 총 수면의 양은 많이 줄어들지 않아 평균 12~14시간 정도 자고, 자거나 깨어 있는 시간은 점차적으로 낮밤의 스케줄과 일치되기 시작한다. 생후 4개월이면 밤 수면의 양은 성인과 비슷한 8시간 정도가 되고 낮 동안에는 더 오랫동안 깨어 있고 낮잠의 횟수도 줄어든다. 깨어 있는 상태의 변화는 뇌의 성숙도에 따르지만 사회적 환경의 영향도 받는다. 깨어 있는 상태가 긴 영아는 주변 환경을 탐색할 기회를 더 많이 가질 수 있게 되어 인지 발달이 촉진될 수 있다고 한다(Moss, et al., 1988).

〈표 4-3〉 신생아의 상태

상 태	특 징	시 간
규칙적 수면 regular sleep	완전히 자고 있음. 몸은 거의 움직이지 않으며 눈꺼풀은 닫혀 있음. 눈동자가 움직이지 않으며 얼굴은 이완되어 있고 호흡은 느리며 규칙적임	8~9 시간
불규칙적 수면 irregular sleep	팔다리가 부드럽게 움직이고 때때로 꿈틀거리고 얼굴을 찡그림. 눈꺼풀은 닫혀 있으나 이따금 눈동자가 움직이는 것이 보이고 호흡이 불규칙적임	8~9 시간
졸린 상태 drowsiness	잠에 빠져 있거나 깨어 있음. 신체는 불규칙 수면시보다 덜 활동적이지만 규칙적 수면보다는 활동적임. 눈은 떠 있거나 감겨져 있음. 눈을 뜨고 있을 때는 무엇인가를 응시함. 호흡은 고르나 규칙적 수면 때보다 다소 빠름	다양함
조용히 깨어 있음 quiet alertness	신체는 거의 움직이지 않으며 눈을 뜨고 외부자극을 응시하고 있음. 호흡은 규칙적임	2~3 시간
활발한 움직임 waking activity	협응되지 않은 운동 활동이 자주 갑자기 나타남. 호흡은 상당히 비규칙적이며 얼굴은 이완되거나 긴장되고 주름이 짐	2~3 시간
울 음 crying	활동적인 각성은 종종 울음으로 변하고 산만하고 힘찬 운동 활동이 수반됨	1~2 시간

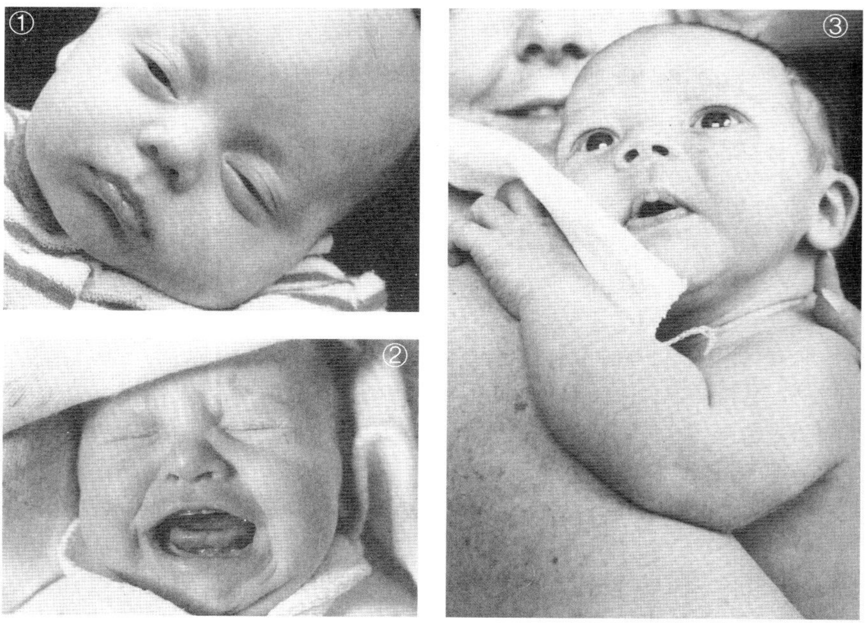

① 졸리움 ② 울음 ③ 조용히 깨어 있음

[사진 4-4] 신생아의 상태

출처: Schickedanz, et al.(1993)

1) 수 면

신생아의 수면은 두 가지 상태로 구성되는데, 불규칙적 또는 Rapid-Eye-Movement(REM) 수면과 규칙적 또는 Non-Rapid-Eye-Movement(NREM) 수면이다. REM 수면 동안은 두뇌 활동과 사지의 움직임이 상당히 활발하고 전기뇌파 활동이 깨어 있는 상태와 매우 유사하다. 눈꺼풀 아래로 눈동자가 움직이고, 심장박동, 혈압, 호흡 등이 고르지 않다. 반면, 규칙적 또는 NREM 수면 동안은 몸을 움직이지 않고 심장박동, 호흡, 전기뇌파 활동이 느리고 규칙적이다.

유아나 성인과 마찬가지로 신생아는 REM과 NREM 수면 사이를 오간다. 그러나 [그림 4-1]에서 보는 바와 같이 신생아의 수면에는 REM 수면의 시간이 훨씬 더 길다. 즉, 신생아기 동안에는 REM 수면은 전체 수면양의 50%를 차지하고 3~5세가 되면 20%로 줄어들어 성인기까지 비슷한 양상을 보인다. 아동과 성인들은 잠이 든 후 70~100분이 될 때까지는 REM 수면으로 들어가지 않는 반면, 신생아는 REM 수면 주기부터 시작하는 것이 특징이다. 신생아가 많은 시간을 REM 수면으로 보내는 이유는 두뇌 활동에 중요한 역할을 하기 때문이다. 자동자극 이론(autostimulation theory)에 의하면 REM 수면의 자극은 신경계의 발달에 중요하다고 한다. 깨어 있는 상태가 짧아 주변 환경으로부터 정보를 얻을 수 있는 시간이 부족한 것을 REM 수면을 통해 보상한다는 것이다. REM 수면은 잠들어 있는 동안에도 자극을 제공하는 상태를 말한다. 한 연구 결과에 의하면, 아기가 다소 오랜 시간 동안 깨어 있는 경우 REM 수면의 양이 줄어드는 것으로 나타났다. 한편, 신생아의 정상적인 수면 행동은 체계화되어 있기 때문에 수면 상태의 관찰은 중추신경계의 이상을 확인하는 데 도움을 준다. 뇌손상이 있거나 심각한 출산 외상을 경험한 신생아의 경우에는 불안정한 REM-NREM 수면 주기가 종종 나타난다고 한다 (Theorell, Prechtl, & Vos, 1974).

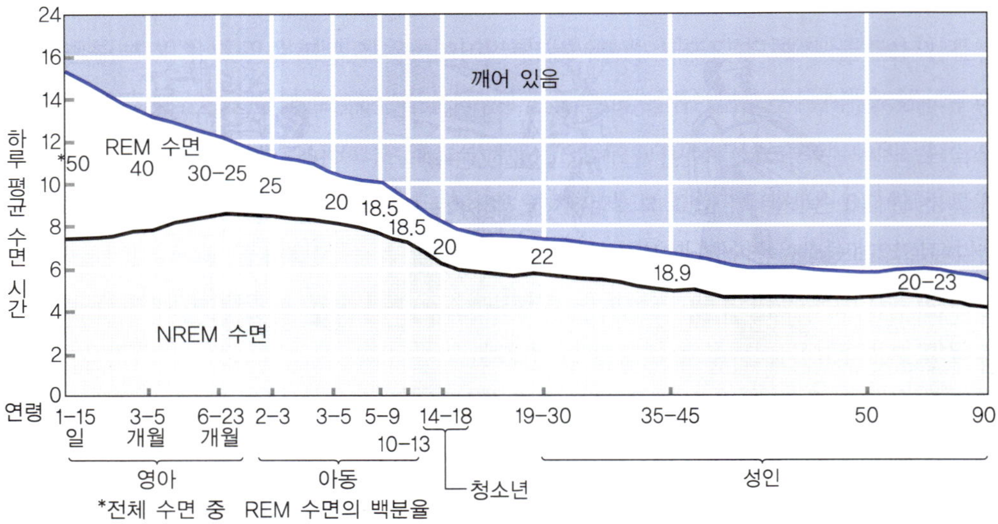

[그림 4-1] 신생아기에서 성인기까지의 REM, NREM, 깨어 있는 상태의 변화

출처: Berk(2002)

2) 울 음

울음은 아기가 양육자에게 음식과 위안 또는 자극이 필요하다는 것을 알리는 최초의 의사 전달 방법이다. 아기들은 배가 고플 때 우는 것이 가장 일반적이고 아무것도 입지 않았을 때, 온도 변화나 갑작스런 큰 소리와 고통스런 자극 등에 대한 반응으로 운다.

아기의 울음은 훌쩍거리는 것에서부터 전력을 다해 고통을 호소하는 울음에 이르기까지 강도가 다양하고 복잡하다. 아기의 울음은 강도, 높낮이, 리듬의 세 가지에 따라 다르다(그림 4-2). 가령, 배가 고프거나 놀아달라는 울음은 높낮이가 규칙적이며 숨을 쉴 때 끊어지고, 불만을 나타내는 울음소리는 낮고 작다. 아프거나 괴로울 때는 먼저 숨을 급히 들이쉰 후 길고 높은 비명을 지르는 것처럼 울며 3~5초의 일정한 간격을 두고 울어서 다른 울음과 구별된다.

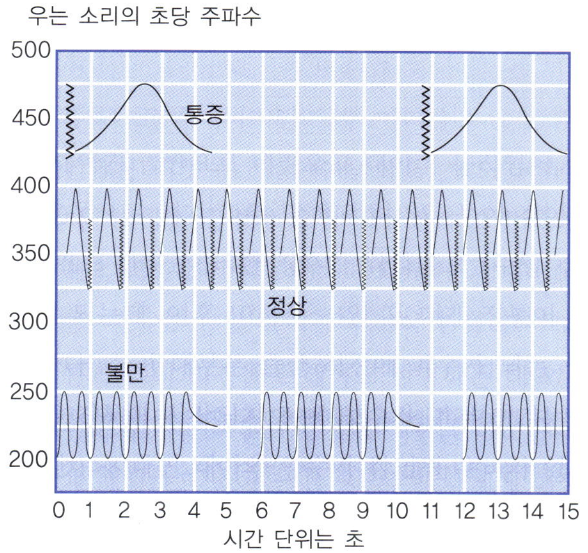

[그림 4-2] 울음의 세 가지 유형

출처: 뉴스위크 한국판(1999)

3) 신생아의 행동 평가

신생아의 전반적인 행동 상태와 개인차를 평가하는 여러 검사 도구가 개발되어 왔다. 이러한 검사 도구의 개발로 신생아의 개인차와 문화적인 차이를 이해하게 되었다. 가장 많이 사용되는 것이 소아과 의사인 브래즐턴(Brazelton) 박사가 개발한 신생아 행동 평가 척도(Neonatal Behavioral Assessment Scale: NBAS)이다. 이 검사 도구는 출생 후 7일에서 10일 사이에 실시하며 아기의 반사 행동, 물리적이고 사회적 자극에 대한 반응, 상태 변화 등을 평가한다. 이 검사에 포함된 항목을 보면, 감각 운동 능력 중에 청각능력은 신생아의 한쪽 귀에 부드럽게 말을 한 다음 신생아가 소리가 나는 쪽으로 고개를 돌리는지를 통해서 평가된다. 시각능력은 신생아 눈앞에서 밝은 색깔의 공을 수평으로, 그리고 수직으로 움직인 다음 아기의 눈이 공을 따라 움직이는지 살펴본다. NBAS를 통해 아기에게 중추신경계의 손상이 있는지를 진단한다. 신생아의 행동은 상당히 급격하게 달라지기 때문에 NBAS 검사 결과가 이후의 발달을 예언해 주지는 않는다고 한다.

또 다른 행동 평가 도구인 아프가(Apgar) 검사는 분만실에서 신생아의 신체적 건강 상태를 측정한다. 이 검사는 태어나자마자 또는 태어난 후 며칠 이내에 특별한 처치를 필요로 하는 신생아를 찾아내기 위해 개발되었으며 심장박동, 호흡, 근육의 긴장 상태, 반사운동의 민감성, 피부색의 다섯 요소를 출생 후 1분에 한 번과 5분에 한 번 검사를 한다(〈표 4-4〉). 각 영역에 대해 0~2점으로 평가한 후 총점이 아프가 점수가 되며 점수가 높을수록 아기의 건강 상태가 좋은 것으로 해석한다. 즉, 아프가 지수 10은 각 요소가 최상의 상태를 의미한다. 7~10점은 정상으로 간주하며, 4~6점은 건강하지 못하고, 0~3점은 위험한 상태로 진단된다. 이 검사는 태어난 후 두 번 평가하기 때문에 점수의 변화 또한 매우 의미가 있다. 두 번의 검사 점수가 모두 낮거나 두 번째 검사 점수가 급격하게 떨어지면 즉각적인 처치가 필요하다.

〈표 4-4〉 아프가 검사의 기준과 점수

점수	피부색 (Appearance; A)	심장 박동 (Pulse; P)	반사 행동의 민감성 (Grimace; G)	근육 긴장 상태 (Activity; A)	호 흡 (Respiration; R)
0	푸르고 창백함	없 음	무반응	축 늘어짐	없 음
1	몸은 분홍색 사지는 푸른색	느림(1분당 100회 이하)	얼굴을 찡그림	사지를 약간 구부림	느리고 불규칙
2	몸 전체가 분홍색	빠름(1분당 100회 이상)	울 음	사지를 활발하게 움직임	힘찬 울음

4) 학습능력

학습이란 경험의 결과로 행동이 변화하는 것을 말한다. 신생아는 경험으로부터 즉각적으로 도움을 받을 수 있는 학습능력을 갖추고 세상에 나온다. 신생아가 출생 후 며칠 내 엄마의 목소리와 낯선 사람의 목소리를 구별할 수 있고 엄마의 냄새를 재빨리 식별할 수 있는 것은 신생아가 학습할 수 있다는 것을 보여준다. 영아는 '고전적 조건형성'과 '조작적 조건형성' 방식으로 학습할 수 있다. 어떤 연구자는 고전적으로 조건이 형성되는 신생아의 능력을 연구하기 위해 2~48시간 된 신생아에게 달콤한 액체를 주기

직전에 뺨을 부드럽게 건드렸더니 아기들은 건드리는 자체에 반응하여 빠는 행동을 보여주었다. 이때 달콤한 액체는 무조건 자극이고 빠는 행동은 무조건 반응이다. 뺨을 건드리는 행동은 중립적 자극으로 달콤한 액체와 짝지어지면 중립적 자극인 뺨을 건드리는 행동으로도 빠는 행동을 유발할 수 있다(그림 4-3).

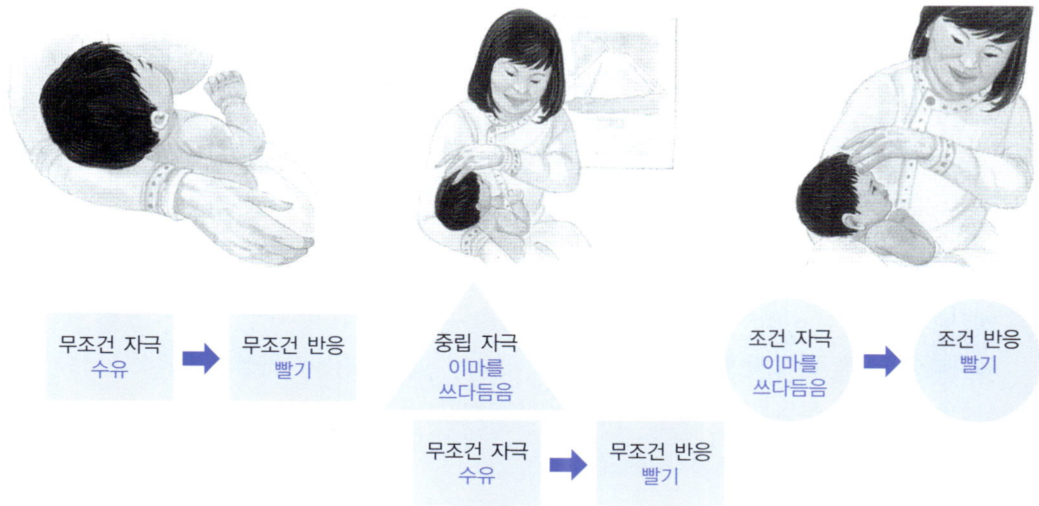

[그림 4-3] 고전적 조건형성 과정

출처: Berk(1994)

신생아는 또한 조작적 조건형성을 통해서도 학습할 수 있다. 조작적 조건형성에 의한 학습의 예를 들면 신생아가 머리를 특정한 방향으로 돌릴 때마다 달콤한 액체를 제공했을 때 정확한 방향으로 머리를 돌리는 횟수가 증가하였다. 이와 같은 연구 결과는 신생아도 보상을 통해 구체적 행동을 학습한다는 것을 시사한다. 아주 어린 아기는 조건이 형성된다 하더라도 어떤 자극에 무조건 반응하는 것은 아니다. 학습이 쉽게 되기 위해서는 조건을 형성할 때 요구되는 반응이 아기에게 의미가 있어야 한다. 즉, 달콤한 액체를 맛보게 하는 것은 효과가 있지만 고개를 돌린다든지 발로 차는 행동은 노력의 가치가 없을 수 있다고 한다. 이와 같은 연구 결과들은 영아가 환경에 대해 반응할 수 있고 경험으로 학습할 수 있음을 보여준다.

신생아는 보상이 없이도 다른 사람의 행동을 관찰하고 모방하는 뛰어난 학습능력이 있다. 태어난 지 12~24일 된 아기도 어른의 제스처, 가령 입술을 앞으로 내밀거나, 입을 벌리거나, 혀를 내미는 것 등을 흉내 낼 수 있다. 연구자들은 한 실험을 통하여 7분에서 71시간 된 신생아가 입을 벌리거나 혀를 내미는 행동을 모방하였다는 것을 보여주었다(Meltzoff & Moore, 1983, 1989). 또 다른 실험 결과에 따르면, 태어난 지 하루 반이 된 신생아가 실험자의 기뻐하고 슬퍼하며 놀라는 표정을 흉내 낼 수 있었다(Field, Woodson, Greenberg, & Cohen, 1982). [사진 4-5]는 생후 2일에서 몇 주 된 아기가 성인의 다양한 얼굴 표정을 모방하는 것을 보여준다.

신생아의 모방 행동은 학습을 위한 수단이 된다. 모방을 통하여 신생아는 사회적 세계를 탐색하고 주변 사람들과 행동을 함께함으로써 그들을 알게 된다. 이러한 과정에서 아기는 자신과 다른 사람의 행동이 같다는 것을 알아차리게 되며 자기 자신을 발견하기 시작한다. 성인의 얼굴 표정과 제스처를 모방하는 놀랄 만한 신생아의 능력은 양육자와 사회적 상호작용을 촉진한다. 양육자는 자신의 얼굴 표정과 동작을 모방하는 아기에게서 큰 즐거움을 얻게 되므로 신생아의 모방 행동은 부모-자녀 사이를 원만하게 만드는 능력으로 간주된다(Berk, 2006).

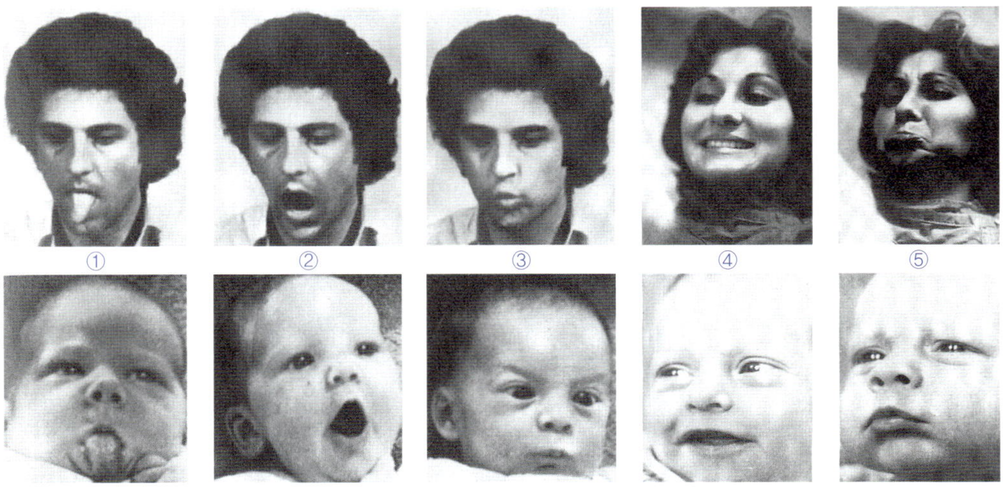

①~③은 생후 2~3주된 신생아가 성인의 표정을 모방하고 있음
④~⑤는 생후 2일된 신생아가 성인의 행복하고 슬픈 표정을 모방하고 있음

[사진 4-5] 신생아의 모방 행동

출처: Berk(1994)

4. 영아기의 신체 및 운동 발달

1) 신체 발달

(1) 신체 크기의 변화

영아기 동안 아기의 신체 크기가 커짐에 따라 외모와 신체 구성의 비율이 급격하게 달라진다. 돌 무렵이 되면 영아의 키는 출생 때보다 50% 이상 커지며, 2세가 되면 75% 이상 자란다. 몸무게도 비슷한 성장률을 보이는데, 생후 다섯 달이 되면 출생 때 몸무게의 두 배가 되고 만 1세가 되면 세 배, 만 2세가 되면 네 배가 된다. 영아기 동안 신체는 매우 급격하게 발육하고 성장한다(그림 4-4).

영아기 동안 신체 크기가 커지면서 신체 각 부분의 비율도 달라진다. 즉, 키 및 체중의 증가와 신체 구성의 변화가 함께 일어난다. 가장 단적인 예는 머리 크기인데, 임신 2개월에는 머리가 전체 몸 크기의 절반이고 출생 때는 몸 전체의 1/4이었다가 한 살이 되면 1/5이 된다. 그리고 출생 시에는 머리 둘레가 가슴둘레보다 큰데, 6개월이 되면 서로 비슷해지고 1년이 되면 가슴둘레보다 작아진다.

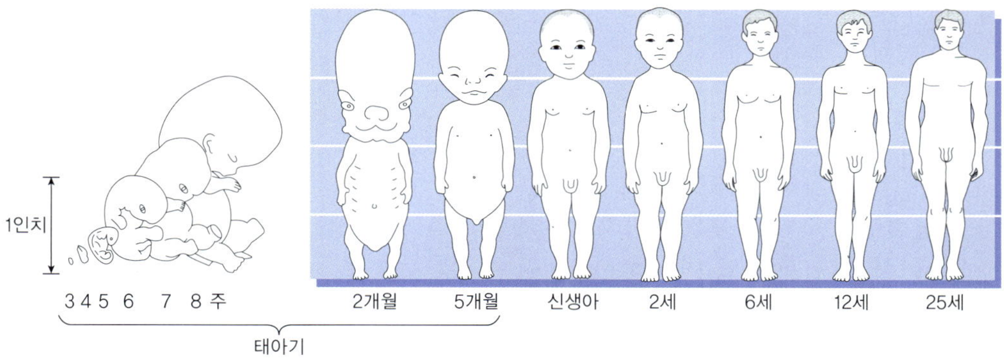

[그림 4-4] 태내기부터 성인기까지의 신체 비율의 변화

출처: Steinberg & Meyer(1995)

신체 성장에는 유전인자의 영향이 가장 크며 영양이나 건강 상태 등과 같은 환경적인 요소도 중요하게 작용한다. 발달의 모든 면과 같이 신체 크기에서도 개인차가 있다. 신체 성장에 있어서의 성별 차이는 영아기와 아동기 중기까지는 그리 크지 않으나 청소년기에는 현저하게 나타난다.

(2) 근육과 뼈의 성장

신체 지방은 태내기의 마지막 몇 주 동안 증가하며 출생 후에도 지속적으로 증가하여 9개월에는 절정에 이르게 된다. 아기 지방(baby fat)이 초기에 증가하는 현상은 신체 온도를 일정하게 유지하는 데 도움이 된다. 만 2세가 되면서 영아들이 살이 빠지는데 이러한 경향은 아동 중기까지 지속된다(Fomon & Nelson, 2002).

인간은 모든 근육섬유를 가지고 태어나기 때문에 출생 후에는 새로운 근육세포가 형성되지는 않으나 이미 존재하는 근육섬유에 변화가 일어난다. 즉, 근육의 길이와 두께가 변하는데, 이러한 변화는 아동기와 청년기 말에 걸쳐 진행된다. 섬유조직 속에 있는 수분의 비율이 감소하고 염분과 단백질이 증가하게 되어 힘이 세진다. 영아기에 근육이 커지는 것은 혼자 서고 걸을 수 있는 능력의 배양과 밀접한 관련이 있다.

뼈에도 변화가 일어난다. 출생 시 신생아의 뼈는 연골조직으로 구성되어 있어 부드럽고 뼈와 뼈 사이의 공간이 매우 넓다. 그러나 출생 후 여러 달 동안 무기질이 체내에 축적됨에 따라 뼈가 단단해지고 뼈 사이의 공간도 좁아진다. 손과 손목의 뼈가 가장 먼저 경화되는데 생후 일 년이 되면 사물을 잡고 집어 올릴 수 있을 정도로 단단해진다. 뼈가 자라고 튼튼해짐에 따라 뼈의 지지 구조도 변하여 마침내 걸음마를 배울 수 있게 된다.

2) 두뇌 발달

출생 전부터 두뇌 성장은 급속하게 일어난다. 뇌의 무게는 임신 5개월에 성인 뇌 무게의 4%, 출생 때에는 25%, 만 2세가 되면 75%에 이른다. 출생 때부터 뇌는 다른 어떤 신체 구조보다도 성인의 뇌 크기에 가까울 정도로 발달되어 있고, 영아기와 아동기에 발달이 급속하게 진행된다.

신생아는 태어날 때 약 1천억 개의 신경세포와 이들 신경세포의 결합으로 형성되는

50조 개 이상의 시냅스를 가지고 있다. 이때 두뇌의 기본적인 신경회로는 부모에게서 물려받은 유전자에 의해 이미 결정돼 있다. 출생 초기 몇 달 동안 시냅스의 수는 20배로 늘어나 1천조 개 이상이 된다. 시냅스의 형성은 생후 2개월에 운동피질에서 시작된다. 그때쯤 영아들은 모로 반사와 찾기 반사를 중단하고 의도적인 동작을 배우기 시작한다. 3개월에 시각피질의 시냅스 형성이 절정에 이르면서 아기의 눈은 물체에 초점을 맞출 수 있게 된다. 기억 내용을 분류하고 보관하는 역할을 하는 뇌의 해마상 융기는 8~9개월쯤 기능이 완전히 발달한다. 생후 6~12개월에는 논리적 사고와 예견 기능을 담당하는 전두엽 피질에서는 성인의 두뇌보다 배나 많은 에너지를 소모할 정도로 시냅스 형성이 빠르게 진행된다(뉴스위크 한국판, 1999).

시냅스의 연결은 태아기부터 이미 이루어지기 시작하며 출생 후에도 계속되는데 특히 생후 1년 동안 급속히 증가한다. [그림 4-5]는 사람의 뇌에서 언어 영역의 시냅스 발달이 이루어지는 모습을 보여준다. 어휘가 폭발적으로 증가하는 생후 16개월에서 24개월 사이에 시냅스 연결도 폭발적으로 증가하는 것을 확인할 수 있다. 시냅스의 밀도가 증가하면 저장 용량과 정보처리 능력도 향상된다.

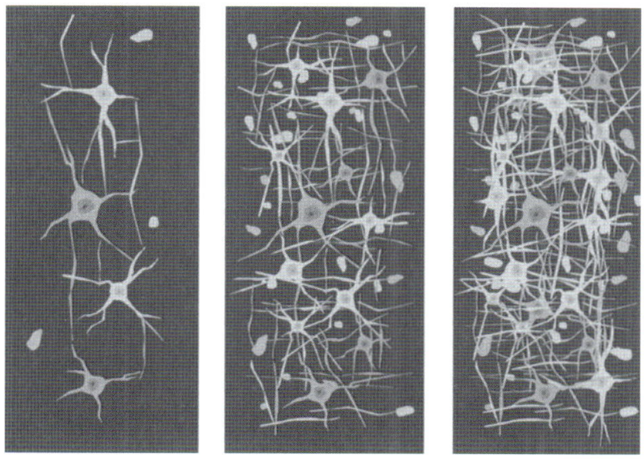

[그림 4-5] 출생시부터 2세까지의 피질 시냅스 연결

출처: Berk(2002)

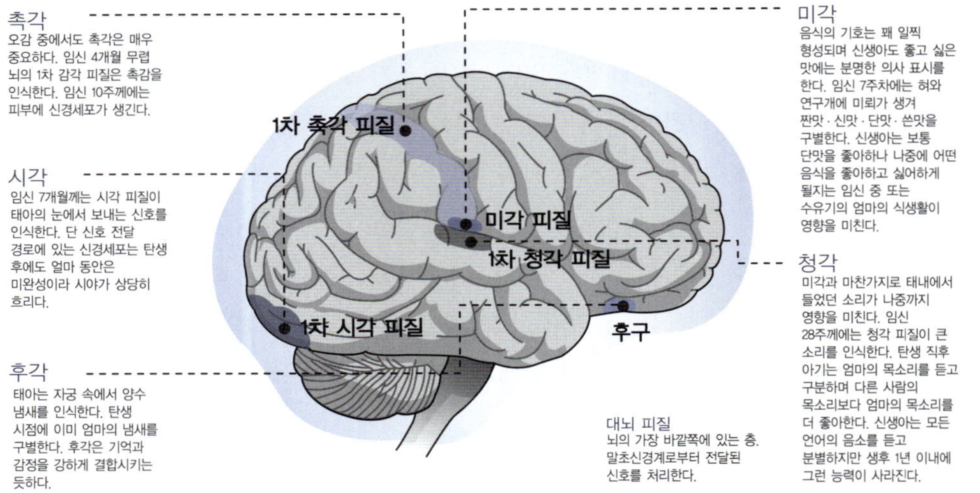

[그림 4-6] 뇌의 구조

출처: 뉴스위크 한국판(1999)

3) 운동 발달

영아는 이제 고개를 들고 대상을 향해 손을 뻗고 스스로 앉고 기며 혼자서 걷게 된다. 이러한 현상은 발달의 획기적인 사건들이다. 새로운 운동 기술로 영아는 자신의 신체와 주변 환경에 대한 지식을 새로운 방식으로 습득하게 된다. 주로 배와 등에 의존하여 지냈던 시기에 비해 혼자서 앉을 수 있다는 것은 영아로 하여금 주변세계를 완전히 다른 관점으로 보게 한다. 자발적으로 손을 뻗어서 물건을 잡을 수 있는 능력은 사물에 행위를 가하여 탐색하도록 한다. 스스로 움직일 수 있게 되면서 주변 환경에 대한 탐색의 기회가 증가하게 된다.

영아의 운동능력은 사회적 관계에도 영향을 크게 미친다. 장난감을 가리키고 지시하는 등의 새로운 운동 기술은 영아로 하여금 부모와 더 효율적으로 의사를 소통하게 해준다. 이것에 반응하여 부모는 영아의 신체적인 보호보다는 놀아주고 언어적인 요구를 들어주는 데 더 많은 시간을 쏟게 된다.

(1) 운동 발달의 순서

대근육 운동은 영아가 주변 환경을 탐색하도록 돕는 행동, 즉 기고, 서 있고, 걷는 행위를 조절하는 것을 말한다. 반대로 소근육 운동은 손을 뻗고 잡는 것과 같은 작은 움직임을 뜻한다. 〈표 4-5〉는 영아기와 걸음마기에 성취할 수 있는 대·소근육 운동의 평균 월령을 보여준다. 대부분의 아동에게 운동 발달은 이러한 순서대로 이루어진다. 운동 발달의 순서는 모든 영아에게 아주 일정하게 일어나지만 운동 발달이 진행되는 속도에는 상당한 개인차가 있다. 가령, 손을 뻗는 기술이 늦게 발달한 영아가 기거나 걷는 것도 늦어지는 것은 아니다.

〈표 4-5〉 영아기의 대·소근육 운동 발달 기준

운동 기술	평균 성취 연령	90%의 영아가 성취할 수 있는 연령 범위
엎드렸을 때 팔로 지탱하여 가슴을 든다	2개월	3주~4개월
옆구리에서 등으로 구른다	2개월	3주~5개월
매달려 있는 사물에 손을 뻗는다	3개월	1~5개월
주사위를 쥔다	3개월 3주	2~7개월
등에서 옆구리로 구른다	4개월 2주	2~7개월
혼자서 앉는다	7개월	5~9개월
긴다	7개월	5~11개월
붙잡고 선다	8개월	5~12개월
혼자 선다	11개월	9~16개월
혼자 걷는다	11개월 3주	9~17개월
주사위 두 개를 쌓는다	13개월 3주	10~19개월
휘갈겨 쓴다	14개월	10~21개월
계단을 오른다	16개월	12~23개월
제자리에서 뛴다	23개월 2주	17~30개월

영아의 운동 발달은 한 단계에서 다음 단계로 일정한 순서에 따라 이행된다. 운동 발달에 일정한 순서와 방향이 있다는 것은 발달의 앞 단계는 다음 단계의 기초가 됨을 의미하며 한 단계에서 다음 단계로 이행한다는 것은 보다 높은 단계로 발달하였다는 것을 의미한다. 머리를 먼저 조절을 할 수 있게 된 다음에 팔과 몸통을 조절할 수 있게

된다. 팔과 몸통의 조절은 다리를 조절할 수 있기 전에 하게 된다. 이와 같이 운동 발달이 머리에서 신체 하부로 진행되는 것을 두미 법칙이라고 한다. 또한 운동 발달은 몸의 중심에서 바깥 방향으로 진행된다. 즉, 머리, 몸통, 팔 조절은 손과 손가락이 협응할 수 있기 전에 숙달되는데 이것을 근말 법칙이라고 한다. 태내기뿐 아니라 영아기와 아동기의 신체 성장도 같은 법칙을 따른다. 신체와 운동 발달은 일반적인 순서를 따르기 때문에 두미와 근말 법칙은 유전적으로 결정된 성숙 패턴으로 본다.

(2) 대근육 발달

생후 한 달된 아기는 엎드린 방향으로 머리를 들어 올릴 수 있으며 3개월이 되면 가슴을 들 수 있고 3~4개월에 뒤집을 수 있다. 약 6개월이 되면 영아는 잡아주지 않아도 혼자 앉는다. 7~8개월이면 길 수 있고 잡아주지 않아도 혼자 선다. 대략 8개월에서 10, 11개월에 가구를 잡고 걸을 수 있으며 12~13개월에는 도움 없이도 걸을 수 있다. 13~18개월이 되면 계단을 오를 수 있고 18~24개월에는 짧은 거리는 달릴 수 있으며 뒤로도 걸을 수 있고 점프도 할 수 있다. [그림 4-6]은 영아기에 대근육 발달이 일어나는 순서를 보여준다.

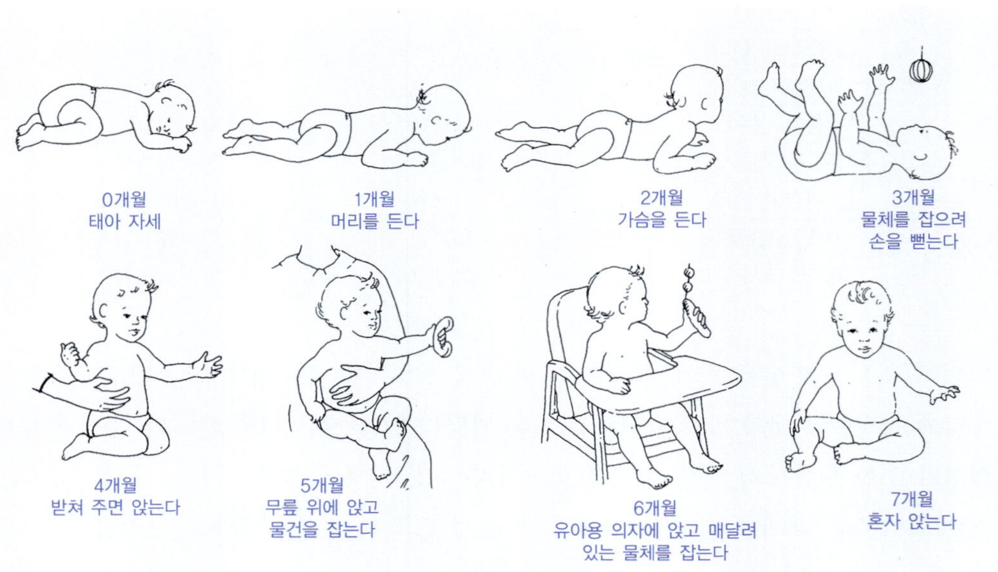

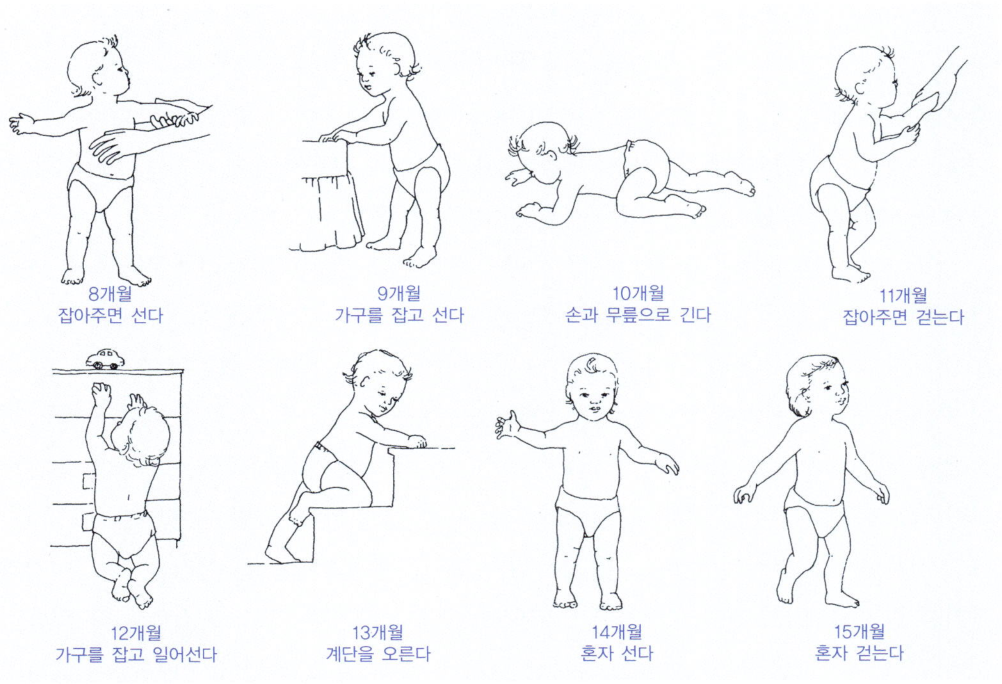

[그림 4-6] 월령별 운동 발달 과정

출처: Schickedanz, et al.(1993)

운동 발달이 이루어지는 순서는 비슷하지만 영아들 간에 상당한 개인차가 있다. 즉, 10개월 전에 걷는 영아도 있지만 15개월이 될 때까지도 걷지 못하는 영아도 있다. 만약에 운동 발달이 많이 지연되거나 불규칙하지 않다면 다소 빠르거나 늦어지는 것을 크게 염려할 필요는 없다.

(3) 소근육 발달

모든 운동 기술 중에 자발적인 손 뻗기는 영아의 인지 발달에 가장 중요한 역할을 하는 것으로 여겨진다. 이것은 손 뻗기 기술이 완전히 새로운 방식으로 환경을 탐색하도록 해주기 때문이다. 영아가 사물을 쥐고 돌려보고 놓았을 때 어떤 일이 발생하는지를 봄으로써 사물에 대해 많은 것을 배우게 된다.

[그림 4-7]은 자발적인 뻗기 행동의 이정표이다. 신생아를 곧추세우면 앞에 보이는

대상을 향해 팔을 뻗는다. 이러한 움직임을 "잡기 전(prereaching)"이라고 하는데 협응이 잘되지 않아 세게 휘두르는 모습과 유사하며 신생아는 자신의 팔과 손을 조절할 수 없기 때문에 물체에 거의 닿지 못한다. 이러한 행동은 생후 약 7주 정도 지나면 갑자기 사라진다. 3개월이 되면 자발적인 뻗기 행동이 나타나기 시작하여 점차적으로 정확도가 향상되고, 5개월이 되면 영아는 대상의 거리에 따라 손 뻗기를 조정한다.

영아가 대상을 향해 손을 뻗기 시작하면 잡는 속성도 달라진다. 신생아의 잡기 반사가 약화되면 이 반사는 손가락을 손바닥 쪽으로 오므리는 "서투른 움직임(ulnar grasp)"으로 대체된다. 4~5개월쯤 되면 대상을 탐색하기 위해 두 손을 협응할 수 있게 된다. 이 시기에 영아는 한손에 물체를 쥐고 다른 손가락 끝으로 살필 수 있게 되며 물체를 한 손에서 다른 손으로 옮길 수 있게 된다. 한 살가량이 되면 물체를 엄지손가락과 집게손가락 끝으로 집는 "손끝 집기(pincer grasp)"를 할 수 있게 된다. 일단 "손끝 집기"가 나타나면 사물을 조작하는 능력이 크게 향상된다. 8~11개월경에는 별 어려움 없이 뻗기와 잡기를 잘할 수 있게 된다. 1세가 되면 영아는 건포도나 유리 조각을 집어들 수 있으며 문의 손잡이를 돌릴 수 있고 작은 상자를 열거나 닫을 수 있게 된다. 손은 사물을 조작하고 탐색하는 데 중요한 역할을 하므로 영아가 손을 뻗고 물체를 잡을 수 있게 됨에 따라 학습이 진전된다.

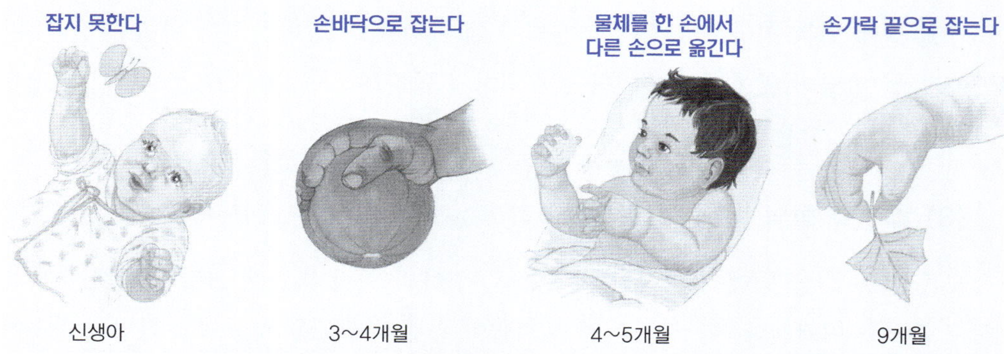

[그림 4-7] 영아의 뻗기와 잡기 행동 발달 과정

출처: Berk(1994)

5. 영아기의 지각 발달

유기체의 감각 체계는 환경에서 정보를 받아들이는 가장 기본적인 수단이다. 정상적인 신생아는 모든 감각 체계를 가지고 세상에 태어난다. 신생아가 사물을 응시하거나 소리에 반응을 하며 맛을 알고 냄새를 구별하며 찔리거나 아플 때 울음을 터뜨리는 것은 감각능력이 있다는 것을 입증한다. 지각이란 감각정보에 대한 해석을 하는 것으로, 보이는 것이나 들리는 것 또는 지금 맡고 있는 냄새가 무엇인지에 대해 아는 것을 의미한다. 즉, 감각이 자극에 대한 감각기관의 반응이라면 지각은 그 자극에 대한 해석이라 볼 수 있다(정옥분, 2002).

영아기의 지각 발달은 다른 발달 과정을 이해하는 데 중요하다. 예를 들어, 촉각, 시각, 청각은 다른 사람들과 상호작용을 하도록 하며 정서와 사회성 발달의 바탕이 된다. 청각을 통해 언어를 습득하며 세상에 대한 지식은 감각을 통해 먼저 얻어지기 때문에 지각 능력은 인지 발달에도 중요한 바탕이 된다. 그러나 영아는 자신의 경험을 언어로 설명할 수 없기 때문에 지각능력을 연구하는 데는 어려움이 있다. 그래서 지각능력은 영아가 자극을 받았을 때 나타내는, 응시하거나 빠는 행동, 고개 돌리기, 얼굴 표정, 놀람 등의 다양한 반응과 호흡 및 심장박동의 변화 등을 이용하여 파악한다. 또 지각적인 변별을 할 수 있는지를 규명하기 위해 습관화 연구, 선호도, 뇌파 측정을 사용하기도 한다.

1) 촉 각

촉각은 출생 이전부터 상당히 발달되어 있다. 신생아는 특히 입 주위, 손바닥, 발바닥 주변의 촉각에 민감하다. 이 부분은 생식기와 함께 태내에서부터 가장 먼저 민감해진다. 온도 변화에 대한 반응도 출생 때부터 존재한다. 아기가 아무것도 입지 않았을 때 울음으로 불편함을 표현한다. 신생아는 신체 온도보다 낮은 온도에 민감하다.

피부 접촉은 초기 신체적 성장을 촉진하고 정서 발달에도 영향을 미친다. 건강하고 행복한 아동으로 성장하는 데 신체 접촉이 매우 중요하다. 아기를 안아주거나 부드럽게 마사지를 해주면 부모-자녀 간의 의사소통이 원활해질 뿐 아니라 면역 체계도 강화되는 등 긍정적인 효과가 있다. 그리고 마사지를 받은 미숙아들은 그렇지 않은 미숙아들보다 빠르게 체중이 증가한다는 사실도 알게 되었다.

출생 때부터 아기들은 고통에 아주 민감하다. 신생아는 고통을 느끼며 연령이 높아짐에 따라 신경조직이 발달하여 통증에 대해 더욱 민감해진다. 한동안 신생아들은 고통을 느끼지 못한다고 생각하여 남자아이의 포경수술을 할 때 마취제의 부작용을 이유로 이를 사용하지 않았었다. 그런데 수술하는 동안 아기는 강렬하고 높은 톤으로 울고 심장박동과 혈압이 증가하며 수술 후에도 잠을 편안하게 자지 못하였다고 한다. 이로써 아주 어린 아기라 하더라도 어른이나 나이 든 아동과 마찬가지로 고통에 대해 무감각한 것처럼 취급해서는 안 된다는 것을 인식하게 되었다. 포경수술을 하는 동안 국소마취를 하지 않은 신생아들은 4~6개월이 되어 백신접종을 하게 되었을 때, 마취제를 맞은 신생아에 비해 더 강렬하게 반응하였다고 한다(Taddio, et al., 1997).

2) 청 각

신생아는 다양한 소리를 들을 수 있으며 어떤 특정 소리 자극에 더 민감한 반응을 보인다. 단순한 음향보다는 소음이나 목소리와 같은 복잡한 소리를 더 좋아한다. 여러 높낮이의 소리를 들려주었을 때 소리가 높아질수록 신생아의 심장박동과 몸 움직임이 증가하였다. 아기는 생후 20일만 되어도 엄마의 목소리와 낯선 사람의 목소리를 구별할 수 있다. 영아들이 엄마가 아닌 다른 여자보다 엄마의 목소리가 녹음된 것이나 외국어보다는 모국어를 들려줄 때 젖꼭지를 더 열심히 빨았다고 한다(Moon, Cooper, & Fifer, 1993). 그리고 출산 전부터 들어왔던 소리에 더 민감하게 반응을 보인다. DeCasper와 Spence(1986, 1994)는 임산부가 출산 전 6주 동안 특정 책 내용의 일부를 소리 내어 여러 번 암송하였을 때 출생 후 신생아가 다른 책 내용보다 태내에서 반복해서 들었던 내용을 선호하는 것을 발견하였다. 출생 전의 청각적 학습에 대한 실험 결과는 신생아들이 낯선 사람보다 자기 엄마의 목소리를 선호하는 이유를 설명해 준다(최경숙, 2000, 재인용).

소리에 대한 반응은 신생아가 주변 환경을 탐색하도록 도와준다. 생후 3일만 되어도 신생아는 소리가 나는 방향으로 머리와 눈을 돌린다. 소리의 진원지를 구별하고 추적할 수 있는 능력은 6개월이 지나면 크게 향상된다. 특히 신생아는 사람의 말소리에 민감하며 모든 종류의 언어에 반응할 수 있도록 준비되어 세상에 나온다. 신생아의 청각능력에서 가장 놀라운 특징은 모든 언어의 음소를 들을 수 있다는 것이다. 아기들은 프랑스어의 eu에서부터 일본 성인들도 구분하지 못하는 r, l에 이르기까지 모든 언어의 음소를 들을 수 있다. 그러나 매일 접하는 언어에 없는 음소는 더 이상 감지할 수 없게 된다고 한다. 이는 청각 신경세포가 계속 접하지 않는 음소는 포기하고 계속 접하는 음소만 탐지하기 때문이다.

영아는 여성의 높은 목소리를 좋아한다. 엄마들이 아기에게 표현이 풍부하며 높고 말끝이 올라가는 톤으로 말을 하는데, 이것은 아기가 이러한 말소리를 좋아하기 때문이다. 3개월 정도가 되면 영아는 소리를 통해 감정에 대한 정보를 수집할 수 있게 되어 슬픈 목소리와 행복한 목소리를 구별할 수 있다(Walker-Andrews & Grolnick, 1983).

3) 시 각

시각은 감각 중 가장 마지막으로 발달한다. 신생아의 눈은 크기가 작고 망막구조가 불완전하며 시신경이 덜 발달되어 있다. 이 때문에 신생아의 눈은 초점이 잘 맞지 않으며 시력이 한정되어 있다([사진 4-6]). 신생아의 시야는 뿌옇게 흐린 상태지만 3개월 안에 움직이는 물체를 추적할 만큼 발달한다. 생후 한 달이 되면 사물에 초점을 맞추고 응시하는 것이 가능하며 20~38㎝ 떨어진 곳(수유하는 사람과의 거리)에 있는 물체에 초점을 가장 잘 맞춘다.

비록 신생아가 사물을 잘 볼 수는 없어도 주변 환경은 활발하게 탐색한다. 신생아의 눈동자의 움직임은 느리고 부정확하지만, 흥미로운 것을 목격하면 자세히 쳐다보고 움직이는 물체를 추적하려고 한다. 시각 체계는 생후 몇 달이 지나면 급속하게 성숙되므로 3개월경에는 성인과 같은 수준으로 한 대상에 대해 초점을 모을 수 있게 된다. 신생아가 일단 한 대상에 초점을 두면 한 특징만 쳐다보는 경향이 있다. 예를 들어, 삼각형의 전체 모양을 보는 것이 아니라 한 구석만 본다. 사람 얼굴의 그림을 보여주면 1개월 된 영아는 주로 얼굴의 윤곽에 눈을 고정하는데, 3개월이 되면 윤곽 안의 상세한 부분들에 초점을 맞추게 된다(그림 4-8).

[사진 4-6] 신생아의 시력

출처: Berk(1994)

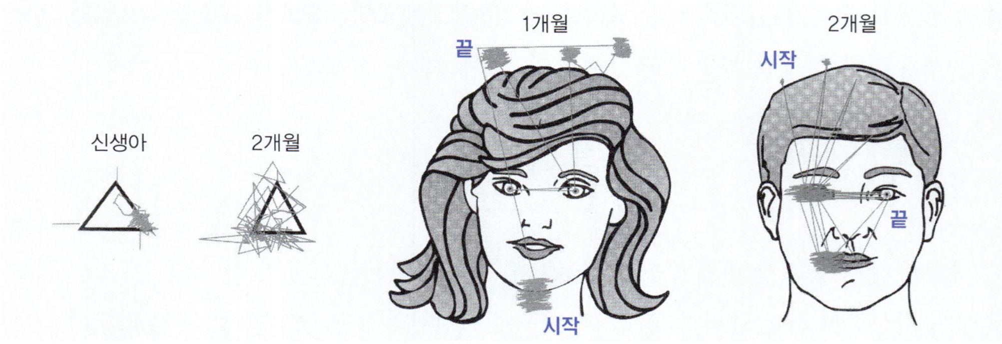

[그림 4-8] 단순하고 복잡한 패턴에 대한 영아의 눈움직임

출처: Berk(1994)

(1) 색 지각

신생아는 색깔에 민감하다. 신생아가 회색과 같은 무채색보다는 색채가 있는 것을 보는 것을 선호하지만 색깔의 변별은 잘하지 못한다. 색깔의 변별능력은 한두 달이 지나면 향상되는데, 색깔 정보를 처리하는 뇌 회로가 급속하게 성숙해짐에 따라 생후 1~2개월 영아는 모든 스펙트럼에 따라 색깔을 변별한다. 그뿐만 아니라 같은 범주에 속하지만 약간 다른 색깔까지도 구별할 수 있다. 실험 결과에 의하면, 3~4개월 된 영아는 빨강, 초록, 파랑, 그리고 노랑을 선호하는 것으로 나타났다(Bornstein & Lamb, 1992).

(2) 형태와 패턴 지각

영아는 윤곽이 뚜렷하고 정지된 것보다는 움직이는 것을, 흑백 대비가 뚜렷하고 적당히 복잡한 형태를, 직선보다는 곡선을 좋아한다. 이러한 선호를 충족시키는 것이 사람의 얼굴이다. 사람의 얼굴 중 눈에 주의를 더 집중한다. Fantz의 연구(1961, 1963)에서 영아에게 사람 얼굴, 이목구비가 없는 얼굴, 뒤죽박죽 섞여 있는 얼굴을 보여주었을 때 사람의 얼굴을 가장 오래 응시하였고 눈, 코, 입이 없는 얼굴을 가장 짧게 응시하였다([사진 4-7]). 다른 어떤 대상보다 사람의 얼굴을 좋아하는 것은 인간의 생존을 위한 전략일 수 있다고 동물 행동학자들은 말한다. 매력적인 얼굴과 그렇지 않은 얼굴을 보여주었을 때 영아는 매력적인 얼굴을 더 선호하였다는 연구 결과도 있다(Langlois, et al., 1990, 1991). 6개월이 되면 영아는 눈과 입이 움직이는 얼굴을 좋아하게 되는데 이것은 얼굴의 표정을 인식하도록 돕는 변화이다. 태어난 지 며칠 만에 엄마와 타인을 구별할 수 있는데, 이러한 능력은 얼굴 특징을 완전히 구별해서라기보다는 머리 선이나 윤곽 같은 외곽 요소에 근거하여 이루어진다.

①

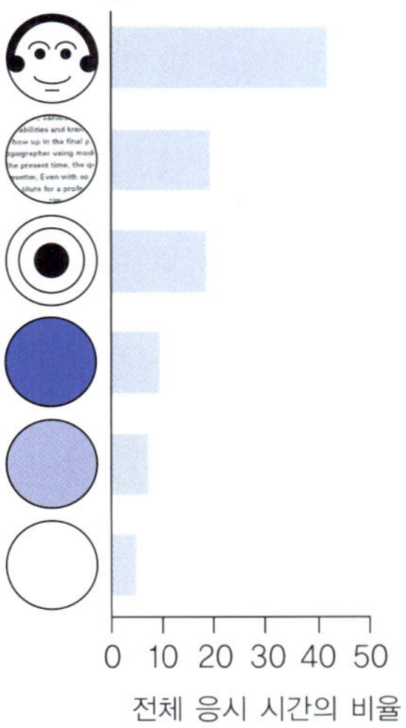

②

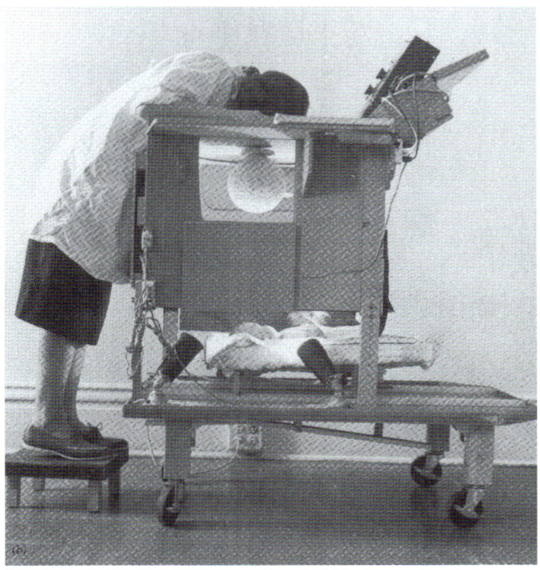

① 2~3개월 된 영아가 보여준 자극의 선호도
② Fantz가 영아 지각 실험을 위해 사용한 Looking Chamber

[사진 4-7] Fantz 시각 지각 실험

출처: Santrock(1994)

(3) 깊이 지각

깊이 지각은 평면적 표면을 가진 망막이 입체적 구조를 가진 대상물의 거리나 깊이를 인지하는 능력이다. 깊이에 대한 지각은 주변 환경의 배치를 이해하고 운동 활동을 지배하는 데 필요하다. 사물을 잡기 위해서는 영아가 깊이에 대한 어떤 생각을 가지고 있어야 한다. 깊이 지각은 나중에 영아가 기는 것을 배울 때 가구에 부딪치거나 계단에서 떨어지는 것을 막는 데 도움이 된다.

Gibson과 Walk(1960)는 시각적으로만 깊이를 느낄 수 있도록 시각절벽 장치를 고안하여 영아의 깊이 지각을 연구하였다. 시각절벽 장치는, 한쪽에는 유리 바로 아래 격자무늬 테이블보를 깔아 얕아 보이도록 하고 다른 쪽에는 바닥에 테이블보를 깔아 깊어 보이도록 만들었다([사진 4-8]). 그런 다음 6~14개월 된 영아를 시각절벽 가운데에 놓고 반대편에서 엄마가 부르도록 하였는데, 이때 영아는 얕은 쪽 면에는 쉽게 기어왔으나 깊은 쪽 면(시각절벽)에 다다르자 기기를 멈추고 두려워하는 반응을 보였다. 이와 같은 실험 결과를 통해 연구자들은 영아에게 깊이 지각이 있음을 증명해 주었다. 따라서 영아가 기기 시작할 무렵, 깊고 얕은 표면을 구별할 수 있고 위험해 보이는 절벽을 피한다는 사실을 알 수 있다.

[사진 4-8] 시각절벽 실험

출처: Berk(1994)

4) 미각

태아에게 혀의 미뢰는 임신 7주에 나타난다. 아기들은 미각이 발달되어 있으며 단것을 선호한다. 신생아는 맹물과 단맛이 나는 포도당액을 구별할 수 있으며 신맛, 쓴맛, 짠맛을 싫어하여 이러한 맛을 제공하였을 때는 덜 빤다. 신생아는 표정으로 맛의 선호를 드러낸다([사진 4-9]).

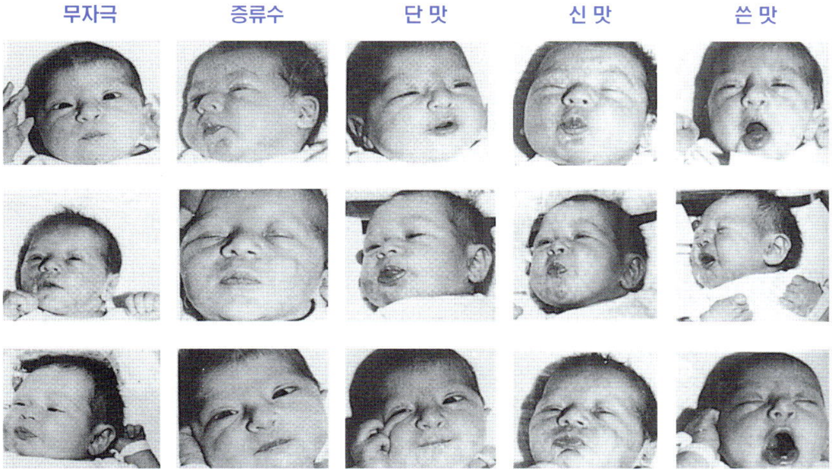

[사진 4-9] 신생아의 미각 반응

출처: Bukatko & Daehler(1998)

단맛이 나는 것에 대해서는 어른처럼 얼굴 근육이 이완되고 신맛이 나는 물체에는 입술을 오므린다. 쓴맛일 때는 입을 벌려 아치와 같은 모양을 보인다(Rosenstein & Oster, 1988). 특히 단맛이 나는 액체를 선호하는데 이는 엄마의 젖이 달기 때문으로 생존 욕구에 아주 잘 적응되어 있다는 것을 의미한다. 짠맛은 단맛, 신맛, 쓴맛과는 다른 발달 과정을 거친다. 신생아는 맹물과 비교하여 짠맛이 나는 액체에는 반응이 없거나 거부 반응을 보이지만 4개월 이상이 되면 짠맛을 선호하게 되는데 이러한 변화는 짠 음식을 받아들이는 준비 과정으로 보인다.

생후 2, 3개월에는 특정한 맛에 대한 기호가 생길 정도로 미각이 발달한다. 영아기에 음식에 대한 선호가 뚜렷해지므로 영아기 이후에는 새로운 음식을 잘 먹으려 하지 않는다. 따라서 편식을 예방하기 위해서는 이 시기에 여러 가지 맛의 이유식을 먹이는 것이 좋다. 출생 전 엄마가 먹은 음식이나 출생 후 수유 기간에 경험한 특정한 맛이 향후 아기의 입맛에 영향을 미치기도 한다.

5) 후 각

후각은 출생 초기부터 상당히 발달되어 있다. 신생아는 아주 발달한 후각을 가지고 있기 때문에 엄마의 젖과 몸의 냄새를 빨리 학습한다([사진 4-10]). 모유 수유를 하는 영아는 엄마가 가까이 왔다는 것을 엄마의 젖 냄새로 알아차린다. 모유를 먹는 생후 4일된 아기는 다른 여성의 젖 냄새보다는 자신의 엄마의 젖 냄새를 더 선호하였다(Cernoch & Porter, 1985). 미각과 마찬가지로 어떤 냄새에 대한 신생아의 반응이 성인과 유사하다는 사실은 냄새에 대한 선호가 본능적이라는 것을 시사한다. 가령, 신생아가 바나나나 초콜릿과 같이 달콤한 향을 맡으면 유쾌한 표정을 짓고, 썩은 달걀 냄새를 맡으면 얼굴을 찡그린다. 신생아는 냄새의 위치를 추적할 수 있어서 불유쾌한 냄새를 맡으면 다른 방향으로 머리를 돌린다. 한 실험 결과에 의하면, 생후 16시간 내지 5일 된 영아들에게 소량의 암모니아 염화물을 제시했을 때 냄새를 피하려고 고개를 돌렸다. 강하고 자극적인 냄새를 맡았을 때 냄새가 없는 액체를 제시했을 때보다 더 빨리 숨을 쉬고 더 많이 움직였다.

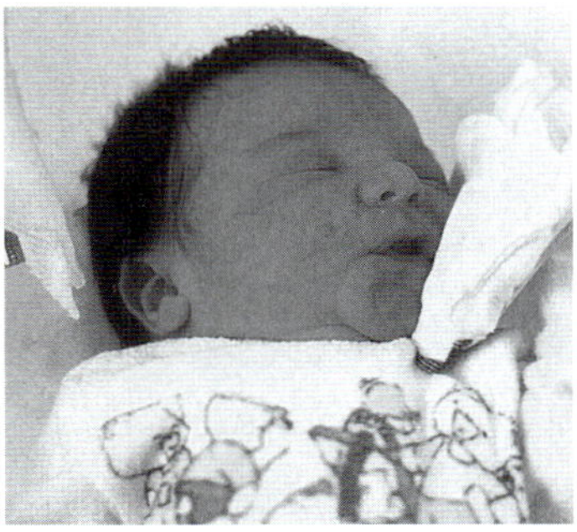

[사진 4-10]
신생아가 어머니의 젖냄새가
나는 쪽으로 고개를 돌리는 모습

출처: Santrock(1994)

Chapter 05

신체 발달

본 Chapter에서는 유아기와 아동기의 신체 발달에 대하여 다루고자 한다. 유아기에는 영아기의 급격한 신체 발달에 비해 비교적 완만한 발달이 이루어지나 꾸준히 진행되며, 신체 발달로 인해 운동 능력도 함께 발달한다. 아동기에는 유아기에 비해서 더욱 완만한 신체 발달이 이루어지나 지속적인 발달로 인해 더욱더 운동 능력이 발달하며, 완만하던 발달 양상은 아동기 말을 지나 사춘기를 맞으면서 신장과 체중이 다시 급격히 증가하게 된다. 이에 따라 영아기의 성장 급등을 제1차 성장급등기라고 하며 아동기 말에 나타나는 급격한 성장을 제2차 성장급등기라 한다.

1. 유아기의 신체 발달

만 2세부터 초등학교에 들어가기 전까지의 시기를 유아기라고 한다. 유아기에는 앞의 영아기처럼 급속한 신체 발달은 이루어지지 않으나 꾸준한 신체적 성장이 이루어지는 시기이다. 영아는 생후 1년 동안 급속한 성장을 하는데, 대부분은 돌을 전후로 걷기 시작한다. 그러다가 2년째에 영아의 성장은 다소 느려지지만, 대근육 발달과 소근육 발달은 빠르게 진보한다. 영아는 숙련된 걷기와 뛰기를 통해 자신감을 갖게 되며, 한 번에 한 장씩 책장을 넘기는 것과 같은 소근육 기술의 발달로 인해 자신감은 더욱 증대된다. 그러다가 유아기에 이르면 성장 속도는 점차 느려지게 된다.

1) 신체적 성장

본 항에서는 유아의 키와 몸무게의 성장 및 뼈와 치아의 발달에 대하여 살펴본다. 유아는 완만하나 꾸준한 신체적 성장을 보이는데, 발달이 원활히 이루어지기 위해서는 음식물을 통한 충분한 영양 공급이 이루어져야 하며, 규칙적인 생활 습관이 형성되어야 한다. 또한 안전한 발달을 위하여 사고나 질병에 노출되지 않도록 세심한 주의와 각별한 보호가 필요하다. 특히 유아기에는 신체 발달로 인해 움직임이 많아지고 활발해지면서 많은 사고의 위험이 증대된다. 이러한 경우 활동을 제한하기보다는 부모나 주위 사람들이 안전에 계속적인 관심과 신경을 써서 유아들이 마음대로 뛰어놀 수 있는 기회를 충분히 마련해 주어야 한다.

(1) 키와 몸무게

유아들은 매년 평균 키가 7㎝씩 증가하며 몸무게는 2~3㎏씩 증가한다. 6세가 되면 키는 112㎝ 정도가 되며 몸무게는 20㎏ 정도가 된다. 유아들의 나이에 따라 키와 몸무게의 성장률이 매년 감소한다. [그림 5-1]을 보면 2세부터 6세까지 유아의 평균 키와 몸무게를 알 수 있다. 또한 신체의 비율에서도 키에 대한 머리 크기의 비율이 급격히 감소하여, 영아기 때처럼 머리가 무거워 보이는 모습을 벗어나게 된다. [그림 5-1]은 2세부터 6세까지 유아의 평균키와 몸무게를 보여준다. 이 기간 동안 여아는 남아에 비해 약간 작고 가벼우며 이러한 차이는 사춘기까지 계속된다.

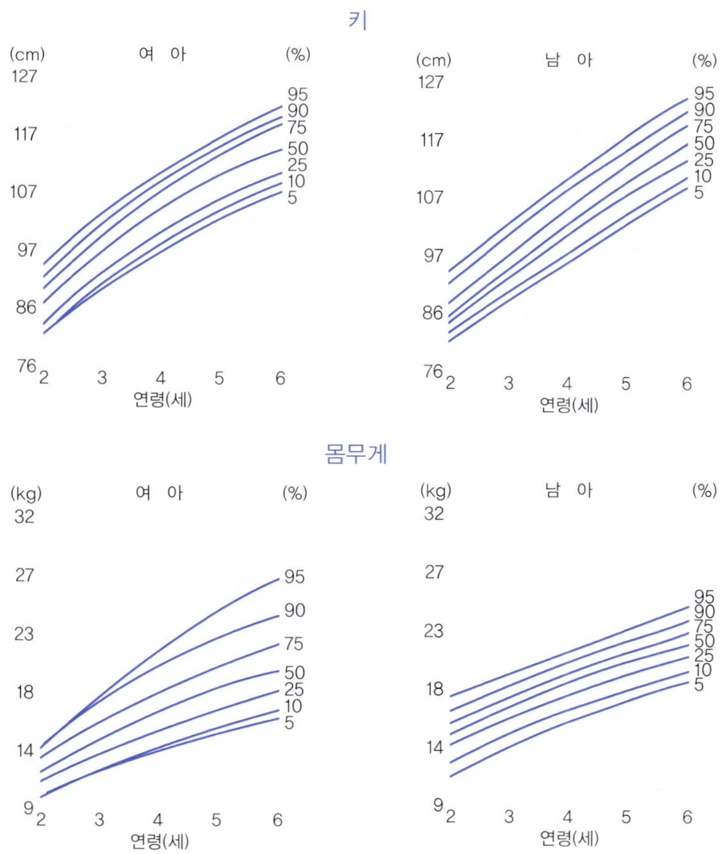

[그림 5-1] 여아와 남아의 평균 키와 몸무게(2~6세)

출처: Santrock(2001)

유아기 동안에 남아와 여아는 몸통이 길어짐에 따라 살이 빠져 보인다. 아직도 머리가 몸에 비해 상당히 크지만, 유아기 말이 되면 대부분의 유아들은 머리가 더 이상 커 보이지 않게 된다. 몸의 지방도 이 기간 동안에 천천히 지속적으로 줄어들게 된다. 따라서 살집이 통통했던 아기도 이 시기를 지나면 대부분은 말라 보인다. 여아는 남아보다 지방층이 많으며 남아는 근육층이 많다.

성장 패턴은 개인마다 매우 다르다. 어떤 유아는 크고 어떤 유아는 작고, 어떤 유아는 더 뚱뚱하고, 어떤 유아는 마른 모습을 보인다. 어떤 유아는 힘이 세고, 어떤 유아는 훨씬 약하다. 이러한 차이는 유전적 요인 때문이기도 하고, 환경과 경험에 의해 결정되기도 한다. 세계 모든 아동들의 키와 몸무게를 연구한 결과를 보면 키 차이에 가장 많은 영향을 주는 두 요인은 인종과 영양이다(Meredith, 1978). 도시에서 자란 유아가 지방에서 자란 유아보다, 중산층의 유아가 저소득층의 유아보다, 그리고 맏이로 태어난 아이가 그 이후로 태어난 유아보다 더 큰 경향이 있다. 또한 임신 중에 흡연을 한 어머니에게서 태어난 아이는 임신 중 흡연을 하지 않은 어머니의 아이보다 반 인치 정도 작다. 문화적으로 미국에서는 흑인이 백인 아동들보다 크다. 결국 다른 유전적 요인과 다른 환경 및 경험에 의해 아동들의 키가 결정된다는 것을 알 수 있다.

어떤 아동은 정상적인 범위에서 벗어나서 굉장히 작은 경우도 있다. 이는 선천적 요인이나, 아동에게 생기는 신체적 문제나 정서적인 어려움 때문이다. 많은 경우에 선천적으로 성장에 문제가 있는 경우는 호르몬으로 치료할 수 있다. 아동에게 생기는 신체적인 문제와 함께, 영양 결핍이나 전염병 감염도 성장을 멈추게 할 수 있다. 그러나 이 경우는 문제들이 적절히 치료되면 정상적인 성장을 할 수 있게 된다(Gardner, 1972).

(2) 뼈의 발달

태아의 골격은 연골조직으로부터 형성되어 임신 6주부터 점차 단단해지는 경화현상이 일어나며, 경화현상은 아동기를 거쳐 청년기까지 계속된다. 유아기에 들어서면서부터 연골조직은 더욱 단단해지며 이에 따라 외관도 튼튼해지고 내부기관도 잘 보호받게 된다. 또한 뼈의 발달은 운동 발달과 몸의 균형에도 중요한 역할을 한다. 따라서 유아의 외모에도 많은 변화가 일어난다. 배가 나오고 살이 통통하게 찌고 다리가 짧았던 2세경의 몸매는 6세쯤 되면 배가 들어가고 살이 빠지고 근육이 발달함으로써 성인과 비슷한 모습으로 변화하게 된다. 그러나 아직 어깨와 골반의 근육이 충분히 발달되지 않았기 때문에 남성적, 여성적 체격 특성이 나타나지 않고 남녀 모두 비슷하게 직선적이고 평면적인 체격을 가진다.

(3) 치아의 발달

2세 반 정도가 되면 유아는 20개의 유치가 모두 나게 된다. 그리고 5~6세가 되면 유치가 빠지면서 영구치가 나오게 된다. 영구치가 나오게 되면 더욱더 치아 건강에 신경을 써야 하며 이 시기에 손가락을 빠는 경우는 치열이 고르지 않는 등 치아 발달에 나쁜 영향을 주므로 주의가 필요하다.

2) 뇌 발달

유아기에 가장 중요한 신체적 발달 중의 하나는 뇌와 신경계의 계속되는 발달이다. 뇌는 유아기에도 계속 성장한다. 그러나 영아기만큼 급속도로 자라지는 않는다. 3세가 되면 뇌는 어른 크기의 4분의 3이 되며, 5세가 되면 어른 크기의 90%가 된다.

뇌와 머리는 다른 어떤 신체 부위보다도 빠르게 성장한다. 머리의 윗부분과 눈, 그리고 두뇌는 아래쪽에 위치한 턱보다 빠르게 성장한다. [그림 5-2]는 머리와 뇌의 성장 곡선이 키와 몸무게의 성장 곡선보다 빠르게 발전함을 보여준다. 5세에, 뇌가 성인 무게의 90%에 이르렀을 때, 유아의 몸무게는 성인기에 도달할 몸무게의 3분의 1이 된다.

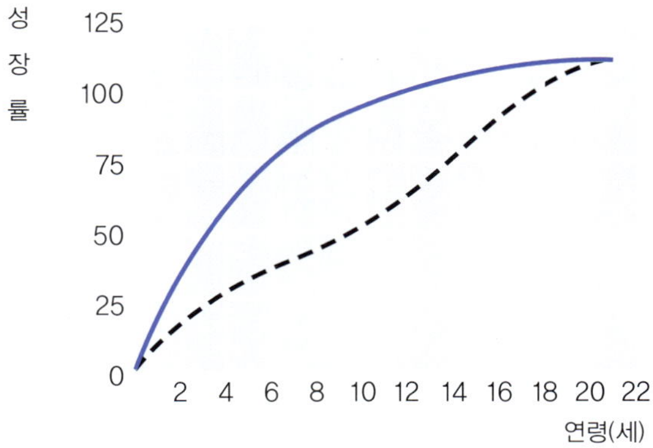

[그림 5-2] 머리와 두뇌의 성장 곡선

출처: Santrock(2001)

뇌의 크기의 증가는 부분적으로 뇌의 영역 안에 있는 수초화의 수와 크기의 증가 때문이다. 수초화는 적어도 청소년기까지는 계속 성장한다. 뇌의 크기의 증가는 또한 미엘린(myelination)의 증가 때문이다. 이 안에서 신경세포들이 지방세포들에 싸여서 덮여 있다. 미엘린은 신경계를 통해 정보가 전달되는 속도를 증가시키는 역할도 한다. 일부 연구자들은 미엘린이 아동의 많은 능력을 성장시키는 데 중요한 역할을 한다고 한다. 예를 들어, 손과 눈의 협응과 관련된 뇌의 영역에 있는 미엘린은 4세가 지나야 완성된다. 주의집중하는 데 관련된 뇌의 영역에 있는 미엘린은 아동기 중기나 후기가 되어서야 완성된다. 따라서 유아는 4세가 지나야 눈과 손의 협응을 통한 활동을 잘하게 되고, 아동기 후기가 되어야 주의집중을 잘할 수 있다.

최근의 연구에서 111명의 아동과 청소년의 자기공명촬영(MRI) 결과를 보면 운동과 언어적 능력을 포함하는 뇌의 영역에서 연령에 따라 밀도가 증가하는 것을 발견했다(Paus, et al., 1999). 뇌의 성숙은 넓어진 세상을 경험하는 기회와 더불어서 아동의 발현하는 인지적 능력에도 영향을 준다. 읽는 것을 학습시키고 책을 읽어보도록 아동에게 요구하였을 때, 아동의 눈으로부터의 글자 투입은 아동의 뇌로 옮겨지고, 많은 뇌의 체계를 통해 전달되어, 글자와 단어의 흑백의 코드를 알아낸다. 그리고 글자의 산출은 아동의 입술과 혀를 통해 메시지의 형태로 나타난다. 뇌 체계는 언어적 과정을 가능하게 하는 방법으로 조직화되기 때문에 아동이 스스로 말할 수 있는 능력을 가지게 된다.

3) 운동 발달

유아들은 뛰고, 넘어지고, 다시 일어나서 뛰는 등의 대근육 활동과 블록으로 건물을 만들고, 낙서를 하고, 가위로 종이를 자르는 등의 소근육 활동을 하는데 유아기의 신체 발달은 이러한 많은 활동을 가능하게 하는 능력을 발전시켜 준다.

유아기의 운동 발달 특성은 다음의 세 가지 관점에서 살펴볼 수 있다(이기숙 외, 1996).

첫째, 유아기는 신체적 안정성을 발달시키는 시기이다. 안정성이란 신체의 각 부분을 효율적으로 움직일 수 있고 바른 자세를 형성할 수 있으며, 균형을 유지할 수 있는 능력을 의미한다. 둘째, 유아기는 이동능력을 발달시키는 시기이다. 유아는 공간적으로 다양하게 몸을 이동시킬 수 있게 된다. 유아기에는 걷기, 뛰기, 뛰어오르기, 미끄러지기 등의 운동 기능이 급속도로 발달한다. 따라서 이때가 운동능력을 발달시키는 결정적 시기라고 할 수 있으며, 이후의 더욱 정교하고 복합적인 이동능력 발달의 기초를 형성하는 시기이다. 셋째, 유아기는 조작적 능력을 발달시키는 시기이다. 유아들은 그들 주변에 있는 여러 가지 사물을 접하면서 각각의 특성에 따라 다양한 조절 방법을 배우게 된다.

(1) 대근육 운동

유아들은 더 이상 똑바로 서 있거나 움직이는 데 힘들어하지 않는다. 다리를 좀 더 자신감 있게, 목적한 대로, 자유자재로 움직인다.

3세의 유아들은 단순히 움직이는 것을 좋아한다. 뛰기, 오르기, 앞과 뒤로 달리기를 하며 반복적인 활동을 통해서 많은 기쁨을 얻는다. 그들은 자신들이 방을 건너갈 수 있고 높은 곳을 뛰어올라 갈 수 있다는 것을 보여주기를 좋아한다. 이러한 활동을 통해 자신감과 성취감을 얻는다. 운동능력의 향상은 유아의 자아 인식을 발달시키는 데 결정적인 역할을 한다. 즉, 몸 움직임을 통해 자신의 신체적인 이미지를 형성하므로 이 시기의 정상적인 운동 발달은 매우 중요하다

4세가 되면, 유아들은 아직도 같은 종류의 활동을 반복해서 하기를 좋아하나, 좀 더 모험적인 활동을 한다. 정글짐을 기어올라 가거나 한 번에 한 발씩 계단을 밟아가며 올라갈 뿐만 아니라 내려올 때도 한 발씩 내딛으며 내려올 수 있다.

5세가 되면, 유아들은 4세 때보다 훨씬 모험적이 된다. 빠르게 뛰며 경주하기를 좋아해 부모나 또래들과 많은 경주를 한다. 다음은 유아들이 할 수 있는 대근육 운동의 예이다(〈표 5-1〉).

〈표 5-1〉 유아기 대근육 운동의 예

3~4세	4~5세	5~6세
• 아래쪽으로 공을 던짐 • 깡총 뛰기 • 큰 공 잡기 • 한 발로 서기 • 마루에서 뛰기 • 양발로 3번 정도 뛰기 • 발을 맞대어 걷기 • 구르는 공 잡기	• 공을 튕기고 잡기 • 뛰다가 멈추기 • 장난감 유모차를 밀고 당기기 • 원하는 방향으로 공을 차기 • 5kg 정도의 물건 옮기기 • 공 잡기 • 방향대로 공 튀기기 • 한 발로 4번 정도 구르기	• 공 던지기 • 7kg 정도의 물건 옮기기 • 구르는 공 차기 • 발 바꾸어 뛰기 • 롤러스케이트 타기 • 줄넘기하기 • 목적지에 공을 굴리기 • 보조바퀴 달린 두발자전거 타기

이 시기에 유아들이 많이 하는 활동인 공차기와 던지기, 잡기 등의 활동을 통해 유아의 대근육 운동 발달의 양상을 살펴볼 수 있다. [그림 5-3, 4, 5]의 각 그림의 단계는 유아들이 신체적으로 유능해지면서 변화하는 발달단계이다. 그러나 이러한 단계를 거치는 속도나 시기는 유아들마다 다르며 마지막 단계에 이르는 시기도 유아의 성숙이나 학습, 그리고 훈련이나 연습 정도에 따라 달라진다. 한 단계씩 진행될수록 유아들의 불필요한 움직임은 없어지고 힘과 강도가 세지며 점차 숙련된 선수와 같은 움직임으로 발전한다.

이 시기의 유아들은 굉장히 적극적이다. 3세 유아는 일생을 통틀어 가장 높은 활동 수준을 가지고 있다. 그들은 텔레비전을 볼 때도 가만히 있지를 못한다. 식사를 위해 식탁에 앉아서도 가만히 있지를 못하며, 심지어 잘 때도 많이 뒤척인다. 활동 수준이 높고 팔과 다리와 같은 대근육의 발달 때문에 이 시기의 유아들은 매일 운동이 필요하다.

[그림 5-3] 공 차기의 발달단계

출처: Haubenstricker(1991)

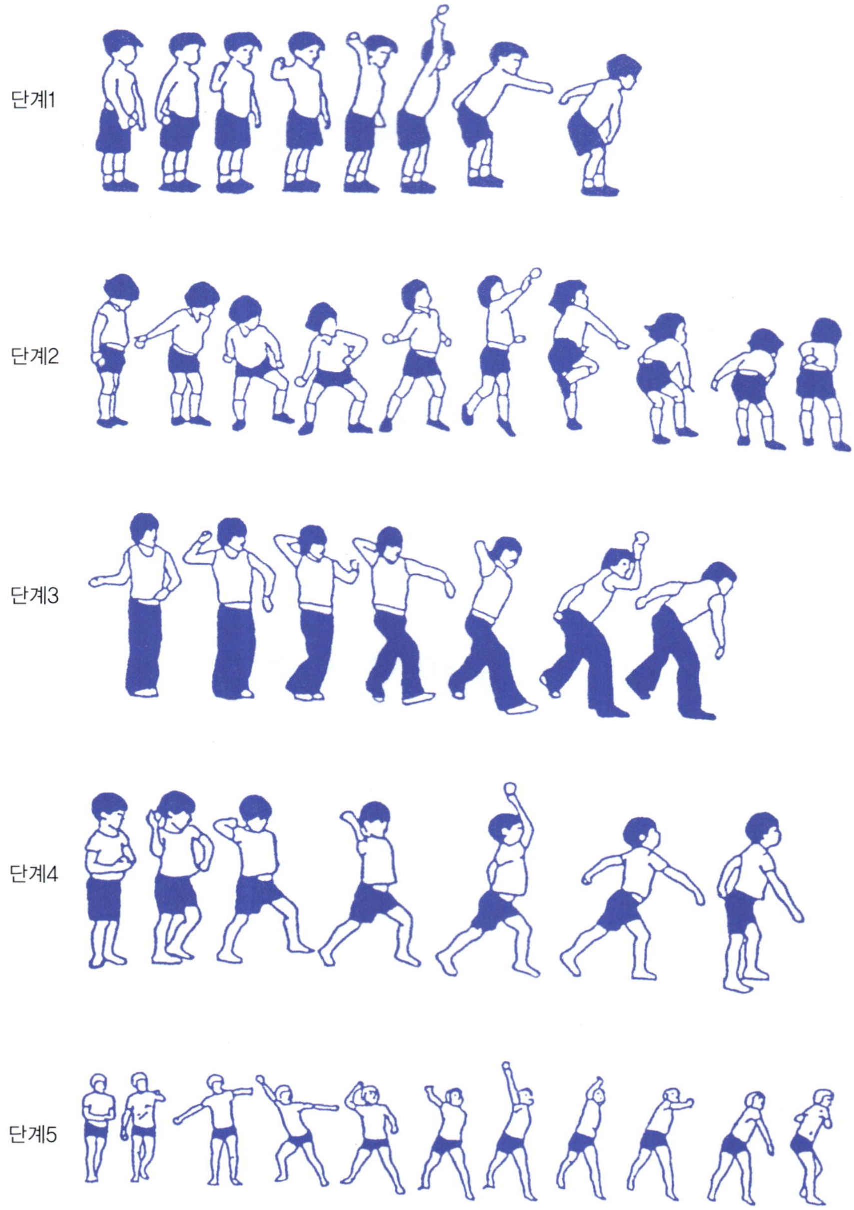

[그림 5-4] 공 던지기의 발달단계

출처: Haubenstricker(1991)

[그림 5-5] 공 받기의 발달단계

출처: Haubenstricker(1991)

(2) 소근육 운동

3세에 유아들은 아직 물건을 움직이고 다룰 때 영아기의 능력이 그대로 남아 있게 된다. 때때로 엄지와 검지를 사용하여 작은 물건을 잡을 수 있는 능력이 있어도 아직은 미숙하다. 3세 유아는 블록으로 높은 탑을 쌓을 수 있지만 똑바로 세우지는 못하고 삐뚤삐뚤하게 쌓는다. 딱딱한 보드나 그림 맞추기 퍼즐을 가지고 놀 때도 조각들을 움직이는 데 아직은 서툴다. 어떤 경우는 조각이 들어가야 할 정확한 위치를 알아도 조각을 잘 끼워 넣지 못한다. 끼워 넣기 위해 안간힘을 쓰거나 우격다짐으로 넣으려고 한다.

4세에 유아들의 소근육 협응은 놀라울 정도로 향상되고 훨씬 정확해진다. 때때로 마음대로 되지 않는 블록 쌓기에 속상해하기도 한다. 5세에 소근육 협응은 훨씬 향상된다. 손, 팔, 그리고 몸 모두가 눈의 명령에 의하여 함께 움직인다. 이제 집을 짓거나 교회를 지을 수 있는 유아들에게 단순히 탑을 높게 쌓는 것은 재미있지가 않다.

그림 그리기도 중요한 소근육 운동능력으로 아동기를 통해 계속 발달해 나가는데 Kellog(1970)는 〈표 5-2〉와 같이 유아의 그리기 과정을 4개의 발달단계로 구분하여 제시하였다.

〈표 5-2〉 유아의 그리기 과정

단 계	특 성
제1단계 긁적거리기 단계	2세경에 나타나며 뚜렷한 형태가 없는 점이나 선을 그린다. 조기에는 직선을 반복하여 그리나 곧 이것은 곡선과 나선형으로 변하여 원 모양으로 발달한다.
제2단계 단순한 형태 단계	2~3세경에 나타나며 원, 삼각형, 사각형 등의 단순한 형태를 그리기 시작한다.
제3단계 무늬 단계	3~4세경으로 기본적인 형태를 조합한 무늬를 그린다. 원 속에 X를 그려 넣거나 큰 원 안에 작은 원을 그려 넣는다.
제4단계 실제 사물 단계	5~6세경에 나타나며 실제 사물을 그리기 시작하는 단계이다. 이 시기에는 간단한 원이나 네모에서 실제의 사물, 얼굴이나 집으로 변형시키기 시작한다. 또한 동물, 자동차, 나무 등을 그리려고 시도하는데, 이러한 그림은 유아의 근육 운동능력이 성숙하면서 더 원숙해진다.

[그림 5-6] 6세 아이가 그린 그림의 예

〈표 5-3〉은 이 시기의 소근육 운동의 대표적인 예를 보여주고 있다.

〈표 5-3〉 유아기 소근육 발달의 예

3~4세	4~5세	5~6세
• 비슷하게 원 그리기 • 종이 자르기 • 풀칠하기 • 블록 쌓기 • 탑 만들기 • 단순한 모양 그리기 • 인형 옷 입히기 • 흘리지 않고 컵에 물 따르기	• 신발 끈 묶기 • 선 따라 자르기 • 구슬 엮기 • 옷핀 잠그기 • 높은 탑 만들기 • 여러 모양의 그릇에서 물 따르기 • 이름 쓰기	• 종이 접기 • 다양한 도형 그리기 • 종이 안의 모양 도려내기 • 크레파스를 제대로 사용하기 • 점토 만들기 • 글자 보고 따라 적기

이 시기에 어떤 유아는 오른손을 사용하여 글씨를 쓰거나 그림을 그리고, 어떤 유아는 왼손을 사용하는데, 왼손잡이는 오른손잡이가 주류인 세상에서 차별을 받아왔다. 오랫동안 교사들은 유아들이 오른쪽 손을 사용하도록 가르쳐 왔다. 그러나 오늘날은 아동들이 편하게 생각하는 손을 쓸 수 있도록 한다.

[사진 5-1] 오른손으로 그림을 그리고 있는 유아의 모습

(3) 자조 기능

[사진 5-2] 아직 젓가락 사용이 익숙하지 않은 유아의 모습

유아기에는 다양한 자조 기능(self-help skills)이 발달한다. 2세경에는 대소변 가리기를 할 수 있으며 혼자서 음식을 먹을 수도 있다. 3세경에는 숟가락과 젓가락을 효율적으로 사용할 수 있고, 6~7세경이 되면 오른손으로 제대로 식사를 할 수 있다.

3세경에는 옷을 벗을 수 있고, 4세경에는 옷을 입을 수 있으며, 5~6세가 되면 혼자서 옷을 입고 벗으며 단추나 지퍼를 열고 닫을 수 있다. 또한 신발도 신고 벗어서 가지런히 놓을 수 있다(이윤경 외, 2003).

2. 아동기의 신체 발달

아동기는 만 6세에서 만 12세까지의 초등학교에 다니는 시기로, 이 시기에는 신체 발달이 앞 단계에 비해 느리긴 하지만 지속적으로 이루어진다. 또한 청소년기의 급속한 성장을 앞두고 있는 조용한 시기이다. 아동기에는 뼈의 발달, 근육 발달, 그리고 운동신경에 중요한 변화들이 일어난다.

1) 뼈와 근육 체계

초등학교 시기에 아동들은 매년 5~8㎝씩 자라며 11세가 되면 평균 아동의 키는 140㎝ 정도가 된다. 아동들의 다리는 점차 길어지고 몸통은 가늘어지면서 성인다운 모습을 갖추기 시작한다. 아동기 동안에 체중은 1년에 2.7kg씩 증가한다. 키의 증가는 몸의 장기의 크기가 커지고, 대부분 뼈와 근육의 크기가 증가하면서 일어난다. 근육이 커지고 강해지면서 포동포동하던 아기살이 빠지게 된다. 느린 움직임과 경직된 움직임에서 아동기에 이르면 향상된 근육의 움직임이 일어난다. 근육 힘의 증가는 유전적 요인과 운동으로 인해 일어나는데 아동들은 이 기간 동안에 힘이 두 배 정도 강해진다. 근육세포의 급격한 증가로 인해 남아들은 여아들보다 힘이 세어진다. 이 시기의 키와 몸무게의 변화는 〈표 4-1〉에 나타나 있다.

2) 운동 기술

아동기 동안에 아동의 운동 발달은 유아기에 비해 훨씬 부드러워지고 잘 통합이 된다. 이 시기에는 대부분의 대근육과 소근육의 기본적 운동 기능이 발달하며, 이후에는 기존의 운동능력이 더 빠르고 정교하게 발달한다. 예를 들어, 3세 아동은 테니스공을 그물 너머로 치는 것을 거의 하지 못하지만, 10세나 11세가 되면 대부분의 아동은 그물 너머로 공을 칠 수 있으며 대부분의 스포츠를 배울 수 있다. 달리기, 오르기, 줄넘기하기, 수영하기, 자전거 타기, 스케이트 타기 등은 초등학교에 다니는 아동들이 할 수 있는 많은 신체적 기술 중 일부에 불과하다([사진 5-3, 4]). 그리고 일단 이러한 활동을 능숙하게 하는 등의 신체적 기술의 발달로 인해 아동들은 많은 기쁨과 성취감을 경험하게 된다. 따라서 무엇보다도 이 시기에 아동들이 충분한 운동 기능을 수행할 수 있는 기회를 제공해 주어야 한다.

[사진 5-3] 달리기

[사진 5-4] 오르기

한편 운동능력의 발달에서는 유전적 요인 및 환경적 영향으로 인해 개인차 및 성차가 나타난다. 전반적으로 큰 근육 활동을 포함하는 대근육 운동능력에서는 남아가 여아보다 앞선다(Santrock, 2001). 남아가 여아보다 더 빨리 달리고, 더 높이 뛰고, 더 멀리 던지고 더 힘이 세다. 이러한 성 차이는 어느 정도는 유전적인 요인에 의해서이며 또한 부분적으로는 사회적인 기대나 운동에 참여하는 기회의 차이에 의해서이기도 하다.

아동들이 초등학교에 다니면서 점차 신체를 잘 조절할 수 있게 되고 오랜 시간 동안 앉아서 주의를 기울일 수가 있다. 그렇다고 해서 초등학교 아동의 신체적 성숙이 다 이루어진 것은 아니고, 신체적 성숙을 위해서는 더욱더 활동적이 되어야 한다. 이 시기의 아동들은 뛰거나, 구르기, 자전거 타기는 능숙하게 잘하지만 오랜 시간 동안 앉아 있는 것을 더 힘들어 하며 쉽게 지친다. 신체적 활동은 이러한 아동들이 공을 차거나 줄넘기를 하거나, 사다리에서 중심잡기와 같은 기술을 좀 더 세련되게 하기 위해 필요하다. 따라서 초등학생에게 가장 중요한 운동 원리는 활동에 있어서 수동적이기보다는 능동적이고 적극적이어야 한다는 것이다. [사진 5-5, 6]은 다양한 활동을 하고 있는 아동들의 모습이다.

[사진 5-5] 축구하기

[사진 5-6] 스키 타기

중앙신경체계의 미엘린의 증가는 아동기의 소근육 기술의 향상에 반영된다. 아동들은 연장을 보다 능숙하게 다룬다. 6세 아동은 망치질을 하고, 풀칠을 하고, 신발 끈을 묶고, 옷을 여밀 수 있다. 7세 아동의 손은 더욱 능숙해진다. 이 시기에는 그림을 그리기 위해 크레파스보다는 연필을 좋아한다. 글씨를 거꾸로 쓰는 경우도 거의 없으며 그림도 점점 작게 그린다. 8~10세 사이에는 손의 움직임이 더욱 정교해지며 자유자재로 정확히 움직일 수 있다. 소근육 운동의 협응은 아동들이 글씨를 그리는 단계에서 쓰는 단계로 발전하게 된다. 글씨의 크기가 점점 작아지며 크기가 일정하게 된다. 10~12세에 아동들의 조작 기술은 성인과 비슷해진다. 아동들은 미세한 작품을 만들기 위해 필요한 복잡하고 세심한 빠른 움직임을 배우게 되고, 악기를 다룰 수 있게 된다. 한편 소근육 활동에서의 성차는 대근육 활동과 달리 대부분 여아가 남아보다 앞선다.

3. 건강과 질병

최근에는 건강에 대한 관심이 높아지고 영양이나 운동의 중요성에 대해서도 많이 인식하고 있지만 아직도 많은 아동들이 질병에 노출되고 부주의와 무관심으로 인해 건강한 발달에 지장을 받고 있다.

1) 발달적 관점에서 본 아동의 건강

성인들의 건강에 대한 심리학적 측면에서의 관심은 오래전부터 있어왔지만 아동들의 건강에 대한 심리학적 요인을 발달적 측면에서 살펴보려는 시도는 최근의 것이다. 아동들의 인지적, 사회적, 신체적 발달을 살펴보면 그들의 건강에 대한 관심이나 노력이 성인과는 다르게 이루어져야 함을 알 수 있다. 예를 들어 신체적 발달의 경우 영아와 유아는 유모차나 보행기를 타면서 스스로의 안전을 확보할 수 없다. 성인들이 아동을 위험으로부터 보호하고 안전을 확보해 주어야 한다. 어린 아동은 인지적인 능력도 아직 부족하다. 집 안에서 어떤 물건이 안전하고 어떤 물건이 위험한지에 대해 판단할 수 있는 능력이 부족하다. 또한 정서 발달의 측면에서도 공을 잡기 위해 도로로 뛰어드는 등의 충동을 억제할 수 있는 능력이 부족하다.

결국 신체적, 인지적, 정서적 발달의 측면에서 어린 아동은 스스로의 안전을 확보할 능력이 없는 미숙한 존재이므로 성인들이 이들의 안전을 확보해 주어야 한다. 그래야 아동은 안전한 환경에서 마음껏 뛰놀며 건강하게 자랄 수 있게 된다.

놀이터는 안전을 철저하게 고려하여 만들어져야 한다. 놀이터에서의 안전을 위해 우선 아동과 함께 놀이터에 가보는 것이 좋다. 같이 둘러보면서 위험의 소지나 가능성에 대하여 알려주고 놀이 기구를 바르게 사용하는 것을 가르쳐 주는 것이 좋다. 한편 바깥 놀이 환경은 아동의 신체 발달, 인지 발달, 사회성 발달을 향상시켜 주어야 한다.

건강 교육 프로그램은 간단하게 만들어져야 한다. 건강 교육 프로그램의 중요한 목적은 다음과 같다.

- 아동들이 아플 때의 느낌과 아프지 않을 때의 느낌을 알게 하고 이를 어른들에게 표현할 수 있게 한다.
- 건강과 관련된 문제에서 적절한 도움을 받을 수 있도록 한다.
- 때로는 혼자서 독립적으로 도움을 찾을 수 있게 한다.

양육자는 아동들의 건강을 위하여 중요한 역할을 한다. 예를 들어 아동들이 타고 있을 때 자동차의 속도를 줄인다거나, 음주를 줄인다거나, 아동 주위에서 흡연을 하지 않는 등의 행동을 통해 아동의 건강을 향상시켜 줄 수 있다. 한 연구 결과를 보면 어머니가 흡연을 할 경우 자녀는 다른 아동들에 비해 호흡기 질환에 걸릴 확률이 두 배 이상이나 높다고 한다(Etzel, 1988). 결론적으로 양육자는 자녀를 훈련시키고, 자녀의 안전을 감독하고, 스스로 보호하는 기술을 가르쳐 주고, 적절한 영양을 공급해 주고, 치아의 위생도 살피며 아동의 건강과 안전을 적극적으로 지켜주어야 한다.

한편 치명적이지 않은 가벼운 질병은 아동이 발달하는 데 있어서 좋은 기회를 주기도 한다. 유아기는 호흡기 질환(감기, 독감)이 가장 잘 걸리는 시기이며, 소화기 장애(설사, 구토)가 잘 일어나는 시기이다. 과거에는 아동들이 초등학교에 입학하여 많은 사람들과 접촉하게 되면서 감기 등의 전염성 질병에 많이 노출되었지만 최근에는 영유아들도 놀이방이나 어린이집 등의 기관에 어려서부터 다니기 시작하면서 이러한 전염성 질병에 일찍부터 노출되고 있다. 감기나 수족구, 수두, 결막염 등이 기관에서 접촉을 통해 쉽게 전염되는 질병이다. 이러한 질병들은 심하지 않은 경우 단기간에 회복이 되며, 아동의 건강과 질병에 대한 지식 및 경각심을 높이는 기회가 될 수 있다.

또한 아동기에는 신체적 활동량이 많아지고 인지적으로도 호기심이 왕성하므로 안전사고가 가장 많이 발생하는 시기라 안전에 대한 각별한 주의가 필요하다.

2) 영 양

유아기에 수유와 섭식은 발달에 있어서 매우 중요하다. 아동이 무엇을 먹느냐에 따라 뼈의 발달이나, 체형, 그리고 질병에 대한 면역력이 달라진다. 영양에 대한 이해는 아동의 발달과 성장에 매우 중요하다. 일반적으로 유아는 하루에 1,770㎉의 열량이 필요하다. 〈표 5-4〉는 영아기에서 아동기에 이르는 동안 필요한 열량에 대하여 보여준다. 개별 아동에게 필요한 에너지는 기초대사량(Basal Metabolism Rate: BMR)에 의하여 정해진다. 이는 아동이 휴식 상태에서 필요한 최소한의 에너지를 의미한다. 아동에게 필요한 에너지는 아동의 연령이나 성별, 그리고 신체 크기에 따라 다르다. 이러한 차이에 대한 정확한 설명은 아직 없지만 신체 활동, 기초대사량, 에너지의 효율성 등에 따라 달라진다.

〈표 5-4〉 1~10세 아동의 필요 열량

연 령	몸무게(kg)	키(cm)	필요 열량(㎉)	칼로리 범위
1~3세	13	90	1,300	900~1,800
4~6세	20	112	1,700	1,300~2,300
7~10세	28	132	2,400	1,650~3,300

출처: Santrock(2001)

식사가 서구화되면서 양육자는 아동의 식단에 적당한 지방이나 당분의 양을 알아야 한다. 어떤 부모는 영아나 유아에게 거의 지방 섭취를 시키지 않으며, 어떤 부모는 지나치게 많은 지방 섭취를 시키고 있다. 또한 패스트푸드로 인해 지방 섭취가 많아지고 있다. 그러나 아동이 건강하게 자라기 위해서는 영양적으로 균형 잡힌 식사를 하여야 하며, 이를 위해서는 여러 가지 식품을 골고루 섭취하여야 한다. 식사 습관은 일찍부터 형성되기 때문에 균형 잡힌 식사를 위해서는 어려서부터 올바른 식생활을 하여야 한다.

아동기에 아동의 몸무게는 평균 2배 정도 증가한다. 또한 아동은 많은 운동과 활동을 하면서 많은 에너지를 소모한다. 그들의 성장과 활동을 지원하기 위해서는 유아기 때보다 많이 먹어야 한다. 1~3세 사이에는 평균 1,300㎉만 섭취하고, 4~6세에는 1,700㎉만 섭취하면 되지만 아동기가 되는 7~10세에는 2,400㎉를 섭취하여야 한다.

아동기에 가장 흔한 영양상의 문제는 철분결핍이며 이는 지속적이고 만성적인 피로를 동반한다. 이는 균형 있게 음식물을 섭취하지 못한 데서 기인한다. 영양 결핍은 또한 저소득층 가정의 큰 문제이기도 하다. 이런 아동들은 철분이나 비타민, 단백질이 부족하기 쉽다.

3) 운동과 스포츠

어렸을 때의 건강과 질병은 계속 유지되기 쉽다. 어려서의 경험은 성인이 되어서의 건강 상태에 영향을 준다. 부모의 양육 방식이나 식습관, 생활 습관 등도 영향을 준다.

TV는 적어도 부분적으로는 신체 발달에 부정적인 영향을 준다. 한 연구(Tucker, 1987)를 보면 TV를 적게 본 아동들이 지나치게 많이 본 아동들보다 신체적으로 더욱 건강한 것으로 나타났다. TV를 많이 볼수록 과체중이 되기 쉽다. 이는 운동으로 인한 에너지 소모 없이 앉아서 TV를 보며, 또 TV를 보는 동안 많은 간식을 먹게 되기 때문이다.

또한 아동들의 운동이나 스포츠 활동이 학교에서 충분히 이루어지지 않는 것도 문제이다. 영유아의 경우 어린이집이나 유치원에서 놀이 공간의 부족 등 열악한 환경으로 인해 적절한 운동이 이루어지지 않고 있는 경우가 많으며, 초등학교의 경우도 과도한 학습이나 교사나 부모들의 신체 활동에 대한 인식 부족으로 인하여 충분한 운동이 이루어지지 않고 있다. 또한 성인들이 아동들에게 운동에 대한 바람직한 역할모델이 되어주지 않는 것도 문제가 된다. 그러나 평생 건강을 유지하기 위해서는 어려서부터의 경험이 중요하며 이를 위해서는 충분한 운동과 스포츠 활동이 반드시 필요하다.

가정 안에서 적절히 운동을 하는 것도 중요하다. 가족이 함께 뛰거나, 수영, 자전거 타기, 등산하기 등을 통해 아동은 충분한 운동을 할 수 있다. 아동에게 운동을 권유할 때 지나치게 힘들어하거나 어려운 것을 시키는 것은 좋지 않다. 또한 지나친 승부로 인해 스트레스를 받게 해서도 안 되며 아동이 좋아해서 즐기면서 하게 해야 한다. 예를 들어, 장거리를 뛰게 하는 것은 아동을 너무 힘들게 하여 뼈에 무리를 줄 수도 있다.

4) 아동의 질병과 건강

(1) 오늘날의 아동

오늘날의 아동은 과거의 아동에 비해 건강하다. 예방접종을 통해 과거의 아동들이 앓았던 홍역이나 볼거리, 수두 등을 피해갈 수 있다. 〈표 5-5〉는 1949년에서 1996년 사이에 조산, 출산시의 문제, 사고나 암, 심장마비로 인한 사망의 변화를 보여준다. 최근에도 주된 사망 원인은 출생 시의 사고, 암, 심장병 등이다. 비록 아동의 많은 병의 위험이 사라졌지만 아직도 부모가 접종 시기에 따라 자녀들에게 예방접종을 시키는 것이 중요하다.

〈표 5-5〉 1949년과 1996년의 5세 미만 아동의 사망(100,000명당)

원 인	1949년	1996년
미성숙	1018.9	26.3
출생시 문제	443.9	36.8
사고	234.7	15.2
암	45.7	2.7
살해	5.7	3.6
심장병	8.0	4.3

〈표 5-6〉 소아 표준 예방 접종표

연 령	종 류	연 령	종 류
0~1주	B형 간염	12~15개월	MMR, 수두, Hib
0~4주	BCG	12~36개월	일본뇌염
1개월	B형 간염	18개월	DTaP
2개월	B형 간염, DTaP 폴리오, Hib	4~6세	DTaP, 폴리오, MMR
4개월	DTaP, 폴리오, Hib	6세	일본뇌염
6개월	B형 간염, DTaP, 폴리오, Hib	10~12세	성인용 Td, 일본뇌염

또한 부모의 흡연은 아동의 건강과 병에 중요한 영향을 미친다. 담배 연기에 많이 노출될수록 아동이 많은 병에 걸릴 위험이 높아진다. 폐렴, 기관지염, 중이염, 화상, 천식

등은 간접흡연으로 인한 질병의 예이다. 간접흡연은 성인이 되어 암에 걸릴 확률 또한 높여준다. 5세 이상의 많은 아동들이 간접흡연에 의하여 사망하고 있으며, 이는 자동차 사고나 다른 사고로 인해 사망하는 수보다 많다(Aligne & Stoddard, 1997). 이러한 결과로 인해 전문가들은 아동들이 담배로부터 자유로운 곳에서 성장해야 한다고 한다.

또한 우리가 특별히 관심을 가져야 하는 것은 저소득층 아동들의 열악한 건강 상태이다. 많은 아동들이 영양 결핍 상태에 있으며 영양 결핍은 건강을 위험 상태에 놓이게 한다. 이로 인해 감기로부터 독감에 이르기까지 많은 병에 대해 면역력이 약해진다.

(2) 아동의 질병

성인기의 3대 중요한 질병인 비만과 암과 심장질환은 그동안 성인들에게만 주로 나타나는 질병으로 알려져 왔으나, 불균형적인 식사, 유전적 영향, 환경 문제 등으로 인해서 최근에는 아동들에게도 나타난다. 각각을 살펴보면 다음과 같다.

① 비 만

비만에 대해 정의 내리기는 쉽지 않다. 일반적으로 키에 대한 몸무게의 비율을 가지고 표준 성장표에서 찾아내는 것이 가장 많이 사용되는 방법이다. 키에 대한 몸무게의 비율이 20%를 넘으면 비만인 것으로 간주된다. 여아들이 남아보다 비만일 확률이 높다.

부모가 비만인 경우 자녀가 비만이기 쉽다. 체형이나 키, 체내 지방 구성비, 그리고 신진대사는 부모로부터 유전된다. 만약에 부모가 모두 비만이면 3분의 2의 아동들이 비만이 된다. 만약에 한 부모는 비만이고 다른 부모는 정상이면 50%는 비만이 될 가능성이 있다. 두 부모가 다 정상이라면 비만이 될 확률은 10% 미만이다(Whitaker, et al., 1997). 아동의 인슐린 수준도 식습관과 비만에 중요한 영향을 주는 요인이다. 아동들이 먹는 것은 그들의 인슐린 수준에 영향을 준다.

아동이 섭취하는 음식의 종류가 비만에 중요한 역할을 하며, 비만에 영향을 주는 또 다른 요인은 낮은 활동 수준이다. 활동 수준은 유전의 영향을 받기도 하고, 활동적인 활동에 참여하고자 하는 아동의 동기에 의해 영향을 받으며, 또한 주 양육자가 얼마나 아동에게 활동할 기회를 주고 좋은 생활 습관을 보여주느냐에 의해서도 영향을 받는다. 최근에는 생활양식의 변화로 인하여 아동들의 운동량이 부족하다. 과다한 학업으로 인하여 아동들이 앉아 있는 시간이 증가하고 있으며, 여가 시간에도 운동량이 많은 활동보다는 TV 시청이나 컴퓨터를 선호하기 때문에 절대적인 운동량이 부족한 실정이다. 또한 식생활에 있어서도 많은 지방과 열량을 포함하고 있는 인스턴트식품이나 서구화된 식사를 선호하면서 섭취량에 비해 소비량이 적어지면서 비만이 되기 쉽다.

아동의 비만이 문제가 되는 것은 비만 아동의 25%가 나중에 성인이 되어도 비만이 되기 때문이다. 그리고 비만 청소년의 75%가 비만 성인이 된다. 비만은 의학적으로나 심리학적으로 많은 문제를 낳는다. 비만 아동은 혈압과 혈중 콜레스테롤이 높은 경우가 많다. 또한 비만 아동은 호흡에 문제가 있을 수 있으며 아동들에게 정서적으로 부정적인 영향을 준다. 비만 아동은 그렇지 않은 아동에 비해 우울증이 많이 나타난다. 낮은 자아존중감과 의기소침 또는 자신에 대한 부정적인 신체상을 갖기가 쉬우며, 더구나 비만 아동은 또래 관계에서도 놀림이나 따돌림을 받으며 제외되기 쉽다.

비만을 예방하기 위해서는 지속적으로 섭취 열량을 줄이는 것이 중요하며, 꾸준한 운동이 필수적이다. 소아 비만 전문가들은 식이요법과 운동, 그리고 행동 수정을 병행하는 것이 비만의 예방과 치료에 효과적이라고 한다. 전형적인 행동 수정 프로그램에서, 아동들은 스스로 자신의 행동을 모니터해야 하며, 체중 감소를 위해 섭취 음식물을 기록하여야 한다. 기록을 통해 섭취한 음식의 양과 종류뿐만 아니라, 언제, 누구와 어디서 먹었는지도 기록하여야 하며, 이를 통해 자신의 식습관 행동을 알게 된다. 이를 통해 바람직하지 않은 식습관 행동을 고쳐 나가게 된다.

2 암

암은 아동기의 사망 원인 중 사고 다음으로 두 번째에 해당한다. 아동 사망의 3%가 암 때문이다. 15～24세의 경우는 암이 사망 원인의 13%를 설명하여 준다. 아동의 암은 성인과는 다른 양상을 띤다. 어른은 폐, 장, 가슴 등에 일어나지만, 아동의 암은 백혈병이나, 뇌, 뼈, 임파선, 근육, 간, 신경체계에 많이 일어난다. 이 모든 것들이 통제할 수 없는 비정상적인 세포의 증식에 의해 일어난다.

아동들에게 가장 많이 발생하는 암은 백혈병이다. 백혈병은 골수에서 백혈구가 지나치게 많이 생성되는 반면, 적혈구와 혈소판은 감소하는 질환이다. 치료 방법으로는 항

백혈병 치료제의 투여 및 수혈, 골수이식이 있다. 성인암과는 달리 소아암은 발견 당시에 진행된 상태에 있으며 그 원인도 명확하지 않다.

3 심장질환

심장질환은 아동에게 흔히 일어나는 질병은 아니다. 일반적으로 심장에 문제가 있는 아동들은 심장에 구멍이 있거나, 심장혈관들이 비정상적으로 연결되어 있거나, 비정상적으로 혈관이 좁거나, 아니면 비정상적인 심장판막을 가지고 있는 경우로, 주로 수술에 의해서 치료될 수 있다.

주로 흡연이나 음주 같은 환경적 요인이나 생활양식에 의해 심장질환이 생기는 성인과는 달리 아동의 심장질환은 환경적 요인이나 생활양식과는 관련이 없다.

그럼에도 불구하고 어려서부터의 환경적 경험이나 생활양식이 성인이 되었을 때의 심장질환의 발생 여부에 영향을 줄 수는 있다. 심장질환의 전조는 종종 어린 시기에 나타나는데, 초등학생이 이미 고혈압이나 비만인 경우 성인이 되어서 심장질환을 앓을 가능성이 높다.

Part Ⅲ 인지와 언어 발달

Chapter 06 인지 발달
Chapter 07 지능과 창의성
Chapter 08 언어 발달

아동들은 그가 속한 사회 속에서 능력이 있는 존재로 발달해 나가고자 한다. 이들은 그들 자신들을 둘러싼 세상에 대해 능동적인 존재로 배워가고, 이해를 해나가고 있다. 이러한 아동들이 어떻게 그 세상에 대해 적응하고, 스스로 사고를 하고, 정보를 처리하며, 주도적으로 발달해 가는가에 대해 우리들은 궁금증을 가지고 있다. 이러한 아동들의 발달에 대해 학자들은 다른 관점에서 해석하고 있다.

Part Ⅲ에서는 아동의 인지 발달에 대해 고찰을 하고자 한다. 우선 Chapter 6에서는 Piaget의 인지발달 이론, Vygotsky의 사회문화적 인지 이론, 그리고 정보처리 이론에 대해 설명하였다. 이 세 이론 모두 아동들을 지식의 능동적인 구성자로 보지만, 아동들이 다른 방식으로 지식을 학습하고, 발달해 나가는 존재로 보고 있다. 세 가지 다른 관점을 통해 아동들의 인지능력을 이해할 수 있을 것이다.

Chapter 7에서는 지능에 대한 다양한 관점, 아동의 지능을 측정하기 위해 개발된 아동용 지능검사, 그리고 영재아동의 이해와 창의성에 대해 설명하였다. 지능에 대한 관점은 크게 심리측정적인 관점, 정보처리적인 관점 및 다중지능 이론으로 구분하지만, 이들의 관점은 서로 대조되기보다는 상호보완적인 개념으로 지능을 포괄적으로 이해하는 데 도움을 준다. 또한 아동의 뛰어난 창의성이나 지적능력에 대한 관심은 끊임없이 진행되고 있다. 이들을 정확하게 평가하고, 그들의 능력을 개발시키고, 적절한 도움을 주기 위한 방안의 모색은 아동들의 인지능력을 이해하는 데 도움을 받을 것이다.

Chapter 8에서는 인지 발달과 밀접한 관련이 있는 언어 발달을 설명하였다. 일상적인 삶의 지적 활동의 도구인 언어에 대해 아동들이 어떻게 습득을 하고, 발달시키는가에 대해 이론적인 설명을 하였다. 각 연령에 따른 아동들의 언어 습득능력과 발생하는 개인차, 그리고 환경적인 요인에 의해 받는 영향 등에 대한 정보는 아동들의 언어 발달 이해에 도움을 얻을 수 있을 것이다.

Chapter 06

인지 발달

인지란 앎(Knowing)의 상태로 이끄는 내적 과정으로, 사람들이 사고하고, 기억하고, 추론하고, 문제를 해결하고, 창조하는 모든 정신 활동을 포함하는 것이다(Berk, 1997). 아동들이 어떻게 사고를 하고, 정보를 처리하며, 해석하는지에 대한 견해는 학자들마다 차이가 있다. 본 Chapter에서는 Piaget의 인지 발달 이론, Vygotsky의 사회문화적 인지 이론, 정보처리 이론을 다루면서 학자들이 바라본 아동들의 인지 발달 관점에 대해 배우고자 한다. 각각의 이론이 형성된 사회문화적인 상황을 살펴보고, 이들이 강조한 주된 개념과 교육적인 측면과 연결해서 살펴보고자 한다.

1. Piaget의 인지 발달

1) 개요

1896년 스위스의 작은 마을에서 태어난 Piaget는 어려서부터 과학에 깊은 관심을 가졌다. 생물학, 철학, 논리학, 심리학에 대한 광범위한 지식을 가졌던 Piaget는 그의 지식을 이용하여 아동을 관찰하는 데 적용을 하였다. 1920년 파리의 Binet 실험실에서 일하면서 그는 아동을 대상으로 지능검사를 할 때, 이들이 일관성 있게 틀린 답을 하는 것을 발견하였다. 일관성 있게 틀리는 아동들의 행동을 살펴보고자 하는 관심은 특히 자신의 첫딸이 태어나면서 구체화가 되었다. 1925년 태어난 딸을 비롯하여 그의 세 자녀의 행동을 세심하게 관찰을 하면서 Piaget는 아동의 인지적 행동에 관한 일련의 연구를 시작하였고, 그 이후 아동심리 분야에서 수많은 저서와 논문을 발표하였다. 특히 1960년대에 들어와서 그의 이론은 Bruner의 소개로 미국에 알려지면서 많은 미국의 심리학자들의 관심을 받았다.

인식론에 뿌리를 둔 Piaget의 이론은 유아기와 성인에 이르기까지 발달에 대한 연구들을 발표하였다. 그는 1980년 임종할 때까지 왕성하게 했던 그의 저술과 연구들은 인지 발달 측면, 특히 아동의 사고 본질과 발달에서 많은 기여를 하였다.

발생학적 인식론을 강조한 Piaget는 발달의 기원을 개인의 성숙에 두었으며, 개인의 생물학적 경향성을 강조하였다. 그는 각각의 유기체는 능동적인 인지활동을 통해 새로운 지식의 구조가 형성된다고 보았다. 도식(Schema), 동화(assimilation), 조절(accommodation), 그리고 평형(equilibration)의 개념을 이용하여 발달을 설명하였다. 도식이란 사물이나 사건에 대한 전반적인 윤곽으로, 그는 도식을 유아가 구조화시키고, 조직화시키는 데 사용하는 지식 · 절차 · 관계로 설명하였다. 즉, 적응 과정을 통해 새로운 도식을 개발하고 기존의 것을 변화시킨다고 보았다.

이때, 적응과정은 동화와 조직이라는 두 가지 수단을 통해 진행된다고 보았다. 동화는 새로운 정보를 접할 때, 이미 자신에게 구성되어 있는 도식에 새로운 정보를 적용시키려는 경향성을 의미하고, 조절은 새로운 정보에 의해 기존의 도식을 수정하는 것을 의미한다. 또한 평형은 동화와 조절의 균형 상태를 의미하는 것이다. 동화 · 조절 · 평형의 과정을 거치면서 어떻게 영아가 습득하는지 살펴보면 다음과 같다. 예를 들어, '개' 라는 도식이 있는 아동이 '말' 을 접하였을 때 '큰개' 라고 반응을 하는 경우, 이 영아에게 동화가 되었다고 할 수 있다. 그러나 엄마가 영아에게 '개' 와 '말' 의 차이를 설명을 해줌으로써 영아가 '말' 이라는 새로운 도식을 만드는 경우를 조절되었다고 본다. 이때, 영아는 자신이 알고 있던 기존 도식에 부합되지 않는 경험을 하면서 불균형 상태를 경험한다. 그러나 엄마의 설명을 통해 영아는 그 차이를 인식하고 자신의 기존 도식을 수정하는 조절과정 속에서 불안한 상태가 제거되거나 혹은 감소되어 다시 평온해진다. 이 같은 현상을 평형 상태라고 한다.

2) 발달단계

Piaget는 모든 아동들이 개인에 따라 속도는 다를 수 있지만, 정해진 단계를 순서대로 거쳐 가며, 각각의 단계는 이전의 단계보다 더 높은 수준으로 질적으로 다르다고 본다. 그는 감각 운동기, 전조작기, 구체적 조작기, 형식적 조작기로 나누었다. 각 단계와 그에 해당하는 연령, 특징들을 보면 다음 〈표 6-1〉와 같다.

〈표 6-1〉 Piaget의 인지 발달단계

단 계	시 기	특 징
감각 운동기	출생~2세	대상 연속성(object permanence) 목표 지향적 행동(goal-directed actions)의 시작
전조작기	2~ 7세	자아중심성 (egocentrism) 물활론적 사고 (animism) 보존 개념(conservation)의 결여 불완전한 분류 능력 (class inclusion)

단 계	시 기	특 징
구체적 조작기	7~ 11세	보존의 개념 이해 (conservation) 유목화하고 서열화 (class inclusion) 조망 수용(perspective taking)
형식적 조작기	11세 이후	추상적 사고 가설적 연역적 사고

(1) 감각 운동기 (sensorimotor period)

이 시기는 출생 후부터 2세까지 해당한다.

① 출생 후 3개월

생물학적으로 부여된 단순 반사적 행동인 빨기, 잡기, 큰 소리에 반응하기 등을 통해 외부의 세계를 이해한다.

② 4개월~8개월

영아가 우연히 단순한 반사적 행동들을 통해 재밌는 결과를 초래하게 되면 영아는 계속해서 같은 행동을 반복하게 된다. 예를 들어 영아가 우연히 매달려 있는 딸랑이를 건드렸는데 소리가 나는 것을 경험했을 때 반복적으로 흔들면서 소리를 내는 행동하는 것을 볼 수 있다. 이처럼 영아가 우연히 한 자신의 행동에 대해 만족스러운 결과를 가져오면 그 행동을 반복하게 되는데, 이러한 반복되는 행위는 영아의 의도성이 나타난 것이다. 이러한 현상을 초기 목표 지향적 행동이 나타난 것이라 한다.

③ 8개월~12개월

이 시기 영아는 자신의 목표를 달성하기 위해 수단이 되는 다른 도식을 이용하는 능력이 발달한다. 예를 들어, 상자를 잡으려는 영아를 성인이 손으로 가로막는 행동을 할 때, 영아는 우선 손을 치우고, 상자를 잡는 행동을 보인다. 방해물을 치우려는 행위는 상자를 잡으려는 목적을 위한 수단으로 이용하였다. 이러한 행동은 영아들이 인과개념을 이해하는 첫 징후로 볼 수 있다.

또한 이 시기의 영아는 대상 영속성(object permanence)의 능력이 나타난다. 대상 영속성은 사물이 눈앞에 보이지 않거나 만질 수 없을 때에도 여전히 존재한다는 것을 아는 것으로 그 이전에는 영아들은 가지고 있던 장난감이 영아의 시각에서 없어져도 찾으려고 애쓰지 않는다. 눈에 보이지 않는 것은 영원히 사라진 것으로 생각하는 영아들은 물건을 되돌려 갖기 위한 어떠한 행동도 시도하지 않는다. 그러나 8~12개월 정도에는 영아들은 숨기는 것을 보면 찾을 수 있다.

④ 12개월~18개월

이 시기에는 영아들이 매우 적극적이고, 목적 지향적이며, 시행착오적으로 탐색하는 특성을 보인다. 영아들은 물건을 숨기는 이동과정을 보면 이들은 숨겨놓은 장소에서 물건을 찾아낸다.

⑤ 18개월~24개월

이 시기의 영아들은 대상영속성 개념이 형성된다. 영아들은 사물의 숨기는 과정을 보지 않고도 사물이 있을 것이라고 예상되는 장소에서 찾아낸다. 이는 영아가 물체의 이미지를 마음속에 그릴 수 있기 때문에 표상적인 사고를 할 수 있음을 의미한다.

이 시기에는 지연 모방(deferred imitation) 또한 가능하다. 지연 모방은 어떤 행동을 목격한 후 그 행동을 그 자리에서 곧장 모방하지 않고, 일정한 시간이 지난 후에 그 행동을 재현하는 것이다.

(2) 전조작기(preoperational period)

이 시기는 2~7세에 해당한다. 유아의 사고가 신체적인 행동 도식을 이용하던 감각운동기에서 정신적인 능력의 추리가 가능한 조작기로 넘어가는 중간 시기이다. 유아들은 언어와 같은 도식을 갖게 되면서 자신의 주변에서 일어나는 일들에 대해 사고할 수 있게 된다. 전조작기 유아의 사고의 특징은 상징적 사고(symbolic thought)의 출현, 자아중심성(egocentrism), 물활론적 사고(animism), 보존 개념(conservation)의 결여, 그리고 불완전한 분류 능력으로 나타난다.

① 상징적 사고(symbolic thought)의 출현

이 시기의 특징은 상징적 사고의 출현이다. 영아들은 더 이상 자신의 행동이나 감각에 의존하지 않고, 획득한 행동도식이 내적으로 표상됨에 따라 대신 표상, 지연모방, 상징놀이와 같은 정신능력이 발달한다. 이러한 능력들은 유아들의 어휘를 확장과 상상력이 풍부해지면서 더욱 발달한다.

상징의 사용은 문제해결의 속도를 증가시키고, 시행착오를 감소시키면서 '지금 여기'의 한계에서 벗어나 정신적으로 과거와 미래를 왔다 갔다 할 수 있게 한다. 상징적 사고의 발달은 가상놀이를 통해 살펴볼 수 있다. 가상놀이는 가상적인 사물이나 상황을 실제 사물이나 상황으로 상징화하는 놀이이다. 예를 들어, 2세경에 이르면 유아들은 실제 전화기가 없어도 블록을 이용하여 전화수신기로 이용을 하고, 막대기를 칼로 상상함으로써 실제 물건이 없어도 가상 놀이를 할 수 있다. 3세경이 되면 실제적인 사물의 지원 없어도 대상물이나 사건을 가장할 수 있다. 이러한 가상놀이는 점점 빈번해지고, 연령이 증가하면서 점점 복잡해진다(Rubin, Fein, & Vandenberg, 1983).

② 자기중심적 사고(egocentrism)

자아중심성은 유아들이 우주의 모든 현상을 자기중심적으로 생각하는 것으로, 타인도 자신과 동일한 방식으로 지각한다고 생각한다. 자신이 느끼는 것을 다른 사람도 느끼며, 자신이 알고 있는 것을 다른 사람도 알고 있다고 생각한다. 그래서 숨바꼭질 놀이를 할 때 자신이 술래를 볼 수 없기 때문에 술래도 자신을 보지 못한다고 생각하고 몸을 드러내고 얼굴만 가리고 숨었다고 생각한다.

이러한 자기중심적 사고는 유아가 이기적이거나 타인의 입장을 배려하지 않은 것이 아니라, 단지 타인의 관점을 이해하지 못하기 때문에 생기는 것이다. Piaget와 Inhelder(1956)의 '3개의 산 실험(three mountains experiment)'은 유아들의 자아중심성을 잘 표현해 주고 있다.

[그림 6-1]
Piaget의 '세 개의 산' 실험

출처: Berk(1994)

이 실험은 [그림 6-1]과 같이 테이블 위 서로 다른 모양을 하고 있는 3차원의 3개의 산 모형을 놓고, 한쪽 산 정상에는 작은 집을 놓고, 다른 산 정상에는 십자가를 꽂아놓고, 나머지는 흰 눈으로 덮어놓은 상태에서 진행된다. 유아에게 탁자 주위를 돌게 한 다음 의자에 인형을 앉히고, 나머지 의자에 유아를 앉게 한 후, 인형이 본 사진과 유아 자신이 본 사진을 제시한 사진에서 선택한 것을 고르도록 하였다. 이때, 6~7세 이전의 유아들은 자신이 본 모습의 사진을 고르지만, 인형이 본 것을 고르라고 했을 때 유아들은 자신이 본 것과 똑같은 사진을 선택하였다.

③ 물활론(animism)

물활론은 무생물이 살아 있고, 우리처럼 감정이나 의도를 가지고 있다고 생각하는 것으로, 어떤 의미에서는 자기중심성의 특별한 형태라고 할 수 있다. 예를 들어, 탁자에 부딪혀 넘어진 유아는 탁자를 손바닥으로 때리면서 '땠찌'라고 말을 한다. 이러한 행동은 살아 있는 탁자가 일부러 자기를 넘어뜨렸다고 생각하기 때문에 나타나는 행동이다.

물활론적 사고는 유아기 초기에 현저한 특성으로 4~6세의 유아들은 활동하는 모든 대상물을 살아 있다고 여기지만, 6~8세의 아동은 움직이는 것에만 생명을 부여하며 곧 스스로 움직이는 대상물만을 살아 있다고 생각한다. 8세가 지나면 아동들은 생물과 무생물을 완전히 구별할 수 있다(Bullock, 1985).

④ 보존 개념(conservation)의 결여

보존(conservation)이란 사물의 외형이 변한다고 할지라도 그것의 속성은 변하지 않는다는 것을 이해하는 능력이다. Piaget에 의하면 전조작기 아동들은 하나의 특성에 초점을 맞추는 중심화 경향 때문에 보존의 개념이 획득되지 않는다고 한다. 가장 유명한 예가 양의 보존 개념 실험이다. 유아가 보는 앞에서 모양이 같은 2개의 잔에 동일한 양의 우유를 넣어 보여줬을 때 유아들은 같은 양이라고 대답한다. 그러나 보는 앞에서 그중 하나를 길고 좁은 컵 속에 옮겨 담은 후 어느 것이 많은지 질문을 하면 유아들은 길고 좁은 컵에 담긴 우유가 더 많다고 대답한다. 이들은 컵의 모양이 다르지만, 우유의 양이 같다는 것을 알지 못한다. 이 시기의 유아들은 양에 대한 보존 개념이 형성되지 않았고, 유아들은 높이에만 관심을 두고 판단을 하기 때문이다.

수, 길이, 무게, 부피 등의 보존 개념 실험에서도 이와 유사한 결과를 나타낸다. Piaget와 Inhelder(1969)는 실험을 통해 어떻게 아동들이 보존 개념을 획득하는지 살펴보았다. 예를 들어, 아동에게 동일한 양의 진흙으로 만들어진 2개의 진흙 공을 보여주었을 때 똑같다고 대답을 하면, 그중 하나의 진흙 공을 길게 만들어서 보여준다. 마찬가지로 어느 쪽이 많은가 질문을 했을 때, 연령에 따라 아동들의 반응이 달랐다. 4~5세의 아동들의 반응은 길게 만든 것을 더 많다고 대답을 하였다. 이들은 길이의 차원만 초점을 맞추었기 때문에 가늘게 만들어진 것을 이해하지 못하고, 다시 진흙 공으로 될 수 있다는 것을 이해하지 못한다. 5~6세 아동들은 길이가 짧으면 진흙양과 같다고 말하고, 길면 진흙양이 더 많다고 이야기를 한다. 이 시기의 아동은 사물의 외형에 의해 아직도 강하게 영향을 받지만, 양의 변화가 일어나지 않을 수 있다고 생각하기 시작한다. 반면 6~7세의 아동은 아무리 길게 빚어놓아도 진흙의 양이 동일하며, 이것은 진흙 공으로 다시 가역될 수 있다는 것을 이해한다.

5 불완전한 분류 능력(class inclusion)

유목포함(class inclusion)은 상위 유목과 하위 유목 간의 관계, 즉 전체와 부분의 관계를 이해하는 능력으로, Piaget는 7세 이전의 유아들이 분류나 범주에 대한 이해가 불완전하다고 검증하였다. 유아에게 열 송이의 빨간 장미와 다섯 송이의 노란 장미를 보여주고, "빨간 장미가 더 많니? 장미가 더 많니?"라고 질문을 하면 유아는 빨간 장미가 더 많다고 대답을 한다. 이때 유아는 빨간 장미와 노란 장미가 모두 장미라는 상위 유목에 포함된 사실을 이해하지 못하고, 장미꽃의 색이라는 지각된 특성에만 주의를 집중하게 된다. 아동들은 전체와 부분의 논리적인 관계를 이해하지 못하였기 때문이다(그림 6-2 참조).

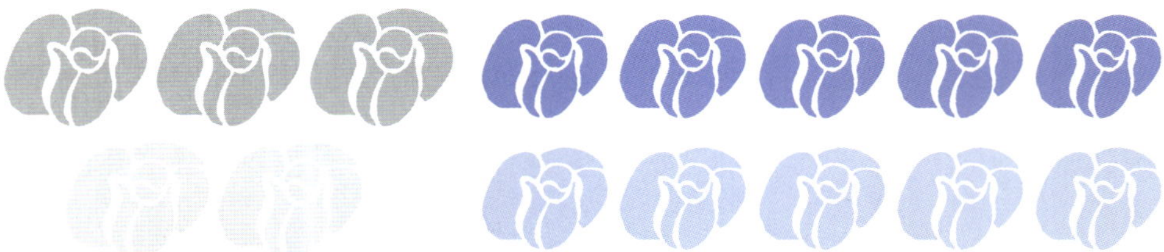

[그림 6-2] 유목 포함 실험

(3) 구체적 조작기(Concrete operational period: 7~12세)

구체적 조작기의 아동들은 전조작기 아동들이 갖지 못하는 가역성이라는 특성을 갖는다. 아동들은 논리적 조작을 사용하며 물리적 세계에 대한 요소들이 변화나 변형은 될 수 있지만, 초기 특성을 그대로 유지한다는 것을 이해한다. 이러한 사고의 체계는 여전히 물리적 현실과 연결되어 있으며, 구체적 상황에 기반을 두고 조직되고, 분류되며 조작될 수 있다.

① 보존 개념(conservation) 습득

구체적 조작기의 아동은 문제해결을 위해 직관보다는 논리적 조작이나 규칙을 적용하기 시작한다. Piaget에 따르면, 이 시기의 아동들은 물체의 외형상 변화에도 빼거나 더하지 않으면, 여전히 그들의 초기 특성들을 보존한다는 보존 개념이 형성된다고 본다. 이들의 보존 개념은 가역성(reversibility), 보상성(compensation), 동일성(identity)이라는 개념의 획득이 전제가 되었을 때 성립된다고 보았다.

가역성이란 길게 늘어뜨린 진흙은 다시 뭉치면 진흙 공으로 되돌아갈 수 있다는 성질로 2개의 양이 동일하다는 것을 알게 되는 것이다. 보상성은 길게 늘어뜨린 진흙은 길이가 길지만 가늘고, 진흙 공은 길이는 짧지만 굵기 때문에 진흙의 양은 동일하다는 이해이며, 동일성은 더 이상의 진흙이 첨가되거나 제거되지 않으면 진흙 공과 길게 늘어뜨린 진흙의 양은 동일하다는 것이다. Piaget에 따르면 이러한 보존 개념은 전조작기 아동과 달리 구체적 조작기에는 높이와 폭이라는 두 가지 차원을 동시에 고려할 수 있게 되었기 때문에 가능하다고 강조하였다.

[그림 6-3]을 보면 더 구체적으로 보존 개념의 발달 순서를 볼 수 있다. 여러 형태의 보존 개념은 특정한 시기에 한꺼번에 획득되는 것이 아니라, 수와 길이, 양에 대한 보존 개념을 가장 먼저 획득하고, 다음으로는 무게에 대해, 부피에 대한 보존의 개념 순으로 획득한다고 보았다.

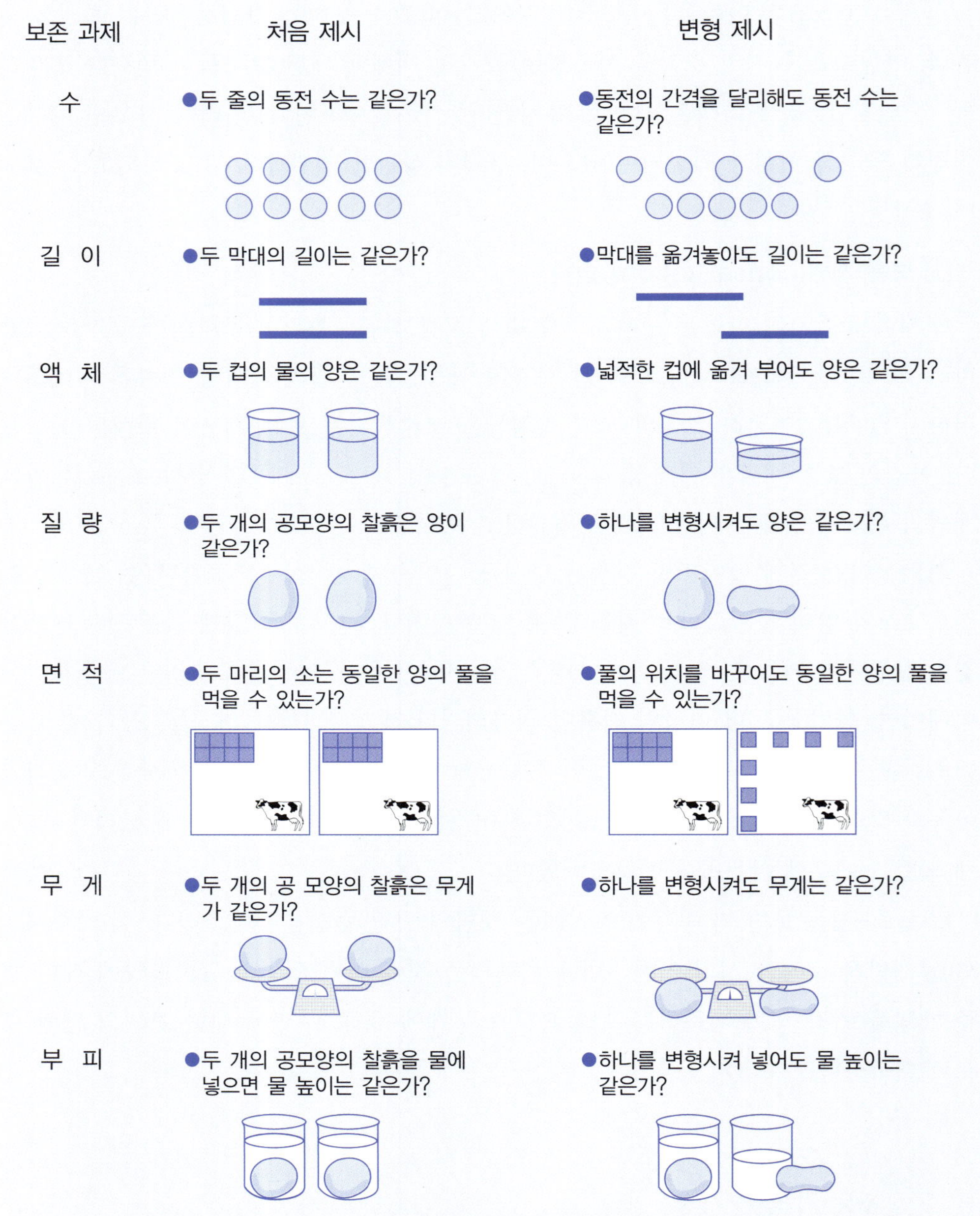

[그림 6-3] 보존 개념 실험의 예

출처: Berk(2000)

2 조망수용(perspective taking) 능력 습득

조망수용 능력은 자기중심적인 사고에서 벗어나 타인의 입장, 감정, 인지 등을 추론하고 이해할 수 있는 능력이다. 앞에서 본 Piaget와 Inhelder(1956)의 '3개의 산 실험(three mountains experiment)'에서 전조작기 유아와 달리 구체적 조작기의 아동은 인형이 보는 산 모양을 추론할 수 있다.

이 시기의 아동들은 특정 상황에서 타인의 감정을 추론하는 것이 가능하다. 어떠한 줄거리의 이야기를 해주고 상황을 설명해 주었을 때, 아동은 그 이야기의 주인공이 느끼는 감정을 이해할 수 있으며 더 나아가 타인의 사고 과정이나 행동의 원인을 추론하고 이해하는 인지적 조망능력도 획득하게 된다.

3 분류

대상물을 위계적으로 분류할 수 있기 위해서는 아동들은 대상과 대상 간의 공통점과 차이점, 그리고 관련성을 이해할 수 있어야 한다. 이 시기의 아동들은 대상물이 지니고 있는 공통의 속성에 따라 분류하고, 하나의 속성에 따라 분류하는 단순 유목화, 물체를 두 가지 이상의 속성에 나누어 분류하는 다중 유목화를 할 수 있다.

분류는 가역성과 관련되어 있다. 과정을 정신적으로 가역할 수 있는 능력은 이제 구체적 조작기의 아동으로 하여금 한 집단의 물체들을 분류하는데 한 가지 이상의 방법으로 할 수 있다는 것을 알게 한다.

4 서열화(seriation)

서열화는 큰 것부터 작은 것으로 또는 그 반대로 순서적인 배열을 하는 능력을 말하며, 이 시기 아동들은 특정한 속성에 따라 사물을 나눌 때, 2개 이상의 차원을 동시에 고려하여 사물을 배열하는 중다서열 기술이 발달된다. 예를 들어, 높이와 넓이가 다른 컵들을 제시하고 가로는 넓이 순으로, 세로는 높이 순으로 배열할 수 있다(그림 6-4 참조). 일반적으로 중다서열 기술은 거의 7세 이후에 가능하다.

[그림 6-4] 서열화 개념 발달

(4) 형식적 조작기

마지막 단계인 형식적 조작기는 청년기에 해당하는 것으로 이 시기에는 추상적 사고, 가설적 사고가 가능하며 효율적으로 지적인 과업을 성취할 수 있다. 형식적 조작기의 특성은 가설연역적 추리를 할 수 있다. 다양한 현상에 대해서 여러 가지의 가설을 만들 수 있고, 적절한 문제해결을 하기 위해서 각각의 가설을 검증하는 자료를 수집할 수 있다. 또한 명제를 통해 사고할 수 있다. 명제를 구성할 수 있고, 명제들 간의 논리적인 추론을 할 수 있다. 따라서 사실과 반대되는 명제를 형성하고 다룰 수 있다. 조합적인 추리를 할 수 있다. 문제 상황을 규정할 때 형식적 조작기의 아동들은 문제의 개별적인 요인들을 분리할 수 있고 문제해결에 필요한 요인들을 골라내어 구성할 수 있다. 형식적 조작은 일반적 원리를 규명해 내기 위하여 귀납적 추론이나 특수한 관찰을 사용하기도 한다.

형식적 조작 수준에서도 그전의 모든 조작과 능력은 계속 효력을 갖는다. 즉, 형식적 사고에서도 가역성이 있고, 내재적이며, 상호 의존적 요인들의 체계 속에 조직되어 있다.

3) Piaget와 교육

Piaget 이론은 교육에 많은 것을 시사해 주고 있다. 우선, 아동들을 적극적인 사고의 존재로 보았다. 그의 적극적인 아동관은 소극적으로 받아들여 지식을 흡수하기보다는 아동들이 스스로 개념을 습득하고 발견학습을 하도록 학교의 교육과정을 구성해야 하는 점을 강조하였다.

둘째, 아동들의 지식이 일련의 단계를 지나면서 발달되는 논리 수학적인 조작의 체계에 의해서 구성된다고 보았다. 이러한 아동이 지식 구성하는 것에 대한 지식은 교사들에게 언제 어떻게 개념을 제시해 주어야 하는지 결정할 수 있도록 도움을 준다. 아동들의 인지 발달 정도에 맞도록 적절한 설명을 하는 것은 아동들로 하여금 새로운 상황에 예측할 수 있도록 도와줄 수 있다. 뿐만 아니라 Piaget의 인지 발달 지식은 아동들의 단계와 개별적인 흥미에 맞춰 자료들과 시간들을 제공해 줄 수 있도록 도와준다.

셋째, Piaget 이론은 교육적 상황 속에서 스스로 아동들이 지적 갈등을 일으키면서 스스로 실험하고, 발견하는 과정에서 지식을 구성해 나가는 것의 증요성을 강조하였다. 특히, 교사가 아동이 인지적 갈등을 일으키는 상황을 유도하여 학습이 일어나도록 하는 학습의 조력자로서 역할을 강조하였다.

4) 평가

앞에서 설명한 것처럼 Piaget는 교육 분야에서 많은 기여를 했지만, 동시에 그의 이론에 대한 비판도 있다. 우선, 단계이론에 대한 비판이다. Piaget는 생물학적으로 설명되어질 수 있는 보편적인 발달단계의 성격을 상세하게 표현하고 있지만, 어떻게 이러한 발달이 일어나는지에 대한 발달의 기제를 자세히 설명하지 못하고 있다. 또한 인지 발달의 단계가 Piaget가 주장한 것처럼 그렇게 명확하게 구분되기가 어렵다.

둘째, Piaget의 이론은 아동의 인지적인 능력에 충분한 주의를 기울이지 않았다. 취학 전 유아의 능력에 대해서 과소평가를 하고 청소년이나 성인의 능력은 과대평가를 하였다는 것이다. 예를 들어 어린 아동들이 항상 자아중심적인 것이 아니라는 연구결과들이 많다. 그중 친숙한 그림을 사용하거나 그림 이외의 다른 과제를 사용하면, 4세 유아들도 타인의 견해를 인식할 수 있고, 청자의 수준에 따라 이야기를 할 수 있다(Donaldson, 1978; Gelman & Shatz, 1978; Newcombe & Huttenlocher, 1992).

셋째, Piaget는 사회문화적, 역사적 영향을 과소평가했다는 비난을 받고 있다(Miller, 1993). 행동 수행에 영향을 미치는 교육이나 문화와 같은 요인들을 간과하였다. 그는 문화가 아동들의 사고에 커다란 영향을 준다는 사실을 간과하였으며, 사회적인 상호작용 측면에 무관심하였다.

2. Vygotsky의 사회 문화적 이론

1) 개요

Vygotsky는 Piaget와 같은 해인 1896년에 러시아에서 태어났고, 1934년 37세에 폐결핵으로 요절하였다. 대학에서 법학을 전공하였으며, 그 후에 문학과 언어학을 공부하였다. 1917년 러시아 혁명 후에 새로운 사회주의를 건설하는 일환으로 Vygotsky는 마르크시즘에 기초한 새로운 심리학을 구성하였다.

그의 발달심리학은 몇 가지 특징이 있다. 첫째, 행동이 사고를 야기시킨다고 보았다. 특정한 사회적인 환경에서의 인간 행동은 특정한 사고양식을 만들어낸다는 마르크스의 신념은 그의 이론에 영향을 주었다. 그는 아동의 사고 발달은 환경과의 교류한 결과가 내면화하는 과정이며, 아동의 행동이 사고의 내용을 구성한다고 하였다.

둘째, 아동의 발달은 변증법적인 변화의 원리에 따라 진행된다고 보았다. 마르크스는 사회가 정반합의 변증법적인 갈등을 해결하는 과정을 통해 발달한다고 강조하였는데, 이와 비슷하게 Vygotsky의 원리도 변증법적인 변화원리에 따라 아동이 발달한다고 하였다. 즉, 하나의 관점(정)에 대해 반대하는 관점(반)이 서로 상호작용을 이루면서 갈등 상태를 해결(합)하게 된다는 원리처럼 아동의 발달이 정반합의 과정 속에서 지속되고, 순환으로 나타난다고 보았다.

셋째, 아동의 발달을 문화적 맥락 내에서 나타나는 역사적인 과정이라고 보았다. 마르크스는 어떤 특정 순간에 특정 사회가 갖는 문화는 그 사회의 과거의 역사적인 산물이며, 미래에 있어서 발달의 맥락적인 토대라고 강조하였다. 마르크스의 문화와 역사적인 견해를 기초하여 Vygotsky는 아동 발달을 이해하였다. 그는 아동이 살고 있는 문화의 역사와 문화 속에서 아동의 발달을 이해해야 한다고 주장하였다.

이처럼 사회적 문화적 관계를 강조한 그의 저서들은 공산당이 반대하는 심리측정연구를 수행했기 때문에 스탈린 정부에 의해 1936년부터 1956년까지 금서가 되었다. 그가 죽은 지 한참 지난 지금 그의 이론은 영어로 번역되어 서구사회의 학계에 알려지게 되었다. 특히 그의 사회문화적인 이론은 오늘날 아동 발달에서 사회문화적인 요인의 중요성을 고려하기 시작하면서부터 알려지게 되었다.

사회문화적 인지이론을 강조한 Vygotsky는 문화의 중요성, 학습과 발달의 연관성, 그리고 언어의 중요성을 강조하였다. 첫째, 그는 특정 문화의 가치, 신념, 관습, 기술이 어떻게 다음 세대로 전수되는지 초점을 맞추었다. 그는 사회 문화적인 맥락 속에서 아동들은 능동적으로 지식을 구성해 나간다고 보았다. Piaget와 달리 모든 아동이 똑같은 인지 발달단계를 거치는 것이 아니라 어떤 문화 속에서 어떻게 아동과 성인 간에 상호작용을 하고, 강조를 하는가에 따라 아동들은 아는 것과 생각하는 방식이 다르게 형성된다고 하였다. 즉, 사회 문화적 상황은 우리가 무엇을 하는지 어떻게 생각하는지 영향을 미치고, 이러한 문화에 의해 유아들은 직접적으로 혹은 간접적으로 영향을 받는다고 보았다. 예를 들어, 파푸아뉴기니의 유아들이 알고 있는 동물의 종류는 한국 유아들이 알고 있는 것과 다를 뿐만 아니라 이들이 동물을 기억하는 데 사용하는 전략도 다르다. 이는 학교에서 배운 과학적 지식으로 동물을 분류할 것인지 아니면 생활 속에서 경험한 것을 의존하여 동물을 분류를 할 것인가에 따라 차이가 있다.

둘째, Vygotsky는 발달과 학습은 서로 복잡하게 관련이 되어 있다고 보았다. 발달이 학습에 영향을 줄 뿐만 아니라 학습이 발달에 영향을 주기도 하였다. 특정한 인지 발달을 위해서는 성숙이 전제되고 있지만, 성숙이 전적으로 발달을 결정짓는 것이 아니라고 생각을 하였다. 그는 유아의 능력을 제한하는 발달적인 선행조건이 존재하지만, 학습이 발달을 촉진시키며 일으키는 원인으로도 작용한다고 강조하였다.

셋째, Vygotsky는 한 문화 속에서의 인지기능을 이해하기 위해서 그것을 중재하는 도구, 즉 언어라는 도구의 중요성을 강조하였다. 언어는 모든 인간 문화에서 볼 수 있는 도구로 각 구성원들이 사고를 하기 위해 사용하는 정신적인 도구로 보았다.

2) Vygotsky의 이론의 개념

아동 발달에 대한 Vygotsky의 주요개념은 내면화(internalization), 자기 조절(self-regulation), 사고와 언어(thought and language), 근접 발달 영역(zone of proximal development)으로 볼 수 있다.

(1) 내면화(internalization)

내면화 과정은 사회적 현상을 심리적 현상으로 변형시키는 과정이고, 외적인 수준에서 수행되었던 활동 중 어떤 측면을 내적인 수준으로 실행하는 과정이다. 이를 Vygotsky는 '외적 조작(operation)의 내적 재구성' (1978:56)이라고 표현하였다. 이러한 내면화 과정은 두 가지 수준에서 일어난다. 하나는 사회적인 수준으로 사람들 사이의 사회적 상호작용 과정에서 일어나고, 다른 하나는 개인적인 수준으로 개인 내면에서 나타난다. 그는 기호로 매개된(semiotically mediated) 사회화 과정을 외적 활동으로 보았다. 사람들은 이렇게 기호로 매개된 언어를 사용하여 사회적인 지식을 내면화하기 위해 처음에는 개인 간 정신 과정으로 나타나다가 차츰 개인 내 정신 과정으로 변환된다고 보았다. 개인간 사회적 상호작용이 일어난 후 개인 내 정신과정이 일어난다는 Vygotsky의 내면화 과정은 개인 내 과정을 통해 평형화를 한다는 Piaget의 논리적 구조와 근본적인 차이를 두고 있다.

Vygotsky는 영아들의 가리키기 행동의 변화를 내면화 과정의 가장 초보적인 형태로 제시하였다. 처음에 영아가 단순히 물체를 잡기 위해 허공을 허우적거리는 행동을 보이지만 부모가 다가와서 영아의 허우적거리는 동작이 물체를 가리키는 것이라고 이해하게 되었을 때, 그 상황은 본질적으로 바뀌게 된다. 이때, 영아 개인의 붙잡으려는 행동은 더 이상 개인의 행동이 아니라 타인을 위한 행동으로 바뀌게 된다. 이러한 과정 속에서 초기 영아의 행동은 독립된 행동이었으나, 영아의 행동과 성인의 반응이 결합하는 과정을 통해 영아 자신의 행동에 대해 의식하게 된다. 이 과정을 개인 간 심리적 국면에서의 기호로 변형되었고, 나중에 이러한 과정은 개인 내 심리적 국면에서 자발적인 통제를 할 수 있게 된다(Wertsch & Stone, 1985).

이처럼 Vygotsky는 내면화 과정을 처음엔 외적 활동으로 나타내는 조작이 재구성되어 내적으로 발생하며, 개인 간 과정은 개인 내 과정으로 변형되고, 이러한 변형은 발달적 사건의 결과라고 보았다.

(2) 고등 정신 기능으로서 자기 조절(self-regulation)

Vygotsky는 정신 과정을 하등정신기능과 고등정신기능으로 나누었다. 하등 정신기능은 고등 동물과 인간 모두가 갖고 있는 것으로 주로 성숙을 통해 이루어진다고 본다. 주로 반응적인 주의집중, 자발적인 기억, 감각 동장 기능 등이다. 반면에 고등정신기능이란 학습과 교수를 통해 획득되는 인지적 과정들이다. 고등정신기능들은 숙고되거나 매개되거나 내면화된 행동들이다.

Vygotsky는 '의식' 하는 것을 가장 고등한 정신기능으로 인식하였다. 의식이란 정신활동에 대한 자각으로 반성적인 사고뿐만 아니라 자기 조절적(self-regulation) 사고의 의미를 갖는다(Wertch, 1985a; 1985b). 이러한 자기 조절 과정은 타인과의 상호관계 속에서 사회적 지식을 내면화하는 과정에서 나타나는 하나의 정신 과정으로, 낮은 형태의 사고가 사회적인 관계 속에서 교육적 상호작용을 통해 고등형태의 사고로 변형되어 가는 것을 의미한다.

예를 들어, 어린 유아는 성인이나 또래에 의해 자신의 활동을 모두 통제를 받지만, 차츰 자발적으로 자신의 행동을 주도하려는 모습을 보이기 시작한다. 이때 유아들이 혼자 스스로 해결하기보다 성인이나 더 능력이 있는 또래의 도움을 받게 되면 보다 쉽게 문제를 해결할 수 있게 되고, 점차 타인의 조절이 줄어들면서 자기 조절로 발달적인 이행이 일어나게 된다.

(3) 사고와 언어(thought and language)

Vygotsky는 언어를 보편적인 도구로 보고, 언어의 1차적인 기능을 의사소통으로 보았다. 그의 언어와 사고에 대한 생각은 Piaget와 상반된다. Piaget는 내적 성숙의 결과에 의해 스스로 보다 고차원적인 개념적 사고의 기술을 습득할 수 있다고 보았다. 그러나 Vygotsky는 아동의 언어와 사고가 각기 별개의 독립적인 기능을 가지고 출발하지만, 성장함에 따라 언어와 사고가 만나게 된다고 보았다. 그는 언어가 아동의 사고 발달에 필수적인 것이라고 믿는다(그림 6-5 참조).

그는 내적 성숙도 중요하지만, 언어를 매개로 하는 형식적, 비형식적 교육이 아동이 도달하게 되는 개념적 사고의 수준에 강력한 영향을 미친다고 하였다. 즉, 아동이 성장함에 따라 언어와 사고가 결합하여 언어적 사고가 되며 아동이 언어 개념을 획득하게 된다고 보았다. 여기서 개념이란 여러 가지 다양한 사물이 갖는 보편적인 특성을 나타내는 추상적 개념을 의미한다. 이러한 개념들은 단순히 내적 성숙의 결과로 아동들이 습득하는 것이 아니라, 언어를 통한 교육으로 아동들이 개념적 사고가 가능하다고 하였다.

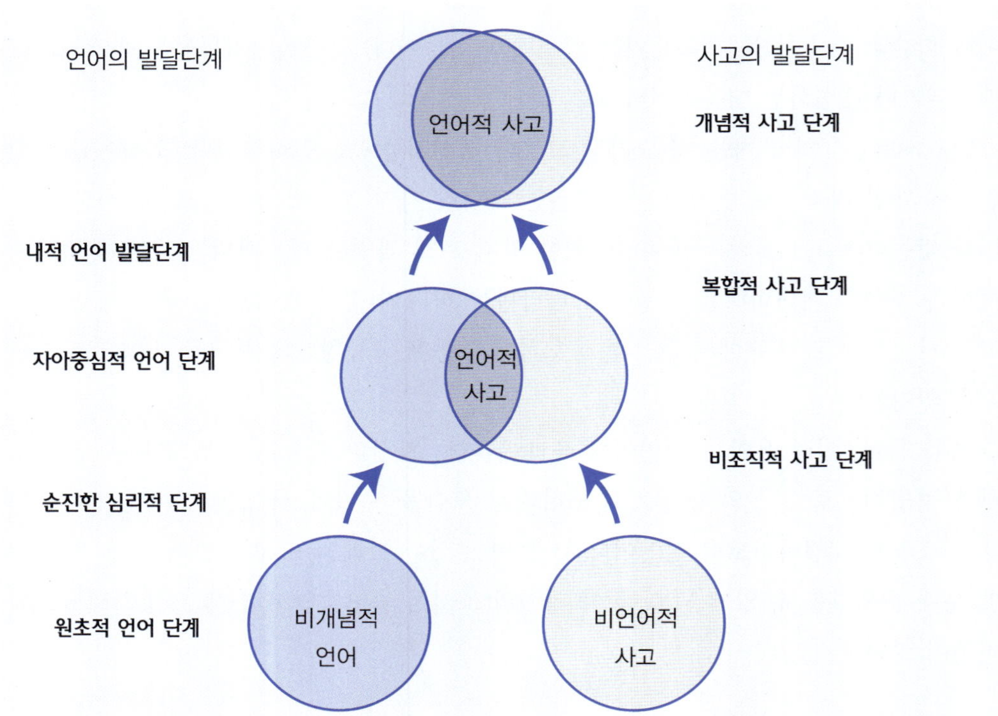

[그림 6-5] 언어와 사고발달에 대한 Vygotsky의 견해

출처: Thomas, R. M.(2000)

구체적으로 Vygotsky의 이론에 따른 아동들의 언어 발달을 살펴보면, 대략 2세경 언어와 사고는 융합되기 시작하며, 아동들이 사물의 이름에 대한 상징으로 말을 사용한다는 것을 배우게 된다. 그러나 만 3세 정도가 되면 아동들은 다른 사람과 상호교류를 위한 언어와 자신만이 들을 수 있는 자기중심적인 언어로 구분한다. 이때 아동들의 자기중심적인 언어는 자신에게 혼잣말로 이야기하는 정도이다. 특히, 아동은 문제를 해결하거나 중요한 목표를 달성하고자 할 때 혼잣말(private speech)을 하는 경향이 있다. 그러나 7~8세가 되면 자기중심적 언어는 내적인 언어가 된다. 예를 들어, 손이 닿지 않는 곳의 과자를 잡으려고 노력하는 아동을 관찰하면, 이 시기의 아동들은 전형적으로 처음에는 조용히 과자를 꺼내려고 노력을 하다가 그 문제에 대해 자신에게 소리를 내어 이야기를 시작한다. 그러나 시간이 지나면서 큰소리로 하던 혼잣말은 속삭임으로 변하고 다시 내부언어(inner speech)로 변한다. 즉, 자신에게 이야기하는 것은 손에 닿지 않는 과자를 얻으려는 노력으로 의자나 막대기 사용을 의미하는 자신의 지적과정을 정리하는 내적 언어를 사용한다.

(4) 근접 발달 영역(zone of proximal development)

근접 발달 영역은 학습과 발달 사이의 관계를 개념 짓는 방법으로, 아동의 실제적인 발달 수준과 잠재적인 발달 수준의 중간 영역을 의미한다. Vygotsky는 아동의 독립적으로 할 수 있는 능력뿐만 아니라 도움을 받아서 할 수 있는 능력까지 그의 관심을 넓혔다. 분명히 아동들이 독립적으로 성취할 수 있는 것이 발달에 중요한 지표이기는 하지만, 이것만 가지고는 발달을 완전히 설명하기에 불충분하다고 생각하였다.

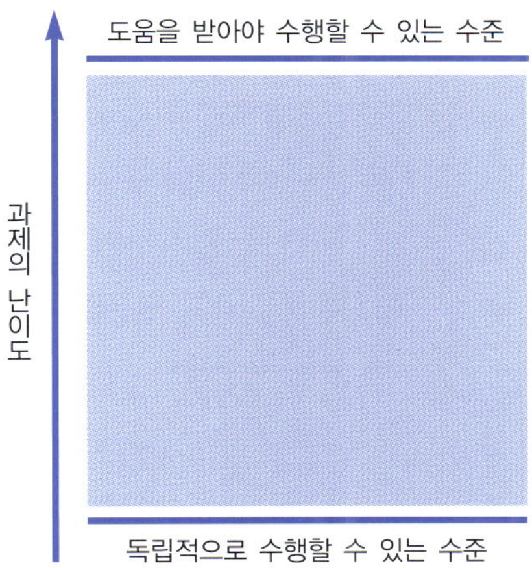

[그림 6-6] 근접 발달 영역

출처: Bodrova & Leong(1999)

또한 그는 아동 발달에 영향을 미치는 사회적 관계를 강조한다. 사회적 관계는 교수적 관계를 의미하는 것으로, 아동이 스스로의 힘으로 문제를 해결할 수 있는 수준인 실제적 발달 수준과 성인과 유능한 또래로부터 도움을 받아 문제를 해결할 수 있는 수준인 잠재적 발달 수준의 중간 영역에 해당하는 범위가 아동들이 학습을 하고 발달할 수 있는 영역으로 보았다. 즉, 하한계는 유아가 독립적으로 수행하는 것이 가능한 수준이고, 상한계는 유아가 도움을 얻었을 때 도달할 수 있는, 도움을 받아야 수행할 수 있는 수준을 의미한다. 예를 들어, 서로 다른 이해 수준을 갖는 두 사람이 의사소통을 위한 공통된 기초를 형성하는 근접 발달 영역을 생성했을 때, 한 사람이 다른 수준에서 학습 내용을 설명하려고 하고, 다른 아동은 그것을 이해하려고 노력함으로써 결국 아동은 상황에 대한 보다 더 성숙한 이해가 가능해진다(Rogoff, 1998).

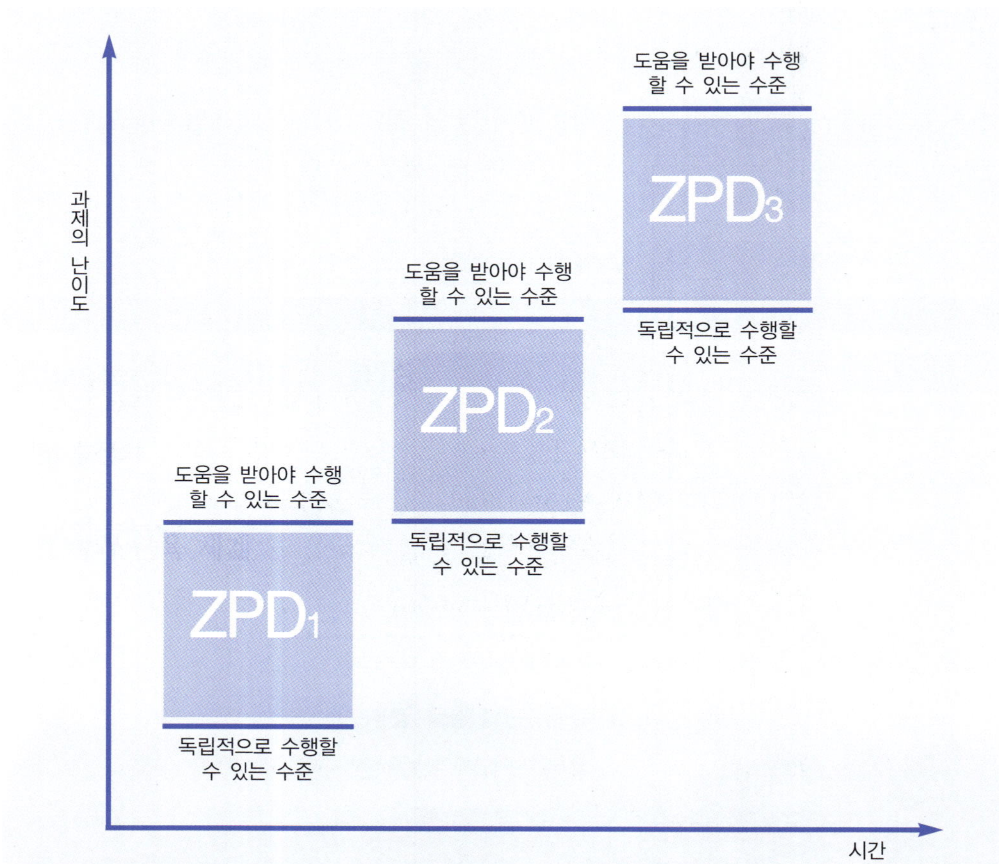

[그림 6-7] 근접 발달 영역의 역동적인 특징

출처: Bodrova & Leong(1999)

근접 발달 영역의 개념은 비록 두 아동이 도움 없이 혼자 힘으로 해결할 수 있는 수준이 비슷하다고 하지만, 도움을 받고 문제를 해결할 수행 능력이 증가하면 할수록 근접 발달 영역이 더 넓어지는 것을 볼 수 있다.

(5) 비계(Scaffolding)

비계는 아동이 스스로의 힘으로 문제를 해결할 수 있도록 성인이나 유능한 또래가 도움을 제공하는 것을 의미한다. 비계란 원래 건축학에서 빌려온 용어로 건물을 지을 때 발판으로 사용하고 건물이 완성되면 제거해 버리는 장치를 말한다. 교육학에서의 비계는 아동이 문제를 해결하도록 도움을 주다가 스스로 문제를 해결할 때쯤 도움을 주는 것을 제거함으로써 스스로 할 수 있도록 하는 것을 의미한다.

비계는 아동 발달을 촉진시키는 사회적 상호작용을 의미하며, 상호작용을 하는 동안 제공되는 지원의 질(quality)을 의미한다(Bruner, 1983). 비계 설정을 위해 성인은 아동이 독립적으로 학습할 수 있도록 아동의 수행 수준에 맞추어 도움을 조절하기도 하고, 때로는 아동이 아무것도 알지 못한 때 성인은 직접적으로 지시하는 방법을 사용하고 과제를 처리가능한 단위로 세분화하며, 아동의 주의를 환기시키려는 노력 등이 포함된다. 이러한 효과적인 비계 설정은 아동의 능력이 증가되면, 점차적으로 지원을 철회하고 아동 스스로 문제해결을 할 수 있도록 한다.

[사진 6-1] 건축물의 비계

3) Vygotsky와 교육

Vygotsky의 이론은 교육적으로 몇 가지 중요한 시사점을 갖고 있다. 우선, 문화적 맥락의 중요성이다. 문화적 맥락이 아동들의 인지적인 과정 유형을 결정한다는 그의 이론은 아동을 맥락과 분리된 개체로 바라보지 않고, 일상적인 생활 속에서의 아동 모습을 강조하였다. 맥락 속의 아동 모습에 대한 연구는 아동의 발달과 학습에 대한 실질적인 정보를 제공할 수 있으며, 더 나아가 맥락에 대한 중요성은 개별적인 아동 발달에 관심을 두지 않고, 한 문화권 내에서의 개인 간 차이뿐만 아니라, 각 문화권 간에서의 개인차에도 관심을 갖게 하였다.

둘째, 근접 발달 영역에 대한 개념이다. Vygotsky의 근접 발달 영역에 대한 개념은 구체적으로 아동의 능력에 대한 평가, 교수법, 그리고 발달 과정에 대해 여러 가지 긍정적인 영향을 주었다. 이 개념은 단순하게 현재 발달 수준에 근거하여 아동을 평가하지 않고, 잠재적인 능력에 대한 관심을 갖도록 하였다. 또한 또래나 교사들과의 상호작용을 통해 아동의 잠재능력을 발휘하는 교수법에 대한 관심을 갖게 하였다. 이는 교육과정은 "발달에 선행하여 발달을 이끌어주는 데 있기 때문에 교육의 목적은 성숙한 상태가 아니라 성숙케 하는 데 비중을 두어야 한다"(Vygotsky, 1978:104)는 Vygotsky의 개념을 적용한 것이다. 예를 들어, 아동의 현재 능력으로 해결할 수 있는 과제보다 조금 더 어려운 과제를 부여하지만, 동시에 성인이나 교사의 도움을 받아 과제를 해결할 수 있도록 교육에 관심을 갖도록 하였다.

셋째, Vygotsky는 학습과 발달의 관계를 새롭게 보았다. 학습과 발달의 관계가 훨씬 복잡하다고 인식하면서 유아의 능력을 제한하는 발달적인 선행조건의 존재에 대한 인식과 학습이 발달을 촉진시키며 발달을 일으키게 하는 원인이 된다고 보았다. 유아의 현재 발달 수준이 아동의 학습능력을 결정해 주기보다는 오히려 새롭게 생기는 능력에 맞추어 가도록 도와준다(Bodrova & Leong, 1996).

4) 평가

Vygotsky의 많은 아이디어가 연구되기 전에 그가 세상을 떠났기 때문에 그의 글들이 체계적인 이론으로 정립되지 못하였다. 그럼에도 불구하고 그의 이론은 많은 학자들에게 영향을 주었다. 위에서 설명한 것처럼 Vygotsky는 교육 분야에 많은 기여를 했지만, 동시에 그의 이론에 대한 비판도 있다.

첫째, Vygotsky는 문화와 사회적인 경험을 강조하였다. 맥락 속에서 구성되는 학습과 발달적 특성을 강조하였다. 그러나 인간의 생물학적 발달 측면을 간과했다는 점이다. 즉, Vygotsky는 생물학적 영향력의 중요성은 인정하였지만, 뇌의 성장이 미치는 영향이나 전이되는 것에 대한 언급을 거의 하지 않았다는 비판을 받고 있다(Berk, 2000).

둘째, 언어가 인지 발달에 미치는 영향을 지나치게 강조하였다는 것이다. 언어와 사고가 결합해서 아동이 언어 개념을 획득한다고 강조를 하였지만, Vygotsky는 다른 형태의 상징적 표상화가 고등정신기능에 어떻게 공헌을 하는지에 대해 탐색하지 않았다.

셋째, 그가 강조한 근접 발달 영역 개념은 아동의 실제적인 발달뿐만 아니라 잠재적인 발달 영역의 범위까지 발달의 영역을 넓혔다. 그러나 그가 강조한 범위를 아는 것만으로 학습능력이나 현재의 발달 수준에 대한 정보를 얻을 수 없다. 또한 성인이나 또래들과의 공유된 활동에서는 타인의 역할을 지나치게 강조한다는 것과 능동적인 활동 참여자가 되기 위해 유아가 무엇을 해야 하는지 충분한 설명이 되지 않았다는 점이 비판을 받고 있다.

3. 정보처리 이론

1) 개요

정보처리 이론은 다양한 종류의 정보를 어떻게 탐지하고, 기억하고, 인출하고, 문제해결에 적용하는가에 관한 관심을 두고 있다. 정보처리 이론에서는 사람들이 논리와 규칙을 이용하여 어떻게 일상적인 생활 속의 자극에 주의를 집중하고, 기억하고, 이해하고, 문제를 해결하는가에 대한 인간의 정신을 분석하고자 하였다.

정보처리 이론가들은 인간의 인지 과정을 컴퓨터가 정보를 처리하는 과정과 비교하여 설명을 하였다. 컴퓨터처럼 인간의 정신활동도 하드웨어와 소프트웨어를 가졌다고 주장하였다. 하드웨어를 뇌와 신경계로 간주하였으며, 문제해결을 위한 계획이나 책략 등을 소프트웨어로 간주하였다. 또한 새로운 기술로 인한 향상적인 변화를 통해 컴퓨터가 더 우수한 정보처리를 할 수 있는 것처럼 아동들도 발달을 통해 보다 효율적이고 유능한 사고자로 발달해 간다고 보았다.

아동이 성숙함에 따라 통제 과정(control process)이 점점 효율적으로 가능하고, 문제도 효율적으로 해결하게 된다고 보았다. 또한 정보를 통제하고 분석하는 통제 과정은 성숙해짐으로써 아동들로 하여금 어떠한 정보에 주의를 기울이고, 저장과 인출과정에서 어떠한 책략을 사용할 것인가 효율적으로 결정하게 도와준다(Kuhn, 1988). 이처럼 정보처리 이론은 아동의 발달은 이전에 알던 지식과 새로운 지식이 연결이 되면서 보다 쉽게 많은 정보를 습득하고 지식기반이 확장이 된다고 인식하는 이론이다.

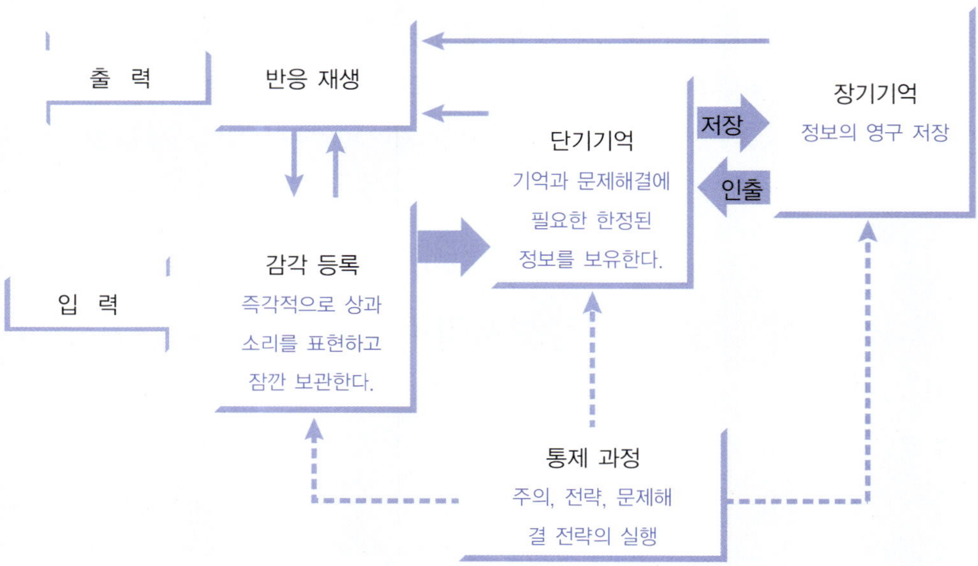

[그림 6-8] 정보처리 모델

출처: Atkinson & Shiffrin(1968)

2) 정보처리의 모형

(1) 일반적인 모형

정보처리의 흐름에 주된 관심을 갖고 있는 정보처리 이론가들은 인간의 인지를 부호화(encoding), 저장(storage), 인출(retrieval) 이렇게 세 가지로 기본적인 과정을 거쳐 외부에서 들어오는 자극을 처리한다고 보고 있다. 정보처리 모형에서는 Atkinson과 Shiffrin(1968)이 제시한 중다저장 모형과 처리 수준 모형이 있으며, 중다저장모형은 오늘날에도 영향을 미치고 있다.

우선, 중다저장모형에 의하면 인간은 외부에서 들어오는 정보를 여러 단계에 거쳐 처리되고 있음을 보여준다. 첫째, 외부의 정보가 감각기관을 통해(예 시각, 청각, 미각, 후각) 인지체계로 들어온다(투입). 둘째, 뇌에서 들어온 정보들을 부호화하고, 저장하고, 인출하는 과정이 진행된다(인출). 셋째, 행동으로 나타나는 것으로 개념화를 하였다.

외부에서 들어온 모든 정보는 감각등록(sensory register)에 들어왔다가 우리의 선택적인 주의(attention)에 의해 감각적인 상만 단기기억으로 이동을 하고 그 외의 상들은 사라진다. 단기기억(short-term memory)은 전이된 정보가 일시적으로 머물다 장기기억(long-term memory)으로 넘어간다. 장기기억 속에 머물 수 있는 정보의 양은 거의 무제한적이며, 장기간 정보를 보유할 수 있다.

둘째, 처리 수준 모형은 중다저장모형의 문제점을 보완할 목적으로 제기된 기억 모형으로 부호화에 중점을 둔다. 유입되는 정보는 처리 수준에 따라 서로 다른 기억 부호가 형성되고 상이한 기억 부호들은 기억 기간에 차이를 가져온다는 입장을 가지고 있다. 개인이 얼마나 많은 정보를 처리할 수 있는가 하는 작동 기억의 용량문제가 아니라 어떻게 주의를 배분하는가에 따라 다르다고 하였다. 이때, 이러한 주의(attention)를 배분하는 것은 자동화(automatization)의 정도에 따라 달라진다.

자동화(automatization)란 의식적으로 처리되고 통제되었던 행동이 무의식화되고 자동적으로 되는 상황을 의미하는 것이다. 즉, 특별한 과제에 숙련된 개인들이 그 과제를 자동적으로 처리할 수 있기 때문에 또 다른 과제에 주의 자원을 배분해서 동시에 두 가지 과제를 수행할 수 있다. 예를 들어 자전거를 타는 것에 익숙하지 않은 사람은 자전거 타는 것에 집중을 해야 하지만, 자전거를 타는 것에 익숙한 사람은 자전거를 타는 동시에 다른 일(물건을 머리에 이는 것이나 한 손에 드는 일)을 할 수 있다.

그러나 이러한 일반적인 모형에 대해 과연 감각등록 속에 정보가 보유될 수 있는 시간과 단기기억 용량이 어느 정도인가의 논란에 의해 그 타당성들이 의문시 되고 있다. 또한 주로 성인의 정보처리 과정을 설명하는 모델이기 때문에 아동의 사고가 연령에 따라 어떻게 변하는가에 대해 직접적으로 설명하지 못하고 있다.

(2) 케이스 모형 : 정보처리의 발달적 모형

Case(1998)는 Piaget의 이론을 정보처리적 조망 내에서 재해석한 이론으로 신 Piaget 이론에 해당한다. 그는 Piaget의 인지 발달단계의 이론을 수용하지만, 다른 점은 단계의 이동은 단순한 성숙에 의해서가 아니라 작동 기억용량의 증가에 기인한다고 설명한다. 즉, 아동이 유능한 정보처리자가 됨에 따라 그들이 작동기억 속에 보유하고 결합할 수 있는 정보의 양은 확대되고, 그 결과 지적 발달을 이룬다고 주장한다.

케이스는 3가지 요인이 작동 기억용량의 확장에 영향을 준다고 보았다. 우선 대뇌의 발달로 인해 사고의 효율성을 개선시키고, 각 단계의 발달을 가능하게 한다고 보았다. 둘째, Piaget의 도식이 아동의 정신적 전략을 구성한다고 보았다. 반복적인 도식의 사용은 자동화를 가져오며, 특히 기존 도식을 활용하는 동화는 자동화를 가능하게 하고, 도식의 결합이나 조절을 가능하게 한다고 보기 때문에 아동의 전략 구성에 영향을 준다. 셋째, 이러한 자동화 과정은 단기기억 용량의 확대를 가져오며 중심적 개념구조(central conceptual structures)를 형성하게 된다. 중심적 개념구조는 개념이나 관계의 연결망으로 다양한 문제를 처리하는 데 효과적으로 이용하고, 결과적으로 처리용량의 확대를 가져온다. 아동들이 새로운 중심적 개념구조를 형성할 때 아동들의 인지 발달은 더 높은 다음 단계로 나아갈 수 있다고 주장한다.

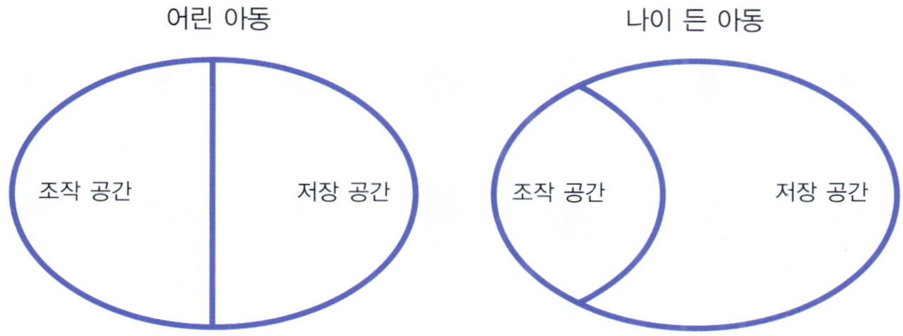

[그림 6-9] 케이스의 조작 효율성 가설

출처: Case(1985)

3) 기억능력의 발달

기억의 능력은 기억용량(memory capacity)의 증가, 기억 전략(memory storage)의 발달, 상위기억(metacognition)의 발달 확대로 나타난다.

(1) 기억용량의 증가

기억용량이 증가한다는 것은 정보를 저장할 수 있는 공간이 증가되는 것을 의미한다. 기억 공간에는 감각기억, 단기기억, 장기기억이 있으며, 일시적인 기억저장소로 매우 짧은 시간(1초) 동안 머물게 되는 감각기억과 거의 무제한적이므로 장기간 정보를 보유할 수 있는 장기기억은 연령에 따른 변화가 거의 없다. 그러나 정보를 조직하는 일시적 단계로서 새로운 정보를 처리하는 데 중요한 단기기억 장치는 정보를 조직하는 단계로 새로운 정보를 어떻게 조직하고, 보관하고, 버릴 것인가를 결정하는 과정으로 기억의 용량에 영향을 줄 수 있다(Bjorklund, 1995).

단기기억의 용량은 연령에 따라 증가된다. 기존 알았던 지식들이 연결되면서 정보를 처리하는 속도가 빨라지고, 점점 효율적으로 되기 때문에 조작 공간을 덜 필요로 하고 저장 공간이 점점 증가된다고 본다(Case, 1985). 예를 들어, 어렸을 적에는 시간이 많이 들던 것이 나이가 들면 자동화로 인해 시간과 노력을 적게 들이고 쉽게 문제를 해결할 수 있게 된다.

(2) 기억 전략의 발달

기억 전략은 정보를 장기기억 속에 저장하고, 그 정보가 잘 인출되도록 해주는 의도적인 활동이다. 전략의 기본 목적은 각 처리의 효율성을 향상시킴으로써 아동의 정보처리 체제의 부하량을 감소시키고, 그 결과 얻어진 여분을 다른 과제의 처리에 사용하려는 데 있다. 그러나 종종 정보를 인출할 때 문제가 발생한다. 정보를 어디에다 저장을 해두었는지 위치를 찾지 못하는 일이 발생한다. 그러므로 이 정보는 좀 더 낯익은 범주로 조직화하는 여러 가지 기억 전략이 필요하다. 기억을 저장할 때 주의집중, 암송, 조직, 정교화의 전략이 필요하고, 기억을 인출할 때 회상과 재인의 전략이 필요하다.

① 주의집중(attention)

주의집중은 정보가 감각등록에서 작동기억으로 전이될 수 있도록 하기 위한 전략으로 특정한 자극에 관심을 보이고 잠시 몰두함으로써 기억될 수 있는 역할을 한다. 아동의 주의력은 연령과 함께 증가한다. Ruff와 Lawson(1990)의 연구에 따르면 주의력이 만 1세와 4세 사이에 증가하고, 주의집중 패턴도 변화한다고 하였다. 영아들은 짧은 시간 동안 장난감을 가지고 놀지만, 아동 초기 유아들은 놀이가 진행됨에 따라 점점 주의집중을 하는 것을 보인다고 하였다.

또한, 연령의 증가와 함께 아동은 계획적으로 주의(planning attention)를 한다. 주의는 계획적인 행동의 순서를 먼저 생각하고, 목표에 도달하기 위해 주의를 배분하는 것을 의미한다. 예를 들어, 영아들은 왼쪽-오른쪽 순서로 교대하는 일련의 그림을 보여주었을 때 그림이 나타나기 전, 다음 그림의 위치로 그들의 초점을 이동하면서 빠르게 학습을 하였다(Wentworth & Haith, 1998). 아동 초기의 유아들에게도 신중한 계획을 요구하는 상황에서 먼저 계획을 세울 수 있다. 초등학교에 입학 무렵 복합한 과제에 대해 아동들은 무엇을 먼저하고 나중에 할 것인가 주의를 배분하였다(Szepkouski, Gauvain, & Carberry, 1994).

② 암송

기억해야 할 목록을 여러 번 반복하는 것을 의미하는 암송은 아동 초기에 시작되지만, 6세까지 일관성 있게 사용되지 못한다고 한다. Bjorklund 등(1997)의 연구에서 암송 훈련을 시켰을 때 훈련 직후에는 개선된 회상능력을 보이지만, 다음 기회에는 암송하지 못한다고 하였다. 일반적으로 어떤 정보가 단기기억에서 더 많이 암송이 될 때 그 정보가 장기기억으로 전환되기 쉽다. 그러나 암송은 정보를 더 오래 기억하도록 해준다. 한 연구에서 자발적으로 암송을 한 아동들이 하지 않은 아동들보다 더 기억을 잘하는 것으로 나타났으며, 암송을 하지 않은 아동들에게 암송을 시켰을 때 자발적으로 암송을 한 아동과 비슷한 수준으로 기억량이 증가되었다(Keeney, Canizzo, & Flavell, 1967). 이처럼 암송 전략은 연령이 증가되거나, 연습을 많이 할수록 자동화되어 광범위한 상황 속에서 사용될 수 있다.

연령의 증가와 함께 아동들은 학습 자료에 적합한 다양한 암송 전략을 적용한다. 9세나 10세의 아동들은 무작위로 나열된 숫자를 제시하였을 때 반복적으로 암송을 하지만, 일련의 순서대로 이루어졌을 때 읽어보는 정도만 하고 암송을 하지 않는다. 그러나 5~6세의 유아들은 효과적으로 암송을 하지 못하고, 제시된 숫자들의 특성을 고려하지 못하였다(Kunzinger, 1985).

3 조직화

조직화는 기억해야 할 것들을 의미적으로 관련지어 묶거나 범주화하는 방법이다. 의미적 조직화라고 불리는 기억 전략은 각 범주로 나누어서 암송함으로써 하나의 군집을 회상해 낼 수 있다. 예를 들어, 자동차, 기차, 포도, 말, 오렌지 등을 기억하라고 할 때 자동차, 기차는 탈것의 범주, 포도, 오렌지는 음식 범주로 분류한 다음 암송을 한다.

아동들의 조직화 전략은 Piaget 과제에서 유목 포함 조작이 가능해야만 한다. 아동 초기 유아를 대상으로 수행된 연구들은 의미론적 조직화가 불가능하다고 본다. 이러한 조직화 전략은 학교와 가정에서의 학습 경험이 중요한 것으로 보인다. 학교에서 교사의 지시로 조직하는 것을 경험해 본 아동이나 학습 자료를 조직화 된 방식으로 제시하는 경험을 한 아동인 경우 전략적으로 조직화하는 능력을 가지고 있었다(Moely, et al., 1992).

4 정교화

정교화는 기억해야 하는 항목들에 무엇인가 덧붙이거나 의미 있게 연결함으로써 기억을 촉진시키는 전략으로 가장 늦게 발달하는 특성을 지니고 있다. 서로 관계가 없기 때문에 범주화가 쉽지 않은 두 정보에 관계를 설정해 주는 것이다. 정교화 전략을 사용하기 위해서는 그 항목들을 이미지로 변역하고 그들 사이의 관계를 생각할 수 있어야

만 한다. 따라서 11세 이전의 아동들에게 정교화 방법을 가르치는 것은 거의 불가능한 일이라고 본다(Schneider & Pressley, 1997). 또한 유아기의 아동들은 여러 종류의 지식이 풍부하게 가지고 있지 않기 때문에 정교화 전략을 사용하여 새로운 정보를 기존 지식과 연결하는 것이 어렵다.

5) 회상과 재인

회상과 재인은 저장된 정보를 필요할 때 기억된 정보를 얼마나 쉽사리 인출할 수 있는가는 기억재료들이 얼마나 체계적으로 잘 저장되어 있는가에 달려 있다. 회상(recall)과 재인(recognition)의 과정은 장기기억 내에 저장되어 있는 것으로 회상은 해답을 찾는 과정이고, 재인은 제시된 정답을 짝짓기 하는 과정이다.

재인은 어떤 자극이 이전에 경험한 것과 동일하거나 유사하다는 것을 인지하는 것으로 기억해야 하는 특정한 사물, 그 자체가 인출 단서로서 존재하기 때문에 가장 간단한 인출 방식이다. 반면에 회상은 특별한 단서 없이 이전에 본 물건이나 사건을 기억해 내는 것을 의미한다. 회상하기 위해서는 부재한 자극의 정신적 이미지를 생성할 수 있어야 하기 때문에 재인보다 더 이후에 발달한다. Piaget의 대상 영속성 실험에서 영아들이 숨겨진 장난감을 찾아내거나 어느 정도 시간이 지난 후 타인의 행동을 모방하는 지연모방은 영아기의 회상능력을 보여주는 것이다. 그러나 이들의 회상능력은 실제로 많지 않다. 어린 아동과 비교하여 나이 많은 아동들의 회상은 더 정확하고 완전하다. 그 이유는 연령 증가와 함께 기억 전략이 발달할 뿐 아니라 의미적으로 조직화 된 정보가 장기기억 속에 더 많이 저장되어 있으므로 효과적인 회상을 가능하게 하기 때문이다.

6) 장기기억을 촉진시키는 요인

장기기억 속에 저장된 지식이나 스크립트 기억, 자서전적 기억들은 장기기억을 촉진시키는 역할을 한다. 장기기억 속에 저장되어 있는 기존의 지식은 기억을 촉진시킨다. 저장보다는 인출에서의 높은 수준의 조직화는 새로운 항목과 기존의 지식을 빠르게 연합할 수 있도록 함으로써 회상을 자동화 한다.

스크립트(script)란 지난 주일에 일어났던 어떤 특정한 사건의 기억이 아니라 일상적인 어떤 일이나 사건에 대해 지니고 있는 일반적인 표상들이다. 예를 들어, 일상적인 일과에 대한 스크립트를 가지고 있다. 이러한 스크립트는 연령이 어릴수록 개략적인 스크립트를 가지고 있으며, 연령이 높을수록 자세하고 복잡한 스크립트를 가지고 있다. 그러나 반복적인 사건을 경험할 때, 우리는 그것들을 동일한 스크립트 속에 융합시키므로 하나하나의 사건을 구체적으로 회상하기는 어렵다. 예를 들어 매일 아침에 식사를 하기 때문에 일주일 전 식단을 기억해 내지 못한다. 반면에 한번 형성되어 거의 영구적으로 지속되는 스크립트는 기억을 체제화하므로 회상을 촉진시키는 역할을 한다.

자서전적 기억(autobiographical memory)은 개인적으로 특별한 의미가 있기 때문에 오랫동안 기억하는 과거 사건에 대한 표상이다. 특히, 일화적 정보(episodic information)는 특정시점이나 장소에서 일어난 자서전적 사건에 관한 정보로, 특정 사건과 맥락 속에서 회상할 수 있다. 예를 들어, 처음으로 학교에 간 일, 병원에 입원한 일 등 개인적으로 경험한 사건들을 기억을 한다. 만 3세에서 6세 사이의 자서전적 기억은 더 조직화되고 정교해진다(Pillemer & White, 1989). 그러나 연령이 증가할수록 자서전적 기억은 더 많은 배경 정보를 포함하고 삶의 더 큰 맥락과 유기적 관련성을 갖게 된다.

(3) 초인지(metacognition)

초인지는 인지에 대한 인지로서 인간 사고의 다양한 측면에 대한 인식과 이해에 해당한다. 예를 들면, 입학 전의 아동과 초등학교에 다니는 아동들에게 몇 개의 항목을 준 후 모두 회상을 할 수 있다고 인식할 때까지 학습을 하도록 하였다. 대체적으로 보다 나이 든 아동들이 다 학습을 했다고 인식한 후, 이들이 항목들을 정확하게 회상을 하였다. 그에 비해 나이 어린 아동들은 다 학습을 하였다고 하였지만, 정확하게 회상을 하지 못하였다(Flavell, 1970). 이 연구에서처럼 자신의 기억능력을 조정하고 평가하는 지식을 초인지라고 말한다. 즉, 어떤 인지 작용의 어떤 양상을 그 대상으로 다루거나 또는 통제하는 지식으로 정의한다.

아동 초기와 중기 동안 초인지는 크게 발달을 한다. 초등학교 입학 이전의 아동들은 우리가 기억이나 이해 혹은 추론과 같은 정신적 작용을 할 수 있다는 것을 알지만, 마음을 수동적인 용기에 지나지 않는다고 이해한다. 그러나 초등학교 아동들은 사람의 마음에 대해 정보를 선택하고, 변형할 수 있는 능동적, 구성적 대리인으로 인식한다(Chandler & Carpendale, 1998). 과제를 잘 수행하기 위해서 과제에 집중해야 하고, 그 과제를 수행하고 싶어한다. 이들은 유아보다 기억 전략에 대해 더 많이 알고 있으며, 기억 전략들 간의 미묘한 차이도 이해한다.

초인지적인 지식은 이미 획득된 인지적인 사실과 관련된 일상적인 지식은 경험을 통해 축적하고 장기기억 속에 저장한 지식과 신념을 의미한다. 우리가 학습할 내용에 관해 이미 많은 지식을 가지고 있다면 빠르게 연결될 수 있기 때문에 쉽게 기억할 수 있다. 친숙한 주제와 친숙하지 않은 주제일 때, 친숙한 주제의 경우에는 우리가 이미 가지고 있는 지식에 새로운 정보를 연결시킴으로써 재빨리 정보를 처리할 수 있다. 친숙하지 않는 주제인 경우 관련된 지식이 우리 기억 속에 저장되어 있지 않기 때문에 더욱 많은 노력이 요구된다.

4) 정보처리 접근의 평가

정보처리 접근은 인간의 인지 과정을 컴퓨터와 비교함으로써 인간의 복잡한 사고 과정을 가시화했다는 것에 큰 의의를 둘 수 있다. 즉, 인간의 정보처리 능력은 발달적 계열에 따라 인지능력이 발달한다고 보았다. 그러나 이러한 정보처리 접근을 비판하는 시각들이 있다.

우선, 단계 이론에 대한 것이다. 정보처리 이론에서 인간이 정보처리를 할 때 단계를 거쳐 발달한다고 하였지만, 과연 얼마나 사람들의 인지적 능력이 그처럼 단계에 따라 발달하는가에 대한 평가를 받고 있다. 예를 들어, 나이 든 사람의 인지적인 능력과 젊은 사람들의 인지적인 능력이 차이가 있을 수 있다. 그 이유는 그들이 더 구조화 된 지식을 축적하였기 때문이다. 그러나 나이 든 사람이라도 새로운 것을 할 때 거의 미성숙하게 보이게 될 것이다. 이러한 과정은 과연 단계에 따라 사람들의 지적능력을 구분해야 하는가 하는 부분에 비판을 받고 있다.

둘째, 정보처리 이론은 인간의 속성을 많이 고려하고 있다. 그러나 사회적인 맥락이 사고에 어떻게 영향을 미치는가에 대한 방식은 고려하지 않는다. 문화에 따라 주의집중, 기억, 개념 형성, 초인지의 성격에 영향을 미치는데 정보처리 이론에서는 이러한 부분들을 잘 다루지 못한다는 평가를 받고 있다. 또한 상상력이나 창의성 같은 논리적이지 못한 인지 측면에 대한 연구를 소홀히 했다는 지적을 받고 있다(Miller, 1993).

Chapter 07

지능과 창의성

Chapter 7에서는 지능에 대한 관점, 지능을 측정하기 위해 개발된 아동용 검사 중 대표적으로 가장 널리 사용되는 아동용 지능검사를 소개하고자 한다. 또한 지능에 관련된 이슈 및 창의성 등에 관해 알아보기로 한다.

지능은 일상적으로 빈번하게 사용하는 용어이나 정의 내리기 어려운 개념 중의 하나이다. 과거부터 여러 학자들은 지능을 정의하고자 끊임없이 연구해 왔다. 지능은 학자에 따라 다양하게 정의되나 크게 심리측정적 관점, 정보처리적 관점 및 다중지능 이론적 관점으로 구분할 수 있다. 이러한 관점들은 서로 대조되기보다 상호보완적인 개념으로 지능을 포괄적으로 이해하는 데 도움을 준다. 지능검사는 개인 간의 지적능력의 차이를 측정하기 위해 시작되었으며 현재 다양한 지능검사가 개발되어 사용하고 있다.

1. 지능에 대한 관점

1) 심리측정적 관점

(1) 2요인설

Spearman은 지능을 대부분의 검사에서 공통적으로 발견되는 일반 요인(general factor; g)과 한 가지 또는 그 이상에서 발견되는 특수 요인(specific factor; s)으로 구별하였다. 예를 들어, 읽기와 수리 검사는 두 검사 모두 어휘력과 단어 의미의 이해라는 일반적 요인을 공유하고 있으나, 수리 검사의 경우 계산 기술이, 읽기 검사의 경우 읽기 속도와 같은 특수한 요인이 포함되어 있다.

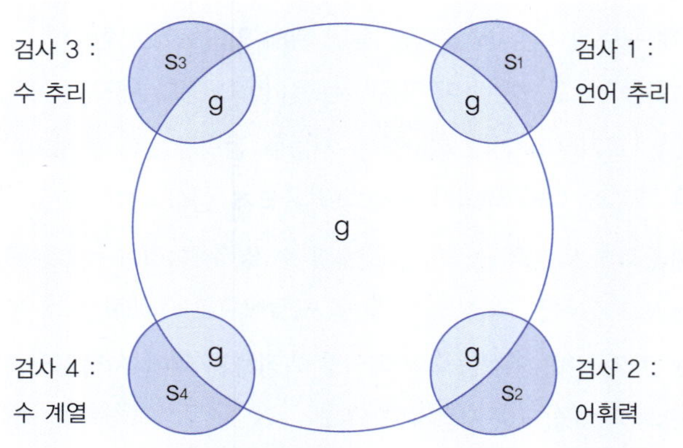

[그림 7-1] Spearman의 2요인설

(2) 다요인설

Guilford는 [그림 7-2]와 같은 지적 구조(Structure of Intellect; SOI) 모형을 제안하였다. 이 모형에 의하면 지능은 정신 작용의 내용(content), 정신 내용의 작동(operation), 정신 작동의 산출(product)의 세 가지의 차원으로 구성된다. 내용 차원은 시각, 청각, 상징, 의미 및 행동의 다섯 가지를 포함한다. 작동 차원은 시각, 청각, 상징, 의미 및 행동의 다섯 가지를 포함한다. 산출 차원은 단위, 유목, 관계, 체계 및 함축의 여섯 가지로 개념화 할 수 있다. 따라서 내용, 작동 및 산출이 조합되어 180가지(5×6×6)의 다양한 지적능력이 나타난다.

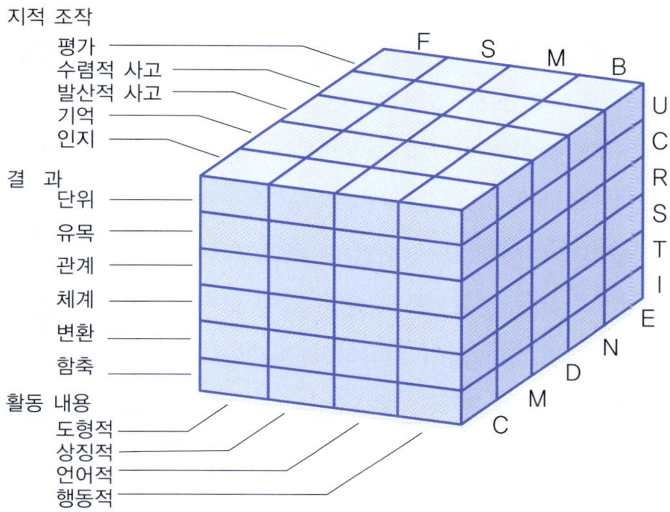

[그림 7-2] Guilford의 지적 구조 모형

(3) 위계설

지능의 위계설을 주장하는 학자들은 지능을 구성하는 요인들이 동등한 위치에 있지 않고 어떤 요인은 다른 요인들을 통합하는 상위적인 위치에 있다고 본다. 따라서 상위 지능은 보다 포괄적인 능력을 뜻하며, 하위 지능은 상위 지능보다 구체적이며 제한된 능력을 뜻한다.

Cattell은 Spearman이 주장한 일반 요인이 있고, 그 아래에 유동적 지능(fluid intelligence)과 결정적 지능(crystallized intellgence)이 있다고 보았다. 유돋적 지능은 타고난 생물학적인 능력으로 교육이나 환경의 영향을 받지 않는다.

유동지능은 실행기능이라고 불리는 정신작용을 통해 발휘되는데, 실행기능은 작업 기억, 주의 조절, 억제조절능력을 포함한다. 어떤 문제를 풀기 위해서는 정보를 마음속에 담아두기 위해 노력해야 하는데 이를 작업 기억이 담당한다. 주의 조절은 문제해결이 필요한 측면에 주의를 기울이고 그 상태를 유지하는 능력과 적절하게 주의를 옮기는 능력을 포함한다. 억제조절은 불필요한 주의 이동을 억제하는 능력을 말한다. WISC 하위 검사 중 유동적 지능과 가장 관련이 많은 것은 빠진 곳 찾기, 토막 짜기, 모양 맞추기, 차례 맞추기, 기호 쓰기 검사이다. 이러한 검사는 모두 직접 도구를 조작하여 수행을 측정하게 되므로 동작성 지능을 구성한다.

결정적 지능이란 학습에 의해 축적된 것으로 세상의 법칙이나 그 법칙을 알기 위해 필요한 절차에 관한 정보를 의미한다. WISC의 하위 검사 중에서 상식, 어휘, 이해, 공통성, 산수 검사가 이에 해당된다.

유동적 지능과 결정적 지능은 생애에 걸쳐 서로 다른 발달 패턴을 보여준다. [그림 7-3]에서 보는 것과 같이, 유동적 지능은 생애 초기에 급속하게 향상되지만 빠르게 감소하여 20대 초반에 어느 정도 감소되기 시작하고 70세가 되면 현격하게 낮아지는 것을 알 수 있다. 결정적 지능은 생애에 걸쳐 지속적으로 증가하는 양상을 보인다(Nisbett, 2010).

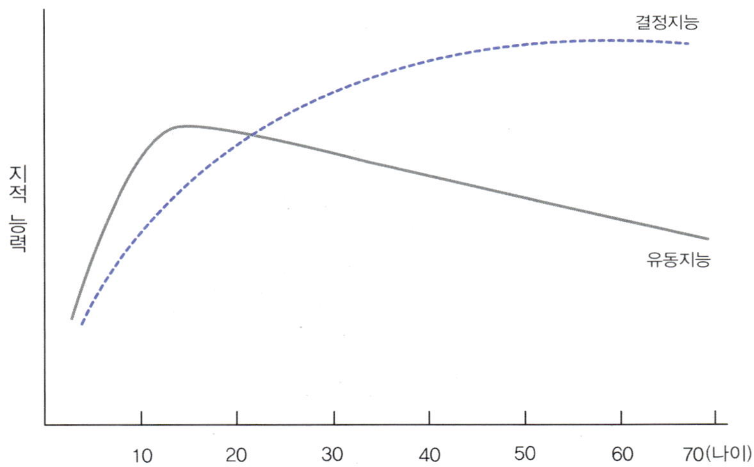

[그림 7-3] 연령에 따른 유동지능과 결정지능의 변화

출처: Nisbett(2010)

2) 정보처리적 관점

정보처리적 관점은 정보가 입력되고 조작되어 산출이 이루어지는 인지적 과정으로 지능을 설명한다. 대표적인 학자인 Sternberg는 문제를 해결하는 인지적 정보처리 과정을 지능으로 보았다. 그는 이러한 인지 과정을 이해하기 위해 개인의 내적 세계, 외적 세계 및 내적 세계와 외적 세계의 관련성을 찾아야 한다고 보고 지능의 삼원 이론(triarichic theory of intelligence)을 제안하였다. Sternberg에 의하면 지능을 이해하려면 내적 세계를 조절하는 요소적 지능, 외적 세계에 적응하는 상황적 지능 및 내적 세계와 외적 세계 사이의 관계를 처리하는 경험적 지능을 통합해야 한다.

Sternberg는 지능을 분석 지능, 창의 지능 및 실용 지능으로 구분하였다. 분석 지능은 지적 행위의 기초인 정보처리 요소들과 관련이 있다. Sternberg는 분석 지능을 측정하기 위해 SAT나 IQ검사 같은 표준검사를 사용했으며, 실용 지능과 창의 지능을 측정하기 위해서는 본인이 개발한 방법을 적용하였다. 창의 지능은 무엇인가를 창조하고 발명하며 상상하는 능력을 의미한다. Sternberg는 창의 지능을 측정하기 위해서 사람들에게 '문어의 운동화' 나 '다섯 번째 기회' 와 같은 제목을 가지고 이야기 만들기, 나열된 그림 중 한 장을 골라서 이야기 만들기, 신제품 광고 개발하기 등의 과제를 실시하였다(Nisbett, 2010). 실용 지능은 일상적인 경험과 관련된 것으로 Sternberg는 실용 지능을 측정하기 위해 아는 사람들이 아무도 없는 파티에 갔을 때 어떻게 대처할 것인지, 여러 사람이 집세를 나누어 낼 때 어떻게 나누는 것이 공평한지, 잘 모르는 사람의 추천서를 써야 한다면 어떻게 하는지와 같이 환경에 대한 적응과 관련된 실제적인 문제를 제시하였다(Nisbett, 2010).

3) 다중지능 이론적 관점

Gardner는 1983년 출판한 「마음의 틀(Frames of Mind)」에서 다중지능 이론(theory of multiple intelligence)을 발표하며 지능을 기존의 정의와는 차별화하여 '문화적으로 가치있게 여겨지는 산물을 창조하거나 문제를 해결하는 데 유용하게 쓰일 수 있는 정보를 처리하는 신체적, 심리적 잠재능력'이라고 보았다. Gardner는 지능 영역을 신체 운동, 논리수학, 대인 간, 자연 친화, 개인 내, 음악, 언어, 공간지능 등 8가지 영역으로 구분하였다(Gardner, 2007).

Gardner에 의하면 이러한 8가지 영역은 인간의 뇌의 특별한 부분의 기능과 관련되어 있으며, 서로 독립적이므로 논리수학적 정보처리 체계는 언어의 정보처리 체계와 별개의 것으로 언어 지능이 낮더라도 논리수학적 지능이 높을 수 있다. 예를 들어, Gardner가 실제로 연구한 대상 중 아인슈타인은 논리수학적 측면에서는 뛰어났으나 언어적 능력은 우수하지 않았으며, 개인 내 지능이 뛰어났던 Freud는 논리-수학적 및 언어적 측면에서의 능력은 뛰어나지 않았다. 또한, 한 가지 종류의 지능이 다른 여러 분야의 지적 활동에 공통적으로 사용될 수 있다. 예를 들어, 공간적 지능은 건축을 설계하는 건축가, 안무하는 무용가, 수술하는 외과의사에게도 필요하고 활용되는 것을 볼 수 있다.

Gardner의 다중지능이론은 다음과 같은 두 가지 측면에서 시사점이 있다(장유경 · 최윤영, 2008). 첫째, 지능에 대한 기존의 영역이 주로, 논리, 수리, 언어능력을 측정하였으나, 이를 확장하여 음악, 미술, 신체영역과 자신과 타인을 잘 이해하는 능력을 지능의 영역으로 포함하였다. 둘째, 교육적인 시사점을 제시하는데, 지능의 다양한 영역에서 한 개인의 강점과 약점을 갖는 영역이 있고 이것을 교육과 연결하여 강점을 이용하여 약점을 보완하는 방법으로 활용할 수 있다.

〈표 7-1〉 Gardner의 다중지능이론의 지능영역

영 역	정 의
언어지능	단어를 효과적으로 사용하는 능력, 언어를 이해하고 실용적 영역을 조작하는 능력
논리 수학적 지능	숫자를 효과적으로 사용하는 능력, 사물 사이의 논리적 계열성을 이해하고 유사성과 차이점을 측정하고 사정하는 능력
공간지능	방향감각, 시각, 대상을 시각화하는 능력, 색, 형태, 구조에 관련된 지능으로 사물을 인지하는 능력, 내적인 이미지와 사진과 영상을 창출하는 능력
신체운동지능	신체의 운동을 손쉽게 조절하는 능력
음악지능	음악에 대한 전반적인 직관적 이해와 분석적이고 기능적인 능력
대인 간 지능	다른 사람의 기분, 의도, 동기, 느낌을 분별하고 지각하는 능력, 타인에게 동기를 부여하고 변화에 대해 유추하는 능력, 감각과 대인관계의 암시를 구별해 내는 능력, 실용적 방식으로 암시에 반응하는 능력

개인 내 지능	자아를 이해하는 데 관련된 지식과 그 지식을 기초로 적응하는 능력, 자신에 대해 정확히 알고 이에 따른 자아 훈련, 자아이해, 자존감을 위한 능력, 메타인지, 영혼의 실체성 지각 등 고도로 분화된 감정들을 알아내어 상징화하는 능력
자연 친화 지능	사물을 구별하고 분류하는 능력과 환경의 특징을 사용하는 능력 분별-대처 기능으로 사물을 분별하고 그 사물과 인간과의 관계를 설정하는 대처기능

다중지능 이론을 기초로 개발된 프로젝트 스펙트럼은 유아의 다양한 능력을 평가하는 방법으로 다중지능의 영역과 관련된 과제를 제시하고 이 작업을 수행하는 과정에서 인지적 능력을 관찰하고 평가하는 접근방식으로 평가활동과 교수-학습 활동으로 통합된다(Gardner, 2007). 이 접근 방법의 특성은 유아의 능력이 있는 분야를 판별해 내고 그 분야를 교육을 통해서 발달시키는 데 있다.

〈표 7-2〉 프로젝트 스펙트럼 영역

영역	측정하는 능력
수	
공룡 게임	숫자 이해, 숫자 세는 기술, 규칙을 지키는 능력, 전략 사용 능력 측정
버스 게임	효과적인 기호체계를 만들고 머릿속으로 계산을 수행하고 정보를 하나 이상의 변인으로 조직할 수 있는 능력 측정
과학	
조립 활동	기계를 다루는 능력 측정. 뛰어난 운동능력, 시공간능력, 관찰능력, 문제해결 능력 등이 과제와 관련
보물찾기	논리적인 추론능력 측정. 정보를 해석해서 보물을 숨길 때 적용되는 규칙 찾기
물 활동	관찰에 근거해서 가설을 만들고 간단한 실험을 수행
발견 활동	자연현상에 대한 관찰과 평가와 이해
음악	
음악 산출 활동	노래하는 동안 정확한 음정과 리듬을 유지하는지 측정하고 노래를 회상하는 능력을 측정
음악 지각 활동	음정을 변별할 수 있는 능력을 평가. 노래에 대한 지각, 실수에 대한 지각, 음정 변별로 구성
언어	
스토리보드 활동	어휘, 구문, 연결어 사용, 기술적 언어와 묘사적 언어 사용, 스토리 이해능력을 포함한 다양한 언어 관련 기술 측정
보고 활동	내용을 정확하게 보고하는 능력을 평가. 세부묘사, 구문, 어휘 등의 준거에 따라 하나의 사건을 기술할 수 있는 능력을 측정

영역	측정하는 능력
미술	
포트폴리오	일 년에 두 번 정도 만든다. 선, 모양, 색, 공간, 세부 묘사, 표현, 디자인 등의 준거에 의해 평가한다. 또한 아동들은 3가지의 구조화된 그리기 활동에 참여 이 활동 역시 포트폴리오 평가에 사용되는 것과 비슷한 준거에 의해 평가
운동	
창의적 운동	무용과 창의적 운동의 5가지 영역, 즉 리듬감, 표현력, 신체조절능력, 동작의 독창성, 음악에 대한 반응성 등을 평가
신체 운동	장애물 경주는 협응력, 시간감각, 균형감각, 힘 등 다양한 스포츠에서 발견되는 기술을 측정
사회성	
교실 모형	교실 내의 사회적 문제와 경험을 관찰하고 분석할 수 있는 능력을 평가
상호작용 체크리스트	아동이 다른 아동들과 상호작용 할 때 어떤 능력을 발휘하는지를 체크리스트에 표시 행동패턴에 따라 촉진자나 지도자 같은 서로 다른 사회적 역할 수행

출처: Gardner(2007).

프로젝트 스펙트럼은 아동이 각 활동에 어떤 방식으로 접근하는지 기록하게 된다. 이 경우에 다음과 같은 사항에 관심을 둔다. 첫째, 아동들은 서로 다른 영역의 문제들을 해결할 때 서로 다른 작업 양식을 활용하는가? 그렇다면 아동이 강점을 보이는 영역과 약점을 보이는 영역에서 본질적인 차이는 무엇인가? 둘째, 특정 영역에서 보다 효과적인 작업 양식이 있는가(Gardner, 2007)?

〈표 7-3〉 프로젝트 스펙트럼에서 평가되는 작업양식

아동은
- 활동에 쉽게 참여한다 vs. 억지로 참여한다
- 확신이 있다 vs. 주저한다
- 쾌활하다 vs. 진지하다
- 집중한다 vs.산만하다
- 끈기 있다 vs. 쉽게 좌절한다
- 심사숙고한다 vs. 충동적이다
- 느긋하다 vs. 성급하다

아동은

- 시각(청각, 운동) 단서에 반응한다
- 방법을 설명한다
- 개인적인 감정을 과제로 삼는다
- 내용에서 유머를 찾는다
- 독창적으로 자료를 사용한다
- 성취에 대한 긍지를 보인다
- 세부사항에 관심을 갖는다
- 정답에 지나친 관심을 보인다
- 성인과의 상호작용에 중점을 둔다
- 과제(자료)를 변형시킨다

출처: Gardner(2007).

2. 지능검사

1) Stanford-Binet 검사

1905년 프랑스의 심리학자 Binet는 학교에서 정규 교육을 따라갈 수 없어서 특별한 조치가 필요한 아동들을 변별하기 위해 지능검사를 개발했다. Binet는 이 검사에서 다른 사람과 상대적인 정신 발달에서의 개인의 수준을 의미로 정신 연령(Mental Age: MA)이라는 개념을 고안하였다. 그 이후 1912년 Stern은 지능지수(Intelligent Quotient: IQ)라는 개념을 개발하고 아래의 공식으로 지능지수를 계산하였다.

$$IQ=(MA \times CA) \times 100$$

이 공식에 의하면 정신 연령이 생활 연령과 동일하면 IQ는 100이며, 정신 연령이 생활 연령 이상이면 100 이상이고, 반면에 정신 연령이 생활 연령 이하면 100 이하이다.

예를 들어, 6세 아동이 8세의 정신 연령인 경우 IQ는 133이다. 반대로 6세 아동이 5세의 정신 연령을 갖고 있는 경우는 83이다.

Binet 검사는 지능에 대한 이론의 발달에 따라 여러 차례 개정되었으며, 1916년 Terman은 검사를 더욱 확장시키고 개선하여 Stanford-Binet 검사로 개정하였다. 최근 Stanford-Binet 검사는 만 2세부터 성인까지 폭넓은 연령에 적용되고 있다. 모두 15개의 하위 검사로 구성되며 다음의 네 가지 주요 영역의 검사 점수가 산출된다.

- 언어 추리 영역: 어휘, 이해력, 불합리성, 언어적 관계
- 수 추리 영역: 수, 수 계열, 등식 성립
- 추상/시각 추리 영역: 패턴 분석, 복사, 행렬, 종이 접고 오리기
- 단기기억 영역: 구슬 끼우기, 문장 기억, 수 기억, 사물 기억

2) Wechsler 지능검사

Wechsler 지능검사는 1939년 Wechsler가 제작한 개인용 지능검사로 Stanford-Binet 검사와 함께 가장 많이 사용되는 검사 중 하나이다. Wechsler 검사는 검사 대상의 연령에 따라 유아용(WPPSI), 아동용(WISC) 및 성인용(WAIS) 검사가 있다. 아동용 검사는 곽금주, 오상우와 김청택(2011)에 의해 K-WISC-IV(한국 Wechsler 아동 지능검사 4판)로 제작되어 사용하고 있다.

Wechsler 검사는 지능을 다차원적인 속성을 갖는 전반적인 지적능력으로 간주하고 이를 측정하는 하위 검사들로 구성되어 있다. 하위 검사들은 동작 검사와 언어 검사로 나누어지며 검사 결과는 전체 IQ뿐만 아니라 언어성 IQ와 동작성 IQ로 제시된다. 예를 들어, 한 아동의 상식 및 산수와 같은 언어 검사의 점수가 토막 짜기 및 모양 맞추기와 같은 동작 검사와 비교해서 많이 낮은 경우 심리 언어적 결함의 가능성을 생각해 볼 수 있다. 반면에 운동 협응 문제(motor coordination problem)가 있는 경우 동작 검사와 언어 검사의 점수에 차이가 많이 날 수 있다(곽금주, 2002).

이러한 지능검사는 분석지능을 측정하는 것으로 실용지능과는 구별된다. 분석지능을 측정하는 문제들은 명확하게 정의되어 있으며, 문제해결을 위해 필요한 정보가 문제자체에 포함되어 있다. 또한 정답이 하나이며, 주로 어느 한 가지 방법을 통해서 정답에 이를 수 있다.

연구자들은 다양한 배경의 여러 연령층의 사람들을 대상으로 이 검사를 실시해 본 결과, 검사 검수가 [그림 7-4]와 같은 정상 분포를 이룬다는 것을 발견하였다. 이 분포에 의하면 IQ의 평균은 100이며 표준편차는 15이다. IQ가 130인 아동의 경우 이 점수 아래 전체 사례의 98%가 분포되어 있으며, 대부분의 IQ는 70~130점 사이에 96%가 분포되어 있다.

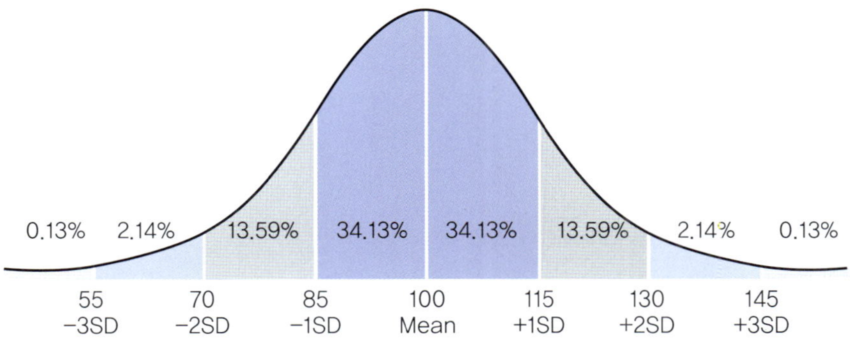

[그림 7-4] 정상 분포 곡선

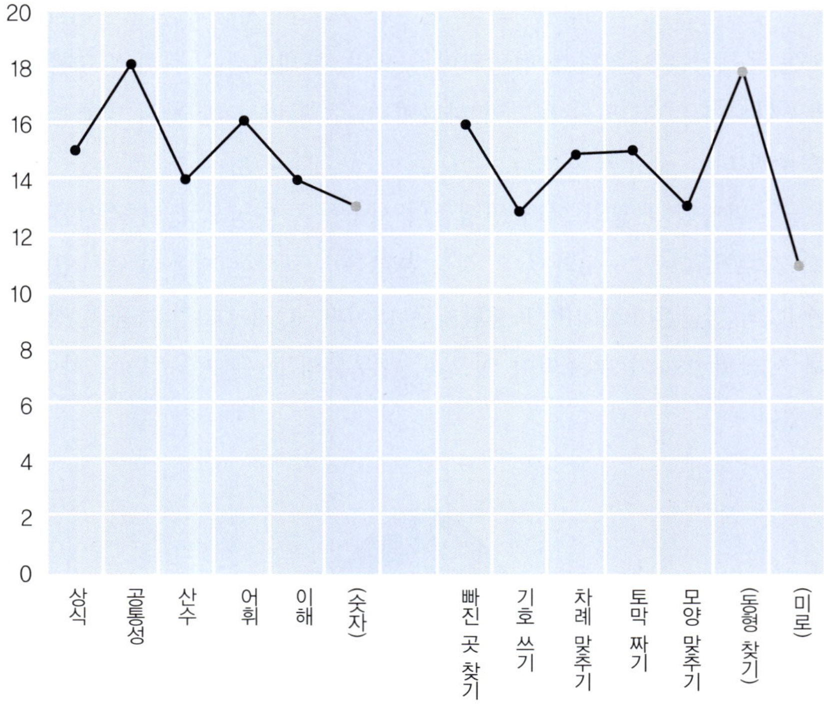

*환산 점수 10은 또래 집단의 평균

언어성 IQ=134　동작성 IQ=133　전체 IQ=137 (최우수 수준 : 상위 0.7% 이내)

지능지수(IQ)의 전국적인 상대 위치

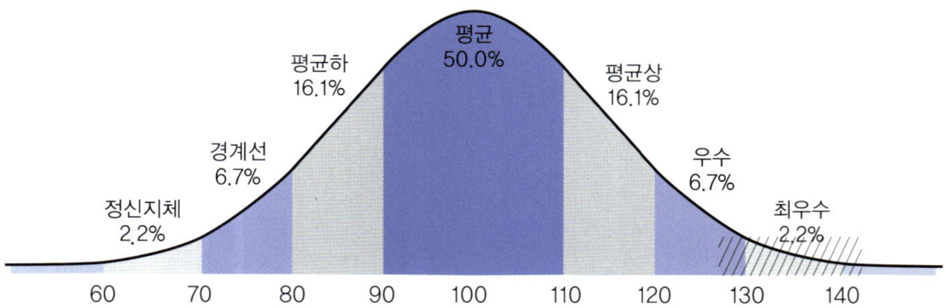

[그림 7-5] K-WISC-III의 검사 결과 및 해석

3) Kaufman 지능검사

Kaufman 지능검사(Kaufman Assessment Battery for Children; K-ABC)는 1980년 Kaufman과 Kaufman에 의해 제작된 개인 지능검사로 검사의 대상 연령은 2세 6개월부터 12세 6개월이다. K-ABC에서 측정되는 지능은 문제를 해결하고 정보를 처리하는 개인의 인지 처리 양식으로 정의되며, 인지심리학과 신경심리학에서 제시된 지능 이론에 기초하여 검사가 개발되었다.

이 검사는 문화적 편파성을 배제하였고, 또한 동작 검사의 비중을 높여 특수 아동이나 타 문화권 아동에게 적절하게 사용될 수 있다. K-ABC는 총 16개의 하위 검사로 구성되어 있는데, 이 검사들은 아동의 순차 처리능력과 동시 처리능력으로 구성된 인지 처리능력과 습득 정도를 측정하고 있다. 우리나라에서는 한국의 문화적 특성을 고려하여 한국판 K-ABC(문수백 · 변창진, 1997)가 개발되었다.

3. 지능과 관련된 이슈

1) 지능의 유전 대 환경의 영향

아동들의 지적인 능력의 차이는 유전인자에 기인하는가? 아니면 각 아동이 양육된 환경의 차이에 기인되는가? 아니면 유전과 환경의 상호작용에 의해 설명되는가? 지능에 대한 유전 요인의 영향을 입증하기 위해 연구자들은 쌍둥이, 형제, 부모와 함께 사는 아동 및 함께 살지 않는 부모와 아동의 IQ 점수 사이의 상관관계를 비교하는 연구를 실시하였다. 또한 연구자들은 입양아를 대상으로 입양된 아동과 친부모와 양부모 사이의 IQ 점수의 상관관계를 비교하여, 양부모보다 친부모와의 상관관계가 높음을 입증하였다.

〈표 7-4〉 가족 간의 지능 상관계수

가족관계	평균 상관관계
함께 자란 일란성 쌍둥이	.86
따로 자란 일란성 쌍둥이	.76
함께 자란 이란성 쌍둥이	.55
따로 자란 이란성 쌍둥이	.35
함께 자란 형제	.47
따로 자란 형제	.24
함께 사는 친부모와 자녀	.42
따로 사는 친부모와 자녀	.22
이복형제	.29
입양 부모와 입양 아동	.19

출처: Scarr(1997)

〈표 7-4〉는 유전 요인이 IQ에 미치는 영향을 규명한 연구 결과이다. 유전이 지능에 영향을 미친다면 유전적으로 밀접하게 관련된 사람은 비혈연 관계에 비해 더욱 유사한 IQ를 갖게 된다. 일란성 쌍둥이의 IQ 점수는 다른 나머지 쌍의 점수에 비해 상관관계가 가장 높다. 또한 친부모와 자녀 사이의 상관관계는 양부모와의 상관관계보다 높다. 함께 양육된 유전적으로 관련성 있는 쌍은 다른 환경에서 양육된 경우보다 더 높은 상관관계를 보여준다. 예를 들어, 함께 성장한 일란성 쌍둥이의 상관관계의 평균은 .86이며, 다른 환경에서 양육된 경우는 .76이다. 또한 이러한 결과는 이란성 쌍둥이뿐만 아니라 형제, 부모와 자녀 사이 및 비혈연 관계 모두에게 해당된다. 이는 지능의 발달에 유전뿐만 아니라 환경이 영향을 미침을 시사해 주는 결과이다.

사회경제적 지위 및 인종에 관계없이 부모가 가정에서 제공하는 자극적인 가정환경은 지능 발달과 관련이 있다. 가정환경을 측정하는 HOME(Home Observation for Measurement of the Environment)를 사용한 연구 결과를 보면 조직적이고, 자극적인 물리적 환경, 부모의 격려 및 참여와 애정은 걸음마기와 유아기의 IQ 점수와 언어 발달을 예언해 준다(Espy, Molfese, & DiLalla, 2001). 아동 중기에는 적극적인 자극 제공(예 취미 생활 격려) 및 발달적으로 자극적인 경험(예 친구 집 방문)과 같은 두 가지 요인이 아동의 학업 성취를 예언하는 것으로 나타났다(Bradley, Caldwell, & Rock, 1988).

연구자들은 저소득층 가정의 지적으로 결핍된 환경이 아동의 지능 발달에 영향을 미친다고 보고, 조기에 교육적인 개입을 통하여 이를 중재하려는 노력을 해왔다. 예를 들어, 미국에서 개발된 헤드스타트 유아교육 프로그램은 저소득층 아동들의 인지적인 결핍을 보상하여 지적 발달을 촉진시키는 대표적인 교육적 개입이다.

Brook-Gunn, Klebanov와 Duncan(1996)의 연구는 환경적 요인이 지능의 발달에 기여하는 결과를 보여준 대표적인 연구이다. 483명의 저체중 미숙아인 흑인과 백인 아동을 대상으로 출생 직후부터 5년 동안 이웃, 가족 수입, 가족 구조, 가족 자원, 어머니의 변인,

가정환경 등을 수집하였다. 대상 아동들이 만 5세가 되었을 때 WPPSI를 실시한 결과, 흑인 아동의 IQ는 백인 아동에 비해 낮았으나, 빈곤에 대한 대응, 어머니의 교육 수준 및 가정환경의 변화가 이러한 두 집단 사이의 차이를 감소시키는 것으로 나타났다.

2) 취학 전 조기 개입과 지능 발달

1960년대 미국에서는 '가난과의 전쟁(war on poverty)' 구호 아래 저소득층 유아를 위한 IQ와 학업 성취에서의 저하를 예방하기 위한 조기 개입 프로그램이 시작되었다. 헤드스타트 프로젝트는 대표적인 프로그램으로 최근 약 1,500개 헤드스타트 센터에 약 826,000명의 아동이 등록되어 있다. 이러한 조기 개입 프로그램의 효과를 알아보기 위한 종단적 연구 결과에 의하면, 프로그램에 참여한 아동은 통제 집단의 아동보다 초등학교 입학 후 첫 2, 3년 동안 IQ와 학업성취도 측면에서 더 우수하였으며, 그 이후에는 점차 효과가 없어지는 것으로 나타났다(Berk, 2003). 이러한 결과는 헤드스타트 프로그램에 참여한 아동들은 저소득층 지역의 재정 지원이 미약하고 질이 낮은 공립학교에 입학하기 때문이다(Schnur & Belanger, 2000).

일부의 취학 전 교육프로그램은 즉각적인 IQ 향상과 장기적인 차원에서 IQ와 학업성취도 향상을 가져올 수 있음을 입증한 프로그램들이 있으며 대표적인 Perry Preschool Program과 Abecedarian Program이 있다.

Perry Preschool Program은 Stanford-Binet IQ 검사에서 어머니의 IQ가 75-85인 빈곤층 아동을 대상으로 실시되었다. 프로그램 실시 후 종단적 연구를 통한 효과를 비교한 결과를 보면, 통제집단 아동의 5세 때 평균 IQ는 83이었고 처치집단 아동의 IQ는 95였다(Nisbett, 2010). 처치집단 아동의 IQ는 학년이 올라갈수록 통제집단 아동의 평균과 같은 85까지 낮아졌다. 그러나 학업성적의 향상과 그에 따른 경제적 및 사회적 향상에서의 분명한 차이가 있었다. 특수 교육 학급 배정, 학업 성취도 검사, 고등학교 졸업비율뿐만 아니라 월 소득, 주택소유 여부 및 생활보호 대상자 비율에서도 통제집단 아동과 비교하여 처치 집단아동은 차이를 보였다(Nisbett, 2010), 이러한 결과는 IQ 향상의 효과가 없어져도 아동의 학업과 삶에서의 성취가 달라질 수 있음을 보여준다.

Abecedarian Program의 대상은 가계소득 수준과 부모의 교육 수준이 낮고, 공공기관의 원조에 의존하는 위험요인을 갖고 있는 아동들을 대상으로 실시되었다. 프로그램은 생후 6개월부터 지속된 전일제 개입 프로그램이었다. 프로그램의 결과를 보면 만 3세 때 통제 집단의 평균 IQ는 84이며, 처치집단의 IQ는 101이었다(Nisbett, 2010). 프로그램 종료 시점에서 통제집단의 IQ는 94였고, 처치 집단의 IQ는 101이었다. 12세가 되었을 때, 통제 집단의 44%가 IQ 85 이하였던 반면에, 처치집단의 아동들 중 13%만이 IQ가 85 이하였다. 이 프로그램의 교육성과는 아동이 21세가 되었을 때 나타났는데, 특수 학급 배정 비율, 유급비율, 학업 성취도 및 대학 진학률에서도 차이가 나타났다.

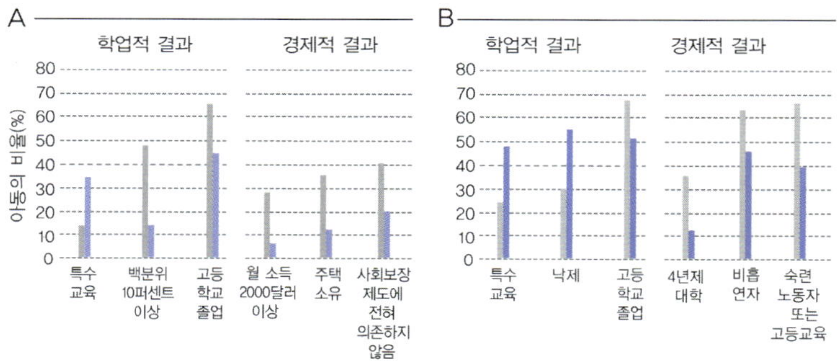

* 옅은 색 막대그래프는 프로그램 처치집단, 짙은 색 막대그래프는 통제집단

[그림 7-6] 페리 프로그램(A)과 에이비시다리안 프로그램(B)의 학업, 경제적 및 사회적 결과

출처: Nisbett(2010).

3) 지능검사와 문화적 차이

지능검사에서 높은 점수를 받기 위해 특별한 유형의 문화적인 경험이 필요한 경우 검사가 문화적으로 편파되었다고(cultural bias) 본다. 지능검사는 언어 기술과 산수능력에서의 성취 정도를 반영하며, 이러한 검사에서 측정된 성취는 지능을 반영하지만, 검사의 질문에 정확하게 대답하기 위해서 요구되는 개념에 대한 문화적인 친숙함 또한 반영한다. 심리학자들은 지능검사가 흑인과 저소득 계층에게 편파되어 있으며, 흑인 거주 지역에서 자라온 아동들은 지능에서의 차이가 아니라 문화적인 차이로 인하여 검사에서 불이익을 당할 수

있다고 본다. 즉, 백인 중산층 가정에서 학습한 개념과 언어가 이러한 검사에서 강조되고 있으며, IQ 검사가 중산층의 백인계 아동을 표집하여 표준화되었기 때문이다(Brody, 1997).

1970년대 이후로 지능검사들은 전집을 대표하는 표집을 대상으로 표준화가 시도되었는데 대표적인 검사가 K-ABC이다. Kaufman, Kaufman, Kaufman-Singer와 Kaufman(2005)은 다양한 문화적 배경을 고려하고, 일반 아동뿐만 아니라 영재 아동, 정서장애아 및 학습장애아를 표준화 과정에 포함시켰다. 또한, 심리학자들은 범문화적(cultural-free or cultural-fair test) 지능검사를 제작하였다. 예를 들어, [그림 7-7]은 Cattell의 범문화적 지능검사의 항목의 예이다. 그러나 이러한 범문화적 지능검사에 대하여 다음과 같은 제한점이 지적되고 있다. 중산층 아동이 저소득층 아동에 비해 이러한 검사에서도 우세한 결과를 보이며, 범문화적 지능검사의 결과가 다른 지능검사와 달리 아동의 학업에서의 성공을 예언하지 못한다(Etaugh & Rathus, 1995). 또한 대부분의 검사들은 주요 문화(dominant culture)가 중요시 하는 내용을 반영하려는 경향이 있으므로 범문화적 검사를 제작하기가 상대적으로 어렵다.

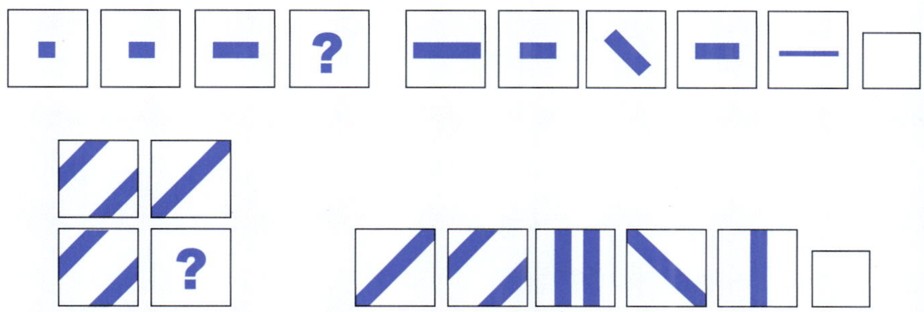

[그림 7-7] 범문화적 지능검사 항목의 예

출처: Etaugh & Rathus(1995).

4) 지능의 안정성

6세 아동들에게 IQ 검사를 실시하는 경우를 가정해 보자. 만일 같은 검사를 다음 달, 1년 후 또는 10년 후에 다시 실시한다면 현재의 검사 점수와 유사한 결과를 얻을 것인가 아니면 변화가 있을 것인가?

종단적 연구 결과에 따르면 처음 검사를 실시한 시기가 늦을수록 이후의 IQ에 대한 예언력이 더 높았다. 상관관계의 분석 결과를 보면, 유아기와 학령기의 IQ의 상관관계는 .30이나, 학령기 동안에 실시된 검사의 상관관계는 .70~.80으로 높아지며, 청년기 사이에 실시된 검사의 상관관계는 .80에서 .90으로 높은 상관관계가 나타난다(Berk, 2003). 그 이유는 첫째, 영아기 및 유아기에 지능을 측정하기 위해 사용한 도구가 학령기나 성인기의 지능을 측정하는 도구와 상당히 다르기 때문이다(Cohen, Montague, Nathons, & Swerdlik, 1988). 예를 들어, 어린 연령의 경우 구체적인 지식을 측정하는 문항이 적용되나 그 이후에는 추상적인 문제해결을 요구하는 문항이 적용된다. 둘째, 유아기는 발달 속도가 빠른 시기이므로 IQ의 예언력이 낮을 수밖에 없으며, 6세 이후 예언력이 높아지는 것은 학교에 입학한 후 매일의 학습적인 활동과 지능검사 문항 사이에 유사성이 높기 때문으로 볼 수 있다(Berk, 2003).

5) 지능검사 결과의 올바른 사용

심리학자들이 지적하는 여러 제한점에도 불구하고 지능검사는 보편적으로 많이 활용되어지고 있다. 지능검사의 결과를 올바르게 사용하기 위해서 검사 제작자 및 사용자는 지능 및 지능검사에 대한 최근의 과학적 지식에 대하여 알고 있어야 한다(Santrock, 2003). 또한 지능을 아동에 대한 유일한 정보로 활용하기보다 아동의 다른 정보와 함께 사용되어져야 한다. 예를 들어, 아동을 특수 학급이나 영재 학급에 배치하는 경우 지능검사의 결과만으로 결정하는 것은 바람직하지 않다. 따라서 아동의 발달사, 학교에서의 수행, 사회적 능력 및 가족 환경 등을 함께 고려하는 것이 필요하다.

머리 좋은 한국인

한국을 비롯한 아시아 4개국이 세계 각국 국민들의 지능지수(IQ) 국제 비교에서 1위에서 4위까지를 휩쓸었다고 영국 선데이타임스가 오스트리아의 빈 대학교 의과대학이 최근 실시한 연구 결과를 인용, 20일 보도했다.

빈 대학 의대가 세계 50개 국가를 대상으로 실시한 연구 결과에 따르면 국민들의 평균 IQ(이하 평균 생략)가 가장 높은 나라는 홍콩(107)이었으며, 그다음으로는 한국

(106), 일본(105), 싱가포르(103) 순으로 아시아 국가들이 1~4위를 차지했다. 중국도 IQ 100으로 공동 11위에 올랐다. 유럽 국가로는 오스트리아와 독일, 이탈리아, 네덜란드는 IQ 102로 공동 5위를, 스웨덴과 스위스는 IQ 101로 공동 9위를, 벨기에와 영국, 뉴질랜드는 IQ 100으로 공동 11위를 각각 차지했다. 헝가리와 폴란드는 공동 15위(99), 미국과 호주, 덴마크, 프랑스, 노르웨이는 공동 17위(98)에 랭크됐다.

IQ가 140 이상인 사람들의 모임인 '멘사'의 영국 지부 회장인 실비아 허버트 여사는 "이번 조사에서 아시아권 국가 국민들의 IQ 수준이 최고를 기록한 것은 놀랄 일이 아니다"며 "그 이유는 이들이 수학 부문에서 훨씬 우수하기 때문"이라고 평했다.

출처: 세계일보 2003. 12. 22

4. 창의성

[그림 7-8]
원을 이용한 아동의 그림

Guilford는 창의성을 창의적 성취를 이루기 위한 정신적 능력으로 보았다. Guilford는 수렴적 사고(convergent thinking)와 확산적 사고(divergent thinking)를 구분하고 수렴적 사고란 문제해결을 위해 다양한 답이나 해결 방법에서 가장 적합한 해결책이나 답을 모색해 가는 사고로, "4의 제곱은 무엇인가?"란 질문에 "16"이라는 답을 모색하는 데 필요한 사고이다. 반면에 확산적 사고란 문제의 해결을 위해 다양한 해결책과 답을 모색하는 사고의 유형으로 예를 들어, "옷걸이는 옷을 거는 것 이외에 어떤 용도로 사용될 수 있는가?"라는 질문에 대한 대답과 관련이 있다. 창의성은 이러한 확산적 사고와 관련성이 있다. 확산적 사고는 [그림 7-8]과 같이 원과 같은 도형을 제시하고 이를 이용하여 그림을 그리도록 하고 고안한 그림의 수와 반응의 독특성에 기초하여 평가할 수 있다.

Guilford는 다음과 같이 확산적 사고의 4가지 특성을 제시하였으며, 많은 창의성 검사들이 이러한 기준을 사용하여 아동의 창의성을 평가한다.

- 유창성(fluency): 제한된 시간 내에 많은 아이디어를 생산해 내는 능력
- 융통성(flexibility): 사물을 다른 각도에서 보고 여러 관점에서 보는 능력
- 독창성(originality): 기존의 생각과 다른 독특하고 새로운 생각을 만드는 능력
- 정교성(elaboration): 아이디어를 정교하고 세밀하게 구성하는 능력

창의성은 결과물 및 과정을 강조하는 입장에 따라 정의가 다르다. Torrance(1988)는 창의력을 곤란한 문제를 인식하고 이를 해결하기 위해 아이디어를 만들고 가설을 세우고 검증하며, 그 결과를 전달하는 과정으로 정의한다. Torrance는 창의적인 아동은 다음과 같은 행동 특징이 있다고 제안하였다.

- 유머, 놀이성, 덜 경직된 태도로 일에 임함
- 어려운 과제에 대해 기꺼이 도전
- 주의집중 시간이 길고, 집중력 및 높은 흥미도
- 비관습적인 생각을 하며 상상적 활동 참여
- 보통 아동들보다 더욱 예민하며, 독립적임
- 또래들에게 가끔 괴짜나 바보 같은 생각이라고 불림

최근에 연구자들은 창의성을 개인의 정의적 성향, 인지적 능력, 환경 및 복합적 접근인 차원에서 인지적, 개인적 특성, 사회적 맥락 및 사회문화적 환경 등의 다차원적인 요소들과 관련되어 있다고 본다(Simonton, 2000). 우리나라에서 실시한 연구에 의하면 김원경과 우남희(2002)는 아동의 정의적 성향, 성격 특성 및 인지능력이 창의성을 예언하는지 살펴본 결과, 활동 수준과 우울감이 낮고, 자아존중감이 높으며, 자기효능감이 높을수록 창의성이 높은 것으로 나타났다.

유연옥(2003)은 초등학교 1학년에서 6학년 아동을 대상으로 그림 창의성 검사를 이용하여 창의성의 발달 경향을 살펴본 결과, 창의성의 발달은 U형으로 나타났다. 초등학교 1학년에서 3학년 사이 급격한 증가를 보이고 4학년에 하강하는 현상을 보이는데,

이는 이 시기에 아동들이 현실적이고 또래 집단에 대한 동조성의 증가로 창의성이 감소하게 되는 관습적인 시기(conventional period)이기 때문이다.

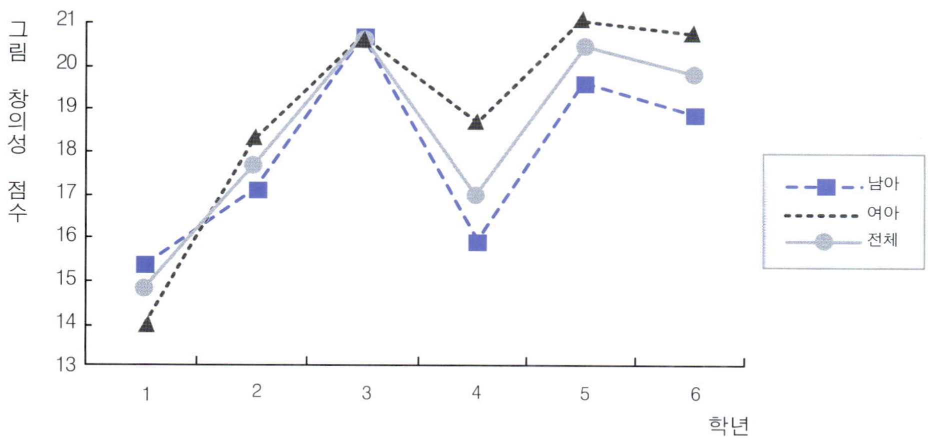

[그림 7-9] 학년과 성별에 따른 창의성 점수

출처: 유연옥(2003).

아동의 창의력을 측정하는 대표적인 도구로 TTCT와 TTCT-DT가 있다. TTCT는 현재 창의력을 검사하는 도구 중 가장 많이 사용하는 도구로 Guilford의 확산적 사고이론을 이론적 배경으로 하고 있다. 이 도구는 [그림 7-10]과 같은 특정 자극을 제시하고 이에 대하여 완전한 도형을 산출하도록 하여, 반응에 대하여 유창성, 독창성, 정교성, 그림 제목의 추상능력 정도 및 애매모호함의 참을성을 기준으로 채점하도록 되어 있다. TCT-DT는 창의적 능력과 창의적 성격을 평가하며 시간의 제한이 없이 아동이 원하는 것을 그릴 수 있다. 그림은 연속, 완성, 새로운 요소, 선의 결합, 주제 간의 결합, 원근법, 유머와 정서, 독창성을 기준으로 평가한다. 우리나라에서는 TTCT와 유사한 특징을 가진 유아 종합 창의성 검사(전경원, 1999)가 있으며, 또한 TCT-DT와 유사한 유아 도형 창의성 검사(전경원, 2001)가 개발되었다.

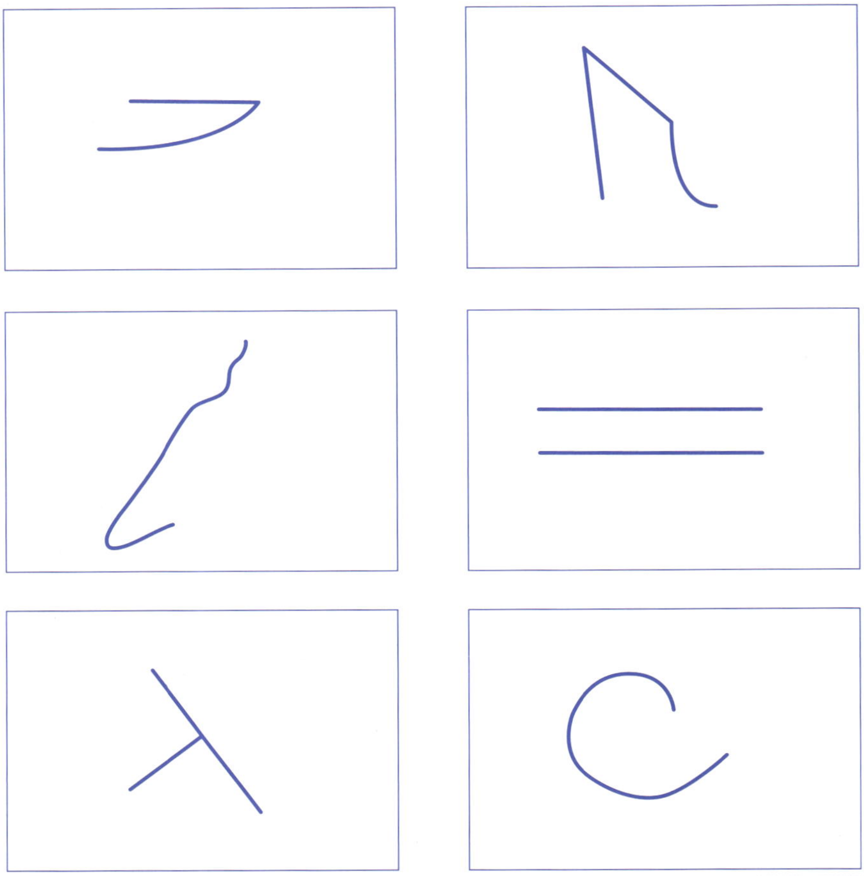

[그림 7-10] TTCT에서 제시하는 자극의 예

〈표 7-5〉 유아 종합 창의성 검사의 하위검사 구성 및 측정영역

영 역	검사명	검사 내용	측정 내용
언 어	검사 1 빨간색 연상하기	빨간색을 보고 연상되는 물건이나 느낌 생각을 적어보게 하는 활동으로 창의력 계발에 중요한 연상 활동으로 이루어져 있다	유창성 융통성 독창성
도 형	검사 2 도형 완성하기	태극기의 가운데 선만 9개를 제시하여 그 선을 이용해 어떤 그림을 그리는 것이다.	유창성 융통성 독창성
신 체	검사 3 동물 상상하기	창의적 사고의 기초가 되는 상상력을 측정하기 위해 전래동화나 우화에 등장하는 동물 5개를 등장시켜 상상하게 한다.	상상력
언 어	검사 4 색다른 나무치기	전통놀이의 비석치기와 같은 형식으로 세워져 있는 창의 나무를 색다른 방법으로 쓰러뜨리게 하는 것이다.	유창성 융통성 독창성

출처: 전경원(1999).

창의력 성장을 위한 십계명

1. 상상력을 자극할 수 있는 개방적인 이야기나 그림을 제시하라.
2. 상상력을 확장하는 동화, 신화, 우화, 자연 서적을 제시하라.
3. 생각하고 몽상에 잠길 시간을 허락하라. 아동이 바쁘게 보이지 않아도 정신까지 쉬고 있는 것은 아니다.
4. 자신의 생각을 공책 등에 기록하도록 권장하라.
5. 사물을 다르게 보도록 격려하라. 세상을 새롭게 보는 눈을 뜨게 하라.
6. 개성을 존중하라. 아동이 특별한 존재로 인정됨을 느끼도록 작품이나 행동의 작은 부분도 인정해 주라.
7. 아동의 작품을 고치는 일에 신중을 기하라.
8. 단어를 사용하여 하는 놀이를 격려하라.
9. 창의적 행동과 관련된 특별한 사고 과정을 찾아 강화해 주라.
10. 아이에게 문제를 인식하고 가능한 해결책을 찾는 기회를 제공하라.

출처: Smiunity, Veenker, & Veenker(1989).

책 읽는 아이 컴도사보다 창의적

컴퓨터나 학습지보다 독서, 미술을 주로 하는 어린이일수록 창의성이 높다. 이 같은 창의성은 부모의 소득 및 학력 수준과도 비례한다.

이는 이화여대 홍용희 교수(유아교육학)와 한국교육과정평가원 채선희 책임연구원이 공동으로 지난해 8~12월 전국의 4~6세 어린이 1,366명과 부모를 대상으로 창의성 검사 설문 조사를 실시, 9일 공개한 '한국 유아의 창의성에 관한 실증적 연구'에서 밝혀졌다.

연구에 따르면 여가 활동으로 독서, 미술, 블록놀이에 많은 시간을 보내는 유아들의 창의성 점수는 각각 31.6점, 29.6점, 28.2점으로 나타나 전체 평균(27.6점)보다 높았다. 반면 컴퓨터, 학습지를 주로 하는 유아들은 각각 24.6점, 25.8점으로 최하위권을 형성했다. 많은 시간을 보내지 않더라도 컴퓨터 사용 여부에 따라서는 사용하는 유아(28.7점)가 사용하지 않는 유아(26.4점)보다 창의성이 높았다.

특히 부모의 학력과 월 평균 소득이 높을수록 유아의 창의성도 높게 나타났다. 부모가 각각 대학원 졸업 이상의 학력인 경우 유아의 창의성 점수는 각각 30.2점과 31점이었으나 중졸 이하인 경우 21.9점과 22.8점에 그쳤다. 부모의 월 평균 소득 역시 450만원 이상인 경우가 30.5점으로 150만원 이하의 24.2점보다 크게 높았다. 이와 함께 부모의 관심도 유아의 창의성과 관련이 있는 것으로 조사됐다.

창의성을 높이기 위해 현재 교육을 받고 있거나 과거에 받은 적이 있는 어린이(33.3%)의 창의성 점수는 각각 29.7점, 28.2점인 반면 부모가 관심이 없다(7%)고 답한 유아는 26.4점으로 낮게 나타났다.

부모가 "앞으로 창의성 교육을 실시할 계획이 있다"(44.1%)고 답한 유아는 27점이었다. 15.6%는 응답하지 않았다. 부모들은 창의성 검사의 필요성에 대해 68.3%가 "필요하다"고 답했으나 실제 검사를 받은 경우는 3.6%에 불과했다.

채선희 연구원은 "전반적으로 부모들이 창의성 교육에 관심이 많고, 유아기의 적절한 교육에 의해 창의성이 최대로 증진될 수 있다고 생각하는 것으로 나타났다"고 분석했다.

출처: 중앙일보 2001. 5. 9

Chapter 08

언어 발달

본 Chapter에서는 일상의 삶과 인지적 활동의 도구로서 언어의 기능과 개념을 제시하고 복잡하고 창의적으로 활용되어야 하는 언어를 영유아들이 어떻게 그토록 빠른 시기에 습득하게 되는가에 대한 이론적인 설명과 언어 습득에서의 개인차, 그리고 영유아의 언어 습득을 도와주는 환경적 요인에 대하여 기술하고자 한다.

1. 언어에 대한 기초적 이해

물건을 담는 카트에 앉아 있는 9개월 된 진이는 대형마트에서 물건을 고르고 있는 엄마에게 옹알이를 하고 있다. 물건을 카트에 다 담은 엄마가 카트를 밀며 계산대로 가까이 가자, 계산원이 엄마를 미소로서 맞이한다. 이때 진이는 그 계산원에게 "어"라는 소리를 내며 손을 흔든다. 이에 깜짝 놀란 계산원이 진이에게 주목하며 미소를 띠고 말을 건다. 진이는 계산원의 이러한 반응에 한껏 기분이 좋아서 다시 옹알이를 한다.

위의 장면에서 알 수 있듯이 언어란 어린 영아에게도 상당히 강력한 효과를 갖고 있다. 영아는 인정받는 의사소통 대상자가 되고 싶다는 욕구를 표현하며 이러한 욕구를 특정한 소리를 발화하면서 충족시키고 있다. 언어는 소리 혹은 기호를 의미와 연합시킨 상징 체계이다. 언어는 말소리, 글 혹은 동작 등의 다양한 형태로 표현된다. 또한 다양한 하위 체계로 구성되어 있다. 소리 언어는 4개의 하위체계로 구성되어 있다. 4개의 체계를 구체적으로 설명하면 다음과 같다.

- 음성 체계: 언어의 소리를 의미한다. 예를 들면 수많은 영어 단어는 45개의 서로 다른 소리들로 이루어져 있다. 한국어는 48개로 구성되어 있다.
- 의미 체계: 언어의 구성단위인 낱말의 의미에 대한 체계이다. 웹스터 사전(3판)에는 약 50만 개의 단어가 있으며, 영어를 모국어로 쓰는 대학 교육을 받은 사람은 평균적으로 약 15만 개의 단어를 구사한다. 표준국어대사전에는 4~5십만 개의 어휘가 실려 있다. 그러나 이 어휘는 우리가 잘 쓰지 않는 한자어 등이 다수 포함되어 있다.
- 문법 체계: 언어의 구조와 규칙에 관한 체계이다. 문법의 가장 중요한 요소는 문장규칙(syntax)이며, 이는 문장을 이루기 위하여 단어들이 어떻게 배열되는가에 대한 규칙이다.
- 화용 체계: 사람들이 효율적으로 의사소통하기 위하여 언어를 활용하는 것이다. 의

사소통은 반드시 청자를 고려해야 하며, 상황과 맥락에 적절해야 한다. 예를 들면, 우리는 5세 유아에게 아주 긴 문장과 어려운 단어로 이야기하지 않는다.

언어를 습득하는 것은 위의 4가지 요소에 대한 구사력을 획득하는 것을 의미한다. 즉, 말소리의 차이를 구별해야 하며, 이를 발화할 수 있어야 한다. 단어의 뜻을 알아야 하고, 문장을 만들기 위하여 단어들을 적절하게 배열해야 한다. 또한 다른 사람에게 적절하고 효율적으로 말할 수 있어야 한다.

아기가 18개월이 넘으면 수십 개의 어휘를 알고 일정한 규칙에 의해 표현하게 된다. 36개월 이상이 되면 수백 개의 어휘와 이 어휘를 문장으로 구성하여 사용할 수 있게 된다. 이렇듯 아동의 언어 발달은 짧은 시기에 괄목할 만한 변화를 나타낸다.

인생 초기 영유아기의 짧은 시기에 영유아 발달에서 언어가 가지는 의미는, 복잡한 언어 규칙, 소리, 상징, 의미와 활용성을 단시간에 습득하는 시기라는 것이다. 이때는 언어의 기능과 용도를 습득하는 시기로 예로서 낮춤말과 높임말에 대한 활용성뿐만 아니라 언어를 창의적으로 사용하며 지적 활동의 도구로 활용한다. 또한 소속된 사회와 문화의 상징 체계라 할 수 있는 문자언어에 대하여 관심을 갖게 된다.

영유아의 언어 발달 과정에서 나타나는 창의적 사용의 예를 들어보면 아래와 같다. 영유아들이 언어를 습득하고 사용할 때 환경에서 주어지는 것을 그대로 사용하는 것이 아니라 자신의 지적능력을 동원하여 환경을 이해하는 데 활용하고, 이런 이해가 창의적임을 알 수 있다.

C1: 왜 우리 아빠가 큰 아빠인 줄 알아?

C2: …….

C1: 우리 아빠가 네 아빠보다 키가 크잖아.

C2: 그러면 우리 엄마도 큰 엄마야. 우리 엄마 키가 네 엄마보다 크잖아!

부모나 아이들이나 커다란 노력 없이 대부분의 아이들이 아주 빠른 기간 안에 의사소통하는 법을 배우게 되는데, 이러한 현상을 설명하려고 많은 학자들이 관심을 가져왔다. 이제부터 복잡하고 창의적으로 활용되어야 하는 언어를 영유아들이 어떻게 그토록 빠른 시기에 습득하게 되는가에 대한 이론을 제시할 것이다.

2. 언어 발달의 이론

4개월 반이 된 수정이는 큰 소리로 웃을 수 있다. 또한 "우우- 우우-" 및 "나나" 등의 소리를 내고 있다. 7개월이 되면 더욱 다양한 소리를 내기 시작한다. 14개월이 되면 많은 것들을 손가락으로 가리키면서 "이거 뭐?" 혹은 "저거 줘" 등의 말을 할 줄 알게 된다. 17개월이 되면 "눈은 어디에 있니, 코는? 혹은 배꼽은?" 등의 질문에 대하여 아주 정확하게 응답할 수 있다. 21개월이 되면 약 50개의 단어를 말할 수 있으며 알아듣는 것은 이것보다 더 많다. "이제 코~ 잘까?"라고 하는 질문에 대하여 "이- 이-"와 함께 고갯짓을 하는데 이는 '싫다'라는 표현이다. 이러한 변화는 어떻게 혹은 왜 일어나는 것일까?

이러한 언어적 의사소통의 비밀을 아기들은 어떻게 깨닫게 되는가? 이러한 능력은 학습된 것인가 혹은 선천적으로 타고 나는 것인가? 어떻게 해서 그렇게 빠른 시기에 정확하게 모국어를 이해하며 말하게 되는 것일까? 어떠한 요인들이 아동의 언어 습득 속도와 관련이 있는 것일까? 이에 대한 답으로 1950년대에 상반된 견해를 갖는 두 학자가 있었다. 그중 한 명은 학습이론가인 B. F. Skinner이고 다른 한 명은 언어학자 N. Chomsky였다.

1) 행동주의 이론(Behavioristic approach)

Skinner는 다른 모든 행동과 마찬가지로 언어 역시 경험의 결과라고 보았다. 즉, 조작적 조건형성 및 모방의 결과로 언어가 습득된다는 것이다. 먼저, 영아들은 무작위적인 소리들을 발화한다. 양육자들은 성인어에 가까운 소리들에 미소, 관심 혹은 영아에게 말로 응수함으로써 강화해 준다는 것이다. 이에 영아들은 강화된 소리를 자꾸 반복해서 사용하게 된다. 또한 영아들은 성인이 내는 소리를 그대로 모방하는데, 이에 대하

B. F. Skinner

여 양육자가 강화를 해준다. 이외에도 양육자는 영아에게 특정 사물을 건네주면서 같은 어휘를 반복적으로 사용하게 된다. 즉, 젖병을 영아에게 건네면서 '젖병'이라는 말을 반복함으로써 영아는 '젖병'이라는 어휘, 사물과 행동을 연결시키므로 그 어휘를 학습하는 조건학습으로 설명한다. 이러한 조작적 조건 및 모방에 의해 영아들은 의미 있는 말들을 발화하게 된다고 한다.

이 관점의 장점은 언어 습득에서의 환경의 중요성을 인정한 것으로 주위 성인과의 상호작용을 통해서 모국어를 습득한다는 견해를 지지한다. 반면 단점은 유아를 수동적 존재로 보며, 두 단어 이상을 발화하는 시기가 되면, 유아가 문법과 어휘 습득에서 나타내는 창의적 활용성을 설명할 수 없다. 또한 유아 주변의 성인은 유아가 문법적으로 옳은 말을 하도록 의도적으로 지도하지 않는다는 사실을 설명할 수 없다.

2) 생득주의 이론(Nativist approach)

N. Chomsky

N. Chomsky는 위의 행동주의적 견해에 상반된 입장인데 언어 습득 과정은 조작적 조건형성 및 모방에 의하여만 이루어질 수 없다는 것이다. 즉, 문법적 규칙과 세밀한 의미 등은 너무나 다양하고 복잡하여서 강화와 모방만으로 학습될 수 없다는 것이다. 또한 강화와 모방의 과정은 영아들이 한 번도 들어보지 못한 표현 등을 만들어내는 것을 설명할 수 없다. 예를 들어, 영아들은 강화되지도 않았고 들어보지도 못했을 "영숙이가 갔어", "I thinked"를 사용한다. 영아들은 과거형, 복수형, 부정형을 표현할 때 나름대로 지각한 규칙을 적용한다. 또한 청각장애를 갖는 영아들이 산출해 내는 수화를 관찰해 보아도 환경에서 제공되는 자극과 경험만으로 언어 발달이 이루어진다는 설명은 충분하지 않다.

N. Chomsky는 언어 습득은 생득적 능력에 의한 것이라고 주장한다. 즉, 영아들은 걷기를 배우듯이 자연스럽게 문법적 규칙을 배울 수 있는 능력을 갖고 태어나는 것이다. N. Chomsky로 대표되는 생득론자들(nativist)은, 모든 아동들이 체계적인 교육의 도

움이 없어도 비슷한 시기에 자신의 모국어를 숙달하게 되는 현상들이 이러한 견해를 지지한다고 본다. 태어난 지 며칠 안 된 신생아들의 비슷한 소리에 대한 구별능력(Eimas, Siquehand, Jusczyk, & Vigorito, 1971) 혹은 비슷한 몇 개의 소리를 유형으로 묶을 수 있는 능력은 소리어의 특정한 부분을 지각할 수 있는 능력을 갖고 태어남을 보여준다.

그러면 영아는 어떻게 해서 단순한 소리에 대한 지각에서 복잡한 문법을 이용한 문장들을 발화하게 되는가? N. Chomsky는 이를 언어 습득기제(Language Acquisition Device: LAD)로 설명하였다. 인간은 언어의 문법적 구조를 획득할 기제를 선천적으로 갖고 태어났다. 이러한 기제는 타임캡슐과 같은 성격이어서 일정 시간 작동하다가 멈추는 것으로 비유하기도 한다. 즉, 어린 나이에 일정 시간을 가장 왕성하게 작동하다가 아동기 후반부 및 청소년기에 이르면 작동이 둔화된다는 것이다.

이러한 관점은 좌뇌 아랫부분의 브로카 영역이라는 언어활동 중추가 발견됨으로써 더 지지되고 있다. 또한 유인원에 대하여 언어 훈련을 시켰더니 단어 하나하나는 가르칠 수 있으나, 이것들의 조합은 습득이 불가능하여 일정 수준 이상의 언어능력 발달은 불가능하였다. 또한 청각장애 부모에게서 양육을 받는 청각장애 영아들의 제스처를 관찰하면 일반아의 제스처와는 차이가 나는 일정한 움직임을 보여주고 있음을 발견하였다. 즉, 청각장애 장애 영아는 일반아들이 옹알이를 하면서 소리의 규칙적 움직임을 연습하듯이 손가락 및 손의 움직임이 규칙적이라고 한다. 아래의 그림은 이것을 보여준다.

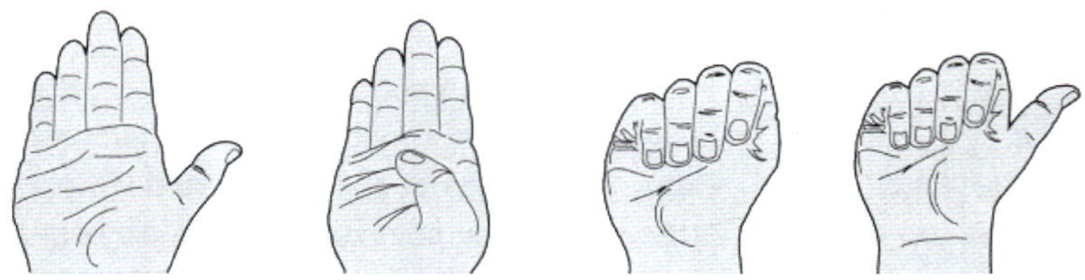

[그림 8-1] 수화를 경험한 청각장애 아기의 손가락 옹알이의 예

이러한 사실은 언어의 문법적 구조의 선천적 학습능력을 입증하는 것이라고 할 수 있다. 따라서 이러한 관점의 장점은, 유아의 문법적 활용성(창의성)을 설명할 수 있으며 인생 초기에 이루어지는 언어능력의 급격한 변화를 효과적으로 설명할 수 있다. 반면 단점은 언어 습득능력의 선천성, 보편성이 인정되더라도 이러한 능력이 구체적으로 어떻게 한국이라는 나라의 경상도 지역에서 자라고 있는 4세 유아에게 언어 습득능력으로 구체화 되는지를 설명할 수 없다는 점이다. 또한 개개 아동 간의 언어 습득 속도의 차이, 구사력의 차이에 대하여 설명하지 못하고 있으며, 언어 발달은 누군가 이야기해 줄 사람이 꼭 있어야 하는 것에 대하여 설명하지 못하고 있다. 따라서 지난 수십 년간 이루어진 아동의 언어 발달에 대한 연구에 의하면 아동은 언어를 습극할 수 있는 생득적 능력을 갖고 있으나 이는 신경학적 성숙, 인지 발달과 경험에 의하여 활성화된다고 볼 수 있다.

3) 상호작용주의 이론(Interactionist approach)

영아가 비교적 짧은 시기에 모국어를 습득하는 과정을 설명하는 데 있어서 '엄마 말(motherese)' 혹은 '아동 대상의 언어(child-directed language)' 라고 하는 부모와 어린 자녀 사이의 의사소통의 특징에 연구자들은 주목하고 있다. 이는 단순한 형태로 아동의 문장을 확장시키고 수정해 주는 부모 자녀 사이의 언어적 상호작용이 유아의 언어 발달에 크게 공헌한다는 의견이다. 이 관점은 영아의 선천적 언어 습득능력인 소리를 지각하는 능력, 동작 언어의 사용, 기호 및 상징에 대한 이해, 언어의 규칙성에 대한 발견 등을 인정하는데 이것만으로 충분하지 않고 광범위하고 다양한 경험들이 결합되어야 언어 발달이 이루어진다고 주장한다.

아동은 태어나는 동시에 언어적 자극에 적절하게 반응하게 주의집중할 수 있는 '작동 원리(operating principles)' 를 갖고 있다고 주장하므로 선천적 언어 습득에 대한 경향성 혹은 능력을 인정한다. 혹은 아동은 '작은 언어학자' 로서 정보를 이해할 수 있는 인지적 구성능력을 갖고 있듯이 언어에 대한 이해 및 구성능력을 갖고 있다고 주장하는 견해이다. 그러나 이러한 선천적 능력만으로 언어 습득이 가능한 것은 아니다. 선천적인 언어를 습득할 수 있는 경향성 혹은 능력은 환경으로부터 제공되는 언어 사용의 모델링 혹은 자극도 필요하다.

(1) 인지적 상호작용

영유아가 언어를 사용하는 능력은 생득적인 것이 아니라 인지적 성숙의 결과로 획득되는 여러 능력 중 하나인 추론에 의해 구조화된다. 마치 과학적 개념과 지식이 발달되듯이 기본적이며 일반적인 인지 발달에 의지하여 언어가 발달한다. 대표적인 학자는 Fiaget로서 언어가 사고 발달에 주도적 역할을 하는 것이 아니라, 오히려 인지 발달에 의하여 상징을 사용하는 능력에 기초하여 발달하는 것이다. 유아가 인지 발달에 의하여 지식을 스스로 구성하듯이 언어적 지식, 개념(문법적 규칙)도 유아의 실험, 모순 발견, 갈등과 가설 수립 등의 적극적 참여에 의하여 구성된다.

인지능력은 인생 첫 해 동안에 상당 수준 발달되는데 아기들은 세상에 대한 탐색을 하고 조작하며 정보를 처리하고 조직한다. 모방을 통해 행동으로 혹은 소리로 자신의 의미를 표현한다. 나중에는 모방 대상이 지금 현재 아기의 눈에 없어도 그 행위를 모방할 수 있는데 이를 표상이라고 한다. 언어는 정신적 표상 혹은 상징을 처음에는 동작으르, 이후에는 소리로 표현하면서 발달된다. 이런 관점에서 보면 언어는 사고에 뿌리를 드고 있다고 할 수 있다. 즉, 영유아가 경험한 것 혹은 이해하고 있는 사건과 대상을 언더로 대치시키는 것이다. 따라서 Piaget와 같은 인지이론가의 관점에서 언어는 인지에 뿌리를 두고 있다고 볼 수 있다.

Piaget는 전조작기 유아들의 인지능력의 특징 중 하나인 자기중심성은 유아로 하여금 혼잣말(private speech)을 하도록 한다고 하였다. 즉, 자기중심적 인지능력으로 탈중심화되지 않아 나타나는 현상이 혼잣말이라고 하였고, 혼잣말로 인하여 유아들은 타인과 주고받는 의사소통이 어렵다고 하였다.

(2) 사회적 상호작용

사회적 상호작용 이론가들은 언어 습득에서의 유아 자신의 의도적 참여와 사회적 상호작용을 통한 의미 구성을 강조한다. 즉, 이들은 영아의 양육자와의 말소리를 이용한 협력 혹은 '언어적 한판(verbal bouts)'이 언어 습득에서의 주요한 요소임을 강조한다(Golinkoff, 1993). 이러한 영아와 양육자 간의 협력은 양육자들이 영아의 언어적 시도를 의사소통에 대한 의지의 표현이며 그것에 의미가 있는 것이라고 간주하기 때문에 가능한 것이라고 해석한다. 아래는 11개월 된 진이가 문을 두드리는 장면인데 사회적 상호작용에 의한 영아의 언어 습득 과정을 잘 나타내 주는 예이다.

> 진이: "자!"
> 엄마: "자두 먹고 싶다고?"
> 진이: (고개를 흔들며) "자, 자, ……."
> 엄마: (문을 열어보며) "자~?"
> 진이: (문 밖에 세워져 있는 자전거를 가리키며) "자!"
> 엄마: "아, 자전거 타고 싶다고?"
> 진이: (두 팔을 번쩍 올리며 고개를 끄덕인다) "자!"

위의 예에서 진이의 엄마는 진이의 말을 알아들으며 진이가 뜻하는 바와 의도를 이해한다. Vygotsky는 성인이 영아에게 제공하는 이러한 유형의 지원을 비계(scaffolding)이라고 하였으며 이러한 언어적 비계설정은 유아의 언어 발달이 근접 발달 영역(Zone of Proximal Development: ZPD)에서 이루어질 수 있도록 돕는다고 하였다. 근접 발달 영역(ZPD)이란 아동이 독립적으로 과제를 해결할 수 있는 능력과 성인의 도움으로 과제를 해결할 수 있는 능력 간의 차이를 지칭하는 말이다. 위의 진이의 예로써 풀이하면, 진이는 스스로는 자신의 의도를 하나의 소리만으로 이해시킬 수 없었으나. 진이 엄마의 질문은 진이가 소리 하나만을 사용하여서도 의사소통을 성공적으로 할 수 있게 하였다. 이것이 바로 근접 발달 영역에서 이루어진 학습을 나타낸다. 또한 Vygotsky는 사회적 상호작용의 도구로서 언어를 사용하므로 인간 내면의 심리가 발달되게 된다고 하였는데, 언어는 사회적 경험이 개인에게 내면화된 것으로 사회적 언어에 의하여 개인 심리적 언어가 발달된다. 이는 Piaget와 구별되는 견해로서 Vygotsky는 언어에 의하여 사고가 발달된다고 하였다.

Piaget와 구별되는 Vygotsky의 언어에 대한 관점은 혼잣말에 대한 것이다. Vygotsky는 사회적인 언어가 내적 언어로 발달하는 과정에서 나타나는 언어가 혼잣말이며 이는 과도기적인 특성이 있다고 하였다. Vygotsky는 혼잣말이 유아 스스로가 자신의 행동을 통제하는 자기 조절과 자기 지시의 기능을 하며 이 혼잣말을 통하여 내적 사고가 발달하며 추상적 사고의 발달을 견인한다고 하였다. 혼잣말은 5~6세에서 감소하였다가 7~8

세가 되면 다시 증가하다가 성인이 되면서 점차 사라지면서 내면의 언어로 발달한다.

언어 발달에 대한 상호작용론 관점은 생득적 기제, 모방, 강화의 과정만으로 설명될 수 없는 유아의 언어 습득과정과 능력에 대한 설명을 가능하게 한다. 유아는 자신의 눈높이에 맞는 언어적 사회 작용인 상호응시, 순서대로 말하기, 함께 주의를 기울이기, 상황 및 문화적 관례가 고려된 구체적 언어 경험에 의하여 언어를 습득하게 된다. 이러한 아동을 향한 언어(Child Directed Speech)는 문화적, 사회적, 역사적 맥락이 고려된 언어 경험을 유아에게 제공하므로, 2005년 현재 한국에서 태어나 한국말을 주로 듣는 유아의 언어 습득 기제를 설명할 수 있다.

그렇다면 이러한 다양한 이론들 중에 어떤 이론이 아동의 언어 습득 과정을 가장 적절하게 설명하는 것일까? 아동이 소리어를 구별할 수 있는 능력, 언어의 의미를 깨닫는 것, 혹은 복잡한 문법을 깨달아서 창의적으로 구사하는 것 등은 오직 하나의 이론만으로 설명될 수 없다. 아동이 소리어를 구별하고, 단어의 의미를 깨달으며 복잡한 문법을 창의적으로 활용할 수 있는 능력은 인간으로서 언어를 습득할 수 있는 특별한 능력이 있기 때문이고 동시에 이러한 언어적 능력을 발현할 수 있는 풍부한 언어적 자극이 제공되기 때문이다.

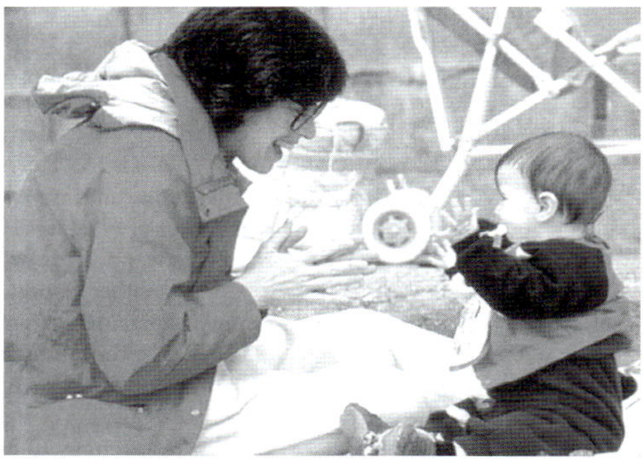

[사진 8-1] 엄마와 아기의 언어적 상호작용

4) 신경-생물학 이론(A Neuro-Biological Perspective)

아동의 언어 발달 과정을 설명하려고 시도한 행동주의적 관점, 생득론적 관점, 상호작용주의적 관점을 지지하는 심리학자, 언어학자 및 인류학자들은 아동의 언어 발달 과정을 설명하기 위하여 1950년대의 Skinner의 시도에서 시작되어 아주 오랜 기간 동안의 노력과 시간 투자를 하여 아동의 언어 행동을 주도면밀하게 관찰함으로써 이상의 이론들을 도출한 것이다. 한편 과거 20년간 의료기술에서의 혁신은 성리학자들이 인간의 두뇌를 들여다볼 수 있게 하였다. 이러한 기계는 인간의 두뇌의 모양과 활동을 그림으로 보여주고 두뇌가 정보를 처리하는 과정을 컬러로 3차원으로 보여준다. 이렇듯 기계에 의하여 수집된 자료들은 두뇌의 조직과 기능에 관한 이해를 진일보시켜 주었다.

신경-생물학적 관점에서는 언어를 습득할 수 있는 능력은 뇌를 이루는 신경세포에서부터 시작된다고 본다. 신경세포는 태아 초기에서부터 1분에 약 25만 개가 생성되는 놀라운 속도로 발달한다. 신경세포가 증식하면서 복잡한 유전적 청사진에 따라서 뇌의 상호의존적 요소들인 척수, 대뇌와 소뇌의 피질을 구성하게 된다. 뇌의 구조와 움직임을 사진으로 찍을 수 있는 기계의 발명 덕에 듣기, 말하기 혹은 언어를 해석하는 뇌의 특정 영역을 찾아내게 되었다. 따라서 인간의 뇌는 언어를 위한 특정 구조를 갖고 있다는 생득론적 관점이 지지되었으며 영아의 뇌는 3,000개 이상의 언어를 처리할 수 있는 능력을 갖고 태어난다고 알려지게 되었다(Kuhl, et al., 1997). 그러나 영아는 특정 언어를 말하도록 조건화되어 있거나 언어를 유창하게 말하도록 태어나는 것은 아니다. 영아가 구사할 수 있는 언어는 가정에서 듣고 경험하는 언어로 제한되게 된다.

신경-생물학적 관점에 의한 증거 자료들은 오히려 생득론, 행동주의, 상호작용 관점들 각각을 지지한다고 볼 수 있다. 즉, 언어 발달이란 유전과 환경 서로 간의 상호작용에 의한 것이기 때문이다. 영아는 유전적으로 언어를 처리하고 학습할 수 있는 특정 영역을 뇌에 갖고 태어나기도 하지만 영아가 모국어를 획득하려면 그 언어를 제시하고 상호작용을 해주는 양육자라는 존재와 이러한 자극이 꼭 경험되어야 가능하다. 따라서 생리학자들은 아동의 언어능력은 영아에게 제공되는 언어의 질에 따라서 차이가 나게 발현될 수 있음에 동의한다. 즉, 영아와 의사소통을 하는 양육자의 존재에 의하여 신경세포 간의 결합이 촉진되어 이로 인해 언어의 유창성이 가능하다는 것이다.

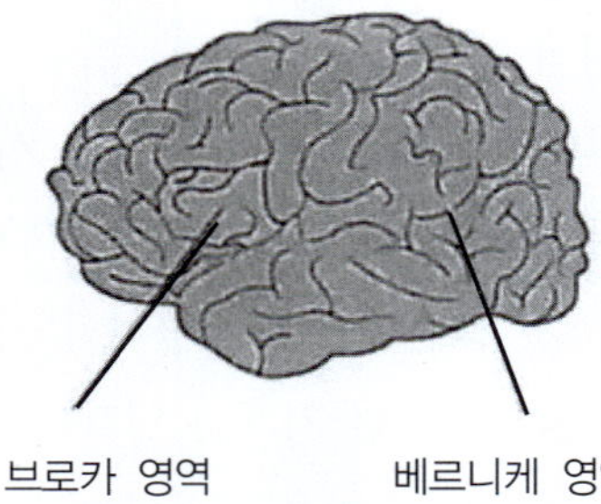

[그림 8-2] 브로카 영역과 베르니케 영역

그림에서 보이는 브로카 영역과 베르니케 영역은 말을 이해하고 발화하는 데 가장 큰 역할을 담당한다. 최근 뇌에 대한 영상이미지 촬영이 가능하기 전까지 이 영역이 언어에 작용하는 기능에 대한 것은 병리학적 연구를 통해 이해되었다. 즉, 사고로 뇌의 일정한 부분을 손상한 사람들이 보여주는 언어능력의 손실을 통해 그 영역이 언어에 기여하는 기능을 추론할 수 있었다. 브로카 영역에 손상을 입은 성인은 문법이 상실된 언어표현으로 의미 전달에 어려움이 있다. 그러나 단어와 문장 이해능력에는 아무런 영향을 받지 않는다고 한다. 브로카 영역 바로 옆에는 입의 근육을 정확하게 통제하는 체계가 있다고 한다(강옥경 · 김명순, 2005). 그림에 보이는 베르니케 영역에 손상을 입으면 이해력이 상실된다. 그러나 말을 할 수 있으나 거의 이해할 수 없는 방식이라고 한다.

3. 언어 발달의 차이

1) 언어 발달 속도에서의 개인차

언어 발달 과정에서 개인마다 단어 및 문법 습득의 속도에서 차이가 있는데, 이러한 초기 언어 발달 속도에서의 개인차는 유전적 요인과 환경적 영향으로 설명할 수 있다. 유전적 요인이란 언어 습득의 생득설이 설득력을 갖는 만큼 개인에 따라서 언어 처리 양식(language processing patterns)의 효율성에 차이가 있음을 의미한다. 반면, 환경적 요인이란, 자녀에게 이야기를 더 많이 해주거나 책을 자주 읽어주고 말을 많이 할 수 있도록 자극하고 반응해 주는 부모의 자녀들이 언어 발달이 빠르다. 그러나 발달 초기의 복잡한 문장을 빨리 구사할 수 있는가 혹은 늦게 구사하는가의 속도 차이는 후기의 지능 혹은 읽기능력과는 별 상관이 없는 것으로 알려져 있다. 즉, 초기 언어 발달에서의 개인차는, 대부분의 유아들은 5~6세가 되면 능숙하게 언어를 구사할 수 있게 되므로 없어지게 된다.

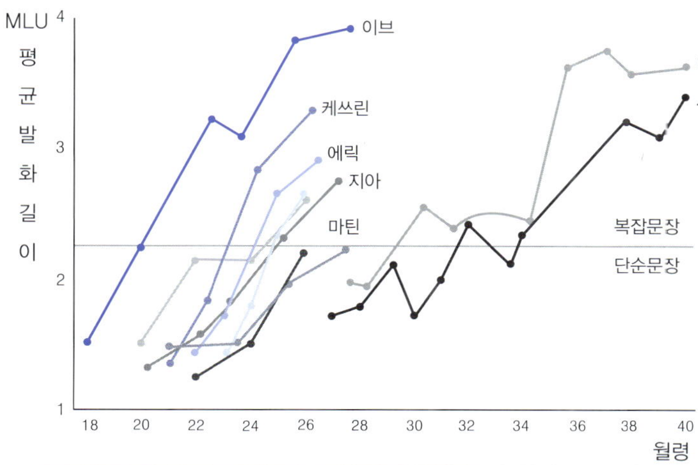

[그림 8-3] 언어 습득 속도에서의 개인차

이외에도 초기 언어 습득 속도에서의 개인차는 아동의 성과 관계된 것이라는 견해도 있다. 즉, 초기 언어 습득의 속도와 유창성에 대한 관찰 자료들에 의하면 여아들 대부분이 남아들 대부분보다 더 빨리 발달하는 경향을 보여준다. 또한 말이 더딘 아이들의 대부분이 남아들인 것으로 관찰된다. 그러나 이러한 언어 습득에서의 차이가 생물학적 요인에 의한 것인지 혹은 생물학적 차이가 사회적 영향에 의하여 과장된 것인지 확실하지 않다. 경험적 자료들은 두 가지 가능성을 다 지지하고 있다. 예를 들어, 신경-생물학적 관점에서의 연구들에 의하면 여성과 남성의 정보처리 과정에서의 뇌의 움직임의 영상이 다르다는 것을 보여준다. 이러한 뇌활동 사진에서 보여주는 남녀 간의 정보처리 양식의 차이는 언어능력 차이의 유전성 특히 남녀의 성 차이에 의한 것임을 지지한다고 볼 수 있다. 그러나 영아의 성에 따라서 양육자들이 언어적 상호작용에서의 차이가 관찰됨이 보고되고 있다. 즉, 성인 남녀 양육자들은 여아를 더 오랫동안 어르고 같이 옹알이해 주고 얼굴과 얼굴을 맞대는 상호작용을 많이 한다고 한다. 그러나 성인 남녀 양육자들은 남아는 둥둥 띄워주고 장난을 치듯이 놀아주는 행동을 보이기는 하나 여아에게 하듯 언어적 상호작용은 짧다고 한다. 따라서 여아들이 언어적 자극을 남아에 비하여 많이 받기 때문에 더 빨리, 그리고 더 많이 이야기하는 것이라고 해석될 수 있다(Huttenlocher, Haight, Bryk, Seltzer, & Lyons, 1991).

2) 초기 언어 유형에서의 개인차

Nelson(1973)은 만 1세가 된 아기 18명을 1년간 관찰하였는데, 이 시기는 아기의 사용 어휘가 10개 미만에서 1년간 200개 정도로 급증하게 되는 때이다. Nelson은 한 달에 한 번씩 각 아기의 가정을 방문하여 1시간 동안 아기의 자발적인 말 사용을 녹음하여 그 특징을 분석하였다. 아기들이 50개의 어휘를 사용하는 시기인 약 1세 반 정도가 되면 두 종류의 유형이 분명해졌다고 한다. 그는 이 유형을 표현적 유형과 참조적 유형으로 구분하였다.

표현적 유형(expressive styles)이란 일어기 혹은 이어기 수준에서 대상물에 대한 명명 혹은 이름보다는 사람과의 상호작용 및 관계성을 지칭하는 언어를 더 많이 사용하는 유아의 언어 특징을 의미한다. 즉, '나', '너', '사랑해요', '싫어', '저리 가'와 '이거해' 등과 같은 '개인적이고 사회적' 관계성을 지칭하는 어휘를 더 많이 사용한다. 참조적 유형(referential styles)이란 사물의 명칭 등에 대한 어휘 습득이 더 빠른 것을 의미하는데 주로 명사 혹은 형용사를 많이 사용한다. 이런 유형의 유아들은 주위 사람들과의 상호작용보다는 주로 장난감을 가지고 혼자 놀기를 좋아한다고 한다.

두 유형을 비교하면 표현적 유형의 유아들은 조사 등의 굴절어를 많이 사용하기 때문에 참조적 유형의 유아들보다 언어 발달이 빠른 듯 보인다. 참조적 유형은 사물을 배우고 사물에 대하여 이야기할 수 있으므로 지적 도구라고 볼 수 있고 표현적 유형은 타인과의 상호작용을 촉진시키는 사회적 도구라고 볼 수 있다. 초기 어휘 습득에서 이러한 개인차가 있을지라도 결국 아기들은 언어 발달이 진행되면서 언어를 지적도구와 사회적 도구로 다양하게 활용하게 된다.

초기 언어 습득 특징에서 이러한 유형의 개인차는 어디서 오게 되는 것일까? 아직도 논란의 여지가 많이 있으나 가능한 설명으로써 유아들은 자신들이 듣는 언어를 단순히 따라하고 있을 수 있다. 이는 주로 장자(長子)의 아이들이 참조적 유형을 나타내고 차자(次子)들은 표현적 유형을 나타낸다는 점에 주목한 설명인데, 부모가 장자에게는 사물의 이름 등에 대한 언어적 입력을 많이 해주기 때문이고 차자의 경우는 형제 간의 의사소통을 강조하는 언어적 환경이 더 풍부하기 때문이라는 것이다.

이유가 어디 있든 유아의 언어 발달에 있어서 이러한 유형의 차이는 언어 습득을 설명하는 데 있어서 생득적 이론뿐만이 아니라 경험적 요인도 큰 작용을 하고 있음을 의미한다.

3) 문화적 차이

아동이 속해 있는 문화권에 따라서 언어 습득에서의 차이를 나타낼 수 있다. 이는 언어란 그 언어가 통용되고 사용되는 문화의 가치와 정신을 담는 그릇이기 때문일 것이다. 문화권에 따라서 소리언어가 의사소통의 도구로서 차지하는 비중이 다를 수 있다. 즉, 굳이 소리언어에 의지하지 않더라도 자신의 욕구를 표현하거나 전달하는 다른 의사소통 양식이 더 보편적일 수 있다.

의사소통의 도구로서 소리언어의 상대적 가치는 갓난아기를 양육하는 방식에서부터 시작될 수 있다. 아기를 양육자의 몸에 밀착시키고 일상과 함께 돌보는 문화권에서의 아기는 자신의 욕구를 비언어적으로 보내어도 다 전달될 수 있다. 즉, 엄마 등에 업혀 있는 아기는 몸의 위치를 바꾸거나, 근육을 긴장시키거나 이완시키는 것으로도 충분히 양육자에게 자신의 욕구를 전달할 수 있다. 이러한 비언어적 의사소통 시도에 대하여 양육자가 감지를 하고 아기에게 반응을 보이면 아기는 자신의 비언어적 의사소통 방식을 강화받게 된다. 즉, 영아들은 언어로써 의사소통할 필요를 못 느낀다. 반면, 아기용 놀이장(playpen)에 놓여서 혼자서 놀고 있거나 양육자와는 다른 방에서 놀고 있는 상황이 되면 영아는 자신의 욕구를 표현하려면 소리를 내어서 양육자의 관심을 끄는 방법을 터득해야 한다. 즉, 몸의 자세를 움직이거나 근육을 이완시키는 것으로 자신과 신체적으로 멀리 떨어져 있는 양육자의 관심을 끌 수 없게 된다.

이와 비슷하게 어떠한 문화권에서는 영아가 특정 소리를 내는 시도를 의미 있는 의사소통의 의지표현으로 취급하지 않는다. Heath(1983)의 관찰기술에 의하면 어떤 문화권에서는 영아들이 내는 소리는 의사소통의 표시라고 인정되지 못하며 이 문화권의 성인들은 직접적으로 영아를 대상으로 이야기를 하지 않는다. 따라서 이 문화권에서는 수용언어(receptive language)가 강조되며 아동들은 성인이 말하는 것을 듣는 역할이 강조된다고 한다. 따라서 문화권에 따라서 어린아이들의 소리에 기반 한 말하기 의사소통의 가치는 다르게 평가되며 이로 인하여 아동들의 말하기의 구사력 및 능력 발달 속도에서 차이가 있을 수 있다.

4. 언어 발달의 과정

두 돌이 가까워 오면 아기들은 자신이 하고 싶은 것과 하기 싫은 것에 대하여 의사표시를 할 수 있는 능력이 생긴다. 이 시기쯤이면 두 단어 이상을 조합하여 말을 할 수 있다. 아기는 시간이 흐를수록 단어와 일정한 규칙으로 이루어진 의사소통 체계인 언어를 구사할 수 있는 능력이 증가하게 된다. 일단 소리어를 알게 되면 대상을 지칭하는 것으로 사용할 수 있다. 뿐만 아니라 사람에 대해서, 장소에 대해서 혹은 사물에 대하여 언어로써 생각할 수 있게 되며 자신의 욕구, 감정 및 생각을 외부세계에 알릴 수 있게 된다. 언어 발달 과정은 신체적, 인지적, 정서적 및 사회적 능력을 포함하는 다양한 영역 간의 상호작용에 의해 이루어진다. 즉, 소리어를 발음할 수 있는 정도로 성대기관 등이 성숙하게 되면 소리와 의미를 연결 짓는 인지적 성숙이 이루어지며, 성인과의 사회적 상호작용은 영아가 상황과 맥락에 따라서 말을 할 수 있도록 안내한다. 본 단원에서는 영아기의 초기 언어 발달의 일반적 발달 과정을 살펴보자.

〈표 8-1〉 초기 언어 발달의 과정

월 령	언 어 발 달
출생	소리언어를 지각할 수 있다. 운다. 소리에 대하여 반응을 보인다.
1 1/2~3	목울림(coos), 웃음
3	소리어를 내며 논다.
5~6	자음의 도입과, 들리는 소리에 근접한 소리를 내려고 한다.
6~10	자음과 모음을 연결하여 옹알이를 한다.
9	의사전달을 위하여 제스처를 사용한다. 제스처 게임을 한다.
9~10	단어를 이해하기 시작한다(주로 "아니야"와 아기 자신의 이름). 소리의 도방이 시작된다. 모국어에 없는 소리를 구분할 수 있는 능력을 상실한다.
9~12	사회적 의미를 나타내는 제스처를 사용한다.
10~14	최초의 단어를 사용한다(대개 사물을 지칭하는 것). 소리를 모방한다.
13	이름 짓기의 상징적 기능을 이해한다. 좀 더 정교한 제스처를 사용한다.
14	상징적 제스처를 사용한다.
16~24	새로운 단어 습득이 빨라져서 어휘 수가 급속히 증가한다. 50~400개의 어휘 수를 갖는다. 동사 및 형용사를 사용할 수 있다.
18~24	두 단어로 이루어진 문장으로 이야기할 수 있다.
20	제스처에 대한 의존도는 낮아지고 사물을 이름으로 지칭한다.
20~22	이해도가 급속히 증가한다(comprehension spurt).
24	두 단어로 이야기하는 것이 증가한다. 옹알이는 없어진다. 많은 이야기를 하고 싶어한다.
30	매일 새로운 단어를 습득한다. 3개 이상의 단어를 사용하여 이야기한다. 이해력은 무척 좋다. 문법적 오류를 범한다.
36	어휘가 1,000개에 이르는데 80%가 이해할 수 있는 것들이다. 문법적인 실수를 한다.

1) 영아기 언어 발달

언어 발달의 과정은 생리적, 인지적, 정서적, 그리고 사회적 모든 영역의 발달과 관련되므로 발달의 상호적 측면을 잘 보여준다. 즉, 말소리를 낼 수 있는 성대 등의 생리적 성숙과, 소리와 의미를 연합시킬 수 있는 신경계의 발달과 타인과의 의사소통 체계를 경험하는 사회적 측면이 모두 관계한다. 영아가 말소리를 하기 전에 반드시 울음과 옹알이 등의 소리를 내는 과정을 거치고 성인이 내는 말소리에 대한 우연한 모방의 단계를 거쳐서 의도적 모방의 단계와 창의적 활용으로 발전되어 나간다.

(1) 전언어기(pre-linguistic speech: 출생~만 1세)

전언어기는 울음 및 옹알이 등으로 영아가 의사표현을 하는 단계로서 말이 생성되기 전 단계이지만 매우 중요한 의미를 갖는다. 즉, 언어적 소리를 구별할 수 있게 되며 옹알이로 소리를 내며 주위에서 들리는 말소리에 근접하게 소리를 내고 또한 의사소통을 위하여 여러 종류의 제스처를 사용하게 된다.

임신 후반기에 책을 큰 소리로 읽어준 연구에 의하면 7, 8개월 된 태아도 들을 수 있는 능력이 있다고 한다. 따라서 신생아도 주변의 소리에 반응을 보인다. 예를 들어서 부모가 조용히 있다가 갑자기 재채기를 하면 아기는 놀라서 눈을 깜박이고 손과 다리를 움직인다. 이러한 반응은 자연스러운 것으로 아기가 소리에 대하여 예민하다는 것을 보여준다.

놀랄 필요도 없이 아기의 듣기능력은 성인의 수준에 못 미친다. 청력 식역이란 소리로 감지될 수 있는 최소한의 크기를 말하는데, 성인의 청력 식역은 소리가 들리면 들린다고 말할 수 있으므로 측정하기가 쉽다. 그러나 영아는 자신이 들을 수 있다고 말할 수 없기 때문에 연구자들은 다양한 방법을 개발하여 아기의 청력을 측정한다. 예를 들어서, 엄마의 무릎에 머리에 헤드폰을 한 아기를 앉혀놓고, 일방경으로 이러한 모습을 관찰자가 관찰을 한다. 실험자는 아기에게 소리를 보낼 수도 있고 안 보낼 수도 있는데, 관찰자는 조건에 대한 인식 없이 아기의 몸과 머리의 움직임, 얼굴 표정 등의 반응을 관찰한다. 이는 아기가 소리를 들을 수 있다면, 소리가 전달된 경우에 변화된 반응을 관찰할 수 있기 때문이다. 이러한 실험결과에 의하면 영아보다 어른의 청각이 더 발달되었음을 확인시켜 준다. 특히 아기 청력에 있어서 특이한 점은 아기들은 너무 높은 소리 혹은 낮은 소리는 잘 듣지 못하며, 자음과 모음을 구분할 수 있고 4개월 반이 되면 자신의 이름을 인식할 수 있는데, 이는 사람이 내는 말소리의 범위에서 가장 잘 듣는다는 것을 의미한다.

아기들은 소리를 통하여 물체의 거리와 위치 등을 알아낼 수 있다. Clifton 등(1991)의 연구에서 7개월 된 아기에게 딸랑이를 보여준 다음 방을 어둡게 하고 딸랑이를 20㎝, 2m 거리에서 흔들어 보았다. 20㎝ 떨어진 거리에서 흔들리는 딸랑이는 정확한 위치를 파악하였으나, 2m 떨어진 거리에서 흔들리는 딸랑이는 찾지를 못하였다. 이는 아기들이 소리를 통하여 사물의 위치를 파악할 수 있다는 것을 의미한다.

출생 시에 인간의 두뇌는 아직 미완성 상태이다. 100billion의 신경세포 혹은 뇌세포는 아직 결합되어 있지 않다. 이 시기에 작동되는 뇌의 기능은 호흡 반사, 심장박동을 조절하는 척수와 근육의 움직임과 균형을 잡아주는 소뇌 등 4개에 불과하다. 또한 영아의 감각능력은 아직 초보적이어서 자신의 눈에서 12~18인치 거리에 있는 사물을 볼 수 있다. 그러나 영아들은 사물 간 혹은 사람의 얼굴의 차이를 구별할 수 있으며 부모의 목소리를 구별할 수 있다.

출생 후 한 달 동안 신경세포를 연결해 주는 시냅스는 20배 혹은 1000trillion으로 증가하게 된다. 이러한 신경세포 간의 연결은 영아가 주변의 성인, 부모, 형제자매 등과 일상적으로 경험하게 되는 언어적 혹은 신체적 상호작용에 의한 것이다. 수유, 목욕과 같은 일상적 경험은 뇌세포의 특정 부분의 시냅스를 강화하며 자극을 받지 않는 신경세포 간의 연결 부위는 '신경적 가지치기' 라고 할 수 있는 과정에 의하여 소멸하게 된다.

3주가 되면 아기는 기분이 좋으면 소리를 내기 시작한다. 쿠잉은 '아' 와 같은 모음 소리인데 이때부터 아기는 말소리를 가지고 놀기 시작하며 자신의 주변 사람이 내는 소리와 비슷한 소리를 내려고 한다. 6개월쯤 된 아기는 '마마' 등과 같이 자음과 모음이 합성된 여러 가지 단순한 소리를 반복하면서 옹알거린다.

옹알이는 자음과 모음의 합성체로서 '마-마-마-마' 등처럼 반복적인 소리를 낸다. 옹알이는 의미를 포함하고 있지 않기 때문에 언어라고 말할 수 없으나 후반부에 이르면 단어와 비슷한 소리를 낸다. 아기들은 인류의 언어에 있는 소리어를 모두 내보다가 자신의 모국어에 비슷한 소리로 수렴해 가는 것이 아니라 옹알이할 때부터 자신의 모국어 소리에 집중하여 소리를 내는 것 같다(Boysson-Bardies, Sagart, & Durand, 1984).

옹알이는 아기의 언어 발달 과정에서 차지하는 의미가 크나, 청각장애 부모의 청각장애 영아의 옹알이 과정을 보면 언어 발달에서 옹알이의 역할에 대하여 다시 생각하게 한다. 청각장애 영아의 언어 발달 과정을 연구한 Petitto와 Marentette(1991)의 관찰에서 보면 청각장애 부모에 의해 계속적으로 수화를 보고 자라는 청각장애 영아는 정상 영아가 하듯 소리 옹알이는 하지 않으나 제스처로서 옹알이를 한다. 즉, 청각장애 영아는 정상 영아가 의미 없는 소리를 반복적으로 체계적으로 발화하듯이 손과 손가락으로 체계적인 손 움직임을 계속해서 반복한다. 이와 같은 현상은 소리언어이든 수화언어이든 인간은 언어를 습득할 수 있는 능력을 선천적으로 갖고 있다는 것을 암시한다. 소리언어를 낼 수 있는 성대의 성숙과 준비도 중요하나 이러한 능력이 준비되지 않을지라도 아기들은 나름대로의 규칙과 체계가 있는 의사소통 체계를 발달시키기 위하여 행동한다.

9개월 된 진이는 사물을 손가락으로 가리키며 그것을 원한다는 표시로 소리를 내기도 한다. 돌이 가까워 오면서 진이는 몇 가지의 사회적으로 통용되는 동작언어(제스처)를 사용하기 시작한다. 즉, 안녕의 의미로 손을 흔든다거나 수락의 의미로 고래를 끄덕이고, 싫다는 의미로 고개를 흔든다. 좀 더 정교한 표상적 제스처를 쓰게 되는데 빈 컵을 입에 가져가거나 안기기를 원한다는 표시로 만세를 하기도 한다. 이러한 표상적 혹은 상징적 동작은 영아가 첫 소리어를 발화하기 시작할 즈음에 시작한다. 이러한 상징적 동작은 사물과 생각들을 상징적으로 표현될 수 있음을 이해하기 시작했음을 나타낸다. 상징적 제스처는 영아가 생각 혹은 사물을 소리어로 대체하게 될 때 사라지게 된다(Lock, Young, Service, & Chandler, 1990).

[사진 8-2] 포인팅으로 의사소통하는 아기

(2) 한 단어기(만 1세~15개월)

초기의 옹알이는 아기가 소리를 갖고 노는 순수한 놀이일 수 있다. 그러나 어느 순간부터 아기의 옹알이는 그저 소리를 갖고 노는 반복적 놀이가 아니라 구체적인 사물, 현상, 움직임을 지칭하는 것이 된다. 즉, 아기들이 자신의 소리가 특정한 사물, 혹은 현상을 지칭하는 것이라는 것을 깨닫는 순간부터 대상과 현상의 대체로서 소리를 사용하기 시작한다. 이러한 설명은 아기가 의미 있는 언어적 소리를 내는 시기와 상징을 사용하는 시기가 거의 일치하므로 설득력이 있다. 즉, 위에서 언급한대로 아기들은 동작언어를 사용하기 시작하면서 의미 있는 언어적 소리를 낸다.

평균적으로 10~14개월 된 영아들은 의미 있는 언어적 소리(linguistic speech)를 내기 시작한다. 이를 기점으로 여러 개의 단어를 사용하고 문법, 발음, 억양 및 운율에 대한 이해를 보이기 시작한다.

옹알이가 확장되어 하나의 자음과 모음이 결합한 소리를 내는데 주로 "엄마" 혹은 "아빠"가 첫 발화단어이다. 혹은 "가다"와 같은 행위를 지칭하는 말을 먼저 사용하는 아기들도 있다. 만 2세가 되면 몇백 개의 단어를 사용할 수 있으며, 만 6세쯤이 되면 만 개의 단어를 사용한다고 한다(Anglin, 1993).

[사진 8-3] 이 아기는 인형에게 젖을 먹이는 표상을 갖고 있다.

아기가 '마마'로 이야기할 때 "나는 우유가 먹고 싶어" 혹은 "엄마는 어디 갔어?" 등이 상황에 따라 다른 의미를 가지므로 한 단어로 문장의 수준으로 표현된다 하여 완전문장(holophrase)이라고도 한다. 여러 제스처와 병행하여 한 단어로 문장의 수준까지 확대된 의미를 나타낸다. 소리, 운율 및 억양 등이 더욱 정교하고 다양해져서 확대된 내용을 전달하려고 한다.

(3) 명명 폭발기(16개월~20개월)

대개의 영아들이 이 시기에 약 50개의 단어를 습득하였고, 30개월이 되면 평균 총 600단어를 습득한다. 학령기까지 계속하여 두 시간에 한 단어를 습득하는 속도로 언어를 습득한다. 그렇다면 이러한 폭발적 어휘 습득은 어떻게 가능한 것일까?

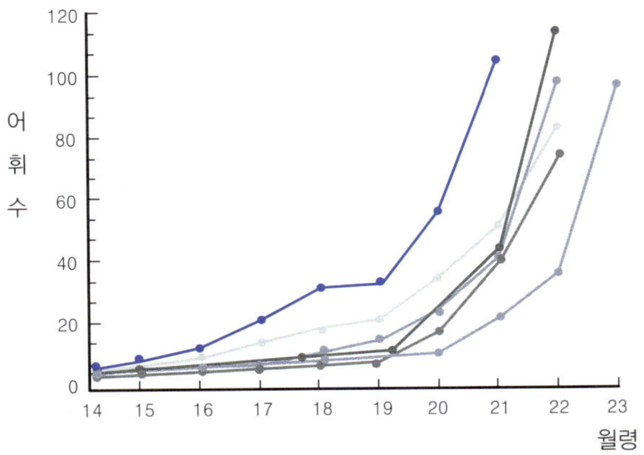

[그림 8-4] 어휘 습득의 폭발적 증가

예를 들어, 18개월 난 아기를 안고 엄마가 꽃을 가리키며 "꽃이야, 꽃!"이라고 이야기할 때, 엄마가 꽃을 말하는 것인지, 꽃잎사귀를 말하는 것인지, 혹은 엄마의 꽃을 가리키는 행동 자체를 말하는 것인지, 아기는 엄마의 그러한 제스처와 말이 꽃을 가리키는지 어떻게 아는 것일까? 즉, 새로운 말을 들을 때 그것이 지칭하는 대상을 추론해야 하는데 아기들은 이를 꽤 정확하게 매치시키는 능력을 갖고 있다.

패스트 매핑(fast mapping)이란 아기들이 새로운 단어를 들을 때 이것이 가리키는 대상과 정확히 매치시키는 것을 말한다(Carey, 1978). 연구자들은 아기들이 단어의 뜻을 깨닫기 위하여 사용하는 다양한 전략 중 하나가 패스트 매핑이라고 하였다(Woodward & Markman, 1998).

패스트 매핑 이외에도 부모들은 아기들이 관심 있어 하는 것을 민감하게 관찰하고 있다가 그것의 이름을 붙여준다. 이러한 전략을 연구자들은 함께하는 주의집중(Joint Attention)이라고 한다. 즉, 아기가 바나나를 가리키면 "바나나, 바나나야"라고 이야기해 준다. 아기들은 이러한 과정을 통하여 새로운 단어 습득을 할 수 있는데, 이때 아기들은 부모가 그냥 이야기하는 것과 특정한 대상물의 이름을 지칭하는 것의 차이를 구별할 줄 알아야 한다. Moore, Angelopoulous, Bennet(1999)의 연구에 의하면, 부모가 어떤 대상물을 보면서 이름을 말해줄 때와 그저 다른 곳을 응시하며 특정 대상물의 이름을 말해 줄 때를 비교하면 후자보다 전자의 경우에 아기는 그 대상물의 이름을 훨씬 잘 배우게 된다. 따라서 명명폭발기 기간에는 부모와 아기 둘 다 협력하여서 사물의 이름과 같은 단어 습득이 잘 이루어질 수 있는 조건을 만들어간다고 할 수 있다. 즉, 부모는 사물의 이름에 대하여 명명하여 주면 아기는 그것이 대상물의 이름이라고 생각하는 것이다.

부모와 함께 특정 대상물에 주의집중하는 것은 아기들의 단어 습득을 용이하게 해주나 여전히 다른 어려움이 있다. 즉, 아기들은 바나나란 말이 바나나를 지칭하는 행동이나 혹은 그것의 색깔을 지칭하는 것이 아니라 바나나 자체의 이름을 지칭함을 어떻게 알까? 연구자들은 아기들이 사물의 이름을 들을 때 그 말이 사물의 이름을 지칭한다는 결론을 내리는 데 사용하는 몇 가지 원리가 있음을 밝혔다.

Au와 Glusman(1990)은 원숭이와 비슷하게 생긴 빨간 뿔이 달린 털 인형을 유아에게 보여주면서 이 인형의 이름을 '미도'라고 가르쳐 주었다. 반복적으르 이 인형을 보여주면서 미도라고 가르쳐 주었는데, 후에 이 원숭이 모양의 빨간 뿔을 가진 털 인형과 함께 다른 여러 개의 털 인형을 보여주면서 이중에서 '테리'를 찾아코라고 하였다. 그러자 유아들은 미도는 제외하고 다른 털 인형 중에서 테리를 지적하였다. 즉, 이들은 미도는 빨간 뿔을 가진 원숭이 모양의 털 인형임을 분명하게 알고 있으므로 다른 털 인형 중에서 테리를 고르는 것이다. 이 실험을 통해서 유아들은 새로운 단어를 습득할 때 어떠한 규칙을 활용하고 있음을 알 수 있다. 즉, 이 규칙이란, 자신이 분명하게 그 이름을 알고 있는 대상과 함께 어떤 새로운 단어를 듣게 되면, 아이들은 이 새로운 단어는 자신이 잘 모르는 대상물을 지칭하는 것이라고 추론한다.

이외에도 아이들이 새로운 단어를 배울 때 활용하는 몇 가지 규칙이 더 있다. 예를 들어, 대상물을 지칭하는 이름이란, 그 대상물의 일부분, 다른 대상물의 관계성 혹은 그 대상물만 유일하게 지칭하는 것이 아니라 같은 종류의 모든 사물을 지칭하는 것이라는 규칙을 활용한다. 즉, 엄마가 방에 있는 공룡인형을 가리키면서 "공룡"이라고 이야기하면 이 공룡이란 말은 공룡의 귀, 코 혹은 방에 있는 공룡 하나만을 가리키는 것이 아니라, 모든 종류의 공룡을 지칭한다고 생각한다.

또 특정 사물의 이름을 알고 있을 때, 새로운 이름을 듣게 되면, 이 새로운 이름은 이미 알고 있는 대상물의 이름의 하부 종류라고 생각한다. 예를 들어, 위의 아이처럼 공룡이란 대상의 이름을 이미 알고 있는 아이 옆에서 그의 형이 다른 종류의 공룡을 가리키면서 "타이노소러스"라고 하면 이 아이는 "타이노소러스"는 공룡의 특수한 한 종류라고 생각한다. 아이들은 이러한 규칙을 활용하면서 단어가 바로 그 대상물을 지칭하는 것이라는 것을 깨닫고 아주 빠른 속도로 단어의 이름을 습득하게 된다.

1 대화 속의 힌트

아이들은 하나의 사물을 지칭하는 하나의 말소리를 들으면서 그 사물의 이름을 습득하는 것 이외에도 문장을 들으면서 새로운 단어를 습득하게 된다. 부모가 아이에게 문장으로 이야기를 할 때 그 문장 안에는 아이가 이미 알고 있는 단어가 있고 처음 듣는 단어가 있을 것이다. 이때 아이는 이미 알고 있는 단어와 문장의 구조를 통해서 혹은 맥락을 활용해서 새로운 단어의 의미를 깨닫는다. 예를 들어서, 공원에 아이와 함께 구경을 나간 아버지가 공원 광장에서 공 두세 개를 던지는 묘기(저글링)를 하는 사람을 보고 "아저씨가 묘기를 하네"라고 하면 아이는 아저씨란 단어의 의미는 알고 있으므로 아저씨가 공을 여러 개 던지면서 하는 행위가 '묘기(저글링)' 라고 추론한다.

물론 아이들은 이러한 규칙을 활용하여서 새롭게 듣는 단어들의 이름과 뜻을 추론하지만 이러한 규칙이 항상 완벽한 것은 아니다. 뒤에서 자세히 기술하지만, 한참 말을 배우고 새로운 단어를 습득하는 아이들은 의미축소, 의미확대 등의 실수를 한다.

2 인지적 요인

명명 폭발기는 인지적 성장이 빠르게 일어나는 시기와 일치한다. 따라서 이 시기의 향상된 인지능력이 새로운 단어를 쉽게 습득하도록 돕는다. 특히 아이의 행동이 목표와 의지를 갖게 되면서 언어는 이러한 목표를 표현하고 성취하는 수단이 된다. 따라서 의지 혹은 의도는 아기가 언어를 빠르게 습득하게 하는 동력이 된다(Bloom & Tinker, 2001). 또한 향상된 집중력과 지각능력은 어휘 습득을 돕는다.

3 어휘 습득에서의 오류

지금까지 소개된 다양한 기술들이 새로운 어휘를 습득하는 데 있어서 완벽한 규칙일 수는 없다. 제일 많이 나타나는 오류는 과잉축소(underextension)인데 어휘를 적용하는 범위를 너무 좁게 하는 것이다. 자동차는 오로지 집에서 사용되는 자동차에만 적용하고 공은 자신이 좋아하는 공에만 사용하는 것이다. 1세에서 3세 된 아기들은 과잉확대(overextension)라는 오류도 범하는데 이는 과잉축소와 완전 반대의 현상으로 한 어휘의 적용범위를 아주 넓게 잡는 것이다. 자동차는 버스, 트럭에도 사용하고 강아지는 네 발 달린 짐승에게 다 적용한다.

과잉확대는 아동이 말을 들을 때보다 자신이 어휘를 산출할 때 주로 나타난다. 만 2세 된 제이슨은 염소를 "멍멍이"라고 말할 수는 있으나, 염소를 가리켜 보라고 하면 정확하게 염소를 가리킨다. 이러한 현상은 아동이 "사물의 이름을 기억할 수 없으면 비슷한 종류의 이름을 말하라"라고 하는 또 하나의 빠른 연결(fast mapping) 규칙을 활용하고 있다고 이해할 수 있다(Naigles & Gelman, 1995). 이러한 오류는 언어에 대한 경험이 증가하고 어휘의 의미를 좀 더 세분화하면서 점차 사라진다.

④ 어휘 습득을 돕는 방법

아동이 새로운 어휘를 배울 수 있도록 돕는 방법은 무엇일까? 아동의 입장에서는 다른 사람들이 말하는 것을 듣는 기회를 가져야 한다. 그렇다면 부모가 자녀에게 이야기를 많이 해주면 아동의 어휘 습득은 쉽게 이루어질 것이다(Roberts, Burchinal, & Durham, 1999). 물론 단순히 부모가 자녀에게 말해주는 것이 전부는 아닐 것이다. 자녀가 바로 관심을 갖는 사물 혹은 문제에 대하여 진술해 줄 때 아동은 빨리 배운다(Dunham, Dunham, & Curwin, 1993). 부모들은 마트에서 장을 볼 때 다양한 상품을 가리키면서 자녀에게 진술할 수 있다. 산보하면서 새, 풀, 자동차와 같은 아동이 지금 보고 있는 것에 대하여 이름을 말해줄 수 있다.

부모는 책을 읽어줄 때 자녀가 어휘를 습득하는 것을 도울 수 있다. 책을 함께 읽는 것은 부모나 자녀 모두에게 재미가 있으며, 자녀에게는 새로운 어휘를 배울 기회가 된다. 그러나 책을 읽어주는 방법에 따라서 자녀의 어휘 습득에 영향을 준다. 부모가 그림책의 그림을 자세하게 묘사하면 유아기 자녀의 어휘 습득에 효과가 있다(Reese & Cox, 1999). 또한 질문을 하는 것도 도움이 된다. 4세 된 자녀에게 단순하게 책을 읽어주고 자녀는 듣는 경우와, 중간 중간에 "무엇" 혹은 "어디서"와 같은 질문을 통하여 특정 어휘를 발화하게 하는 경우를 비교하였더니(Senechal, Thoma, & Monker, 1995), 후자의 경험을 한 자녀의 어휘 습득이 더 많았다.

그러면 질문이 왜 효과적인가? 예를 들어서 "철수가 낚시질을 하고 있다"와 같은 글을 읽어줄 때, "철수가 무엇을 하고 있지?"와 같은 질문은 "낚시질"과 같은 새로운 어휘와 그림을 연결하게 만들며, 자녀는 질문에 답하기 위하여 그 단어를 발화하게 된다. 그러나 이러한 질문을 하지 않고 읽어주기만 하면, 자녀는 자신이 이해하지 못하는 어휘를 무시하게 된다. 즉, 질문은 새로운 단어와 의미를 연결시키고 발화하도록 돕는다.

특정 조건에서 TV를 보는 것은 새로운 어휘 습득을 도울 수 있다. 예를 들어서 세서미 스트리트(Sesame Street)와 같은 유아용 교육프로그램을 정기적으로 시청한 유아는 유치원에 입학할 즈음이 되면 이 프로그램을 간헐적으로 시청한 유아에 비하여 어휘 습득량이 많다(Rice, et al., 1990). 반면 만화 같은 프로그램은 어휘 습득에 별다른 효과를 나타내지 못했다. 그러면 이러한 차이는 어떻게 설명될 수 있는가? 세서미 스트리트는 새로운 어휘가 소개될 때 시청하는 유아가 함께 활동을 하도록 되어 있는데, 만화는 이러한 부분이 없다는 것이 그 차이를 낳는 것으로 보인다.

학령기 아동에게 있어서 역시 부모는 중요한 요인이 된다. 부모가 고급의 어휘를 사용하고, 교수적 방법과 이에 적절한 상호작용을 할 때 학령기 자녀의 어휘 습득에 영향을 미친다(Wiezman & Snao, 2001). 독서는 새로운 어휘를 배우는 데 아주 중요한 경로가 된다. 도서, 잡지, 신문과 교과서와 같은 문서들은 일상 대화에서 사용되지 않는 어휘를 많이 포함하고 있으므로 어휘 습득에 가장 강력한 경로가 된다(Hayes, 1988). 놀랄 것도 없이 자주 읽는 아동은 그렇지 않은 아동에 비하여 어휘 습득량이 많다(Allen, Cipielewski, & Stanovich, 1992).

독서, TV 시청 및 부모의 영향에 대한 연구에 의하면 결론은 강력하면서도 간단하다. 아동은 새로운 어휘를 의미와 연결하는 활동 혹은 새로운 어휘를 직접 사용하는 활동에 참여하면 할수록 어휘 습득량은 증가한다. 그렇다면 새로운 어휘를 배운다는 것은 2개의 언어를 배우는 것보다 더 어려운 것인가? 이에 대한 답은 '이중 언어 구사자로 성장하기' 에서 제시될 것이다.

• **이중 언어 구사자로 성장하기**

미국의 학령기 아동 중 약 4백만 명의 아동이 영어를 모국어로 사용하지 않는 가정의 출신이다. 몇몇 주에서는 25% 이상의 아동이 이중 언어 구사자이며, 대도시 지역에서 이 수치는 더 올라간다(U.S. Bureau of the Census, 1995). 인구 조사 통계에 의하면 약 400개의 언어가 미국에서 사용되고 있다(Gollnick & Chinn, 2002). 주로 영어와, 스페인어, 중국어 등의 말이 가장 많이 사용된다고 할 수 있다. 또한 학교에서 영어를 배워야 하는 아동들의 수는 꾸준히 증가하고 있다. 국립 영어 학습 및 교수 프로그램(National Clearinghouse for English Language Acquisition and Language Instruction Educational Programs:

NCELA, 2006)은 약 4백 7십만 명의 아동이 이에 해당하는 것으로 추정하고 있다. 2050년이 되면 학교 취학 아동의 40%가 영어가 아닌 언어를 모국어로 사용할 것으로 추정하고 있다(IRA, 2001). 따라서 교사는 교실에서 만나는 아동의 모국어가 영어가 아닐 수 있다는 현실을 받아들여야 한다. 현재 미국 교사의 86.5%가 백인이므로 교사와 학생 간의 인구 비례에 균형이 맞지 않는다(Gollnick & Chinn, 2001).

2개의 언어를 듣고 말하는 것은 하나의 언어를 듣고 말하는 것보다 쉬울까 혹은 어려울까? 20세기에는 대개 이중 언어는 아동의 발달에 위해하다는 견해가 지배적이었다. 1952년에 출간된 아동심리학 교재에는 "이중 언어 환경에서 자란 아동의 언어 성장은 핸디캡을 가질 수밖에 없다는 것이 명백하다"(Thompson, 1952: 367)라고 적혀 있다. 그러나 현재에 이러한 견해는 잘못된 것이라는 것이 일반적 생각이다. 그 이유는 당시의 이중 언어 환경 아동에 대한 연구는 가난한 이주민 아동을 대상으로 하여서 그들의 지능 점수도 낮은 수준이었다. 되돌아보면, 이 시기의 이주민 자녀의 지능 점수가 낮게 나온 것도, 이중 언어 때문이 아니라, 가난과 새로운 문화에 대하여 익숙하지 않은 것의 결과로 보인다.

현재의 이중 언어에 대한 연구 결과들은 20세기의 견해와는 상반된 의견을 제시하고 있다. 만 1세 혹은 만 2세 아기가 2개의 언어를 동시에 배우게 되면, 2개의 언어가 혼동되어서 이들의 초기 언어 발달은 느린 편이다. 그러나 만 3세 혹은 만 4세에 이르면, 아동들은 2개의 언어를 분리하기 시작하여 초등학교에 입학할 즈음이 되면 2개의 언어 모두에 유창한 구사력을 갖게 된다(Baker, 1993; Lanza, 1992). 각각의 언어를 따로 취급하여, 습득된 어휘 수를 비교하면, 이중 언어 아동들의 어휘 습득은 단일 언어 아동의 어휘 습득보다 작다(Umbel, et al., 1992). 그러나 이중 언어 아동들은 종종 한 언어에서 알고 있는 어휘는 다른 언어에서 알고 있는 어휘와 같지 않으므로 이들의 전체 어휘 수는 많다.

게다가 이중 언어 아동들은 단일 언어 아동들에 비하여 언어의 다른 측면의 기술을 더 많이 습득하게 된다. 이중 언어 아동들은 어휘를 표기하는 글자는 그것의 의미와는 상관이 없음을 빨리 깨닫게 된다(Bialystok, 1997; Bialystok, Shenfield, & Codd, 2000). 예를 들어, 커다란 사물을 지칭하는 글자(예 버스)가 작은 사물을 지칭하는 글자(예 벌레)보다 더 크게 표기되지 않는다는 것을 알고 있다. 즉, 이중 언어 아동들은 말 혹은 글자를 임의적 상징 체계라는 것을 빨리 깨닫는다.

학교에 입학할 즈음의 많은 미국 아동들이 영어를 유창하게 하지 못한다. 이러한 아동을 어떻게 가르칠 것인가는 국가적 이슈이다. 하나의 견해는 모든 미국인은 영어를 해야 하기 때문에 이들에 대한 교육도 영어로 해야만 한다는 것이다. 반면에, 유아기 때 가정에서 구사한 언어를 통할 경우 가장 효과적으로 배울 수 있으므로, 이들에 대한 학교 교육도 그들의 가정의 언어로 해야 한다는 견해이다.

어떠한 언어로 그들을 가르치는가에 대한 문제는 상당히 정치적 이슈가 되고 있다. 즉, 이 문제는 보편적인 문화적 유산과 언어 대 다양한 문화적 유산과 언어에 대한 사람들의 열망을 반영한 것이다. 정치적 문제와는 상관없이, 연구 결과들이 지지하는 것은, 아동의 가정의 언어와 영어로 함께 교육하는 것이다(Padilla, et al., 1991; Wong-Fillmore, et al., 1985). 먼저 기초적인 부분은 영어로 배우고, 다른 과목들은 그들의 가정 언어로 배우는 것이다. 점차, 아동의 영어 구사력이 증가하면서 영어로 배우는 과목을 증가시킨다.

우리나라도 국제결혼이 증가하면서 학교에서 사용되는 한국어와 다른 언어 환경에서 성장하는 영유아의 수가 증가하고 있다. 이에 대한 문제의식으로 국제결혼 가정 자녀의 언어 환경 및 언어능력에 대한 연구가 최근 5년간 상당히 진행되었다. 이에 의하면 국제결혼 가정 자녀는 교사, 친구들과의 의사소통에는 문제가 없으나 학교 교육 적응에는 문제가 있는 것으로 사례연구를 통해서 알려지기도 하였다(오성배, 2005). 또한 농촌지역 국제결혼 가정 자녀들을 관찰한 결과 언어능력이 지연되었으며 사회성 및 성격 발달에서 일반아와 차이가 있었다(서현 · 이승은, 2007). 또한 결혼 이민자 가정 유아를 어린이집 교사가 관찰한 보고에 의하면 더딘 발달, 침묵, 공격성향, 말하기에서 미숙한 발음, 자기표현을 안 하거나, 읽기와 쓰기 활동을 기피하며 또래 상호작용에서도 소극적이었다. 따라서 우리나라 국제결혼 가정 자녀의 언어 발달에 대한 보고 역시 미국의 앞선 경험과 유사하게 단순히 언어만의 문제가 아니라 국제결혼 가정의 자녀가 처한 포괄적 현실과 연관되어 있음을 보여준다.

만 2세에서 6세에 이르는 국제결혼 가정 영유아 자녀 31명을 조사한 연구에 의하면(김안나, 2008) 나이가 어릴수록 언어능력 지체 비율이 일반아에 비하여 높았으나 나이가 들어감에 따라 일반아와 비슷한 수준의 언어능력을 구사하는 것으로 조사되었다. 이는 이중 언어의 경험 자체가 언어 발달을 지연하는 것이 아니라 이중 언어를 경험하고 이를 활용할 수 있는 환경과 밀접한 관련이 있는 것으로 해석될 수 있다. 또한 이중 언어 환경에 있는 영유아들의 언어 발달을 이해하기 위해서는 양육을 주로 담당하는 부모의 언어 종류와 이들의 한국어 구사력의 정도, 국제결혼 가정의 사회 경제적 지위, 가족의 육아에 대한 협력 등과 같은 다양한 변인들도 함께 고려되어야 한다. 또한 국제결혼 가정 자녀가 학교에 입학하여 한국어로 교육을 받기 시작할 때, 무조건 한국어를 사용하도록 하는 것이 아니라 이들이 가정에서 경험한 언어와 이 언어가 담고 있는 문화를 고려한 교육이 병행되어야 할 것이다.

(4) 두 단어기(18개월~24개월)

이 시기의 아이가 사용하는 문장은 조사 등은 결여되어 있으나 두 단어를 조합하여 위치, 소유 혹은 주어와 대상과의 관계 등을 의미하는 언어사용능력이 생긴다. 주로 일상의 사건, 사물, 사람 혹은 활동 등에 대하여 이야기한다. 전보처럼 기본적 단어만을 가지고 문장의 수준으로 이야기하므로 전신어(telegraphic speech)라고도 한다. 개인마다 발달의 정도 및 속도 차이가 나타난다.

이 시기의 언어 발달 정도는 다른 측면의 언어 발달 정도와 큰 관련성이 없는 듯하다. 즉, 20개월에 언어적으로 조숙한 발달을 하여 4년 1/2세에 이르기까지 유지되나 글 읽기 발달에는 그리 조숙하지 않을 수 있다(Crain-Thoreson & Dale, 1992).

(5) 문법 폭발기

필요한 문법적 조사 및 전치사 사용 능력이 생기며, 부정법 및 질문을 할 줄 알게 된다. 만 3~4세에 이르면 대다수의 유아들이 복잡한 문장을 구사할 수 있어서 수동태의 문장을 이해하며 구사할 수 있다.

2) 유아기 언어 발달

(1) 유아 전기(만 2, 3세)

유아들은 자신의 필요, 욕구와 감정을 말과 행동을 통해 나타낸다. 비언어적 의사소통 양식을 주의하여 보면 유아의 의도를 파악할 수 있다.

이 시기에도 여전히 급속한 언어 발달이 이루어진다. 성인어에 대한 이해력이 증가하고 하루에 새로운 어휘 6~10개를 습득하며, 과거형, 절, 수동형 등의 문법적 규칙을 활용하게 되는데 이때 창조적인 실수를 하기도 한다("my mom breakeded the plate"). 이는 어휘 증가 등의 급속한 언어능력 향상은 아이들이 듣는 언어와 사용되는 맥락에 대한 이해를 기초로 하여 이것에 근간을 이루는 특정 규칙을 추출하는 것임이 분명하다(book→ books, apple→apples, man→mans).

소리 지르기, 동물 소리의 흉내, 사이렌 소리 혹은 일상적으로 들을 수 있는 소리를 내는 것은 이 시기 유아들의 전형적인 놀이에 나타난다. 유아 전기에는 흥분되어 소리를 내는 것이 유아의 행복한 정서의 표현이기도 하다.

"싫다" 혹은 "아니다"를 쉽게 사용하며, 짧게나마 한 가지 주제 혹은 화제에 대하여 상대방과 대화를 할 수 있다. 대화를 할 때에는 현재 논의되고 있는 주제로 자신의 생각을 일치 · 유지시킬 수 있어야 하며, 다른 사람의 생각 혹은 말과 연결시킬 수 있어야 하는데, 영아들(만 2, 3세)에게는 이것이 무척 어렵다. 따라서 또래 간의 의사소통은 존재한다 할지라도 무척 짧다. 이 시기의 유아의 말소리는 흥분이 되거나 기분이 좋으면 매우 크고 높은 소리를 내나, 아이가 당황하거나 슬프거나 부끄러우면 거의 말소리가 들리지 않도록 웅얼거린다.

유아 전기 언어 발달에서 주목할 부분은 원인과 결과에 대한 언급과 간혹 이것들을 연결시키는 '그래서', '그리고', '음' 등의 접속사를 사용하기도 한다. 또한 자신들의 의도와 감정을 주로 이야기하는데, 왜 원하는지, 왜 싫어하는지 혹은 다른 사람이 무엇을 하기를 원하는지 등을 이야기한다. 혹은 자신의 행위를 기술하기도 한다. "계단을 오르고 있어요", "그림 그리고 있어요" 등이다.

이 시기의 유아는 타인이 마치 자기의 생각을 다 읽을 수 있는 것처럼 행동하는데 그 이유는 그전 시기에 성인들의 그들의 욕구와 필요를 미리 읽고 설명해 주었던 것에 익숙하기 때문이다.

이 시기 유아들의 놀이는 주로 가사와 관계된 것들이 많다. 요리, 먹기, 자기, 씻기, 청소하기, 아기 돌보기, 생일잔치, 애완동물 기르기 등을 혼자 놀기를 주로 하고 점차 다른 또래, 성인, 환경 등에 대한 관심을 확대시켜 나간다. 또래와 같이 놀게 되면서 이들의 말하기 내용은 주로 자신들의 놀이에서 어떠한 일이 일어나고 있는지에 대한 것이다. "밥을 하자", "아기를 재우고 있어요" 등등.

주변 환경의 사태와 사물에 대한 이해가 진행됨을 말을 통해서 알 수 있다. 색깔, 수 세기, 작다, 크다 등을 이야기한다.

이 시기의 유아들은 자신들의 말이나 혹은 다른 사람들의 말을 듣는 대로 그대로 행동하는 경향이 있다. 예를 들어, "뛰지 말자"는 교사의 말은 유아로 하여금 뛰게 할 수 있다. 반면에 "걷자"라고 이야기할 때 유아로 하여금 걷게 하는 데 더 효과가 있다.

(2) 유아 후기(만 4, 5세)

이 시기가 되면 유아들의 언어는 거의 성인의 것과 유사해진다. 문장은 길어지고 문장의 주요 구성 요소들이 다 있다. 따라서 놀이는 무척 능동적이며 말이 많고, 다른 사람의 어휘 혹은 말하는 방식을 흉내 낸다. 예를 들어, "괴물" 혹은 좀 더 자극적인 어휘는 아이들에게 흥미를 일으키고 금방 다른 또래 아이들에게 번진다(유아들이 흉내 내기 좋아하는 소리 혹은 어휘, 대중매체의 영향을 많이 받음).

이 시기는 사회적 말하기(social speech)가 발달하기 시작해서, 눈 갖추기, 두드리기, "있잖아" 등의 표현을 쓸 수 있게 되어 타인의 관심을 자신에게 주목하게 하는 기술이 있고, 잠깐 멈추고 다른 사람의 말을 듣기, 자신의 말을 수정하기, 자신이 말하고 있는 동안 다른 사람이 끼어들지 못하도록 짬을 주지 않기, 자신이 말하고 싶은 바를 마음에 간직한 채 자신의 말할 차례가 올 때까지 참고 기다리는 능력이 생기게 된다.

5. 언어 발달에 관계된 요인

1) 유전적 요인과 기질적 요인

두뇌의 특정 부위는 언어 발달과 관련이 있는 것으로 알려져 있다. 좌반구 전엽에 있는 브로카 영역은 단어를 의미 있는 문장으로 조합하는 데 관련된 부위이다. 이 부위가 손상을 입게 되면 인간의 언어능력은 현저하게 저하된다.

또한 언어 발달은 유전적 요인과 관련되어 있음을 보여준 연구가 있다(Hardy-Brown & Plomin, 1985). 부모의 지능과 생후 첫 해 동안 영아가 의사소통 기술을 발달시킨 속도 사이에 관계성이 있다. 이러한 관계성은 입양아와 양부모 간에서는 나타나지 않고 친어머니와의 관계에서만 나타났기 때문에 유전의 영향이 작용한다고 볼 수 있다.

언어 발달에 영향을 미치는 또 다른 선천적 요인은 기질이다. 만 2세 된 영아가 행복하고, 협조적이며 다른 사람에게 관심을 보이는 기질을 가질 경우 만 2, 3, 7세에 다른 사람에 대한 반응도나 자신을 표현하는 능력이 앞선다는 것이다. 이는 외향적 기질을 갖는 영아들은 말을 많이 하고 다른 사람들로 하여금 말을 자주 걸게 하는 성격 특징을 갖기 때문이라고 설명할 수 있다. 아기의 기질과 이를 잘 이해하는 부모의 양육 태도는 영아의 전반적 발달에 영향을 미치는데, 이는 영아의 성격과 이에 기초하여 부모가 제공하는 환경 간의 쌍방적 상호작용을 보여준다.

2) 환경적 요인

만 2세 된 영아들 간 언어능력의 차이점은 영아가 그동안 살면서 얼마나 자주 이야기를 들었고 어떤 이야기를 들었는가에 따라 다르다. 언어 습득에서 개인차에 대한 이해는 이러한 사회적 상호작용, 즉 어떤 이야기를 얼마나 자주 들었느냐의 차이로 설명될 수 있다.

언어란 사회적 활동임과 동시에 연습을 요구한다. 자주 엄마가 이야기해 줄 때 아기는 새로운 단어, 문장의 구조를 배우며 잘못된 언어 구사를 수정할 수 있다. 언어 습득에 관한 선행연구를 종합할 때 "자신에게 이야기해 주는 파트너가 없는 아기가 언어를 습득하는 경우는 없다"(Hoff-Ginsberg & Shatz, 1982: 22)가 그 결론이다.

초기 언어 습득에서 부모가 자주 이야기해 주는 것이 얼마나 중요한 것인가는 쌍둥이에 대한 연구에 의해서도 지지된다. 쌍둥이는 보통 아기들보다 언어 발달의 속도가 늦은데 15개월, 21개월 된 쌍둥이에 대한 관찰 연구는 그 이유를 제공해 주고 있다. 쌍둥이를 돌보는 엄마는 그들의 관심을 동일한 발달 수준에 있는 두 아기에게 분산시키며 한 자녀를 돌보는 엄마에 비하여 각각의 자녀와 상호작용하면서 길게 이야기를 해 줄 기회가 적다. 쌍둥이 엄마는 각각의 자녀와 이야기하는 기회가 적고 이야기할 때도 그 시간이 짧았다. 쌍둥이들은 형제 간에 이야기할 기회가 많아서 아기 말을 자주 주고받지만 초기 언어 습득에 있어서 어른으로부터의 언어적 영향보다는 결정적이지 않은 것 같다(Tomasello, Mannle, & Kruger, 1986). 이러한 관찰은 5인의 영아와 교사 1인이 있는 영아 보육실의 상황에서 보육 영아의 언어 발달을 위하여 어떻게 해야 할 것인가에 대한 생각할 거리를 제공한다.

부모를 포함한 양육자는 아기의 언어 발달에 아주 중요한 영향을 미친다. 아기가 옹알이를 할 때 부모는 아기의 소리를 흉내 내어 반복한다. 아기는 다시 부모의 소리를 흉내 내어 반복하는데 이것은 둘 사이의 일종의 게임이다. 부모의 아기 말에 대한 흉내는 아기의 언어 습득 속도에 영향을 미친다(Hardy-Brown & Plomin, 1985). 이것은 언어의 사회적 측면, 즉 언어란 차례로 주고받는 것임을 알게 하여 7~8개월이 된 아기들은 이를 깨닫고 있다.

부모 혹은 양육자는 아기가 말을 이해하도록 도와주는데, 예를 들면, 인형을 가리키면서 "곰돌이를 내게 줄래?" 한다. 이때 아기가 응답이 없으면 엄마는 인형을 집으면서 "곰돌이"라고 말한다. 이처럼 다른 사람이 생각하는 것을 언어를 통하여 듣고 아기의 이해력은 자라게 된다. 만 1세가 된 아기는 의사소통에서의 의도성, 양육자와의 의사소통을 위한 다수 개의 신호들을 습득하게 된다(Bates, et al., 1987).

이제 아기가 단어를 발화하기 시작하면 부모는 다시 정확하게 발음하여 반복해 주어 바르게 이야기할 수 있도록 도와준다. 영아의 어휘 수는 부모가 얼마나 많이 아기를 상대하여 이야기하여 주는가와 관련이 있다. 즉, 엄마가 사용하는 다양한 어휘의 종류는 아기가 이러한 말을 배우는 순서와 밀접하게 관련이 된다(Huttenlocher, Haight, Bryk,

Seltzer, & Lyons, 1991).

아기에게 새로운 어휘를 가르칠 수 있는 가장 적절한 방법은 직접적으로 그 대상을 경험하는 순간에 가르치는 것이다. 예를 들어 진희가 공을 바라보고 있을 때 "이것은 공이야"라고 하는 것이, 진희가 다른 것을 갖고 노는데 엄마가 그의 주의를 끌기 위하여 "이것은 공이야"라고 하는 것보다 진희가 공이라는 어휘를 기억할 수 있는 확률이 훨씬 높다. 또한 성인들은 아기가 두 단어 이상을 이야기하기 시작하면 그것을 더욱 확장하여 말을 해준다. 예를 들어 진희가 "엄마 양말"이라고 하면 엄마는 "그래, 이것은 엄마의 양말이야"라고 답해준다.

아기 나이가 만 2세가 되면, TV에 나오는 것에 대하여 이야기하기 시작한다. 사물의 이름을 말하며, 선전 문구를 따라하며, 질문을 한다. 부모들은 아기의 흥미에 기초하여 의사소통의 기술 등을 가르치게 된다. 이러한 부모의 응대는 중요한데, 이유는 TV를 보고 듣는 것만으로 언어 습득은 불충분하기 때문이다. 같은 원리로 영어 TV를 보는 것만으로 한국 아동의 영어습득은 불가능하다.

3) 아동 대상의 언어(Child-directed Speech 혹은 Motherese)

여러분이 아기 혹은 걸음마장이와 이야기할 때 목소리를 높이고, 쉬운 단어를 사용하여 문장을 짧게 하고 천천히 말하며 질문을 하고 한 말을 자주 반복하는 형태의 언어를 사용한다면 당신은 '아동 대상의 언어(child-directed speech)' 혹은 '엄마말(motherese)'을 하고 있다고 말할 수 있다. 대부분의 성인 혹은 어린아이조차 자신보다 어린아이와 이야기할 때 이러한 형태의 언어를 자연스럽게 사용한다. 일본의 청각장애 엄마가 자신의 6개월 된 영아에게 말을 하는 경우와 청각장애 친구에게 말하는 것을 비교하니, 어린 자녀에게는 좀 더 천천히, 그리고 움직임을 크게 하여 반복적으로 수화를 사용하였다. 또한 아기들도 이러한 단순하고 과장된 언어－수화든 소리 언어든－에 더 반응적이고 관심을 보였다. 즉, 아기들은 아동 대상의 언어, 혹은 엄마말에 주의하고 반응하도록 선천적으로 조건화되어 있다고 볼 수 있다(Masataka, 1996). 이러한 아동 대상의 언어가 아기가 모국어를 배우는 데 상당한 도움을 준다고 연구자들은 믿고 있다.

[사진 8-4] 아기의 아빠도 엄마처럼 아동 대상의 언어를 사용한다.

아동 대상의 언어는 언어적 기능뿐만 아니라 사회적, 정서적 기능을 담당하고 있기 때문에 중요하다고 믿는 학자들이 있다. 이것은 아이가 대화를 어떻게 해야 하는가를 가르쳐 주며, 주제를 소개하는 법, 자신의 의견을 첨부하는 법 혹은 대화에서의 듣고 말하기 등을 가르쳐 준다고 본다. 또한 새로운 단어를 사용하는 법, 자신의 생각을 말로 표현하는 법 등을 배울 수 있도록 한다. 이러한 아동 대상의 언어는 간단하고 실제적인 것이기 때문에 아기들은 친숙하게 이해하고 있는 지식을 사용하여 듣는 말의 의미를 이해할 수 있다.

아동 대상의 언어사용과 만 2세가 된 아기의 언어 발달 정도와의 긍정적 관련성이 발견된 연구도 있지만 자녀의 언어 발달 속도의 차이를 설명하는 데 있어서 엄마가 아동 대상의 언어를 사용하느냐가 직접적 원인이 되지는 않는다는 주장을 한다(Hoff-Ginsberg, 1985). 중요한 것은 자녀의 언어 발달 수준에 맞추어서 이야기하는 비계(scaffolding)의 설정과 다음 단계의 언어로 발달할 수 있도록 영아를 자극하도록 하는 것이라고 한다. 아기가 두 단어로 말하면 세 단어로 확장, 아기가 "어어" 하면 그 의미를 간단하게 표현해 준다.

이와 같이 영아의 언어 발달에 미치는 아동 대상의 언어의 효과에 대하여 별 중요성을 부여하지 않는 연구자들은, 좀 더 복잡하고 높은 수준의 언어를 듣고 응답할 수 있을 때 영아의 언어 발달이 가속화 될 수 있다고 주장한다. 즉, 성인이 좀 더 길고 복잡한 구조를 갖는 문장으로 이야기하면 아이들은 문법적 규칙 및 구조에 대한 습득이 빠르고 이해력도 높다는 것을 발견한 연구가 있다(Gleitman, Newport, & Gleitman, 1984).

영아에게 아동 대상의 언어를 거의 사용하지 않는 비 서구사회의 영아의 언어 발달을 보면 아동 대상의 언어와 같이 단순한 언어가 초기 언어 발달의 필요조건이 되지 않음을 보여준다. 또한 캐나다의 차자의 초기 언어 발달을 보면 장자의 언어 발달에 비하여 대명사의 사용에 있어 더 발달되었음을 보는데, 이는 장자보다 차자는 자신에게 직접적으로 성인이 이야기하는 것을 들을 기회가 적고 또한 장자와 부모 사이의 좀 더 복잡한 언어를 들을 수 있다는 상황적 차이로 설명할 수 있다(Oshima-Takane, Goodz, & Derevensky, 1996).

그러면 연구자들 간의 아동 대상의 간단하고 독특한 말씨의 효과에 대한 논쟁에서 아기들은 누구의 편일까? 당연히 아기는 알아듣기 쉽고 단순한 언어를 더 선호한다(Cooper & Aslin, 1990). 성인들도 아동 대상의 독특한 언어를 사용하기 시작하는 시점을 보면 아기가 성인이 말하는 것을 알아듣는 것과 같은 표현과, 행동 및 소리를 내기 시작하면서부터라고 한다. 즉, 아기들은 성인들이 독특한 억양과 단순한 언어를 사용하도록 영향을 미친다는 것이다. 이를 지지하는 실험에 의하면 상상의 아기에게 이야기하는 것을 테이프에 녹화를 할 경우 아동 대상의 언어는 별로 사용되지 않았다(Snow, 1972). 이는 아기와의 상호작용이 아동 대상의 언어사용을 조장하는 것임을 시사한다.

Part Ⅳ 사회정서 발달

Chapter 09 정서 및 자아 발달
Chapter 10 도덕성 및 성역할 발달

아동들은 사회적 상호작용을 통해 자신과 타인을 구별하고 개인의 경험을 조직화하면서 발달해 나간다. 타인이 보낸 반응을 인식하고 해석하며 그에 대해 또다시 반응함으로써 점차 사회적으로 유능한 존재가 되어간다. Part Ⅳ에서는 사회적 관계에 영향을 주면서 사회성 발달의 근간이 되는 정서 및 자아의 발달과 사회적 특성으로서 도덕성 및 성역할 발달이 어떻게 이루어지는지 고찰하고자 하였다.

우선, Chapter 9에서는 아동 정서 발달의 영역을 정서 표현, 정서 이해 및 정서 조절로 구분하고 이에 대해 설명하였다. 생애 초기에 나타나는 정서적 반응성인 기질과 부모나 가까운 사람과의 정서적 유대를 나타내는 애착 유형, 이후 아동의 적응에 미치는 관련 변인의 영향력도 다루었다. '자아란 무엇인가'에 대한 여러 학자들의 다른 관점을 제시하고, 자기 이해의 발달 경향을 고찰하였다. 이를 통해 다양한 이론적 관점, 연령별 발달 경향 및 개인차, 그리고 환경 요인의 영향 등에 대한 지식을 습득할 수 있어 아동의 정서 및 자아 발달을 이해하는 데 도움이 될 것이다.

아동의 도덕성 발달은 사회정서 발달의 핵심적인 부분으로서 이타성과 공격성 발달과도 밀접한 관련을 보인다. Chapter 10에서는 아동의 도덕성, 이타성, 공격성 발달의 기본 개념을 이해하고 이들의 발달을 설명하는 개별 이론들을 구체적으로 살펴보며 발달적 경향과 영향 요인에 대해 알아보았다. 이와 함께 아동의 성역할 발달의 개념, 발달 이론, 발달적 경향과 영향 요인에 대해 알아본다. 이를 통해 아동기 도덕성, 이타성, 공격성 발달의 특징과 관련 이론들에 대해 전반적인 지식을 습득할 수 있으며, 성 고정관념, 심리적 양성성 등의 성역할 관련 특성의 발달적 경향을 통해 바람직한 성역할 학습의 중요성을 확인할 수 있다.

Chapter 09

정서 및 자아 발달

본 Chapter에서는 정서의 개념을 소개하고 정서 표현, 정서 이해, 정서 조절이 각 연령에 따라 어떠한 발달 양상을 보이는지 설명하였다. 다음으로 기질과 애착의 발달 특성과 환경적 요인의 영향에 대한 정보를 제공하였다. 끝으로 자아에 대한 여러 이론적 관점을 제시하고 자아인식, 자아존중감, 자아통제감, 사회인지의 발달적 경향을 설명하였다.

1. 정서 발달

갓 태어난 신생아의 정서는 미분화된 흥분 상태이나, 생후 2개월이 되면 쾌와 불쾌의 두 갈래로 분화된다. 배가 고프거나 몸이 불편할 때에는 울면서 불쾌감을 나타내고, 욕구가 충족되어 편안함을 느낄 때에는 잘 웃는다. 이후 아동은 성장하면서 점차 다양한 정서를 인식하고 표현하게 되며, 타인의 정서 상태를 추론할 수 있게 되고 나아가 자신이 처한 상황에 적절하게 정서 표현을 조절할 수 있는 능력도 갖게 된다. 다음에서는 아동의 정서 표현, 정서 이해 및 정서 조절 능력의 발달을 살펴본다.

1) 정서의 개념

우리는 인간이 이성적인 동물이라고 생각한다. 그러나 불안감에 수년간 준비해 온 시험을 망치기도 하고, 다른 사람의 한마디 말에 울고 웃기도 하며, 축구 경기를 보고 흥분해서 낯선 사람과 부둥켜안고 덩실덩실 춤을 추기도 한다. 이와 같이 정서는 우리의 일상 경험을 구성하고 개인의 삶에 영향을 미친다. 대부분의 중요한 다른 개념처럼 정서도 이론적 배경과 학자에 따라 그 정의가 매우 다양하다. 그러나 정서에 대한 정의는 다음과 같은 공통적인 속성을 갖고 있다.

첫째, 정서는 중요한 목표와 관련된 사건의 의식적, 무의식적 평가에 의해서 유발된다. 목표가 진전되었을 때는 정적인 정서를 느끼고 목표가 방해를 받았을 때는 부적 정서를 느낀다. 둘째, 정서의 핵심은 행동 준비성이다. 특정한 정서가 특정한 행동을 유발하도록 하는 동기를 부여한다. 행복은 그 상황에 다가가도록 하고, 슬픔은 위축되도록 하며, 공포는 도피를, 분노는 장애를 극복하도록 한다. 셋째, 정서는 독특한 유형의 마음 상태로 체험되며, 때때로 신체변화, 표현, 행동 등을 수반한다(Frijad, 1986).

기능주의자들은 정서의 내용보다는 행동을 위한 준비상태로서의 정서 기능에 주목한다. 이들은 정서가 인간에게 중요한 주변 환경 및 타인과의 관계를 형성하고 유지 · 변화시키려는 시도라고 이해한다. 따라서 사람들은 정서를 통해 의사소통을 하고, 정서에 의해 동기가 유발되며, 죄책감에 도덕적 행동을 하기도 한다. 때로는 정서를 통해 타인의 행동을 통제하기도 한다. 이처럼 정서는 단순히 감정을 표현하는 것뿐 아니라 타인과의 관계 속에서 다양한 기능을 하면서 정서적 발달을 이루게 된다(김태련 외, 2004).

2) 정서 표현

다양한 정서들은 생애 첫 두 해 동안 서로 다른 시기에 나타난다. 영아는 생애 초기에 분노, 슬픔, 기쁨, 놀람과 공포를 보이는데, 이와 같은 비교적 단순한 정서를 기본 정서(primary, basic emotion)라고 부른다. 기본 정서는 모든 문화권의 동일 연령 영아들에게서 나타나기 때문에 생물학적으로 준비된 반응으로 가정된다.

기본 정서 이론은 Darwin의 정서 표현 이론과 그 이론을 현대적 연구 방법으로 증명한 Ekman(Ekman, Sorenson, & Friesen, 1969; Ekman, 1972)의 연구로부터 출발한다. 정서 표현이 동물의 생존에 필수적이라는 Darwin의 이론은 몇 가지 정서가 동물세계 전반에 통용되는 기본 정서일 것이라는 생각을 학자들에게 품게 했다. 특히 몇몇 정서는 문화권이 달라도 그 정서 표현 방식이 동일하다는 Ekman의 연구 결과는 기본 정서에 대한 관심이 지지 기반을 갖게 되는 계기가 되었다. 기본 정서 이론의 가정은 범문화적으로 발견되는 기본 정서, 혹은 일차 정서들이 존재한다는 것이다. Ekman은 행복, 혐오, 놀람, 슬픔, 분노, 공포의 6개를 기본 정서 속에 포함시켰고, Plutchik은 공포, 분노, 기쁨, 슬픔, 수용, 혐오, 기대, 놀람의 8개를, 그리고 Izard는 흥미, 즐김, 놀람, 슬픔, 분노, 혐오, 경멸, 공포, 죄의식, 수치, 수줍음, 내향적 적대감의 12개를 각각 기본 정서로 제안했다. 학자마다 기본 정서의 수와 종류에는 다소 차이가 있지만, 행복(기쁨), 분노, 슬픔, 공포는 공통적으로 포함되는 정서이다. Ortony와 Turner(1990)는 기본 정서가 존재한다고 가정하는 이유로 첫째, 모든 문화권에 존재한다. 둘째, 보다 고등한 동물에서 발견된다. 셋째, 특징적인 얼굴 표정을 갖는다. 넷째, 생존가능성을 증가시키는 점이라고 하였다.

당혹감, 수치심, 죄책감, 부러움, 자부심과 같은 이차 정서(복합정서)는 일차 정서보다 늦게 표현되며, 좀 더 복잡한 인지능력이 요구된다. 여기에는 자기 의식적(self-conscious) 정서와 자기평가적(self-evaluative) 정서가 있다. 자기 의식적 정서는 자아의 손상이나 증진과 관련된다. 가장 단순한 자기 의식적 정서인 당혹감은 유아가 거울이나 사진에서 자신을 인식하기 시작한 이후에야 비로소 나타난다(Lewis, Sullivan, Stanger, & Weiss, 1989). 반면 수치심, 죄책감, 자부심과 같은 자기평가적 정서는 자기 인식과 자신의 행동을 평가하는 규칙이나 규준에 대한 이해를 바탕으로 하는 정서이다.

우리나라 아동의 정서 표현 방식을 조사한 연구(김경희, 1997)에 의하면, 흥미가 유발되면 적극적으로 탐색하는 것, 기쁠 때 웃는 것, 놀랐을 때 신체적 표현, 화났을 때 언어적 · 공격적 행동을 보이는 것, 슬플 때 우는 것, 우울할 때 행동이 위축되는 것, 혐오스러울 때 피하거나 언어적으로 표현하는 것, 수줍을 때나 죄책감을 느낄 때 고개를 숙이는 것, 그리고 사랑을 느낄 때 접근이나 신뢰할 수 있는 행동을 보이는 것 등은 서양 아동을 대상으로 한 연구(Izard, 1991) 결과와 일치하였다. 그러나 다른 점은 정서가 유발되었을 때 표현을 하지 않고 억제하는 비율이 크다는 점이다. 우리나라 아동들이 표현하지 않고 억제하는 정서는 우울, 분노, 죄책감, 사랑이었다.

한편 성별에 따른 아동의 정서 표현과 관련된 연구(안라리, 2005)에서는 남아와 여아 간에 얼굴 표정으로 정서를 표현하는 것은 기쁨, 슬픔, 분노 표현 모두 차이가 없었지만 기쁨과 분노를 억양 및 비언어적으로 표현하는 것은 남아가 더 빈번하였다. 남아는 여아보다 사회적으로 적극적 정서 표현이 용인되는 폭이 넓고 허용적이며(Saarni at al., 1998), 또래 그룹에서 어느 정도 공격적인 행동에 대해 긍정적인 감정을 갖고 있고 좋은 위치를 차지할 수 있는 방법이 될 수 있다고 보았다.

[사진 9-1] 기쁨

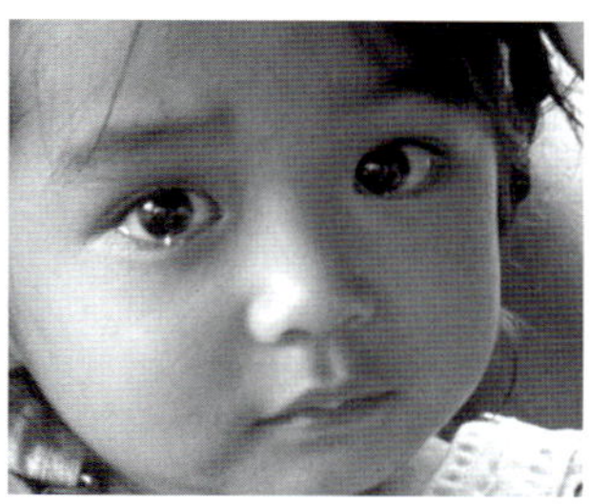

[사진 9-2] 슬픔

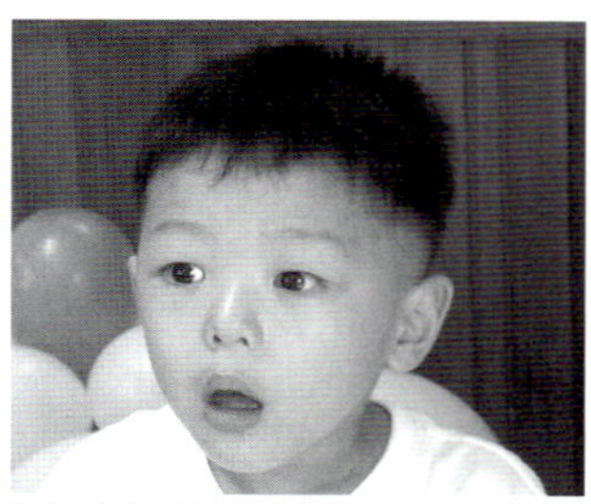

[사진 9-3] 놀람

3) 정서 이해

아동이 자신의 정서를 정확하게 인식하고, 타인의 정서를 이해하는 능력은 타인과 관계를 맺고 상호작용하는 데 매우 적응적인 가치를 지닌다. 정서 이해 능력은 대인관계 상황에서 상대방의 행동을 예측할 수 있게 해주어, 적절하게 대처할 수 있도록 하며 결과적으로 원만한 사회적 관계를 형성하도록 돕는다.

타인의 정서를 이해하는 능력은 영아기부터 발달하기 시작한다. 8~10개월이 되면 불확실한 상황에 대한 부모의 정서적 반응을 살피고 자신의 행동을 조절하기 위해 정보를 사용하기 시작한다(Feinman, 1992). 익숙하지 않거나 모호한 상황에서 영아는 마치 그 상황을 해석하는 데 도움을 얻으려는 듯이 부모를 바라보는데, 이러한 현상을 사회적 참조(social referencing)라고 한다. 이러한 사회적 참조는 자기 자신의 안전과 보호에 의해 사물과 사건을 평가하기 시작하는 8~10개월 초에 자주 나타난다. 많은 연구들은 양육자의 정서표현이 만 1세 아동이 낯선 사람을 두려워할지, 낯선 장난감을 가지고 놀지, 시각절벽을 건널지 등에 영향을 미치게 됨을 보여주고 있다(Repacholi, 1998; Stenberg, 2003; Striano & Rochat, 2000; Berk, 2004).

만 2세경이 되면 사회적 참조를 통해 다른 사람의 정서적 반응이 자신의 것과 다를 수 있음을 알게 된다. 사회적 참조 과정을 보여주는 한 연구에서 14~18개월 영아를 대상으로 두 가지 조건의 실험을 하였다. 첫 번째 조건에서는 실험자가 브로콜리를 먹으면서 맛있다는 표정을, 과자는 마치 맛이 없는 것 같은 표정을 지었다. 두 번째 조건에서는 그 반대로 표정을 지었다. 음식을 나누어 먹자고 했을 때 14개월 된 영아는 오직 자기가 선호하는 음식인 과자만을 실험자에게 건네주었다. 그러나 18개월 영아는 자신의 선호와는 관계없이 실험자가 선호하는 음식을 주었다(Repacholi & Gopnik, 1997).

이런 사회적 참조는 연령이 증가하면서 점차 일반적이 되어 타인이 느끼는 감정에 대한 추론이 더욱 정확해진다. 만 3세경이 되면 유아들은 얼굴 표정과 상황 단서를 사용하여 정서를 이해한다. 기쁨은 어린 유아가 가장 잘 이해하는 정서였다. 또래가 즐거워하는 정서를 잘 이해하였고, 이야기 속 주인공의 행복한 정서도 정확히 이해하였다(Denham, Zoller, & Couchoud, 1994). 그러나 슬픔, 공포, 분노 등과 같은 부정적 정서는, 이야기 주인공이 경험하는 공포는 잘 이해하였으나 슬픔과 분노는 혼동하였다(Broke, 1973).

[그림 9-1] 망가진 자전거 옆에서 행복한 표정을 짓고 있는 그림

다른 사람의 정서를 설명할 때 상충하는 단서를 고려하는 능력 또한 아동기 동안 발달한다. 예를 들어 망가진 자전거 옆에서 행복한 표정을 짓고 있는 그림을 보여주고 무슨 일이 일어났는가를 설명하라고 요청했을 때, 4~5세 유아는 설명에 어려움을 나타낸다. 그들은 정서를 추론할 때 오직 얼굴 표정에 의존하는 경향을 보인다. 따라서 유아는 "그는 자전거 타기를 좋아하기 때문에 웃고 있어요"라고 반응한다. 8~9세경이 되면 상충하는 두 가지 단서를 더 잘 조화시킬 수 있다. 예를 들어, "그는 아버지가 망가진 자전거를 고쳐 주시겠다고 약속했기 때문에 웃고 있어요"라고 반응할 수 있다(Gnepp, 1983; Hoffner & Badzinski, 1989).

아동은 사람들이 동시에 한 가지 이상의 정서, 즉 혼합 정서(mixed feeling)를 경험할 수 있음을 알게 된다. 유아들은 Piaget의 보존과제에서 높이와 넓이의 두 측면을 통합할 수 없듯이 두 정서가 동시에 발생한다는 사실을 부인한다. 10세 이후가 되어야 상반된 정서가(valence)의 혼합 정서에 대한 이해가 가능해진다. Harter와 Buddin(1987)은 혼합 정서의 발달을 5단계로 나누어 설명하고 있다(〈표 9-1〉).

우리나라 아동을 대상으로 한 연구(유경, 2000)에서도 Harter와 Buddin(1987)의 연구와 마찬가지로 아동의 연령에 따른 혼합 정서 이해 수준의 발달단계가 확인되었다.

부모는 자신의 정서 표현을 통해서 다양한 정서에 대한 모델링을 제공하고, 자녀와 정서에 대한 대화를 나누면서 간접적인 학습 기회를 제공한다. 어머니가 정서를 자발적으로 많이 표현할수록 자녀의 정서 이해도가 높게 나타났으며(Denham, et al., 1994), 3세 유아가 다른 가족원들과 정서 경험에 관해 더 자주 토론할수록 타인의 정서를 잘 이해할 수 있었다(Herrera & Dunn, 1997). 더욱이 따뜻하고 편안한 관계를 형성한 안정 애착 어머니의 3~5세 유아들은 정서적 이해에서도 다른 애착유형의 유아들보다 더 우수하였다. 안정 애착 어머니는 불안정 애착을 형성한 어머니보다 아이들과 더 풍부하고 많은 대화를 나누었다(Laible & Thomson, 2000).

〈표 9-1〉 Harter와 Buddin(1987)의 혼합 정서 발달 5단계

단계	연 령	특 성	반 응
0	5.2세	• 두 가지 정서가 동시에 유발되어 공존할 수 있다는 사실을 완전히 부정한다.	"두 가지 기분을 한 번에 느낄 수 없어요. 왜냐하면 마음은 하나밖에 없으니까요."
1	7.3세	• 두 가지 정서가 동시에 유발된다는 것을 이해하지만, 하나의 대상에 대해 동일한 정서가의 혼합 정서들이 유발되는 조합에 국한된다. • 이 수준의 아동들은 두 가지 정서가 각기 다른 대상을 향하는 것도 불가능하고 상반된 정서가의 정서들이 동시에 발생한다는 것도 불가능하다고 생각한다.	"형이 나를 때리면 나는 화가 나기도 하고, 슬프기도 해요." "나는 크리스마스에 예쁜 강아지를 선물받아서 신나고 좋았어요."
2	8.7세	• 두 가지의 동일 정서가(same valence)의 정서들이 각각 상이한 대상들에 대해 동시에 유발될 수 있다는 것을 이해한다. 그러나 이러한 아동들은 상반된 정서들이 동시에 발생할 수 있다는 것을 부정한다. • 아동들은 동일 정서가의 정서 세트 내의 상이한 정서들의 차이를 이해하고 적절히 적용할 수 있지만 정적 정서와 부적 정서의 세트를 동시에 통합하지 못하므로 정적 정서와 부적 정서가 동시에 유발될 수 있다는 것이 이해하지 못한다.	"나는 멕시코에 갔을 때 즐겁기도 했고 할아버지를 만나서 기쁘기도 했어요." "나는 동시에 기쁘거나 무서워할 수 없어요. 그렇게 되려면 아마 나는 한 번에 두 사람이 되어야 할 거예요."
3	10.1세	• 아동들은 주요한 개념에 이해가 향상되었다는 것을 보여주는데 동시에 유발되는 상반되는 정서가의 혼합 정서들을 이해하게 된다. 그러나 이러한 정서들은 각기 상이한 대상에 대해서만 유발되는 것으로 이해된다. • 따라서 부적 정서는 사건의 부적인 측면만을 향하게 되고 정적 정서는 사건의 정적인 측면에만 향하게 된다.	"난 형이 날 때려서 화가 났어요." (부적 정서) "하지만 아빠가 형을 나중에 혼내준다고 하셔서 정말 기뻤어요." (정적 정서)

단계	연 령	특 성	반 응
4	11.3세	• 동일한 대상에 대해 상반된 정서가의 정서들이 동시에 유발될 수 있다는 것을 이해하고 그에 대한 적절한 예를 들 수 있다. • 이 수준에서는 아동들은 이전 단계에서의 제한들을 모두 극복하게 되며 표상적 체계를 완성한다. 이러한 인지적 발달은 한 사건을 정적 차원과 부적 차원으로 변별할 수 있고 통합할 수 있게 해준다.	"나는 선물을 받아서 기뻤지만 내가 원하던 것이 아니어서 화가 났어요." "나는 새로운 모임에 들어가게 되어 기뻤지만 아는 사람이 없어서 조금 걱정되었어요."

4) 정서 사회화와 정서 조절

정서 조절이란 내적 감정상태 및 정서와 관련된 생리학적 과정의 발생, 강도, 지속기간을 조정하는 과정을 말하며, 정서 경험을 주어진 상황에서 사회문화적으로 용인된 방법으로 반응하는 능력이다.

생애 초기에, 영아들은 자신의 정서적 상태를 조절하는 아주 제한된 능력만을 가지고 있다. 따라서 그들은 안아주거나 흔들어주면서 달래는 양육자에게 의존하게 된다. 대뇌 피질의 빠른 발달로 인해, 자극에 대한 영아들의 참을성은 증가한다. 4개월경에, 주의를 이동하는 능력은 유아가 정서를 통제하는 데 도움을 준다. 불유쾌한 사건에 쉽게 주의를 돌리는 영아는 고통을 덜 받는 경향이 있었다(Axia, Bonichini, & Benini, 1999). 만 1세 말경에 기고 걷기는 영아가 다양한 자극에 접근하거나 회피하는 것을 가능하게 함으로써 정서 조절을 돕는다. 만 2세 말경 상징과 언어의 획득은 정서 조절의 새로운 변화를 가져온다. 이제 영아는 자신의 감정에 대해서 이야기하고 조절하기 위해서 적극적인 노력을 한다.

학교에 들어가면서 정서 조절이 빠르게 발달한다. 아동들은 그들의 성취를 또래와 비교하고 또래의 인정을 중요하게 여기면서, 자기 가치감을 위협하는 부정적인 정서를 조절하는 방법을 배워야 한다. 타인과 상호 작용할 때 자신과 타인의 정서를 이해하고, 사회적 맥락에 맞도록 적절하게 조절하는 능력은 아동기의 중요한 사회적 기술이다.

만 10세경이 되면, 대부분의 아동들은 정서를 다루는 기술에 능하게 된다(Kliewer,

Fearnow, & Miller, 1996). 자신이 결과를 통제할 수 있는 상황에서(친구가 화를 낼 때), 그들은 문제를 해결할 수 있다고 보고, 최선의 전략으로 사회적 지지를 추구한다. 결과가 그들의 통제 밖에 있을 때(나쁜 성적을 받았을 때), 그들은 주의를 분산하거나, 현재의 상황을 쉽게 받아들일 수 있도록 재정의한다("시험은 다음에 잘 보면 돼"). 유아들과 비교하여, 학령기 아동과 청소년들은 보다 더 정서를 조절하기 위하여 내적인 전략을 더 자주 사용한다. 이러한 변화는 그들의 사고와 정서를 반영하는 능력의 증가에 기인한다(Brenner & Salovey, 1997).

정서 조절이 잘 발달할 때, 아동들은 정서적 자기 효능감을 획득한다. 정서적 경험에 대한 통제감은 긍정적 자기상과 낙관적 전망을 기르고, 더 나아가 정서적 도전에 직면하도록 돕는다(Saarni, 1999). 또한 정서 조절 능력은 또래 집단에서의 수용 및 또래 관계 질(Cassidy, Parke, Butkovsky, & Braungart, 1992; Hubbard & Coie, 1994), 사회적 지위(Putallaz & Sheppard, 1992)와 관련된다. 또래로부터 거부된 아동들은 부적인 정서 표현을 더 많이 하고, 자기주장을 내세웠으며 공격적이었다. 반면, 인기아들은 친숙하지 않은 놀이 집단에 처음 진입할 때 집단의 공격성 수준에 좌우되지 않았으며, 화가 나는 상황에서도 내적 반응을 잘 조절하였다.

부모는 아동에게 직접적 훈육과 강화, 처벌을 통해 어떤 정서 표현이 용납되고 언제 이러한 정서가 표현되는지 가르친다. 아동이 스스로 자신의 감정과 정서 표현을 조절하도록 부모가 요구하는 것은 얼굴 표정을 효과적으로 감추도록 한다(Buck, 1984). 동성 부모가 타인에게 피해를 주는 아동의 부적절한 정서 표현을 규제할수록 아동은 공감을 더 많이 표현하였고, 타인에게 피해를 주지 않는 부적절한 아동의 정서 표현에 대한 부모의 통제는 아동의 조망수용과 타인-지향적 관심을 장려하였다(Fabes, Eisenberg, Karbon, Carlo, Schaller, & Miller, 1991).

우리나라 부모의 경우 아동의 연령이 증가할수록 타인에게 피해를 주는 정서 표현뿐 아니라 타인에게 피해를 주지 않는 부적절한 정서 표현도 더 많이 규제하였다. 어머니는 자녀의 성별에 따라 정서 사회화에 차이를 보이지 않았으나, 아버지는 딸보다 아들에게 정서를 더 많이 조절하도록 훈육하였다(김민정 · 유연옥, 2011; 한영민, 2005; 한유진 · 유안진, 1998).

2. 기질과 발달

갓 태어난 아기의 모습은 거의 비슷하여 구별하기가 쉽지 않다. 그렇다면 서로 흡사한 갓난아기들의 모습처럼 이들의 행동도 유사할까? 갓난아기 때의 기질은 자라서도 지속되어 이후 아동의 적응에 영향을 미치는 것일까? 그리고 기질적 특성에 영향을 미치는 요소는 무엇인가? 다음에서는 이러한 의문들에 대해서 설명하고자 한다.

1) 기질의 특성

어떤 영아는 생활 리듬이 규칙적이며 온순하여 낮에 잘 놀고 밤에는 잘 잔다. 반면, 어떤 영아는 낮에는 잠자고 밤에는 깨어 있는 정반대의 생활 리듬을 보이며, 자주 울고 보채며 자신이 원하는 방법을 찾을 때까지 떼를 쓴다. 많은 연구자들은 영아들이 생애 초기부터 보이는 이러한 개인차를 기질이라는 개념으로 설명하여 왔고, 기질이 선천적 기원을 가지고 있다고 밝혔다(김민희, 1998).

기질은 출생 직후부터 나타나는 개인의 안정되고 일관된 특성(Goldsmith, 1987)이며, 환경적 사건들에 대해 예측된 방식으로 반응하는 개인적 경향이다(Caspi & Silva, 1995). 기질에 대한 정의 또한 매우 다양하여 유전적 요인을 강조하는 입장에서부터 환경적 요인 또는 개인과 환경의 상호작용을 강조하는 입장이 있다. 이론적 시각에 따라 기질을 구성하는 요소도 학자마다 다소 차이가 있지만 활동수준, 자극 민감성 / 부적 정서, 진정능력, 공포, 사회성 등 다섯 가지가 주요 요인이라는 데는 동의한다. 이와 같은 요인들에서 아동들이 각기 다른 반응을 보임으로써 다양한 기질을 나타내게 된다.

기질에 관한 과학적 연구는 1937년 Gesell의 연구에서 시작되었고, 뉴욕 종단 연구 이후 더욱더 활성화 되었다. Thomas와 Chess(1977)는 종단연구를 통해 기질을 구성하는 9가지의 요인－활동성, 규칙성, 접근 / 회피, 적응성, 반응 강도, 반응역치, 기분, 주의산만성, 지구력－을 밝혀내고, 영아의 기질을 세 가지로 분류하였다.

① 순한 기질의 아동(easy child)

일상생활에서 규칙적인 리듬을 갖고 있으며, 순하고 명랑하다. 잠이 쉽게 들고, 기분 좋게 잠에서 깨어난다. 음식을 잘 받아먹고, 식사시간과 양이 규칙적이다. 장난감을 가지고 혼자서도 잘 놀며, 새로운 음식이나 새로운 경험을 쉽게 받아들인다. 낯선 사람에게도 미소로 반응하며 쉽게 친해진다. 이 범주에는 약 40%의 아동들이 해당된다.

[사진 9-4]
순한 기질의 아동

② 까다로운 기질의 아동(difficult child)

[사진 9-5]
까다로운 기질의 아동

생리적 주기가 불규칙적이다. 수면과 식사시간이 일정하지 않고, 수면량과 식사량도 불규칙적이다. 환경의 조그만 변화에도 매우 민감하고 예민하며 때로는 적대적으로 반응한다. 부정적인 기분, 정서 표현의 격렬함이 정서적인 특성이며, 낯선 것에 대한 위축이 심해서 새로운 사람이나 상황에 적응하는 데에 많은 시간이 필요하다. 자신의 선호가 뚜렷하며 원하는 상태가 될 때까지 끊임없이 요구한다. 그 결과 행동을 예측하기가 어렵고 양육자에게 육체적 피로와 좌절감을 주기도 한다. 약 10%가 이 범주에 해당된다.

③ 느린 기질의 아동(slow-to warm up child)

활동성이 떨어지고 다소 성미가 까다로우며, 환경 반응에 대한 반응 수준이 낮고 새로운 상황에 적응하는데 시간이 오래 걸린다. 성미가 까다로운 점이 까다로운 기질의 아동과 유사하나, 다른 점은 생소한 환경에 대한 부정적인 반응양식이 공격적이라기보다는 다소 부드럽다는 점이다. 예를 들어, 소리 지르고 떼쓰기보다는 외면하는 것으로 저항을 시도한다. 약 15%의 아동이 해당된다.

[사진 9-6]
느린 기질의 아동

나머지 35%의 아동은 여러 기질적 특성이 혼합되어 있어 세 가지 중 어느 하나에도 맞지 않는다.

2) 기질의 안정성

생애 초기부터 나타나는 이러한 기질은 시간이 지나도 유지되는 것인가? 6개월 때 잘 울고 보채는 까다로운 기질의 영아는 예민하고 까다로운 성격을 가진 성인이 되는 것일까? 이는 기질의 안정성에 대한 문제이다.

기질은 아동이 발달해 감에 따라 점차 안정적이 된다(김태련 외, 2004). 신생아기의 기질은 생후 몇 달 동안 불안정하다가 발달해 감에 따라 점차 안정적이 된다. 이 시기는 신경 체계의 변화가 빠르게 진행되는 때로서 활동 수준, 민감성, 주의 등이 불안정하기 대문이다. 따라서 신생아기에 순하고 규칙적이던 아이가 몇 달 사이 민감하고 까다로운 아이로 변하기도 한다. 그러나 생후 1년경 전두엽의 성숙이 이루어지면서 주의 통제, 주의 지속 능력이 나타나기 시작하면 기질은 안정성을 보이기 시작한다(Rothbart, Derryberry, & Posner, 1994).

많은 연구들은 영아기에 보이는 기질이 유아기, 아동기, 심지어 성인기에 이르기까지 동일한 경향을 나타낸다고 주장한다(Caspi & Silva, 1995). 실제로 한 종단 연구는 만 3세에 측정된 몇 가지 기질 요소들이 3~18세 사이에 어느 정도 안정적일뿐 아니라, 비사회적 경향성에서의 개인차가 18~21세 사이의 대인관계와 가족의 질을 예측(Caspi & Silva, 1995)한다고 보고한다.

또 다른 기질의 안정성에 대한 연구 결과는 Kagan과 그의 동료들(Kagan, Arcus, Snidman, Feng, Hendler, & Greene, 1994)의 연구로, 이들은 극단적인 행동 억제 성향을 보인 영아들이 5년 후에도 같은 성향을 보임을 발견하고, 이러한 영아기 성향이 이후 아동기에도 이어져 성인 및 또래 관계에서 지속된다고 결론지었다. 그러나 모든 개인들이 기질적으로 안정적인 것은 아니다. 행동적 억제(behavior inhibition)에서 연속선상의 극단에 있는 아동들만이(가장 높게 억제되고, 가장 높게 억제되지 않은 아동들) 장기적인 기질의 안정성을 보였을 뿐 대부분의 다른 아동들은 시간이 지남에 따라 억제수준에서 상당한 변화를 보였다. 대부분의 다른 아동들은 시간이 지남에 따라 억제 수준에서 상당한 변화를 보였다. 우리나라의 2~4세 아동의 행동 억제에 관한 단기종단연구(정옥분 외, 2003)에서도 2세와 4세라는 2년의 기간 동안 극단적으로 행동 억제를 보이는 아동들의 경우에만 지속성이 있는 것으로 나타나, 아동의 행동 억제는 그 정도에 따라 안정성에 차이가 있음을 알 수 있다. 이는 유전적으로 영향을 받은 기질의 측면들이 환경적 영향에 의해서도 변화할 수 있음을 보여주는 것이다.

3) 기질과 적응

기질은 시간이 지나도 유지될 수 있으며, 아동이 타인 및 환경과 맺는 관계에 영향을 미치므로, 아동의 사회적 행동을 예측하는 주요한 변인 중 하나이다. 긍정적 정서를 표현하고 새로운 환경에 잘 적응하는 아동들은 매우 사교적이어서 또래를 쉽게 사귀며 어울리게 되고, 정서적으로 민감하고 감정표현이 격한 아동들은 또래와 갈등을 일으키고 공격적인 행동을 하는 경향이 있다.

생의 초기에 나타나는 행동 경향성인 기질은 아동의 사회적 발달에 많은 영향을 미친다. 구체적으로 영아기에 까다로운 기질로 분류된 유아는 다른 기질의 유아에 비해 보다 많은 문제 행동을 보이며(강민정, 1997; Garrison, Earls, & Kindel, 1984), 또래들과의 상호작용에서 짜증을 내거나 공격적이어서 유치원이나 학교에서 부적응을 보인다. 또한 까다로운 기질 특성을 가진 18개월 영아는 어머니로부터 더욱 부정적인 훈육을 받고, 2세경이 되었을 때는 다른 또래보다 어머니와 더 많은 갈등을 경험한다(Thomas, chess, & Birch, 1968). 반면, 느린 기질의 아동은 까다로운 아동과 비교할 때 보다 적은 문제 행동을 보였다. 그러나 그들은 교실과 또래집단에서 활동적이고 빠르게 반응하는 것이 기대되는 학령기에 지나치게 두려워하며 제한된 행동을 보이는 경향이 있다(Chess & Thomas, 1984; Schmitz et al., 1999; Berk, 2008). 기질 양식은 종종 다른 사람의 반응을 유발하고, 이러한 반응은 아동의 발달에 영향을 미친다.

기질은 학습과 인지과제의 수행과도 관련된다. 예를 들어, 만 1세 때의 지구력은 유아기의 IQ 점수와 관련된다(Mathey, 1989). 중기 아동기에서도 교사가 평가한 아동의 지구력은 학교 성적뿐 아니라 IQ 점수를 예측한다. 반대로 주의산만성, 높은 활동 수준, 까다로운 기질은 낮은 학업성취와 관련되었다(Martin, Olejnik, & Gaddis, 1994; Strelau, Zawadzki, & Piotrowska, 2001).

Kagan(1989)은 영아의 기질과 인지적 기능에 관심을 가졌다. 그는 일반적으로 까다로운 아이로 구분되는 억압적인 아동은 난이도가 높은 과제 등에서 유발되는 스트레스에 민감하여 재인이나 회상기억 과제의 수행이 떨어지지만 자극에서 오는 각성 정도에 민감하여 쉽게 각성되므로 자극이 정서적으로 위협적인 경우는 오히려 수행이 높다고 밝혔다.

4) 기질과 양육 태도

유아의 기질은 선천적이지만 고정 불변하는 것이 아니며 환경에 따라 달라질 수 있다(Buss & Plomin, 1984). 기질은 변화할 수 있는데, 변화를 결정하는 중요한 요인 중 하나는 아이의 기질 양식과 부모가 사용하는 자녀-양육 패턴 간 조화의 적합성이다(goodness of fit). Thomas와 Chess(1986)는 기질이 발달에 미치는 영향력을 알아보기 위해서 기질과 환경적 요구 간의 적합성(goodness of fit)을 고려해야 한다고 제안했다. 그에 따르면 아동의 기질이 부모와 같은 환경특성과 잘 맞을 때 바람직한 방향으로 발달이 가능해진다.

기질적으로 까다로운 아동은 부모들이 양육하기 어렵다고 인지하기 때문에 오히려 반응적이고 따뜻한 양육을 받지 못한다. 까다로운 기질을 가진 아동은 생활 리듬이 불규칙하고 고집이 세고 화를 잘 내고 공격적이어서 이들을 돌보는 부모는 육체적으로 피로하고 정신적으로 무력감을 느끼게 된다. 이러한 상황에서 부모들은 인내심과 민감성을 보이는 데 한계를 느끼게 된다. 반복되는 문제 상황에 통제적인 방법으로 자녀를 훈육하게 되고, 나아가 방임적 또는 적대적이나 무관심한 양육 태도로 대하게 된다. 이 아이들은 부모에게 더 까다롭게 굴고 저항적이 되는 경향이 있으며, 이후 청소년기에 문제 행동을 보일 가능성이 높아지게 된다. 이것이 조화롭지 못한(poorness-of-fit) 관계의 예이다(van den Boom, 1995). 그러나 기질적으로 까다로운 아동도 부모가 서두르지 않고 아이가 생소함에 익숙할 때까지 기다려 주고 너그러움과 이해심 속에서 자기 주도적인 선택을 허용한다면 아이는 덜 까다롭고 보다 적응적이 될 수 있다. 실제로 인내심 있고 민감한 양육을 경험한 많은 까다로운 기질의 유아들은 아동기나 청소년기에 더 이상 까다로운 기질로 분류되지 않는다(Chess & Thomas, 1982).

반면 순한 기질을 가진 아이라도 차갑고 둔감한 부모 밑에서 과도하고 부적절한 요구를 받으며 자라면 문제 행동을 일으킬 수 있다. 또한 훈육을 잘 따른다고 해서 부모의 방식대로만 고집한다면 자신의 개성을 펼칠 기회를 얻지 못할지 모른다. 따라서 발달의 내용을 결정하는 것은 기질 자체라기보다는 기질과 환경 간의 적합성이라 할 수 있다.

이러한 기질과 환경 간의 적합성이 삶의 조건에 영향을 준다. 국가 경제가 불황에 직면하면 근무시간이 길어지고 스트레스가 증가하여 아이의 까다로움에 대항하여 민감하고 조화로운 상호작용을 할 시간과 에너지가 부족하기 때문이다(Berk, 2008).

3. 애착과 발달

인간의 아기는 혼자서는 생존할 수 없는 무력한 상태로 태어난다. 따라서 영아기는 생의 발달 과정에서 타인으로부터 물리적 · 정서적 지원에 크게 의존하는 시기이다. 이 시기 일차적 양육자와 맺는 애정적 유대는 이후 발달 과정에서 모든 사회적 관계의 원형이 된다. 영아와 양육자 간에 형성되는 강력하고 친밀한 정서적 유대를 애착이라고 부르며, Bowlby(1969)는 삶에서 특별한 사람에게 느끼는 강력한 정서적 결속이라고 정의하였다. 애착은 종족을 보존하기 위해 주위 환경에 적응하는 데 필요한 요소로서, 애정이나 사랑과 같은 긍정적인 정서의 의미를 지닌다(Ainsworth, 1973).

애착은 상호적 관계로 형성된다. 아기의 출생과 동시에 애착이 형성되는 것이 아니라 초기 몇 개월간 일상생활 속에서의 반복적이고도 지속적인 상호작용을 통해 서서히 형성된다. 영아가 특별한 양육자와 상호작용하면서 그 사람의 주의와 관심을 끌기 위해서는 어떤 신호를 보내야 되는지 배우게 된다. 주 양육자도 영아와의 지속적 상호작용을 통해 아기가 보내는 신호를 더 빠르고 정확하게 해석하여 민감하게 반응해 줄 수 있게 된다. 시간이 지남에 따라 일상을 연습하면서 영아와 양육자는 서로에 대해서 더 잘 알게 되고 편안해지며 서로 만족하게 되어 강력한 상호애착을 형성하게 된다.

1) 애착 이론

애착이 형성되는 이유와 애착의 발달 과정을 설명하기 위한 이론적 관점은 다음과 같다.

(1) 정신분석 이론

Freud의 정신분석 이론에서는 수유를 어머니와 영아의 친밀한 정서적 유대를 형성하는 가장 중요한 맥락으로 보았다. 영아는 입으로 어머니의 젖을 빨면서 배고픔을 해소할 뿐만 아니라 구순적인 욕구를 충족시킨다. 영아에게 음식을 줌으로써 즐거움을 느끼는 대상이 대개 엄마이기 때문에 엄마가 영아의 일차적 애정의 대상이 된다는 것이다. 따라서 영아에게 편안한 상태에서 젖을 먹여주고, 만족감을 주는 부모의 양육 행동은 좋은 애착 형성의 중요한 요건이 된다(Hetherington & Parke, 1993; Schaffer, 1993). Freud는 어머니에 대한 유아의 정서적 유대가 이후 사회적 관계의 기초를 형성한다고 보았다.

(2) 학습 이론

학습 이론에서는 애착 행동도 경험의 결과로 발생하는 학습이라고 설명한다. 정신분석 이론과 마찬가지로 학습 이론에서도 수유가 애착 형성에 중요함을 강조하지만 애착이 형성되는 이유에 대한 설명에는 차이가 있다. 어머니는 수유를 통해 배고픔을 해결할 뿐만 아니라 수유하는 동안 눈을 맞추고 신체접촉을 통해 따뜻하고 포근한 느낌이나 청각적 자극 또는 촉각적 만족을 끊임없이 제공한다. 이런 일이 반복되면서 영아는 어머니와 즐거운 감정을 연결시키게 되고 이로 인해 어머니는 이차적 강화인의 지위를 획득하게 된다. 이차적 강화인은 처음에는 중립적 자극이던 것이 다른 강화 자극과 반복적으로 짝지어짐으로써 강화인의 지위를 얻게 되는 것을 말한다. 이와 같이 어머니가 이차적 강화인의 역할을 하기 시작하면, 영아는 어머니의 관심을 끌기 위해 또 가까이 있기 위해 무엇이든 필요하다고 생각되는 행동(미소 짓기, 울기, 옹알이하기, 따라가기 등)을 하게 된다고 한다(정옥분, 2004).

애착은 영아의 행동에 대한 어머니의 반응성과 어머니가 제공하는 자극의 총량으로 예측되었다. 즉, 어머니가 영아의 요구에 대해 신뢰할 수 있게 적절하게 반응하고, 아기들과 자주 놀아주면 영아는 어머니에게 친밀하게 애착된다(Schaffer & Emerson, 1964).

(3) 인지 발달 이론

인지 발달 이론에 의하면 사회적 애착을 형성하는 영아의 능력은 전반적인 인지 발달 과정과 밀접하게 관련되어 있다. 애착을 형성하기 위해서 영아는 친숙한 대상과 낯선 대상을 구분할 수 있는 지각적 변별력을 갖추어야 한다. 안정된 애착 관계를 갖기 위해서는 애착 대상이 시야에서 사라져도 어딘가에 존재한다는 것을 아는 대상영속성이 획득되어 있어야 한다(송명자, 1995), 따라서 애착은 생후 7~9개월에 처음 나타난다. 그 증거로 대상영속성에서 높은 점수를 받은 9개월 된 영아는 어머니로부터 격리되었을 때 격리불안을 보인 반면, 대상영속성을 획득하지 못한 영아는 어떤 격리가 일어나도 저항이나 불안을 보이지 않았다(Lester, Kotelchuch, Spelke, Sellers & Klein, 1974).

(4) 동물행동학 이론

Bowlby의 동물행동학적 이론에서 애착 행동은 생물적 뿌리를 가지며, 종의 보존과 생존에 중요한 의미를 갖는 본능적 반응의 결과로 보았다. 어미나 보호자와 밀접한 접촉을 유지하는 애착 행동이 자연 도태를 통해 진화되었다고 믿었다. 새끼의 애착 행동은 그 어미로 하여금 약탈자나 다른 자연적 재앙들로부터 새끼를 보호하도록 함으로써, 새끼의 생존확률을 높이기 때문이다.

John Bowlby
(1907~1990)

영아는 무력한 존재로 태어나므로 어머니로부터 격리시키면 위험한 상황에 처하게 된다. 따라서 애착 이론에서는 영아가 어머니와 근접해 있을 가능성을 증가시키는 종-특유의 행동을 구비하고 태어난다고 가정한다. 이러한 행동의 보기로는 신호로 작용하는 울기, 미소 짓기, 붙잡기 같은 행동을 들 수 있다. 이 중 반사적 미소 짓기는 양육자에게 특히 효과 있는 신호이다(Keller & Scholmerich, 1987). 그 밖에 성인의 사회적 애착을 촉진하는 긍정적인 특성은 영아의 귀여운 외모이다. Lorenz(1943)에 따르면 아기의 넓은 이마, 토실토실 살찐 볼, 부드럽고 둥근 얼굴 생김은 양육자가 영아를 귀엽고 사랑스럽게 느끼도록 만든다. 이것을 큐피인형(kewpie dell effect)이라고 부른다. 아기 같은 얼굴 윤곽은 타인으로부터 긍정적인 관심과 주의를 끌어내는 데 도움이 되며 아기가 매력적일수록 엄마와 다른 동반자들은 더 호의적으로 반응하였다(Barden, 1989). 영아와 양육자는 서로에게 호의적으로 반응하거나 밀착된 애착을 형성하게 되며, 궁극적으로 영아는 생존할 수 있게 된다.

Harlow, H. F

애착 형성에서의 사회적 상호작용과 접촉의 중요성은 Harlow의 연구를 통해 증명되었다. Harlow는 새끼 원숭이를 어미와 격리하여 철사로 만든 '철사 모형 어미'와 부드러운 천으로 싸여 있는 '헝겊 모형 어미'를 통해 길렀다. 새끼 원숭이들은 우유를 어느 모형 어미에서 먹었는가와 관계없이 헝겊어미를 더 좋아하였다. 무서운 대상을 우리에 넣거나, 큰 소리를 내어 새끼 원숭이가 공포감을 느꼈을 때에도 헝겊어미를 찾아 심리적 위안을 얻었다. 우유병을 철사어미에게만 달아놓았을 때조차도 젖을 먹을 때를 제외하고는 헝겊어미에 매달려 대부분의 시간을 보냈다(Harlow & Zimmerman, 1959). 이 실험은 접촉을 통한 위안이 음식보다 더 중요함을 시사한다.

[사진 9-7] Harlow의 원숭이 실험

2) 애착의 유형

Ainswoth(1983)는 부모와 영아 간의 애착의 질에서 다양한 범위를 규명하기 위해 여덟 가지 에피소드로 구성된 낯선 상황 실험을 개발하였다. 부모가 방을 떠날 때와 다시 돌아오는 그 시점에서의 영아의 반응을 기록하여, 다음의 네 가지 애착유형으로 구분하였다.

(1) 안정 애착

이 유형의 영아는 부모를 안전기지로 사용하여, 어머니와 함께 있을 때 주의를 적극적으로 탐색한다. 부모와 분리되었을 때 일부는 울지 않거나 또 일부는 우는 영아가 있지만, 다른 유형과 확연히 구별되는 점은 어머니가 돌아왔을 때 이들이 보이는 반응이다. 안정 애착된 영아는 위안받기 위해서 능동적으로 신체적, 접촉을 요구하고 정서적 안정감을 회복한다. 연구 대상의 약 65% 정도가 안정 애착 유형에 해당되었다.

(2) 회피 애착

회피 애착 유형은 어머니와 함께 있을 때에도 어머니에게 별로 반응을 보이지 않는다. 어머니가 주의를 끌려고 할 때조차도 돌아서서 계속해서 무시한다. 부모나 낯선 사람에게 유사하게 반응한다. 어머니가 방을 떠날 때도 별로 반응을 보이지 않고, 스트레스를 덜 받는 것처럼 보인다. 어머니가 방으로 다시 돌아왔을 때, 반갑게 맞이하지 않으며 잘 안기지 않는다. 연구 대상자의 약 20% 정도를 차지한다.

(3) 저항 애착

저항 애착 유형은 어머니 옆에 붙어서 거의 탐색을 하지 않는다. 어머니가 방을 나가면 매우 심한 스트레스 행동을 보인다. 어머니가 돌아와서 안아주어도 계속 울면서 화를 내고 쉽게 진정되지 않는다. 어머니가 시도하는 물리적 접촉에 저항하면서도 엄마와 많이 접촉하려고 하는 양가감정을 보인다. 약 10%가 이 유형에 해당된다.

(4) 혼란 애착

혼란 애착 유형은 최근에 발견된 애착 패턴으로 연구 대상의 5~10%를 차지한다. 낯선 상황에서 가장 큰 스트레스를 받고 가장 불안정하다. 혼란 애착 유형은 불안정 애착의 가장 심한 형태로 회피 애착과 저항 애착이 결합된 것이다. 어머니와 다시 만났을 때 멍하고 얼어붙은 듯이 행동하거나 어머니가 안아줘도 먼 곳을 쳐다본다.

〈표 9-2〉 Ainswoth의 낯선 상황 실험

번호	등장인물	지속시간	관찰되는 애착 행동	내 용	
1	어머니, 아기, 관찰자	30초		관찰자가 어머니와 아기를 장난감과 여러 가지 놀이기구들이 있는 실험실에 안내한 후 남겨두고 나간다.	
2	어머니와 아기	3분	안전기지로서의 어머니	어머니는 아기가 방 안을 탐색하도록 허용한다. 아기가 아무것도 하지 않을 때는 2분이 지난 후 놀이를 하도록 격려한다.	
3	낯선 이, 어머니와 아기	3분	낯선 사람에 대한 반응	낯선 이가 들어온다. 최초의 1분은 침묵, 두 번째 1분은 낯선 이가 어머니와 대화, 세 번째 1분은 낯선 이가 아기에게 접근, 3분이 다 지난 후 어머니가 조용히 방을 나간다.	
4	낯선 이와 아기	3분 또는 보다 짧게	분리불안	첫 번째 격리. 낯선 이가 영아와 상호작용하고, 영아가 불안반응을 보이면 진정시킨다.	
5	어머니와 아기	3분 또는 보다 길게	재결합 반응	첫 번째 재회. 어머니가 아기를 반기거나 달랜 후, 다시 놀이를 하도록 도와준다. 낯선 이가 방을 나간다.	
6	아기 혼자	3분 또는 보다 짧게	분리불안	두 번째 격리. 어머니가 방을 나간다.	
7	낯선 이와 아기	3분 또는 보다 짧게	낯선 이에 의해 진정되는 정도	낯선 이가 들어와서 아기를 진정시킨다.	
8	어머니와 아기	3분	두 번째 재회	어머니가 들어와서 아기를 반기고 안아준다. 그사이에 낯선 이는 가만히 방을 나간다.	

3) 애착 반응

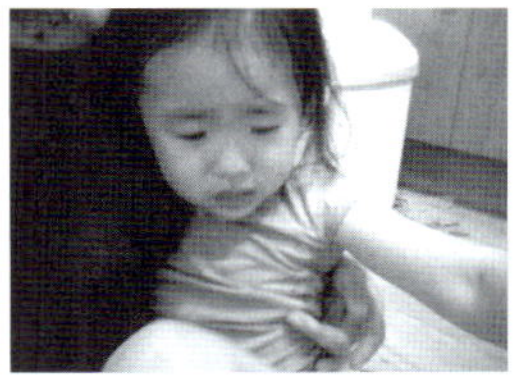

[사진 9-8] 낯가림

영아가 특정 인물과 애착을 형성했다는 증거로 나타나는 현상이 낯가림과 분리불안이다. 영아가 특정인과 애착을 형성하게 되면 낯선 사람이 다가오거나 부모가 낯선 사람에게 자신을 맡기면 큰 소리로 우는데, 이런 반응을 낯가림이라고 한다. 낯가림은 낯선 사람 그 자체에 대한 반응이 아니고 영아가 익숙해 있는 얼굴과 낯선 얼굴의 불일치에 대해 보이는 반응이다. 즉, 일단 영아가 친숙한 사람에 대한 도식을 형성하게 되면 이를 낯선 사람과 비교하게 되며 그 차이가 큰 경우에는 혼란스러움을 경험한다는 것이다(정옥분, 2004). 흥미의 신호와 혼합되는 낯선 사람에 대한 경계반응은 8~10개월에 절정을 이루고, 만 2세가 지나면서 점진적으로 강도가 약해진다(Sroufe, 1977). 그러나 낯가림은 완전히 사라지는 것이 아니다. 이후에도 낯선 환경에서 친숙하지 않은 사람이 다가올 때 두려움을 보인다.

낯가림이 영아가 기기 시작하면서 스스로 이동할 수 있는 능력을 획득하는 시기에 발생한다는 점은 흥미롭다. 불안반응이 시작되면 영아는 친숙한 양육자를 안전 기지 삼아 탐색을 시작한다. 낯선 사람을 만나게 되면 호기심에 이끌려 낯선 사람에게 접근할지 아니면 두려움에 회피할지 이 두 가지 갈등에 균형을 맞추면서 행동하게 된다.

대부분의 영아가 낯선 사람에 대한 불안반응을 보이지만 낯가림의 정도는 영아의 기질이나 환경요인에 따라 다르게 나타난다. 부모가 가까이에 있고 낯선 사람이 갑자기 접근하지 않는다면 영아는 호기심과 호감을 보일 수 있다. 낯선 사람의 상호작용 방식도 중요한데 재미있는 장난감을 건네면서 친숙한 놀이를 한다거나 온유하게, 그리고 서서히 상호작용하면 두려움을 줄일 수 있다. 또한 낯선 사람의 외도에 따라서도 낯가림의 불안반응이 다르게 나타난다. 영아들은 낯선 사람이 여자일 때보다는 남자일 때, 그리고 안경이나 모자를 썼을 때 더 불안반응을 나타낸다.

낯가림은 위협적인 상황과 사람을 효과적으로 분별할 수 있을 정도로 영아의 인지가 발달하면 감소한다. 주 양육자 이외에 다른 성인들도 아동의 발달에 중요한 역할을 하기 시작하므로 이러한 변화는 적응적인 가치를 갖는다.

낯가림이 낯선 사람에 대한 불안에서 비롯된 것이라면 친숙한 사람과의 분리 또한 불안의 근원이 된다. 분리불안은 돌 전후에 나타나기 시작해서 20~24개월경에 없어진다. 안정 애착을 형성한 영아는 분리불안반응을 덜 보이는 경향이 있으며 어머니를 탐색하기 위한 기지로 삼아 주변 환경에 대한 탐색활동을 하게 된다.

4) 애착에 영향을 주는 요인들

부모의 성격, 연령, 사회경제적 지위, 배우자와의 관계, 양육 태도, 대화 형태 등은 애착 형성에 영향을 미치는 요인들이다. 아동의 요구에 민감하고 즐겁게, 아동과의 상호작용에 참여하는 부모의 성격은 안정 애착 형성에 도움이 된다. 반면 우울한 부모들은 아기의 신호에 민감하게 반응하지 못하고 종종 요구를 무시하며 만족스러운 관계를 형성하는 데 실패한다. 이들은 부모가 된 것을 즐거워하지 않고 짜증과 화를 잘 내며, 아기를 대할 때도 기계적으로 행동하는 경향이 있다. 정서적으로 불안정한 부모들은 아기가 완벽하고 즉각적으로 자신을 사랑하기를 기대한다. 그래서 아기가 신경질적으로 반응하거나 말을 듣지 않을 때 오히려 자신이 거부당한 것처럼 느끼기도 한다(Steel & Pollack, 1974). 연령이 너무 어린 나이에 임신하거나, 원치 않았던 임신을 한 경우에 아기의 출생에 기뻐하지 않으며, 아기가 자신의 인생에 걸림돌이라고 생각한다. 이러한 부모들은 아기에게 관심을 덜 가지며 모든 발달 측면에서 둔감한 양육 태도를 보일 수 있다. 재정적으로 어려움을 겪고 있거나 배우자와 갈등관계에 있는 경우, 자신의 문제로 스트레스가 많은 경우, 자녀와 안정적인 애착 관계를 형성하지 못하는 것으로 나타난다. 끝으로 부모의 양육 태도는 애착의 유형과 밀접한 관련이 있다. 안정 애착을 형성한 어머니들은 사랑과 애정으로 아기를 대하고 욕구에 민감하다. 또한 영아와 눈을 자주 맞추고 미소를 많이 지으며, 정서적인 표현을 많이 한다. 이와는 반대로 불안정한 애착을 형성한 영아들의 부모는 자신감이 부족하였으며 부모가 된 것을 즐거워하지 않고 짜증과 화를 잘 냈다. 부모 역할 행동은 종종 퉁명스럽고 기계적이었다. 이들은 영아의 욕구에 덜 민감했으며 아이가 원하는 것을 잘 알지 못한다. 예를 들어, 회피애착을 형성한 한 영아의 부모는 아기가 원하지 않을 때조차도 끊임없이 떠들어대고 높은 수준의 자극을 제공하며 지나치게 열광적이었다(Isabella & Belsky, 1991). 아기가 요구하는 바를 파악하고 이에 맞추기보다는 자신의 요구와 방식을 밀어붙이는 일방적인 양육 태도를 취하였다. 이러한 비일관적이고 부적절한 자극을 제공하는 양육 태도는 불안 애착과 관련되는 것으로 알려져 왔으며, 아동학대나 방임과 같은 심각한 양육상의 문제와 불안정한 애착 간의 관련성이 입증되고 있다(Biringen, 1990; Crowell & Feldman, 1991) 부모의 대화 형태 역시 영아의 애착 유형과 관련되어 있다(김종순, 1989; Grossmann & Grossmann, 1984). 어머니의 대화를 냉정형, 온유형, 단순 쾌활형 등으로 구분하여 살펴본 결과 온유형 대화를 하는 어머니의 영아가 안정 애착을 가장 많이 형성하였다. 또한 가정환경검사를 통해 가정환경과 영아 애착과의 관련성을 살펴본 연구에서도 어머니의 언어적 반응성은 영아의 안정 애착과 관련이 있었다.

애착은 부모와 영아가 함께 만들어가는 상호적 관계이므로, 영아의 특성도 애착 관계 형성에 영향을 줄 수 있음을 고려해야 한다. 예를 들어 출생 시 미숙아로 태어난 아이들은 다른 아이들처럼 귀엽고 매력적인 외모를 갖고 있지 못하다. 또한 다른 질병을 갖고 있거나 자극에 활발하게 반응하지 못하므로 부모의 무관심과 둔감한 양육 방법을 유발하여 불안정한 애착을 형성할 가능성이 높다.

영아의 기질 특성과 부모의 양육 행동 간에는 밀접한 관계가 있으며, 영아의 기질이 부모의 양육 행동을 좌우할 수 있다. 까다롭고, 고집이 세며, 화를 잘 내고, 공격적이며, 부정적인 정서를 보이는 아동의 특성은 순한 기질인 아동보다 문제 상황을 빈번히 초래한다. 이로 인해 부모들은 더 간섭적이며, 통제적인 방법으로 자녀를 훈육하게 된다는 것이다(Lee & Bates, 1985).

5) 애착과 이후 발달

영아기에 형성된 애착은 이후 사회정서 발달에 중요한 영향을 미친다(Thompson, 1998). 일반적으로 안정된 애착 관계를 형성한 영아는 유아기에 자신감, 호기심, 타인과의 관계에서 긍정적인 성향을 보이는 것으로 나타났다. 또한 아동기에 접어들어서도 도전적인 과제를 잘 해결하고 좌절을 잘 참아내며, 문제 행동을 덜 보이는 것으로 나타났다. 영아기에 형성된 애착은 이후 주변 세계에 대한 신뢰감으로 확대되기도 한다. 부모와의 안정적 애착은 아동으로 하여금 또래나 다른 타인에 대해 역시 긍정적인 반응을 기대하게 하며 이를 바탕으로 바람직한 사회적 관계를 맺게 하는 동시에 또래에 의해 긍정적 반응을 얻게 한다. 반대로 불안정한 애착을 형성한 경우는 사회적 관계를 형성함에 있어 부정적인 기대를 가지거나 관계에서 망설이며 소극적인 동시에 충동적으로 행동하는 경향을 보이게 된다. 부모와 안정적으로 애착을 형성한 아동은 또래와 잘 지낼 수 있는 사회적 기술과 사회적 능력이 있으며(Cohn, 1990), 친구 관계를 잘 맺고 또래에게 인기도 높다(Lafreniere & Sroufe, 1985). 부모와 형성한 애착 관계가 아동기에 다른 타인과의 사회적 관계에 대한 접근과 기대의 기초를 제공하기 때문이다(Sroufe & Fleeson, 1988). 애착 관계는 아동기 이후에도 여전히 중요하여, 부모와 안정 애착을 맺지 못한 경우, 청소년기에 우울이나 불안, 대인관계가 부정적으로 발달될 가능성이 크다.

6) 어머니의 취업과 애착

여성의 교육 수준이 높아지고 전문 직종에 보다 많이 종사함에 따라 출산 후에도 직장에 다니는 어머니의 비율이 꾸준히 증가하고 있다. 생애 초기에 어머니와 형성되는 애착 관계가 이후 발달의 초석이 된다는 애착 이론에 의한다면, 어머니의 취업으로 분리를 경험하는 아이들은 애착을 형성하지 못하거나 치유되기 힘든 발달 지연을 경험하게 되는 것인가 하는 의문과 불안을 갖게 된다.

Brazelton(1985)은 아이로부터 떨어져 있는 시간은 어머니가 아이에게 민감하게 반응할 수 있는 능력을 저하시켜 안정적인 관계 발달의 가능성을 줄일 수 있다고 보았다. Sroufe(1988)는 일상적 격리는 영아로 하여금 부모의 활용과 반응성에 대한 확신을 잃게 하거나, 영아-양육자 상호작용 체계의 조화를 해친다고 주장하였다. 실제로 생애 첫해 주당 20시간 이상의 타인 양육이 영아-어머니의 불안 애착의 위험을 증가시킨다는 연구 결과(Egeland & Hiester, 1995)가 있다.

그러나 생의 초기 어머니와 격리되어 타인에게 양육되는 영아의 어머니에 대한 애착은 타인 양육 특성, 영아 특성, 어머니 및 가정의 특성들이 상호 복합적으로 작용하여 중재된다. 따라서 어머니와의 격리만이 영아와 어머니의 불안정 애착을 가져오는 단일한 변인이라고 단정 지어 말할 수 없다. 우리나라 아동을 대상으로 한 김영지(1994)의 연구에서는 어머니의 취업이 애착에 유의미한 영향을 주지 않는 것으로 보고하고 있다. 양연숙(2002)은 20시간 이상 타인 양육을 받고 있는 12~18개월 사이의 영아의 애착 유형을 살펴본 연구에서 타인 양육 영아의 어머니에 대한 애착은 안정 63%, 불안회피 23%, 그리고 불안저항 15%라고 밝히고 있다. 이 연구는 취업모만을 대상으로 하였음에도 불구하고 안정 애착 비율이 매우 높게 나타남을 볼 수 있다. 따라서 어머니와 분리되는 경험 그 자체가 영아의 어머니에 대한 애착에 부정적인 영향을 미친다고 보기는 어렵다. 보육의 질이 높고 부모가 집에 있을 때 민감하고 반응적인 양육자라면, 엄마의 취업이나 타인 양육이 안정 애착을 방해한다는 증거는 거의 없다. 물론 영아가 어머니로부터 격리되면서 스트레스를 받게 되지만 타인 양육자의 안정적이고 반응적인 행동에 의해 보상되어져서 타인 양육자와 안정된 관계를 형성하게 되면 어머니와도 안정적 애착을 맺고 유지할 수 있다(van Ijendoom, 1990).

[사진 9-9] 아버지와 애착을 형성한 유아

그렇다면 영아가 어머니 외에 다른 여러 사람과 애착이 가능한 것인가? 영아들은 초기 애착을 형성한 몇 주 내에, 아버지, 형제자매, 조부모 혹은 정규적으로 아이를 돌봐주는 사람들과 동시에 다민부 애착을 형성하였다(Schaffer & Emerson, 1964). 18개월경에 이르면, 소수의 영아만이 한 사람에게 애착을 형성하고, 다른 아이들은 여러 사람과 애착 형성이 가능하다. 특히 아버지와의 애착이 중요한데, 어머니는 영아와 상호작용할 때 양육적이고 언어적인 행동을 주로 하는 반면, 아버지는 신체적이고 비전형적인 방법으로 영아와 놀이를 하는 경향이 있다. 따라서 아버지는 어머니와는 다른 측면의 발달을 도울 수 있다.

우리나라 영아가 낯선 상황에서 아버지에 대해 반응하는 형태를 에피소드 별로 분석한 연구에서 안정 애착이 40%, 불안정 회피 유형이 40%, 불안정 저항 유형이 20%로 나타났다. 우리나라 영아가 아버지와 안정된 애착 관계를 형성하지 못하는 경향이 높은 것은 어머니에 대한 안정 애착이 서구에 비해 높은 경향(박응임, 1995)과 대조적이다(송명자, 1995).

4. 자기 이해의 발달

1) 이론적 접근

'나는 누구인가' 라는 물음과 해답은 동서고금을 막론하고 철학적 사색의 주된 테마이며, 자아에 대한 이해는 인간이 깨달을 수 있는 가장 큰 지혜로 생각해 왔다. 철학자가 아닌 보통 사람들도 옛날부터 '자아(self)' 가 언제, 어떻게 생겨났는지, 다른 사람과는 어떻게 다른지 등에 관심을 가져왔다. 심리학 내에서는 James를 시작으로 하여 Allport와 Rogers로 그 맥락을 이으며 꾸준히 연구가 계속되고 있다.

(1) 정서적 체험으로서의 자아

오늘날 심리학의 많은 개념들이 William James(1980)의 고전적 저술인 「심리학의 원리」에서 소개된 것이며, 자아개념 역시 여기에서 처음으로 소개되었다. James는 자아를 '인간이 자신의 것이라고 할 수 있는 모든 것' 으로 정의하였다. 여기에는 '물질적 자아' , '사회적 자아' , '정신적 자아' , '순수 자아' 가 포함된다. '물질적 자아' 는 일종의 영역이나 물체처럼 파악되어 그 가장 중심부에 신체가 위치하고 그다음에 의복, 그리고 가족, 집, 소유물 등이 차례로 포함된다. 이들이 자아로 간주되는 이유는 경험적 자아를 구성하기 때문이다. 가족이나 소유물을 잃었을 때 상실감을 느끼며, 소유물도 그것을 획득하느라 바친 정성이나 비용 때문에 '자아' 의 일부로 간주되곤 한다. '사회적 자아' 는 개인이 그의 동료들로부터 얻는 인정을 지칭한다. 연인이나 친구나 직장동료들로부터 얻는 사랑, 명성, 명예들이 사회적 자아를 구성한다. 정신적 자아란 개인의 내적 혹은 주관적 존재, 즉 그의 정신적 능력이나 성향들을 지칭한다. '정신적 자아' 는 반성과정의 결과로서 자아의 핵심적 부분이라고 말할 수 있으며, 느껴짐으로 발견되곤 한다. '순수 자아' 는 개인 정체성의 순수 원리를 지칭한다(민경환, 2002). James는 자아가 의식되는 대상인 동시에 의식되는 주체로서 이원성을 가지고 있다고 보았다. 인식의 주체가 되는 자아는

'I' 로 인식의 대상이 되는 자아는 'Me' 로 규정하였다.

(2) 사회적 구성물로서의 자아

자아개념은 사회적 상호작용에서 발달하며 삶의 과정을 통해서 많은 변화를 주는다(Cooley, 1902, Mead, 1934). Cooley는 거울상 자아(looking-glass self) 이론을 통해 타인의 반응이 자아개념의 형성에 중요한 부분임을 강조하였다. 즉, 자아개념은 사회적 거울에 의해 반영된 이미지라는 것이다. 자아와 사회 발달은 서로 완전히 얽혀 함께 출현하고 어느 하나가 없이는 다른 하나도 발달할 수 없다. 한편, 미드(Mead, 1934)는 자아는 다른 사람과의 관계 속에서만 의미가 있다고 주장하였다. 자아는 생리적 유기체의 특징과는 다른 특징을 띤다. 자아는 출생 시에는 없으나, 사회 발달 과정에서 나타나는 것이다. 즉, 그것은 사회 발달 과정 내에서 타인과의 관계를 통해 출현하고 발달한다.

(3) 성숙한 '자아'의 개념

Allport의 이론에서 '자아' 는 성숙, 지혜, 조화와 관련된다. Allport는 자아라는 용어 대신 '고유 자아(proprium)' 라는 용어를 사용하였다. 고유 자아란 우리가 자신을 중요하고 따뜻하게, 그리고 중심적으로 느끼는 인식된 자아(self as known)로 정의된다. 이는 주관적 경험의 '나(me)' 에 해당하는 부분이며, 인간 본성의 긍정적, 창조적, 성장 추구적, 진취적 자질을 나타낸다. Allport는 아동기에서 청년기에 걸친 고유 자아의 일곱 단계로 나누어 제시하였다. 이 일곱 단계는 주변에 있는 대상과 자신의 세계에 속한 일부라는 것을 깨닫게 되는 '자아 확장 감각', 내 안의 어떤 것과 나 밖의 다른 것들에 대한 막연한 구분을 하게 되는 '신체적 자아의 감각', 자기가 독립된 사람으로서 동일한 사람이라는 것을 알게 되는 '자아 정체성 감각', 자율성의 요구를 통해 얻게 되는 '자아존중의 감각', 도덕적인 책임의식과 목적이나 의도를 반영하는 '자아상', 논리적인 과정에 의해 문제를 해결할 수 있는 '합리적 적응자로서의 자기 감각', 그리고 고유 자아 발달의 마지막 단계인 '고유 자아의 추구' 등이다. Allport는 이들의 궁극적인 통합이 결국 주관적 지식과 감정을 가진 한 대상으로서의 '나' 의 존재, 즉 고유 자아를 형성하는 것으로 보았다.

(4) 현상학적 자아

개인의 주관적인 경험세계를 존중하는 현상학의 주창자인 Rogers는 자아를 행동의 결정과 인성의 형성에서 핵심적인 요인으로 보았다. 자아는 현상적 장에서 나로 지각되는 부분으로서 조직화되고 일관성 있는 지각 패턴을 표상한다. 자아는 새로운 경험을 하면서 계속 변화하지만 항상 정형화되고 통합되고 조직화된 속성을 유지한다. 그러므로 시간에 따라 개인이 많이 변화하더라도 그는 자기가 이전과 똑같은 사람임을 느끼는 확고한 내적 감정을 보유한다(민경환, 2002). 자아개념은 현 존재에 대한 지각인 '현실 자아' 뿐만 아니라 자신이 되기를 원하고 가장 보유하고 싶어하는 속성을 반영하는 존재인 '이상 자아' 도 포함된다. 이 2개의 자아가 일치할 경우, 건강한 성격을 갖게 되지만 이들 간 불일치가 심할 경우 부적응적인 성격을 갖게 된다. 이러한 자아의 가장 중요한 특징은 자아실현성이다. 자아실현성이란 인간에게 있어서 자아를 끊임없이 성장시키고 발달시키고자 노력하는 선전적인 경향성을 나타낸다. 따라서 인간의 삶에 있어서 최우선적인 동기는 그 자신을 실현하고, 보존하거나 개발하기 위한 것이다.

2) 자아의 발달

(1) 자아인식

많은 발달학자들은 영아가 자아에 대한 자각 없이 태어난다고 생각했다. 신생아는 알 속의 병아리와 같아서 자기와 환경을 변별할 어떤 능력도 가지고 있지 않다는 것이다(Mahler, Pine, & Bergman, 1975). 그러나 다른 발달학자들은 어린 신생아도 자신과 그를 둘러싼 환경을 구별할 수 있는 능력이 있다고 주장한다.

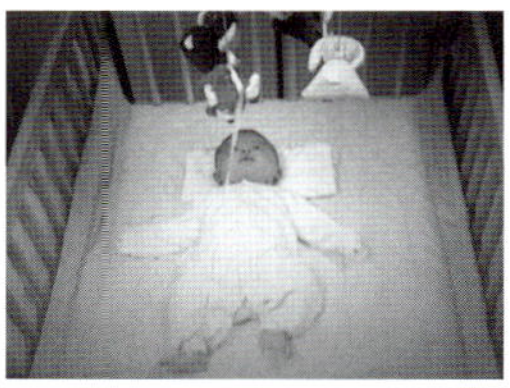

[사진 9-10] 다리에 연결된 끈으로 모빌을 움직이고 있는 영아

Piaget에 의하면 영아는 먼저 외부의 대상보다는 자신의 신체에 관심을 둔다. 손가락을 자꾸만 입속에 넣고 빠는 행동을 반복한다. 2~3개월 된 영아는 다리와 팔에 연결된 끈이 모빌을 움직이고 소리를 내는 것을 즐거워하였으며, 2~3일 이후에도 이 과정을 회상하여 끈을 잡기 위해 팔을 뻗거나 발을 차려고 하였다(Lewis, Alessandri, & Sullivan, 1990; Rovee-Collier, 1995). 이처럼 2개월 된 영아도 그들을 흥미

롭게 한 사건에 대해 자신에게 책임이 있다는 것을 알고 있는 듯했다. 따라서 영아는 생후 1~2개월 동안 자기 신체에 대한 한계를 알고 이런 '물리적 자기'와 즉시 통제할 수 있는 외부 대상을 변별하는 것이 가능할 수 있다(Samuels, 1986).

자아 분화 이후 영아가 다른 대상과 구분되는 독립된 신체로서 자신을 인식하는 자아인식은 생후 6개월경에 시작하는 것으로 보며(Lamb & Easterbrooks, 1981), 구체적으로 자기를 눈으로 보고 자신을 인지하는 것은 15~24개월 사이로 보고 있다(김태련 외, 2004).

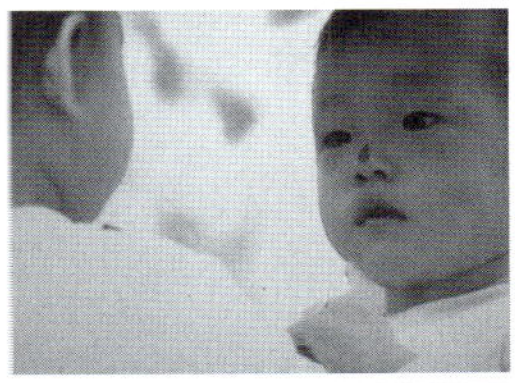

[사진 9-11] 거울에 비친 낯선 붉은 점을 보고 있는 영아

Lewis와 Brooks-Gunn(1979)은 영아의 코에 빨간 립스틱을 바르고, 거울을 보여주어 자기의 모습을 알아보는지를 조사하였다. 9~24개월 된 영아에게 이 검사를 했을 때 어린 영아일수록 자아에 대한 인식이 없었다. 어린 영아들은 거울 속에 비친 자신의 모습에 대해 마치 다른 영아인 것처럼 반응하였다. 그러나 18~24개월경이 되면 거울에 비친 자신의 얼굴에서 낯선 붉은 점을 알아보고 코를 만졌다(Asendorph, Warkentin, & Baudonniere, 1996). 18개월 이후 영아는 자신의 얼굴에 대한 정신적 심상을 형성하기 위해 감각 운동적 도식을 내재화하였기 때문에 거울 속의 자신의 모습을 인식하는 것으로 보인다. 즉, 인지 발달이 자아의 발달과 밀접하게 관련된다는 것이다.

비록 인지 발달 수준이 자아인식에 필수적이기는 하나 사회적 경험도 중요하다. Gallup(1979)에 따르면 고립되지 않고 정상적으로 자란 침팬지는 거울 속의 자신의 모습을 쉽게 인식했다. 반면, 사회적으로 완전히 고립되어 양육된 침팬지는 거울 속의 모습을 다른 동물인 양 바라만 보고 있었다. 정상적인 침팬지는 사회적 거울에서의 반영을 통해 어느 정도 자아인식을 발달시킨 반면, 이런 사회적 경험을 박탈당한 침팬지는 분명한 자기 이미지를 획득하지 못하였다. 인간도 사회적 경험을 통해 자아인식을 발달시킨다. Pipp(1992)는 만 2~3세 유아를 대상으로 자아인식을 측정하는 과제뿐 아니라 이름과 성을 알고 있는가를 알아본 일련의 검사를 시행하였다. 그 결과 안정 애착된 만 2세 유아가 불안정 애착의 또래 유아보다 자아인식 점수가 더 높았다. 이러한 차이는 만 3세 유아에게서 더 크게 나타났다.

(2) 자아존중감

아동은 발달하면서 자신에 대한 이해를 넓히고, 복잡한 자기 묘사를 구성하게 될 뿐 아니라 자신이 소유하고 있는 특징을 평가한다. 자아존중감은 자신의 역량 또는 유능함에 대한 평가적 신념으로서, 개인의 바람직한 환경 적응 및 건전한 인성 발달, 나아가 자아실현에 가장 중요한 요소이다.

자아존중감이란 다양한 다른 영역에서 보이는 장점과 약점에 근거한 자아에 대한 총체적 평가라고 할 수 있다. 아동은 여러 상황에서 자신의 유능함을 평가하고 난 다음, 이런 평가를 총체적 자기평가로 통합한다. 학령기 아동은 학업, 신체, 사회성 등 세 측면에서 자아존중감을 형성하게 되며, 자신의 유능성에 대한 평가는 자신에 대한 타인의 평가를 정확히 반영하게 된다(Harter, 1982, 1990). 자아존중감의 세 가지 측면은 아동의 연령이 증가함에 따라 다시 세분된다. 예를 들면, 학업적 자아존중감은 다시 국어, 수학, 기타 다른 과목 등으로 세분화되고, 사회적 자아존중감은 또래와의 관계 및 부모와의 관계로 나누어진다. 그리고 신체적 자아존중감은 다시 외모와 신체적 능력으로 세분화된다(Marsh, 1990).

부모는 아동의 자존감을 형성시키는 데 결정적인 역할을 한다. 영아기에 부모 양육 민감성은 자아형성에 분명한 영향을 준다. 학령기와 청소년기에도 온정적이며 지지적이고 양육하는 데 분명한 기준으로 세우고, 자녀의 의견을 수용하는 부모일수록 아이들의 자존감이 높았다(Coopersmith, 1967).

자아존중감에 영향을 미치는 또 다른 요인으로 사회적 비교를 들 수 있다. 유아는 여러 영역에서 또래보다 자신이 월등한지 아니면 열등한지를 구별하기 위해서 사회적 비교(social comparison)를 사용하면서 자신과 또래 간의 차이를 인식한다. 이런 종류의 비교는 연령이 증가하면서 더욱 정교화 되고 아동의 자존감 형성에 중요한 역할을 한다.

우리나라 초등학교 4, 6학년 아동을 대상으로 자아존중감에 미치는 어머니의 양육 행동과 또래 수용도의 영향을 살펴본 연구(이숙 · 최정미, 2003)에 따르면, 어머니의 애정적 양육 행동을 높게 지각할수록 인지적 능력, 신체적 능력 및 외모, 사회적 수용, 행동품행, 전반적 자아가치 등 모든 하위 영역에서 자아존중감을 높게 지각하였다. 반면 또래 수용도는 자아존중감의 하위 영역 중 사회적 수용에서만 유의한 영향을 미쳤다. 또한 아동의 자아존중감과 어머니의 양육 행동 간의 관계를 살펴본 연구(최미경, 2011)에서도 남녀 아동 모두 어머니가 온정적이고 수용적으로 양육한다고 생각할수록 자아존중감에 긍정적인 효과를 가져왔다.

자아존중감은 8세 이전에는 안정되지 못한다. Harter(1985, 1988)에 의하면 자아존중감이 비교적 안정되게 긍정적 또는 부정적으로 표출되는 시기는 초등학교 3학년이 되는 약 8세 무렵이다. 아동기 중반에 접어들면서 아동의 자아존중감은 보다 안정되고 현실적으로 변해간다(Berk, 2008).

(3) 자기 통제감

어린 아동은 자신의 행동결과에 대한 고려 없이 욕구나 충동에 따라 행동하는 경우가 많다. 그러므로 상황적 요구에 맞게 자신의 행동을 스스로 조절하고 통제할 수 있는 능력은 아동의 사회화 과정에서 획득해야 할 중요한 과제이다. 자기통제(self-control)는 목표를 달성하기 위해 순간의 충동적인 욕구나 행동을 억제할 수 있는 능력을 말한다. 자기통제 능력은 유혹에 저항하는 능력, 만족을 지연하는 능력, 충동을 억제하는 능력으로 구성되어 있다(정옥분, 2003).

[그림 9-2] 장난감 금기기법

아동의 자기통제 능력은 비교적 일찍부터 발달한다. Kopp(1982, 1987)은 자기통제 능력의 발달 과정을 세 단계로 구분하고 있다. 만 1~2세경이면 통제의 외재적 요소에 의한 부모나 양육자의 지시나 금지, 순종에 의한 타율적 통제 행동이 나타난다. 만 4세경이 되면 타인이 자신에게 가하는 언어적인 지시나 통제를 내면화하여 자기 통제의 수단으로 삼음으로써 타율적 통제로부터 자율적 통제의 단계로 전이되어 발달한다. 자율적 통제능력은 인지능력과 책략 생성의 발달과 함께 적절한 사회화 과정을 거쳐 아동 후기까지 서서히 계속해서 발달한다.

자기 통제 능력의 하위능력 중 유혹에 저항하는 능력이란 아동이 바람직한 과업을 위해 일시적인 즐거움을 가져다주는 대상의 유혹을 뿌리칠 수 있는 능력을 뜻한다. 유혹에 저항하는 능력을 진단하는 데는 흔히 장난감 금지기법(forbidden toy technique)이 사용된다. 연구자는 아동들에게 크레용으로 그림을 색칠하는 과제를 시키면서 아이들이 몹시 갖고 싶어하는 장난감이 든 바구니를 옆에 놓아둔다. 아동에게 '절대 만지지 말라' 는 엄중한 지시를 한 후 아동과 장난감을 방에 두고 나간 뒤, 방에 설치되어 있는 일방거울을 통해 아동의 행동을 관찰한다. 이러한 실험 상황에서 3세경부터 아동들은 장난감을 갖고 놀고 싶은 유혹을 억제하는 능력을 보이기 시작한다(송명자, 1995).

만족을 지연하는 능력은 보다 큰 만족과 보상을 얻기 위해 순간의 즐거움을 가져다주는 욕구를 억제하거나 자신이 이행하기를 원하는 행동을 통제하고 지연시키는 능력이다. Mischel(1974)의 전형적인 만족지연 실험에 따르면 연구자는 우선 아동에게 마시멜로우나 크래커 중에서 좋아하는 것 하나만 선택하라고 하였다. 선택한 후 실험자는 아동에게 잠시 나갔다가 오겠다고 하면서, 그때까지 기다리면 좋아하는 과자를 먹을 수 있지만 참을성 없이 벨을 눌러 실험자를 부르면 덜 좋아하는 과자를 먹어야 한다고 일러주었다. 이때 벨을 누르기까지 기다린 시간을 통해 아동의 만족지연능력을 알아볼 수 있다. 3~5세 유아는 유혹적인 대상에 대한 충동을 억제시킬 수 없었다. 그들은 두 가지 종류의 과자를 보고 있다가 1~2분 후에 참지 못하고 실험자에게 신호를 보내 덜 좋아하는 과자를 받았다. 테이블에 있는 눈앞의 보상은 상당한 좌절감을 유발하기 때문에 유아들은 견디기 힘든 갈등에서 벗어나기 위해 벨을 더 빨리 눌렀다. 생후 6~8개월경이 되면, 아동의 대부분은 물리적 분산(자신의 눈이나 유혹적 대상을 가리는 것)이 유혹에 저항할 수 있게 도와주는 방법이라는 것을 깨닫게 된다. 11~12세가 되면 추상적 관념이 좌절을 감소시키고 먹고 싶은 충동을 잘 억제시켜 준다는 것을 알게 된다. 즉, '마시멜로우는 구름이다' 라고 생각하고 인지적 분산이나 '나는 마시멜로우를 싫어해' 와 같이 사실이 아닌 자기 지시적 전략을 사용하여 만족을 지연한다(Mischel & Mischel, 1983).

충동을 억제하는 능력은 성급한 감정, 정서, 행동, 판단, 선택 등을 자제하고 통제하는 능력이다. 충동 억제 능력은 다른 자기통제 능력과 마찬가지로 학령 전부터 발달하기 시작하여 아동기 동안에 크게 증가한다. Maccoby(1980)는 아동기에 발달하는 충동 억제 능력을 행동 억제, 정서 억제, 결론 억제, 선택 억제의 네 가지 형태로 설명하고 있다. 행동 억제 능력은 진행 중인 행동을 중단하는 것을 의미하는데, 어린 아동은 '사이몬 가라사대' 놀이에서 '코를 잡아라' 하는 지시에 따르는 것보다 '코를 잡지 말아라' 하는 지시에 따르는 것에 더 많은 오류를 나타낸다. 정서 억제 능력은 아동에서 성인에 이르기까지 전 생애에 걸쳐 발달하는 대단히 중요한 자기통제 능력의 하나로, 자신의 정서를 통제하는 능력이다. 결론 억제능력은 충동적인 판단을 삼가고 신중하게 숙고하는 능력으로 만 6세까지는 아동들에게서 높은 결론 억제능력을 기대하기 어렵다. 마지막으로 단기간 내에 만족할 수 있지만 보상의 크기가 작은 단기보상을 포기하고, 시간을 기다려야 하지만 보다 큰 만족을 가져다 줄 장기 보상을 선택하는 선택억제 능력은 만족 지연 능력과 밀접한 관계가 있다(송명자, 1995).

(4) 사회인지 발달

사회인지(social cognition)란 사람과 관련되는 모든 대상의 제반 특성에 관한 사고와 판단을 의미하는 대단히 광범위한 개념이다. 사회적 행동이 대인관계에서 나타나는 표면적 특성이라면, 사회인지는 대인관계나 사회적 조직 내에서 사회적 행동을 결정하는 내재적 과정이다(송명자, 1995).

Piaget의 인지 발달 이론에 따르면 아동이 자신과 타인에 대해 생각하는 방식은 그들의 인지 발달 수준에 의존한다. 유아는 전조작기의 사고 특징인 자아 중심성으로 인해 외부세계를 보는 관점과 자신의 관점을 분리시킬 수 없다. 유아는 자신이 좋아하는 것과 타인이 좋아하는 것이 다르다는 것을 인식하지 못한다. 엄마가 울고 있을 때 유아는 자신이 가장 아끼는 인형을 건네며 위로하려고 한다. 자신이 슬플 때 인형을 통해 위로받았듯이 성인도 똑같이 위로받을 것으로 생각한다. 구체적 조작기에 이르면 자아 중심성에서 벗어나 탈중심화되며, 가역적 사고가 가능해지면서 보존 개념을 획득하게 된다. 이러한 능력은 이 시기 아동이 능동적으로 자신과 또래의 행동을 비교하면서, 점차적으로 타인의 감정, 생각, 의도, 행동 등을 어떻게 이해하게 되는가를 설명해 준다. 논리적이고 체계적이며 추상적인 사고가 가능한 형식적 조작기에 이르면 자신과 타인의 심리적 비교가 가능해진다.

사회인지 발달을 설명하는 또 다른 이론은 Selman(1980)의 역할수용(role-taking) 이론이다. 그는 자기와 타인을 성숙하게 이해하는 데 기초가 되는 인지적 발달의 특정 영역이 있다고 생각했다.

Selman은 아동에게 대인간 딜레마에 대해 물어봄으로써 역할 수용 발달을 연구했다. 다음의 그의 연구에서 사용한 딜레마의 한 예이다.

8세 여아인 현아는 나무타기를 좋아한다. 그녀는 동네에게 나무에 가장 잘 올라간다. 어느 날 나무에서 내려오다가 떨어졌으나 다행히 다치지는 않았다. 아빠는 그것을 보고 화가 나서 앞으로 나무에 올라가지 말라고 엄하게 말씀하셨고, 현아도 그렇게 하겠다고 약속했다. 그 후 현아는 친구 수진이를 만났다. 그런데 수진이의 고양이가 나무에 걸려서 내려올 수 없었고 잘못하면 떨어질 위험에 있으므로 빨리 어떤 조치를 해야 할 상황이었다. 현아는 고양이를 데리고 내려올 정도로 나무를 잘 타는 유일한 사람이지만 아빠와의 약속 때문에 주저하고 있었다.

Selman은 딜레마에 대한 아동의 반응을 분석하여 사회적 역할수용 발달을 5단계로 나누어 설명하고 있다. 아동은 자신의 입장 이외에 다른 사람의 입장을 인지할 수 없는 존재에서(단계 0), 여러 입장을 마음속으로 생각하고 대개의 사람들이 채택하는 입장 각각을 비교해 볼 수 있는 복잡한 사회 인지적 이론가(단계 4)로 발달해 간다(〈표 9-3〉). 전조작기 유아는 Selman의 역할 수용 1단계 또는 2단계 수준에 해당되는 반면에, 대부분의 구체적 조작기의 아동은 3단계 또는 4단계 수준에, 그리고 형식적 조작기에는 4~5단계에 해당하였다.

〈표 9-3〉 Selman의 사회적 역할 수용 단계

단 계	연령범위	특 성	딜레마에 대한 전형적 반응
0 수준 자아중심적 미분화 단계	3~6세	아동은 자신과 타인이 다른 사고와 감정을 가지고 있음을 인식한다. 그러나 종종 자신과 다른 사람의 입장을 구별하지 못한다.	아동은 현아가 고양이가 다치는 것을 원하지 않기 때문에 고양이를 구해줄 것으로 생각한다. 그리고 그녀의 아버지도 현아처럼 생각할 것이라고 말한다.
1 수준 사회 정보적 역할수용 단계	4~9세	아동은 사람들이 다른 정보를 가지고 있기 때문에 각기 다른 관점을 가질 수 있음을 이해한다.	현아가 나무에 올라간 사실을 알았을 때, 아버지가 어떻게 반응할 것 같은지에 대해서 물었을 때 고양이를 구하러 올라갔다는 것을 몰랐을 때는 화를 내겠지만, 그 사실을 알게 되면 마음을 바꿀 것이라고 대답한다.
2 수준 자기반성적 역할수용 단계	7~ 12세	아동은 다른 사람의 사고, 감정, 행동을 이해하게 된다. 그러나 이 단계에서의 역할 수용 능력은 제3자의 입장은 배제되어 있다.	벌을 받을 것이라고 생각하는지에 대한 물음에 대해 현아는 그녀가 왜 나무에 올라갔는지 아버지가 이해하실 것을 알기 때문에 야단맞지 않을 것이라고 대답한다.
3 수준 제3자적 역할 수용 단계	10~ 15세	아동은 제3자의 관점에서 자신과 타인이 어떻게 보이는지 그려볼 수 있다.	현아가 벌을 받아야만 하는가에 대한 물음에 아동은 현아는 고양이를 구하는 것이 중요하다고 생각했기 때문에 벌을 받아서는 안 된다고 대답하였다. 그러나 그녀 또한 나무에 올라가면 안 된다는 것도 알고 있었다. 그래서 현아가 나무에 왜 올라갔는지 아버지를 이해시킨다면 벌을 받을 필요가 없다고 생각한다.
4 수준 사회관습적 역할 수용 단계	14~ 성인	아동은 제3자적 관점이 하나 또는 그 이상의 더 큰 사회적 가치에 의해서 영향받는다는 사실을 깨닫는다.	동물 사랑에 대한 가치가 현아의 행동을 정당화할 수 있다. 그녀의 아버지가 이러한 가치를 중요하게 여긴다면 그녀를 벌하지 않을 것이라고 대답한다.

출처: Selman(1976), Selman & Byrne(1974)

Chapter 10

도덕성 및 성역할 발달

아동의 도덕성 발달은 사회정서 발달의 핵심적인 부분으로서 이타성과 공격성 발달과도 밀접한 관련을 보인다. 본 Chapter에서는 아동의 도덕성, 이타성, 공격성 발달의 기본 개념을 이해하고, 이들의 발달을 설명하는 개별 이론들을 구체적으로 살펴보며, 발달적 경향과 영향 요인에 대해 알아보고자 한다. 이와 함께 아동의 성역할 발달의 개념, 발달 이론, 발달적 경향에 대해 알아본다.

1. 도덕성 발달

1) 도덕성의 개념

도덕성(morality)이란 선과 악을 구별하고, 옳고 그름을 판단하며, 인간관계에서 지켜야 할 규범을 준수하는 능력을 뜻한다. 즉, 사회생활의 규범과 인간 행동의 규칙으로서 인간으로 하여금 그 집단 내에서 용인된 바람직한 행동 규범에 부합되게 행동하고 사고하게 하는 체계로 정의된다.

일반적으로 도덕성의 개념을 정의할 때 발달이론가들은 도덕성이 세 가지 구성 요소로 이루어져 있다고 간주한다. 도덕성의 구성 요소에는 정서적, 인지적, 행동적 측면이 포함된다. 먼저 도덕성의 정서적 측면은 '옳은' 행동이나 '그른' 행동에 관련된 정서, 그리고 도덕적 사고와 행위를 유발하는 정서를 의미한다. 다음으로 인지적 구성 요소는 옳고 그름이 무엇인지 개념화하고 어떤 방식으로 행동할 것인지를 결정하는 부분이다. 마지막으로 행동적 구성 요소는 도덕 규칙을 위반할 수 있는 상황에서 실제로 나타나는 도덕적 행동을 의미한다.

이와 같은 도덕성의 구성 요소가 밝혀짐에 따라 도덕성 발달에 관한 세 가지 주요 이론은 도덕성의 서로 다른 구성 요소에 초점을 두고 도덕성 발달을 설명하였다. 먼저 정신분석학자들은 정서적 측면, 즉 도덕적 정서를 강조한다. 그들은 아동이 자부심과 같은 긍정적 정서를 경험하고 죄의식이나 수치심과 같은 부정적 정서를 회피하기 위해 자신의 윤리 원칙에 따라 행동하도록 동기화된다고 주장하였다. 이와 달리 도덕성의 인지적 측면, 즉 도덕적 추론에 관심을 가진 인지 발달 이론가들은 아동이 옳고 그름에 대해 사고하는 방식은 아동이 성숙함에 따라 보다 극적으로 변화한다는 사실을 발견하였다. 마지막으로 사회학습 및 사회적 정보처리 이론가들의 연구는 도덕규범을 위반하는 행동(거짓말하기, 훔치기, 속이기)을 금지함으로써 유혹에 대한 저항이나 도덕적 행동의 실행을 아동이 어떻게 학습하는지를 규명하고자 하였다(Shaffer, 2000).

도덕성 발달에 관한 여러 이론이 도덕성의 구성 요소들 가운데 특정 요소 하나만을 강조함에도 불구하고, 실제 생활에서는 이러한 도덕적 구성 요소들이 서로 밀접하게 관련되어 있다. 예를 들어, 잘못한 행동(도덕적 행동)에 대한 아동의 고백은 아동의 강렬한 죄의식(도덕적 정서)에 의해 유발될 수 있다.

2) 도덕성 발달 이론

도덕성 발달을 설명하는 이론으로는 정신분석 이론, 인지 발달 이론, 사회 학습 이론을 들 수 있다.

(1) 정신분석 이론

정신분석 이론에 의하면 인생의 초기 단계에 아동이 부모의 기준이나 사회의 규범에 적응하는 과정을 통해 도덕성 발달이 이루어진다. 도덕성이 발달함에 따라 아동은 사회의 규범을 내면화해서 반사회적 행동을 억제하게 되며, 이를 위반했을 때에는 불안감과 죄책감을 느끼게 된다. 따라서 죄책감이 형성되면 아동은 이로부터 벗어나기 위해 사회의 규범에 보다 더 순응하게 되고, 이러한 과정을 통해 도덕성 발달이 이루어진다(정옥분, 2004).

Freud(1933)의 정신분석 이론에 의하면 인간의 성격은 원초아(id), 자아(ego), 초자아(super ego)의 세 가지 구성 요소로 이루어져 있다. 원초아가 인간 본능의 충족을 추구하는 반면, 자아는 실제적인 충족 수단을 찾을 때까지 원초아의 충동을 억제시키려고 노력하며, 초자아는 원초아의 충동과 자아의 욕구 충족 수단이 도덕적으로 용납될 수 있는지를 판단하는 역할을 담당한다. 도덕성 발달은 이러한 성격의 구성 요소 가운데 초자아의 발현을 통해서 이루어진다. 초자아의 미성숙으로 인해 원초아의 지배를 받는 걸음마기 아동은 도덕적 개념이 아직 형성되지 못한 상태이므로, 부모가 유아의 옳은 행동을 보상해 주고 그릇된 행동을 처벌해 줌으로써 초자아의 역할을 대신한다. 그러나 연령이 증가하면서 초자아가 발달하면, 아동은 자신의 사고와 행동을 스스로 감독할 수 있는 능력을 획득하게 된다. 초자아가 잘 발달된 아동은 자신에 대해 엄격한 통제를 가하고, 나쁜 행동을 했을 때는 죄책감과 수치심을 느낌으로써 자아를 스스로 처벌한다. 이와 같이 도덕적으로 성숙한 아동은 자존감을 유지하고 부정적 감정을 피하기 위해 도덕적 규범을 벗어난 유혹에 저항하게 된다(Shaffer, 2000).

Freud는 성격 발달의 단계를 5단계로 구분하였다. 성격 발달의 세 번째 단계에 해당하는 만 3세부터 6세까지의 남근기(phallic stage)에 아동은 이성 부모에 대해 근친상간적 욕망을 가지기 때문에 동성 부모에 대한 적대적 경쟁심을 경험한다. 동성 부모에 대한 이러한 적대감을 남아의 경우 오이디푸스 콤플렉스(Oedipus complex), 여아의 경우 엘렉트라 콤플렉스(Electra complex)라고 한다. 남아는 오이디푸스 콤플렉스와 함께 거세불안(castration anxiety)을 경험하게 되는데 이로부터 벗어나기 위해 아버지를 동일시하며 아버지의 도덕 기준을 내면화한다. 여아도 아버지의 애정을 확보하기 위해 어머니와 경쟁하는 동안 엘렉트라 콤플렉스를 경험하지만, 남아와는 달리 거세불안을 느끼지는 않기 때문에 아들이 아버지를 두려워하는 만큼 어머니를 두려워하지는 않는다. 여아는 엘렉트라 콤플렉스를 해결하기 위해 어머니를 동일시하면서 어머니의 도덕 기준을 내면화하게 된다. 이처럼 여아는 어머니를 동일시하도록 절대적으로 강요하는 강력한 공포심을 경험하지 않기 때문에 Freud는 거세불안을 느끼는 남성의 초자아가 여성의 초자아보다 더 강하다고 가정하였다.

도덕성 발달에 관한 Freud의 이론은 자부심, 수치심, 죄책감 같은 도덕적 정서가 윤리적 행동을 결정하는 중요 요소라는 점과, 도덕 원리의 내면화가 도덕적 성숙으로 이끄는 결정적 단계임을 주장했다는 점에서는 긍정적 평가를 받고 있다. 그러나 일부 측면에서는 비판을 받고 있다. 예를 들어, Freud(1933)는 여성의 도덕성 발달은 불완전하다고 주장하였다. 이는 초자아의 형성은 오직 거세불안에 의해서 완전해지는데, 여성에게는 거세불안이 없는 만큼 보다 약한 초자아를 발달시키게 되어 도덕적인 측면에서 남성보다 덜 엄격한 편이라는 것이다. 그러나 이러한 주장은 단순히 Freud 자신의 문화적 고정관념을 반영한 것일 뿐이라는 비판을 받았다.

(2) 인지 발달 이론

인지 발달 이론가들은 인간의 다양한 행동이 옳은지 그른지를 결정할 때 아동이 보이는 사고의 발달, 즉 도덕적 추론의 관점에서 도덕성 발달을 설명하였다. 인지 발달 이론에서는 도덕성 발달이 주로 인지 발달에 의존한다고 주장하였다. 도덕적 추론은 불변적 순서의 단계들을 통과하는 과정에서 발달하는데, 각 단계는 이전 및 이후 단계와는 질적으로 다른 도덕적 문제해결 방식을 포함한다. 각각의 도덕 단계는 바로 이전 단계에서 발달하며, 특정 단계가 대체되거나 생략될 수 없다는 것이 인지 발달 이론가들의 주장이다. 도덕성 발달단계에 대한 이러한 가정은 인지 발달단계에 대한 Piaget의 가정과 동일한 내용이다.

도덕성 발달에 대한 Piaget의 이론과 더불어, Piaget 이론을 토대로 이를 확장시킨 Kohlberg의 이론은 도덕성 발달을 설명하는 대표적인 인지 발달적 접근이다. 이와 함께 Damon의 분배정의 개념에 대해 살펴본다.

1 Piaget의 도덕성 발달 이론

도덕성 발달이 인지 발달의 순서에 병행하여 발달한다고 본 Piaget(1965)는 5~13세 아동들의 공기놀이를 관찰함으로써 규칙 준수의 발달을 연구하였고, 이를 통해 아동의 도덕성 발달단계를 규명하였다. 그는 아동들에게 누가 게임 규칙을 만들었는지, 모든 사람이 규칙을 반드시 지켜야 하는지, 이 규칙을 바꿀 수 있는지 등의 개방적 질문을 하였다. 이와 함께, 행위의 의도와 결과가 다양한 이야기를 아동에게 들려주고, 누가 더 나쁘며 그 이유가 무엇인지를 질문하였다. 아동의 응답에 근거하여 Piaget는 도덕성 발달단계를 5세에서 10세까지의 타율적 도덕성(heteronomous morality) 단계와, 10세 이후의 자율적 도덕성(autonomous morality) 단계로 구분하였다(Berk, 2003).

먼저, 타율적 도덕성 단계의 아동들(5~10세)은 규칙이란 권위자(예 신, 부모, 교사)가 일방적으로 부과하며 매우 신성하고 변경이 불가능하다고 생각한다. 이 단계의 아동은 규칙을 변경할 수 없는 절대적인 것으로 생각하기 때문에, 새로운 규칙을 가르쳐 주어도 기존의 규칙을 그대로 적용해야 한다고 주장한다. 행위의 결과를 판단할 경우에도 그 의도와는 관계없이 단지 행위의 결과에 의해 옳고 그름을 판단한다. 또한, 타율적 도덕성 단계의 아동은 사회적 규칙을 위반하게 되면 언제나 처벌이 뒤따른다고 믿는다(Shaffer, 2000).

타율적 도덕성 단계에서 자율적 도덕성 단계로 넘어가기 이전에 아동은 과도기적 단계를 거친다. 과도기적 시기에는 타율적 도덕성과 자율적 도덕성이 동시에 존재한다. 이러한 과도기를 거쳐 10세가 지나면서 대부분의 아동은 자율적 도덕성 단계에 도달한다. 자율적 도덕성 단계의 아동은 행위의 결과가 아닌 의도에 의해 옳고 그름에 대한 판단을 한다. 또한, 이 단계의 아동은 규칙을 위반하더라도 항상 처벌을 받지는 않는다는 사실을 스스로의 경험에 의해 알게 된다(최순영, 2003).

Piaget는 타율적 도덕성 단계에서 자율적 도덕성 단계로 이행하기 위해서는 인지적 성숙과 함께 사회적 경험이 요구된다고 보았다. 인지적 성숙이란 자기중심성의 감소와 더불어 타인의 관점을 이해할 수 있는 역할 조망 능력의 발달을 의미한다. 즉, 자신만의 관점에서 벗어나 타인의 관점을 고려하게 됨으로써 도덕 문제를 다양한 측면에서 조망해 볼 수 있다. 이와 더불어 동등한 위치에서 이루어지는 또래와의 상호작용은 아동에게 긍정적인 사회적 경험을 제공한다. 또래와의 상호작용을 통해 아동은 공동의 목표를 달성하기 위해서는 타인의 입장을 고려해야 한다는 사실을 경험적으로 알게 된다. 또한, 또래와 갈등이 발생할 경우 서로의 이해관계를 고려한 해결방식을 배우게 된다. 따라서 동등한 위치에서 이루어지는 또래와의 접촉은 보다 융통성 있고 자율적인 도덕성 발달을 촉진시킬 수 있다(정옥분, 2004).

도덕성 발달에 관한 Piaget의 주장은 많은 후속 연구자들에 의해 지지되었다. 이러한 긍정적 지지에도 불구하고, Piaget는 학령전기와 학령기 아동의 도덕적 능력을 과소평가하였다는 점에서 비판을 받기도 하였다.

〈표 10-1〉 Piaget의 도덕성 발달단계

단 계	내 용	사 례
타율적 도덕성 단계	이 단계의 아동은 규칙이 신이나 부모와 같은 권위적 존재에 의해서 만들어진 것으로 믿으며, 그 규칙은 신성하고 변경할 수 없는 것으로 이를 위반하면 벌을 받아야 한다고 생각한다.	어머니의 설거지를 도와드리다가 실수로 컵을 열 개 깨뜨리는 것이 어머니 몰래 과자를 꺼내 먹다가 컵을 한 개 깨뜨리는 것보다 더 나쁘다고 판단한다.
자율적 도덕성 단계	이 단계의 아동은 점차 규칙은 사람이 만든 것이고, 그 규칙을 변경할 수 있다고 생각하며, 도덕적 판단에서 상황적 요인을 고려하는 융통성을 보인다	과자를 몰래 꺼내 먹으려다 컵을 한 개 깨뜨리는 것이 어머니의 설거지를 도우려다가 실수로 컵을 열 개 깨뜨리는 것보다 더 나쁘다고 생각한다.

2 Kohlberg의 도덕성 발달 이론

Kohlberg는 Piaget의 도덕성 발달 이론을 보다 정교화시켰다. 그는 10, 13, 16세의 아동과 청소년이 가상적인 도덕적 갈등 상황에 대해 보이는 반응을 토대로 도덕성 발달단계를 구분하였다. 이들을 대상으로 가상적 갈등 상황에서 개인의 욕구를 충족시키기 위해 규칙과 명령을 위반하는 것과 규칙, 법률, 권위자에 복종하는 것 중에서 하나를 선택하도록 요구하였다.

Kohlberg는 〈표 10-2〉에 제시된 '하인츠 이야기'와 같은 도덕적 갈등 상황을 피험자들에게 다양하게 제시하고, 각 갈등 상황에 대한 피험자들의 반응을 분석하였다. 그러고 나서, 그들이 보이는 반응에 따라 도덕성 발달 수준을 세 수준, 여섯 단계로 구분하였다. 그는 응답자들 간의 대답이 서로 다르더라도 그러한 판단의 근거가 유사한 경우에는 응답자들이 동일한 도덕 판단 단계에 해당하는 것으로 보았다.

〈표 10-2〉 하인츠 이야기의 내용과 질문

이 야 기	질 문
유럽에서 희귀한 암으로 죽어가고 있는 부인이 있었다. 그 부인을 살릴 수 있을지도 모르는 약이 한 가지 있었다. 같은 마을에 사는 약사가 개발한 그 약은 라듐의 일종이었다. 재료비도 비싼 그 약을 약사는 원가의 10배나 더 비싸게 팔았는데, 아주 소량의 약을 2,000달러나 받았다. 부인의 남편인 하인츠는 그 약을 사기 위해 주위 사람들에게서 돈을 빌렸지만, 약값의 절반인 1,000달러밖에 구하지 못했다. 하인츠는 약사에게 자신의 아내가 죽어가고 있으니, 그 약을 조금 싸게 팔거나, 아니면 모자라는 약값은 나중에 갚게 해달라고 부탁하였다. 그러나 약사는 그 약으로 돈을 벌 생각이라면서 하인츠의 부탁을 거절하였다. 하인츠는 어쩔 수 없이 약을 훔치기 위해 약국의 문을 부수고 들어갔다.	• 하인츠는 약을 훔쳐야만 했는가? • 약을 훔치는 것은 옳은 일인가, 나쁜 일인가? 왜 그런가? • 만약 다른 방법이 전혀 없다면 아내를 위해 약을 훔치는 것이 남편의 의무라고 생각하는가? • 좋은 남편이라면 이 경우 약을 훔쳐야 하는가? • 약사는 가격 상한선이 없다고 해서 약값을 그렇게 많이 받을 권리가 있는 것인가? 있다면 그 이유는 무엇인가?

Kohlberg의 도덕성 발달은 '전인습적 수준(preconventional level)'에서 시작한다. 여기서 '인습적'이란 용어는 사회 규범이나 관습, 권위에 순응하는 것을 뜻하므로 전인습

적 수준에 있는 사람은 사회 규범이나 관습에 적절하게 순응하지 못하는 사람이다. 이 수준에 해당하는 아동은 자기중심성이 강해서 타인의 입장을 고려하지 못하고, 자신의 욕구 충족에만 관심을 보인다. 전인습적 수준은 1단계인 '처벌과 복종 지향 도덕성' 단계와 2단계인 '쾌락주의 지향 도덕성' 단계로 구분된다. 1단계의 아동은 행위의 결과만 고려해서 옳고 그름을 판단하며, 처벌을 피하기 위해 권위에 복종한다. 2단계의 아동은 자신의 흥미와 욕구를 만족시키기 위해 규범을 준수하는 쾌락주의적 성향을 보이며, 자신이 원하는 것을 얻기 위해서는 타인의 입장을 고려하기도 한다(Berk, 2003).

Lawrence Kohlberg(1927~1987)

전인습적 수준을 지나면 다음 단계인 '인습적 수준(conventional level)'에 도달한다. 이 수준에 있는 아동이나 청년은 이전 수준에서보다 타인의 입장을 더 잘 이해하며, 사회적 권위에 기초한 도덕적 추론을 내면화시킨다. 사회적 관습에 부합되는 행동을 도덕적 행동으로 간주하며, 대부분의 청년과 다수의 성인은 이 수준에 해당한다. 인습적 수준 역시 두 가지 단계로 구분되는데, 3단계는 '착한 아이 지향 도덕성' 단계이다. 이 단계에서는 타인의 기대에 부응하고 다른 사람으로부터 인정받기 위해 착한 아이처럼 행동하므로 행위의 동기나 의도를 중요하게 생각한다. 인습적 수준에 해당하는 4단계는 '법과 질서 지향 도덕성' 단계이다. 이 단계의 청년은 추상적 사고가 가능하기 때문에 자신을 사회구성원으로 생각하고, 사회가 정한 기준에 따라 행동을 평가한다. 즉, 사회의 질서 유지를 위해 법을 준수하는 행동이 도덕적 행동이라고 여긴다.

Kohlberg 도덕성 발달 이론의 마지막 수준은 '후인습적 수준(postconventional level)'으로 이 수준에 해당하는 사람은 근본적으로는 사회 규범을 이해하고 인정하지만, 법이나 관습보다는 개인의 가치 기준을 우선시한다. 후인습적 수준 역시 다른 수준과 마찬가지로 두 가지 단계로 구분된다. 먼저 5단계인 '사회 계약 지향 도덕성'에서는 '최대 다수의 최대 행복'을 위해서 법과 사회 계약이 성립되었음을 이해하고, 인간의 복지와 권리를 보호하기 위해 법을 준수한다. 도덕성 발달의 최종 단계인 6단계 '보편 원리 지향 도덕성' 단계의 경우 법이나 사회 계약은 보편적 윤리 기준에 근거하고 있으므로 정당하다고 믿는다. 따라서 만일 법과 사회 계약이 원칙에 위배될 때에는 인간 평등, 정의 등의 보편 원리에 따라 행동한다.

이상에서 살펴본 것처럼 Kohlberg는 인간의 도덕성이 1단계에서 시작하여 6단계까지 순서대로 발달한다고 주장하였다. 그러나 모든 사람이 다 최고 수준인 6단계에 도달하는 것은 아니고, 단지 소수의 사람만이 6단계에 도달할 수 있다고 보았다. 또한, 청년 후기와 성인기에는 도덕적 판단 수준이 안정화되는 경향이 있는데, 일반적으로 성인이 도달하는 도덕 판단 수준은 남성과 여성 간에 차이가 나타나서 여성의 경우는 대개 3단계이고, 남성의 경우는 그보다 한 단계 높은 4단계의 도덕 판단 수준을 보인다고 주장하였다.

〈표 10-3〉 Kohlberg의 도덕성 발달단계

수 준	단 계	내 용
전인습적 수준	단계 1 처벌과 복종 지향	이 단계에서는 결과를 토대로 행동을 판단한다. 처벌을 받지 않기 위해 규칙에 복종하며 권위 있는 사람에게 맹목적으로 순종한다.
	단계 2 쾌락주의 지향	이 단계에서는 자신의 욕구 만족 여부에 따라 도덕적 행동을 결정한다. 즉, 자신이 원하는 것을 얻기 위해 규범을 준수한다.
인습적 수준	단계 3 착한 아이 지향	이 단계에서는 타인으로부터 인정을 받고 사회 규범에 동조하는 것을 선한 행동으로 여긴다. 신의, 충성, 감사를 중요한 도덕적 가치로 여긴다.
	단계 4 법과 질서 지향	이 단계에서는 규칙이 사회적 질서 내에 고정된 것으로 간주한다. 선한 행동은 사회가 정한 규칙이나 역할을 그대로 따르는 것이다.
후인습적 수준	단계 5 사회 계약 지향	이 단계에서는 최대 다수의 최대 행복에 근거한 사회 계약이나 규칙을 존중하며 삶, 자유, 행복의 추구를 인간의 기본 권리로 간주한다.
	단계 6 보편적 원리 지향	이 단계에서는 자신이 선택한 보편적 원리를 따르는 것이 최고의 선이라고 생각한다. 보편적 원리는 인간의 존엄성, 평등, 정의 등을 의미한다.

Piaget와 마찬가지로 Kohlberg의 도덕성 발달 이론의 핵심 역시 아동의 인지 발달이다. 즉, 도덕성 발달단계의 차이는 바로 인지능력의 차이를 의미한다. 예를 들어, 전인습적 수준에서의 도덕 판단은 자기중심적인 인지 발달단계에서 나타난다. 타인의 견해와 입장을 이해할 수 있어야 인습적 수준에 도달할 수 있다(Walker, 1980). 후인습적 수준의 도덕 추론을 하기 위해서는 형식적 조작 단계에 해당하는 사고능력이 요구된다. 그러나 타인의 역할을 조망할 수 있는 능력을 획득했다고 해서 그 사람이 인습적 수준

의 도덕 추론을 할 수 있는 것은 아니며, 인지 발달이 형식적 조작 단계에 해당하는 사람이 반드시 후인습적 수준의 추론을 하는 것은 아니다(Stewart & Pascual-Leone, 1992).

Kohlberg의 도덕성 발달 이론은 몇 가지 측면에서 비판받고 있다. 첫째, Kohlberg 이론에서 사용된 도덕적 갈등 상황은 피험자에게 가상적으로 제시된 상황일 뿐 실제적으로 피험자가 직면한 상황이 아니라는 점이다. 둘째, Kohlberg의 도덕성 발달 이론은 문화적 편견을 보이기 때문에, 그의 도덕성 발달단계는 모든 문화권에서 보편적인 현상이 아니라는 지적을 받았다. 셋째, Kohlberg의 이론은 여성에 대한 편견을 포함하고 있다는 비판을 받았다. 즉, Kohlberg는 여성의 도덕적 판단에서 나타나는 대인관계 관련 요소를 평가절하함으로써, 도덕적 추론에서 여성들이 내는 다른 목소리를 무시하고, 여성의 도덕성 발달 수준이 남성에 비해 뒤떨어지는 것으로 판단했다.

Carol Gilligan(1936~)

도덕성 발달의 성차를 주장한 Kohlberg의 이론에 대해 Gilligan은 다른 주장을 제기하였다. Gilligan에 의하면 남아는 독립적이고, 자기주장이 강하며, 성취를 지향하도록 사회화되기 때문에 도덕적 갈등 상황을 해결할 때 다른 사람의 권리, 법, 사회적 관습을 토대로 도덕적 추론을 하게 된다. 이러한 도덕적 판단 수준은 Kohlberg의 도덕성 발달단계 중 4단계에 해당한다. 남아와 달리 여아는 양육적이고, 배려적이며, 다른 사람의 욕구에 대한 관심을 가지도록 사회화되기 때문에 타인과의 관계를 중시하는 도덕적 판단을 하게 된다. 이는 Kohlberg의 도덕성 발달단계 중 3단계에 해당한다. 결국, 남성은 개인의 권리를 존중하는 법과 질서를 우선하는 정의 지향 도덕성(morality of justice)을 가지게 되는 반면, 여성은 타인에 대한 책임과 복지가 핵심인 배려 지향 도덕성(morality of care)을 가지게 된다. 따라서 Gilligan은 Kohlberg가 주장하듯이 도덕성 발달에 성차가 존재한다기보다는 서로 다른 사회화 과정으로 인해 남성과 여성의 도덕성 발달 경로가 다르게 형성되어 있다고 주장하였다.

3 Damon의 분배정의

일상생활에서 아동은 자원을 분배해야 하는 다양한 상황에 직면하게 된다. 부모로부터 용돈을 얼마나 받는 것이 적절한지, 피자 한 판을 친구들과 어떻게 나누어 먹어야 공평한지 등이 대표적인 예이다. Damon(1977, 1988)은 어떻게 자원을 공평하게 나눌 것인지에 대한 생각, 즉 분배정의(distributive justice)에 대한 개념이 아동기 초기와 중기에 어떻게 발달하는지를 연구하였다. 4세 아동의 경우 분배의 중요성을 인식하고는 있으나, 아동기 중기가 되면 분배정의의 개념이 더욱 성숙해지므로 연령에 따라 〈표 10-4〉와 같이 단계별로 발달하게 된다. 자발적으로 타인을 돕고 다른 사람과 나누거나 협동하려는 마음이 강할수록 분배정의에 대한 아동의 사고가 더 잘 발달한다고 Damon은 주장하였다(Berk, 2007).

〈표 10-4〉 Damon의 분배정의 개념 발달

단계 및 시기	내용
엄격한 균등의 단계(5~6세)	돈, 게임의 순서와 같은 자원을 각자 동일하게 가졌느냐에 관심을 가진다.
보상의 단계(6~7세)	특히 노력을 많이 했거나 예외적으로 잘한 사람에게는 상을 더 줄 수 있다고 생각한다.
공정과 선의의 단계(8세경)	어려운 처지에 있는 사람을 더 배려해야 한다고 생각하며, 상황에 따라 공평함의 기준을 변경한다.

출처: Berk(2007).

(3) 사회학습 이론

초자아의 발달에 따라 도덕성 발달이 이루어진다고 가정한 정신분석 학자들과는 달리, 사회학습 이론가들은 아동이 처한 상황에 따라 도덕적 행동의 실행이 달라질 수 있다고 주장하였다. 인지 발달 이론가들의 주장처럼 도덕적 갈등 상황에 직면했을 때 아동이 보이는 도덕적 추론 수준은 도덕성 발달에서 중요한 위치를 차지한다. 그러나 도덕적 정서나 사고보다 더 중요한 것은 과연 아동이 도덕적으로 판단한 대로 행동하느냐이다. 이처럼 사회학습 이론가들은 도덕적 행동의 측면에서 도덕성 발달을 연구하였다. 도덕적 행동을 사회학습 이론의 측면에서 설명한 대표적인 연구에는 Hartshorne과 May(1930)의 연구가 있다. 이 연구에서는 8~16세의 아동들을 대상으로 다양한 상황에서 거짓말하기, 속이기, 훔치기를 유도함으로써 아동의 도덕적 특성을 알아보고자 하였다. 이 연구의 결과에 의하면, 아동이 특정 상황에서는 유혹에 저항한 반면, 다른 상황에서는 유혹에 굴복하였다. 이는 정신분석 이론가들이 주장하듯이 도덕성이 안정적이고 통합적인 특성이라기보다는 상황에 따라 차이를 보이는, 특정적 특성(situation-specific)이 도덕성에 내재되어 있음을 보여준다(Shaffer, 2000).

Bandura와 Mischel 등의 사회학습 이론가들은 도덕적 판단뿐만 아니라 도덕적 행동 역시 학습을 통해 이루어진다고 보았다. 즉, 강화와 처벌, 관찰을 통해 아동은 도덕적 행동을 학습한다. 강화를 받은 행동은 다시 발생할 가능성이 높으며 처벌받은 행동은 발생 가능성이 낮다. 직접적인 강화와 처벌 이외에도 타인의 행동을 관찰함으로써 도덕적 행동의 학습이 이루어진다(김태련 외, 2004). Bandura(1977)는 행위의 도덕적 기준이 학습과 모델링에 의해 설정되어야만 실제 상황에서 개인의 도덕적 행동이 수행될 수 있다고 보았다. 이처럼 사회학습 이론에 의하면, 사회화가 제대로 이루어진 아동은 자신을 위해 하위 목표를 설정하고, 그 목표에 도달한 경우에는 자신을 보상하며, 목표에 미치지 못한 경우에는 스스로를 처벌한다(정옥분, 2004).

3) 도덕성 발달과 영향 요인

아동의 도덕성 발달에 영향을 미치는 대표적 요인에는 부모, 또래, 대중 매체 등이 있다. 먼저 부모는 자녀 양육 방식을 통해 아동의 도덕성 발달에 영향을 준다. 일반적으로 애정적이고 수용적인 부모의 양육 태도는 자녀의 도덕성 발달에 긍정적인 영향을 미치고, 지나치게 엄격하고 통제적인 양육 태도는 부정적인 영향을 준다. 아동은 부모로부터 충분한 애정과 신뢰를 받음으로써 도덕적 기준의 내면화와 더불어 타인에 대한 배려도 가능해진다. 반면, 체벌을 사용하는 훈육 방법은 단순히 아동이 자신의 잘못을 들키지 않도록 숨기게 함으로써 내적 통제 능력을 길러주지는 못한다(Hower & Edwards, 1979).

부모의 양육 행동과 아동의 도덕성 발달에 관한 연구 결과(Brody & Shaffer, 1982)에 따르면, 논리적 설명이 애정 철회나 권력 행사보다 자녀의 도덕성 발달을 더 촉진시키는 것으로 나타났다. 즉, 아동이 잘못된 행동을 했을 때, 부모가 자녀에게 더 이상 애정이나 관심을 보이지 않는 양육 행동(애정 철회)을 하거나, 체벌 또는 위협을 하는 양육 행동(권력 행사)을 보이기보다는 자녀의 잘못된 행동이 타인에게 미치는 영향을 논리적으로 설명하는 것이 아동의 도덕성 발달 수준을 높이는 데 도움이 된다.

아동의 도덕성 발달에 부모가 미치는 영향만큼이나 또래의 영향도 중요하다. Piaget의 주장처럼 또래와의 상호작용은 도덕적 사고의 발달을 촉진시킨다. 예를 들어, 또래와 친밀한 관계를 유지하며 활발한 상호작용을 갖는 청소년은 도덕 추론 점수가 높은 것으로 나타났다(Schonert-Reichl, 1999). 이와 달리 아동이나 청소년은 또래와 함께 있을 때에는 반사회적 행동에 대해 불안이나 죄책감을 덜 느끼게 되어, 도덕성 발달 수준이 현재보다 더 낮은 단계에까지 퇴행하는 경향을 보이기도 하므로(Hoffman, 1980) 또래가 아동의 도덕성 발달에 미치는 영향은 중요하다. 한편, 부모의 가치관과 또래의 가치관이 일치할 경우에는 아동의 도덕적 가치를 강화시키는 데 도움이 되지만, 이들의 가치관이 서로 상이할 경우에는 아동이 도덕적 판단에 어려움을 겪을 수 있다.

최근에는 TV와 같은 대중 매체 역시 아동에게 근접한 환경으로서 지대한 영향을 미친다. 아동의 중요한 일과로서 하루에 평균 상당 시간 TV를 시청한다. TV나 영화, 온라인 게임에 등장하는 역할 모델을 관찰함으로써 그들이 보여주는 가치, 태도, 행동을 그대로 모방하여 학습한다. 즉, 이러한 역할 모델을 통해서 도덕적 판단이나 행동을 학습하게 되므로(Bandura, Grusec, & Menlove, 1967), 정보화 시대에 살고 있는 아동들에게 다양한 매체들이 미치는 영향력은 과거에 비해 보다 증가할 것으로 예상된다.

이외에도 학력 수준이나 문화적 차이가 도덕성 발달에 영향을 미칠 수 있다. 학력 수준이 높을수록 개인적 문제를 넘어선 정치 · 문화적 문제에 관여할 기회가 확대되므로, 도덕성 발달에 강력한 영향력을 행사할 수 있다. 또한, 고도의 정보화 사회에 거주하는 개인은 원시사회의 개인보다 더 높은 수준의 도덕성 발달단계를 더 빠른 속도로 성취하게 된다(Snarey, 1995).

2. 이타성 발달

1) 이타성의 개념

이타성(altruism)은 반사회적 행동(antisocial behavior)과 구분하기 위해 친사회적 행동(prosocial behavior)이라는 용어로 사용되기도 한다. 즉, 이타성은 타인을 이롭게 하는 행동으로서 친구에게 자기 소유물을 나누어 주거나, 곤경에 처한 사람을 돕거나, 자신보다는 남을 칭찬하고, 다른 사람의 복지 증진에 관심을 갖는 것을 의미한다(Hay, 1994).

보다 구체적으로, 이타성의 개념 정의는 의도적 측면과 행동적 측면에서 이루어질 수 있다. 먼저, 의도적 측면에 의한 의타성의 개념은 친사회적 행동의 토대가 되는 동기 또는 의도에 초점을 둔다. 즉, 친절한 행위가 '이타적'으로 명명되기 위해서는 행위자의 주된 의도가 타인에게 긍정적인 결과를 제공해야 한다.

이타성에 대한 행동적 측면의 개념 정의에 의하면, 이타적 행위란 행위자의 동기에 관계없이 타인에게 이로움을 주는 행위를 의미한다.

[사진 10-1] 아동의 이타성 발달

2) 이타성 발달 이론

아동의 이타성 발달은 생물학 이론, 정신분석 이론, 사회학습 이론, 인지 발달 이론 등을 통해 설명해 볼 수 있다. 생물학 이론이 이타성의 유전적 측면을 강조한 반면, 정신분석 이론과 인지 발달 이론, 그리고 사회학습 이론에서는 이타적 행동이 유전되는 것이 아니라 학습되는 것으로 간주한다.

(1) 생물학 이론

동물행동학과 사회생물학과 같은 생물학 이론에서는 인간의 이타성을 종의 생존을 보장해 주는 인간 본질의 기본적 구성 요소로 본다. 생물학 이론의 기본 전제는 인간이나 동물이 공동체 사회에서 함께 거주할 경우 적으로부터 보호받기를 원하며, 기본적 욕구를 충족시키고자 한다는 것이다. 이러한 가정이 받아들여진다면, 이타적 인간은 생존을 통해 자신의 '이타적 유전인자'를 후손에게 물려줄 가능성이 높다(Shaffer, 2000). 생물학 이론에서 강조하는 이타성의 유전적 측면과 달리 다른 여러 이론들에서는 이타성에 미치는 환경의 영향을 강조하고 있다.

(2) 정신분석 이론

정신분석 이론은 성격 구조의 하나인 초자아가 발달함에 따라 이타적 행동이 발달한다고 보았다. Freud의 정신분석학 이론에 의하면 나이 어린 아동은 원초아에 의해 지배받으며 쾌락적 충동에 의해 지속적인 영향을 받는 존재이다. 이러한 쾌락적 존재로서의 아동이 부모의 훈육 과정을 통해 초자아가 발달하게 되면서 친사회적 규칙이나 원리를 내면화하게 된다는 것이 정신분석 이론에서 설명하는 이타성의 발달이다.

(3) 사회학습 이론

사회학습 이론의 경우 인간의 다른 모든 행동과 마찬가지로 이타적 행동 발달에서도 강화와 처벌의 중요성을 강조하였다. 사회학습 이론에서는 공감적 반응의 조건화, 직접적 지시, 관찰 학습의 측면에서 이타성 발달을 설명하고 있다. 먼저 아동의 공감능력은 돕기 행동을 유발하는 명백한 보상이 주어지지 않더라도 다른 사람을 도울 수 있음을 확인시켜 준다. 또한 아동이 친사회적 행동을 보였을 때 부모가 이를 칭찬하거나 보상해 줄 경우에도 이타성이 지속될 수 있다. 마지막으로 타인의 이타적 행동을 관찰하고 이를 모방하여 행동할 경우 아동의 이타성이 증진될 수 있다. 이처럼 사회학습 이론에서는 아동의 친사회적 행동 발달에 영향을 미치는 강화, 공감, 사회적 모델링의 중요성을 강조한다.

(4) 인지 발달 이론

인지 발달 이론에서는 이타적 행동이 인지 발달과 마찬가지로 단계적으로 발달하며 역할 조망과 같은 사회인지 기술이 결정적인 요인으로 작용한다고 보았다. 인지 발달 이론가들이 주장하는 친사회성 발달의 단계는 크게 네 단계로 구분된다. 첫 번째 단계는 생후 2년 정도의 시기에 시작되는데, 자신과 타인을 구별하고 스스로를 지각하는 능력의 발달과 밀접한 관련을 보인다(Hoffman, 1988). 두 번째 단계는 Piaget의 전조작기와 시기적으로 유사한데, 타인에게 이로운 행동이 자신에게도 이로울 경우 이타적 행동을 하게 된다. 세 번째 단계는 Piaget의 구체적 조작기에 해당하며 친사회적 행동의 정당성을 인정하게 된다. 마지막 단계에서는 형식적 조작기에 도달한 청소년이 보편적 원리로서의 친사회적 규칙을 이해하게 된다. 인지 발달 이론가들은 이러한 단계를 거쳐 이타적 행동이 발달하게 된다고 주장한다.

3) 이타성의 발달적 경향

일반적으로 친사회적 행동은 아동의 연령이 증가하면서 동시에 증가하는 양상을 보인다. 만 2~3세 타인에 대해 공감을 보이긴 하지만, 진정한 자기희생적 반응은 아니다. 자발적인 자기희생은 걸음마기를 지나 유아기 초기에 나타나며, 만 4~6세가 되면 아동은 진정한 돕기 행동을 보인다. 구체적으로 만 2~3세 유아가 곤경에 처한 타인에 대해 공감이나 동정을 일부 나타내기는 하지만, 진정으로 자기희생적인 반응을 보이지는 않는다. 따라서 대개의 경우에 타인을 위해 보이는 자발적인 자기희생 행동은 영유아기에 비교적 드물게 나타난다고 볼 수 있다(Eisenberg & Fabes, 1998). 2세 6개월에서 3세 6개월 시기의 유아는 때때로 가상놀이에서 타인에게 친절을 베푸는 데 관심을 보이기도 하지만, 만 4~6세 정도는 되어야 실제적인 돕기 행동을 실행하게 된다.

돕기 행동과 같은 친사회적 행동은 초등학교 저학년 시기부터 지속적으로 증가한다. 예를 들어, 초등학교 3, 6학년 아동의 친사회적 행동에 관한 연구(이옥경 · 이순형, 1996)에 의하면 3학년보다 6학년 아동의 친사회적 행동 출현 빈도가 더 높았다. 또한 친사회적 도덕 추론 수준이 높을수록 친사회적 행동 역시 발생 빈도가 높았다.

3. 공격성 발달

1) 공격성의 개념

공격성(aggression)은 일반적으로 관찰되는 반사회적 행동 특성으로서 유기체를 해치려는 의도를 가진 모든 행동과 그로 인해 발생하는 결과를 의미한다(Baron & Byrne, 1994). 따라서 타인을 해치려고 시도한 경우 이러한 시도가 성공하지 못했더라도 이는 공격적인 행동으로 간주된다. 이와 달리, 공격적 의도는 없었으나 우연한 행동의 결과 공격적이 되어버린 경우(예 물건을 옮기려다 부딪쳐서 다른 사람을 다치게 한 행동)는 공격적 행동에 해당하지 않는다.

일반적으로 공격성은 도구적 공격성(instrumental aggression)과 적대적 공격성(hostile aggression)으로 구분된다. 먼저 도구적 공격성은 자신의 욕구를 충족시키거나 다른 목적을 성취하기 위한 수단으로 공격 행동을 하는 것(예 마음에 드는 장난감을 갖기 위해 친구를 밀치고 때리기)이다. 반면, 적대적 공격성은 타인에게 해를 입히려는 목적을 달성하기 위해 공격 행동을 하는 것이다(김태련 외, 2004). 적대적 공격성은 신체적 공격성(physical aggression), 언어적 공격성(verbal aggression), 관계적 공격성(relational aggression)의 세 가지 유형으로 구분해 볼 수 있다. 신체적 공격성은 타인을 밀치기, 때리기, 발로 차기, 또는 주먹으로 때리기, 타인의 소유물 부서뜨리기와 같이 물리적인 손상을 통해 타인에게 해를 입히는 공격성을 의미한다. 언어적 공격성은 신체적 공격에 대한 위협, 별명 부르기, 또는 타인을 적대적으로 못살게 굴기와 같이 타인에게 해를 입히는 공격성을 의미한다. 관계적 공격성은 사회적으로 배제시키기, 악의적인 소문내기 등을 통해 타인에게 해를 입히는 공격성을 의미한다(Berk, 2007).

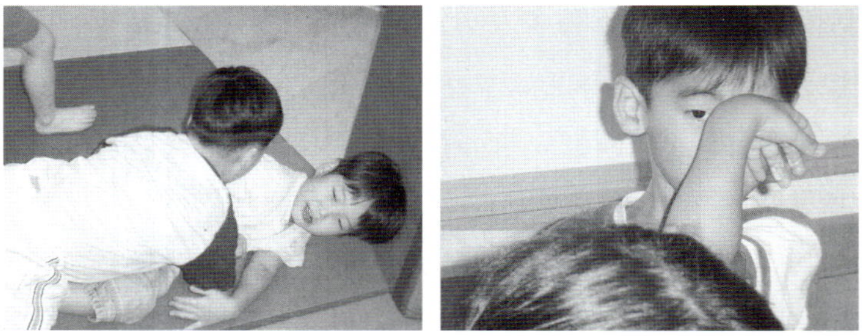

[사진 10-2] 아동의 공격성 발달

2) 공격성 발달 이론

아동의 공격성 발달의 원인과 과정을 설명하기 위해 정신분석 이론, 학습 이론, 사회적 정보처리 이론 등이 제시되었다.

(1) 정신분석 이론

Freud의 정신분석 이론에서는 인간의 본능을 성적 본능과 죽음의 본능으로 구분하고 있는데 여기서 죽음의 본능은 인간 자신의 생명을 종식시키며 폭력과 파괴를 유발하는 본능을 의미한다. 인간은 음식물 섭취를 통해 확보한 에너지를 지속적으로 공격에너지로 전환시키는데, 이러한 공격 충동이 주기적으로 발산되지 않을 경우 위험 수위에 이르게 된다. 공격 에너지는 사회적으로 수용되는 방식(예 운동하기)과 수용되지 않는 방식(예 싸우기, 물건 부수기)으로 발산된다. 이에 대해 Freud는 공격 충동이 신체 외부로 적절히 발산되지 못해서 체내에 축적될 경우 자기 처벌, 자기 훼손, 심지어 자살까지도 초래할 수 있다고 보았다(최순영, 2003). 따라서 정신분석 이론에서는 인간의 공격적 행동이란 내부의 공격 충동이 외부로 발산된 결과로 해석한다. 즉, 인간의 본능 중 하나로서의 공격 경향은 자신의 욕구를 만족시키려는 시도가 좌절된 경우, 자아의 기능을 방해하는 위협에 직면한 경우에 항상 발생하는 것으로 볼 수 있다.

(2) 사회학습 이론

인간의 공격성을 설명하는 초기 학습 이론에 해당하는 좌절-공격성 가설에 의하면 좌절(목표 지향적 행동에 대한 위협)은 항상 공격성을 유발하며, 공격성은 항상 좌절에 의해 유발된다. 그런데 장난감을 빼앗겨 좌절당한 아이가 다른 사람을 공격하기보다는 화를 내면서 자신의 팔과 다리를 뻗으며 발버둥치는 사례(Sullivan, et al., 1992)는 좌절이 항상 공격을 유발하지는 않음을 보여준다.

이러한 초기 학습 이론의 새로운 대안으로 등장한 이론이 바로 사회학습 이론이다. Bandura의 사회학습 이론은 인지적 측면이 인간의 공격성에 미치는 영향을 강조한 첫 번째 모델로서 공격성 역시 다른 사회적 행동과 동일한 과정을 통해 습득된다고 보았다. 또한 다른 이론가들은 공격성의 유발 요인에 주로 관심을 가졌으나, Bandura는 공격 행동의 습득과 유지에 주목하였다(Bandura, 1973, 1989). 그 결과, 공격 반응은 관찰 학습과 직접적 경험을 통해 습득된다는 사실을 규명하였다. 타인의 공격 행동에 주목하여 이를 기억하는 인지적 과정에 해당하는 관찰 학습과 실제적인 경험을 통해 공격 반응을 습득하게 된다. 따라서 공격 행동을 강화받은 아동은 그 이후로 계속해서 공격 행동을 실행할 가능성이 높다.

(3) 사회적 정보처리 이론

사회적 정보처리 이론의 주요 목적은 아동이 갈등을 해결할 때 사용하는 방식을 설명하는 것이다. 즉, 공격적 방식을 사용하는지, 아니면 비공격적 방식을 사용하는지 예측해 봄으로써 선호하는 갈등 해결에 대해 설명하고자 한다(Crick & Dodge, 1994; Dodge, 1986). 다음의 사례는 사회적 정보처리 이론을 설명하기 위한 예이다.

8세 아동 영수가 퍼즐을 맞추고 있다. 이때 철수가 "어머나! 이를 어째"라고 말하며 다리로 테이블을 치는 순간 오랫동안 맞춘 퍼즐이 다 흐트러졌다. 퍼즐은 이제 다시 맞추기도 어렵게 되었다. 이 일은 너무나 순식간에 일어나서 영수는 왜 이런 일이 일어났는지 미처 알지 못했다. 과연 영수는 이 일에 대해 어떠한 반응을 보일 것인가?

출처: Shaffer(2000)

위와 같은 갈등 유발 상황에서 아동이 보이는 반응은 사회적 단서 자체보다는 그것을 해석하고 처리하는 다양한 인지 과정에 의존한다. 아동은 먼저 단서를 부호화하고 해석한다(철수가 나한테 어떤 피해를 주었을까? 왜 그랬을까?). 단서를 해석한 후 목표를 결정하고, 각 목표를 달성하기 위한 전략을 도출하여 이를 평가하는 과정을 거친다. 그리고서 최종적인 반응을 선택하여 실행한다. 따라서 아동이 보이는 반응이 공격적인지 비공격적인지는 정보처리 과정의 결과로 나타난다는 것이 사회적 정보처리 이론에서 주장하는 공격성 발달 기제이다. 이러한 정보처리 과정에는 아동의 사회적 경험과 기대, 사회적 규칙에 대한 지식 등이 영향을 미칠 수 있다.

3) 공격성의 발달적 경향

영아기 후기에 들어서면서 아동은 때때로 공격적 성향을 보이며, 형제 및 또래와의 상호작용이 증가함에 따라 공격적 행동 역시 증가한다. 예를 들어, 만 1세의 영아는 다른 영아가 가지고 놀고 있는 장난감을 빼앗기 위해 과격한 행동을 보이며, 심지어 자기가 동일한 장난감을 가지고 있을 때도 다른 영아의 장난감을 빼앗기 위해 힘으로 이기려고 했다(Caplan, et al., 1991). 생의 초기에 나타나는 이러한 도구적 공격성은 유아기를 거치면서 성인이 유아들 간의 갈등을 해결하기 위해 협상이나 분배의 방식을 제시하고, 유아의 만족지연 능력이 향상되어 타인의 소유물을 빼앗지 않게 되면서 점진적으로 감소하게 된다. 한편, 타인에게 해를 가하려는 의도를 갖고 행하는 적대적 공격성은 점차 증가하여 언어적 공격성과 비물리적 공격성의 형태로 표출된다. 만 3세에서 5세 사이에 아동이 보이는 신체적 공격성은 점차 감소하는 반면, 고자질하기, 놀리기 등 다양한 형태의 언어적 공격성은 증가한다. 또한 아동의 연령이 증가하면서 타인의 의도를 추론할 수 있는 역할 조망능력이 획득되므로 상대방이 자신을 해치려는 의도를 보일 때 자신도 이에 대항하려는 행동을 선택하게 된다(김태련 외, 2004).

4. 성역할 발달

남성과 여성의 차이는 생물학적 유전인자의 차이를 넘어선다. 이러한 생물학적 차이와 더불어 모든 사회에서 남성과 여성이 다르게 행동하고 서로 상이한 역할을 담당하도록 기대한다. 성역할, 성 유형화, 성 고정관념, 성 정체감 등의 성역할 관련 개념과, 성역할 발달 이론을 통해 아동의 성역할 발달 과정을 이해한다.

[사진 10-3] 아동의 성역할 발달

1) 성역할의 개념

어려서부터 아동은 자신이 속한 사회에서 규정하고 있는 성별에 관련된 기준을 받아들인다. 여아는 치마를 입고, 인형을 가지고 놀며, 소꿉놀이를 한다. 반면에 남아는 자동차를 가지고 놀며, 공격적이고 경쟁적인 놀이에 참여한다. 이처럼 우리가 속해 있는 사회는 성별에 따라 남성과 여성에게 적합하다고 생각되는 특성을 규정하고 있는데, 이는 성역할(gender-role)이라고 한다. 아동이 자신의 성별을 인식하고 자신의 성별에 적합한 동기, 가치, 행동을 획득해 가는 과정을 성 유형화(gender typing)라고 하며, 이를 통해 우리는 자신의 성에 적합한 성역할 개념을 습득하게 된다. 성 고정관념은 남성과 여성에게 적합하다고 여겨지는 특성들에 대해 우리가 가지고 있는 믿음을 의미하며, 이러한 성 고정관념이 일상적인 행동에 반영되어 나타난 경우 이를 성역할로 규정한다.

2) 성역할 발달 이론

성역할 발달을 설명하기 위해 몇 가지 이론이 제시되었다. 일부 이론에서는 생물학적 차이를 강조하고 다른 이론에서는 사회적 영향을 강조한다. 여기에서는 정신분석 이론, 사회학습 이론, 인지 발달 이론, 성 도식 이론, 성역할 이론, 성역할 초월 이론 등 성역할에 대한 사회적 접근을 위주로 살펴보았다.

(1) 정신분석 이론

Freud(1933)는 여성과 남성의 근원적인 차이는 심리성적 발달의 다섯 단계 중에서 세 번째 단계에 해당하는 남근기 동안 서로 다른 경험을 하기 때문이라고 주장하였다. 이 단계에서 여아는 엘렉트라 콤플렉스를, 남아는 오이디푸스 콤플렉스를 각각 경험하게 되며, 이러한 콤플렉스를 해결하기 위한 수단으로 성역할 동일시가 이루어진다. 즉, 여아는 아버지에게 애정을 품고 어머니를 경쟁자로 인식하여 반감을 가지고 어머니로부터 아버지를 빼앗기 위해서 어머니의 성역할을 동일시하게 된다. 반면 남아는 아버지를 증오하고 어머니에 대해 성적 애착을 가지게 되므로 아버지로부터 어머니를 빼앗기 위해서 아버지의 성역할을 동일시하게 된다. 특히, 여아는 사랑하는 아버지가 여성적 역할을 격려하기 때문에 어머니에게 관심을 갖게 되고 여성성의 모델로 받아들이게 된다. 사랑하는 아버지를 기쁘게 하기 위해서, 그리고 아버지를 소유할 수 없음을 알게 된 이후에는 다른 남성과의 만남을 준비하기 위해서 여아는 어머니의 여성적 속성을 받아들이고 여성답게 성 유형화된다.

성 유형화에 대한 Freud의 이론은 일부 측면에서 비판받고 있다. 먼저 아동은 남녀의 생식기의 차이를 이해해야 거세불안이나 남근선망을 경험하게 된다. 그러나 4~6세 아동은 여자 인형에 남성 생식기를 붙이거나 남자 인형에 여성의 젖가슴을 붙임으로써 인형의 성별에 적합한 생식기를 정확하게 구분하지 못하였다(Bem, 1989). 따라서 아직 남녀의 해부학적 차이를 모르는 아동이 거세불안이나 남근선망을 경험한다고 확신하기는 어렵다. 또한 위협적인 아버지와의 적대적 관계가 남아의 성역할 발달을 촉진한다는 Freud의 주장과 달리, 처벌을 가하는 위협적인 아버지보다 다정하고 사려 깊은 아버지의 아들이 아버지를 더 강하게 동일시하여 남성다운 특성을 더 많이 보인다(Hetherington & Frankie, 1967).

(2) 사회학습 이론

사회학습 이론가들은 아동의 성역할 발달이 부모의 직접적 지도와 관찰을 통해 이루어진다고 보았다. 일상생활에서 부모는 자녀의 성 유형화 과정에 적극적으로 참여하게 된다. 자녀의 출생과 더불어 부모는 자녀의 성별에 따라 다르게 반응하고 이를 점차 강화함으로써 자녀가 성 전형적인 행동을 형성하도록 만든다. 예를 들어, 부모는 자녀가 성 정체감을 형성하기 이전부터 여아가 보이는 여성다운 행동(인형놀이, 소꿉놀이 등)은 강화하지만 남아의 여성적 행동은 꾸짖어서 못하도록 양육한다(Fagot, et al., 1989). 아동용 장난감 선택에서 부모의 이러한 경향을 다시 한 번 확인할 수 있다. 남아에게는 총, 야구방망이, 글러브, 자동차 등을 사주는 반면, 여아에게는 인형, 소꿉놀이 세트 등을 사준다. 이처럼 부모는 자녀가 어릴 때부터 성 전형적인 분위기를 조성함으로써 아동의 성 전형적인 행동을 강화시킨다. 이와 같이 성 전형적인 장난감과 활동에 대해 아동이 보이는 초기의 선호는 부모의 반응에서 비롯되며 아동의 성장과 더불어 교사 및 또래 등이 성 전형적인 태도와 행동을 보다 강화시킴으로써 부모와 더불어 성역할 발달에서 중요한 역할을 담당하게 된다.

부모의 직접적인 지도에 의해서 아동의 성역할 발달이 이루어짐과 동시에 타인의 행동을 관찰하고 이를 모방함으로써 성역할 발달이 촉진된다(Bandura, 1989). 특히, 아동은 동성의 역할 모델을 관찰하고 이를 모방한다. 왜냐하면 나이 어린 아동은 동성의 부모나 형제자매를 모방할 때 이에 대해 강화받기 때문이다(예 우와, 우리 공주님 드레스가 참 예쁘네). 또한 아동의 성 정체감 획득이 완성된 이후에는 자신과 유사하다고 지각되는 동성 모델을 더 주목하게 된다.

(3) 인지 발달 이론

성역할 발달을 인지 발달적 관점에서 설명하는 대표적인 예로 Kohlberg의 이론을 들 수 있다. Kohlberg에 의하면 아동이 가지고 있는 성 정체감이란 자신에 대한 일종의 인지적 판단이다. 즉, 아동은 일단 자신의 성별을 인식하고 나서 동성 모델을 선택적으로 주목하게 되고 이 모델을 동일시하게 된다. Kohlberg는 아동 스스로가 성별에 근거하여 자신이 남성(여성)임을 인식하는 것이 성역할 동일시의 가장 중요한 요인이라고 보았으며, 이러한 자아개념 인식이 성역할 동일시에 선행한다고 주장하였다. 이러한 주장은 인지 발달 이론이 정신분석 이론이나 사회학습 이론과 차이를 보이는 내용이다. 인지 발달 이론에 근거한 성 전형화의 발달단계는 〈표 10-5〉에 제시되어 있다.

〈표 10-5〉 인지발달 이론에서의 성 전형화 단계

단 계	내 용
1단계 기본적 성 정체감 단계	이 단계에 해당하는 만 3세 정도의 아동은 자신을 남자 또는 여자라고 지칭할 수 있다.
2단계 성 안정성 단계	이 단계의 아동은 시간의 변화에 관계 없이 성이 변하지 않는다는 사실을 이해한다. 앞으로 남아는 남자 어른이 되고 여아는 여자 어른이 된다는 것을 알게 된다.
3단계 성 일관성 단계	이 단계에 해당하는 만 5~7세 경의 아동은 성인과 유사한 성개념을 갖게 된다. 시간과 상황의 변화에 관계 없이 성은 안정된 속성임을 알게 되며, 단지 외모만으로 성을 구별하지는 않는다.

(4) 성 도식 이론

성 도식 이론은 성역할 개념의 획득 과정을 설명하는 정보처리 이론으로서 사회학습 이론과 인지 발달 이론의 요소가 결합된 이론이다(Martin & Halverson, 1981, 1987). 성 도식 이론에서는 성 유형화가 아동의 인지 발달 수준이나 사회문화적 요인의 영향을 받는 동시에 성 도식화 과정을 통해 형성된다고 주장한다. 성 도식화(gender schematization)란 성 도식에 근거해서 자신에 관한 모든 정보를 부호화하고 조직화하는 전반적인 성향을 의미하며, 성 도식(gender-schema)은 여성과 남성에 대한 체계화된 믿음과 기대를 의미한다.

이러한 성 도식에서 중요한 개념은 내집단 / 외집단 도식(in-group / out-group schema)과 자기-성 도식(own-sex schema)이다. 처음에 아동은 자신의 성별에 적합한 장난감, 행동, 역할을 알게 되면서 비교적 단순한 내집단 / 외집단 도식을 획득한다. 내집단 / 외집단 도식의 획득 이후 아동은 일상적 행동의 기준이 되는 구체적인 자기-성도식을 획득하게 된다. 〈표 10-6〉에는 성 도식 이론의 도식 유형이 제시되어 있다.

〈표 10-6〉 성 도식 이론의 도식 유형

유 형	내 용
내집단 / 외집단 도식	"기관총은 사내아이에게 더 적합하다. 여자아이는 울어도 되지만 사내아이는 울어서는 안 된다"는 단순한 도식을 획득한다.
자기-성 도식	기본적 성정체감을 형성한 여아는 자기 개념에 적합한 행동을 하고 싶어하기 때문에 권총놀이보다는 소꿉놀이에 더 주목하게 된다.

성 도식 이론에 의하면, 아동은 주어진 정보가 자신의 태도와 일치하고 그에 대한 지식이 많을수록 보다 잘 기억하고 선호하게 되며, 반대의 경우에는 기억하지 못할 뿐만 아니라 오히려 회피하게 된다. 즉, 자신이 가지고 있는 성 도식에 근거한 이러한 선택적인 기억과 선호 과정을 통해 아동의 성역할 발달이 이루어진다. 마틴과 할버슨(Matin & Halverson, 1983)의 연구는 성 도식 이론을 지지하는 대표적인 예이다. 그들은 만 5~6세 유아를 대상으로 16장의 그림카드를 보여주었는데, 8장은 성 고정관념에 일치하는 활동(예 망치질을 하고 있는 남아) 그림이고, 나머지 8장은 성 고정관념에 불일치하는 활동(예 망치질을 하고 있는 여아) 그림이었다. 사진을 보여주고 나서 1주일 후에 유아의 기억능력을 확인한 결과, 성 고정관념에 불일치하는 활동을 수행한 경우보다 일치하는 활동을 수행한 주인공의 성을 더 잘 회상하였고, 불일치한 그림에 대해서는 그 내용을 왜곡하여 기억하는 경향을 보였다.

(5) 성역할 초월 이론

성역할 사회화에 대한 전통적인 견해는 인간의 잠재력을 위축시키고 성별의 양극개념과 여성의 열등성을 조장한다고 주장한 Hefner와 Rebecca, Oleshansky(1975)는 성역할 발달에 관한 새로운 모델을 제시하였다. 이들은 인간의 성별에 따른 역할을 재정의함으로써 성차별의 근원을 제거하고자 시도하였다. Hefner와 동료들에 의해 제시된 성역할 발달의 세 단계는 첫째, 성역할 미분화 단계, 둘째, 성역할 양극화 단계, 셋째, 성역할 초월 단계이다. 이 세 단계 중 마지막의 성역할 초월 단계는 성역할 고정관념을 뛰어넘어 인간의 잠재력을 충분히 발휘하게 되는 단계를 의미한다(정옥분, 2004). 〈표 10-7〉에는 성역할 초월 이론의 단계별 내용이 구체적으로 제시되어 있다.

〈표 10-7〉 성역할 초월 이론의 단계별 내용

단 계	내 용
1단계 성역할 미분화 단계	이 단계의 아동은 아직 성역할이나 성 유형화 행동에 대해 분화된 개념을 형성하지 못하였다. 또한 생물학적 성에 따라 문화가 제한하는 행동이 있다는 사실을 깨닫지 못한다.
2단계 성역할 양극화 단계	이 단계에 있는 사람은 자신의 행동을 반드시 성역할 고정관념의 틀 속에 맞추려고 노력한다. 남성은 남성다운 역할을, 여성은 여성다운 역할을 엄격히 고수하고자 한다.
3단계 성역할 초월 단계	이 단계에 있는 사람은 성역할 고정관념에서 탈피함으로써 상황에 적절하며 적응적인 행동이 가능하고, 성역할 규범에 얽매이지 않은 채 자신의 정서나 행동을 자유롭게 표현한다.

3) 성역할의 발달적 경향

인간은 자신의 성별에 따라 여러 측면에서 매우 다르게 발달하는데 이러한 성역할의 발달적 경향은 성 고정관념과 성 정체감, 그리고 최근에는 심리적 양성성에 초점을 맞추어 연구되어 왔다.

(1) 성 고정관념

아동은 자신의 성을 일관되게 명명할 수 있기 이전에도 남자는 거칠고 강하며, 여자는 부드럽고 유순하다고 여김으로써 성에 관련된 공통적인 연관성을 획득하기 시작한다. 이처럼 아동은 자신의 성 정체감을 인식하는 시기부터 성 고정관념(gender stereotype)을 습득하기 시작한다. 2세 6개월~3세 유아에게 남자 인형과 여자 인형을 보여주고 요리, 바느질, 인형놀이, 트럭놀이, 기차놀이, 수다 떨기, 뽀뽀하기, 싸우기, 그리고 나무타기와 어울리는 인형이 어느 것인지 질문한 연구(Kuhn, et al., 1978)에 의하면, 대부분의 만 2세 유아는 성 고정관념을 어느 정도 획득하고 있었다. 즉, 여자는 수다스럽고, 거친 싸움을 하지 않으며, 도움을 요구하고, 인형놀이를 좋아하며, 엄마를 도와서 요리나 청소하기를 좋아하는 것으로 알고 있었다. 반면, 남자는 자동차놀이를 좋아하고, 아버지를 돕고, 블록놀이를 좋아하고, 싸움을 잘하는 것으로 알고 있었다. 다른 아동의 사진을 보고 여자인지 남자인지를 정확하게 구분할 수 있는 2~3세 유아는 성 고정관념 수준이 더 높았는데(Fagot, et al., 1992), 이처럼 성별에 적합한 명칭을 이해하는 것은 성 고정관념의 획득을 촉진시킨다. 학령전기 아동의 성 고정관념은 일상생활이나 놀이상황에서 쉽게 접하게 되는데, 치마를 입고 있는 남자의 사진을 보면 "남자는 치마를 안 입어요!"라고 말하며, 인형을 가지고 놀고 있는 남아를 보면 "남자는 인형 가지고 놀면 안 돼!"라고 말한다. 이러한 아동의 판단은 환경에 의해 학습된 성역할 고정관념과 이 시기 아동의 인지적 한계로 인한 결과로 볼 수 있다. 즉, 학령전기 아동은 아직 장난감, 직업, 머리모양, 옷 등이 남성과 여성을 결정하는 요인이 아니라는 사실을 깨닫지 못한 것이다.

학령전기와 초등학교 저학년 시기의 아동들은 남녀에게 적합한 장난감, 활동, 성취 영역에 대해 더 잘 알게 된다(Welch-Ross & Schmidt, 1996). 학령기 초기의 아동은 자기 성의 긍정적 특성과 이성의 부정적 특성을 알게 되며, 특히 심리적 차원에서 남녀를 분명히 구분하게 된다. 성격 특성에 대한 10~11세 아동의 성 고정관념은 거의 성인과 유사한 수준이다. 예컨대, 영국, 아일랜드, 미국의 초등학교 4, 5학년 아동은 여성이 나약하며 심성이 부드러우며 섬세하고 자애로운 반면에, 남성은 야심적이고 자기주장이 강하고 공격적이며 지배적이라고 응답하였다(Best, et al., 1977).

(2) 성 정체감

성 정체감(gender identity)은 아동이 남녀를 구분하고 자신의 성별을 인식함에 따라 발달한다. 생후 6개월경의 아기는 목소리의 높낮이를 통해 남녀를 구분할 수 있으며(Miller, 1983), 생후 1년이 지난 아기는 사진을 보고 남녀를 구분할 수 있고, 목소리와 사진을 모두 고려하여 남녀를 구분하기 시작한다(Poulin-Dubois, et al., 1994).

2~3세가 되면 유아는 엄마, 아빠, 여성, 남성처럼 성별에 적합한 명칭을 정확하게 사용하게 된다(Leinbach & Fagot, 1986). 이 시기 유아는 주로 옷, 머리 모양 같은 외적 특성으로 남성과 여성을 구분하며, 대부분의 유아는 성별이 불변적 속성임을 인식하지는 못하지만 자신의 성별을 정확히 알고 있다. 예를 들어, 3~5세 유아는 외모만 바꾸면

(옷, 머리 모양) 남아는 엄마가 될 수 있고 여아는 아빠가 될 수 있다고 생각한다(Fagot, 1985). 물리적 양에 대한 보존 개념이 형성되는 5~7세 아동은 성 항상성 개념을 형성하기 시작한다. 이 시기 아동은 자신의 성 항상성을 먼저 인식하며, 동성과 이성의 순으로 성 항상성을 가지게 된다.

(3) 심리적 양성성

남자는 남자답고(masculine), 여자는 여자다워야(feminine) 심리적으로 건강하다는 생각은 한국을 비롯한 여러 사회에서 전통적으로 수용되어 왔다. 그러나 최근 들어 남성과 여성에 대한 전통적인 성역할 범주화는 더 이상 현대사회에 적합하지 않으며, 오히려 남성과 여성의 행동에 제약을 가하게 된다는 주장이 많은 발달이론가들에 의해 제기되었다(Shaffer, 2000).

오랫동안 많은 연구자들은 여성성과 남성성이 동일 차원의 양극단에 존재한다고 가정해 왔다. 즉, 남성성 수준이 높으면 여성성 수준이 낮으며, 반대로 여성성 수준이 높으면 남성성 수준이 낮은 것으로 해석된다. 이러한 주장과 달리 남성성과 여성성에 대한 전통적인 개념에 대한 대안으로서 Bem(1974)은 심리적 양성성(psychological androgyny)이라는 새로운 개념을 제시하였는데 이 개념이 전통적 성역할보다 훨씬 더 기능적이라고 주장하였다.

양성성은 그리스어로 남성을 지칭하는 'andro'와 여성을 지칭하는 'gyn'으로 구성된 용어이며, 하나의 유기체 내에 여성적 특성과 남성적 특성이 공존하는 것을 의미한다. 즉, 양성성이란 동일한 사람이 남성적이면서 여성적이고, 도구적이면서 표현적이며, 자기주장적이면서 비주장적이고, 경쟁적이면서 비경쟁적인 특성을 모두 가지고 있음을 의미하는데 이러한 특성은 상황에 따라 다르게 표출된다. 이처럼 한 사람이 남성성과 여성성을 동시에 가질 수 있기 때문에, 심리적 양성성의 개념은 상황에 적합하게 도구적 역할과 표현적 역할을 수행할 수 있다는 보다 효율적인 성역할 개념을 의미한다(정옥분, 2004).

이 모델의 기본 가정은 남성성과 여성성이 한 차원의 양극단에 존재하는 것이 아니라 독립된 2개의 차원을 구성한다는 것이다(그림 10-1 참조). 따라서 남성성이 높고 여성성이 낮은 사람은 남성적으로 성 전형화된 성격 특성을 띤다. 이에 비해 양성적인 사람은 남성성과 여성성 모두 높은 수준에 있는 사람이다. 반면 성역할이 미분화된 사람은 두 가지 특성 모두가 결여된 경우이다.

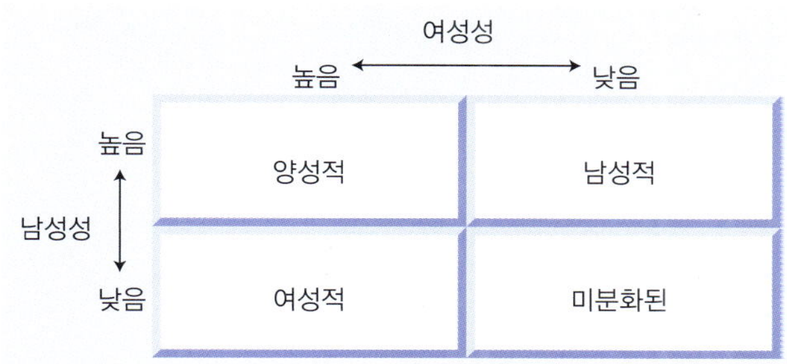

[그림 10-1] 남성성과 여성성에 근거한 성역할 지향성 분류

심리적 양성성을 측정하기 위한 성역할 측정 도구는 Bem(1974)에 의해 개발되었으며, 대학생을 대상으로 한 연구의 결과에 의하면 약 30%의 대학생이 양성적 특성을 보였다. 따라서 양성적 성격 특성을 가진 사람들이 상당수 존재한다는 사실을 확인할 수 있다.

Part Ⅴ 생태적 맥락과 발달

Chapter 11 생태적 맥락과 발달 Ⅰ: 가족

Chapter 12 생태적 맥락과 발달 Ⅱ: 또래, 매체, 보육, 교육 기관의 영향

아동의 발달을 이해하고 도모하기 위해 아동을 둘러싼 주변 환경을 정확하게 이해하고 진단하는 것은 무엇보다 중요한 일이다. 특히 아동을 둘러싼 미시 환경 중에서도 가족, 친구, 학교의 역할은 매우 중요하다고 할 수 있다. Part V에서는 생태적 맥락과 아동 발달과의 관련성을 크게 두 부분으로 나누어 살펴보았다.

Chapter 11에서는 아동의 사회화와 관련된 가족의 역할, 아동 발달과 관련된 부모 양육 태도, 형제 자매 관계, 그리고 아버지의 역할 및 다양한 가족 형태 내에서 아동이 어떻게 성장하고 발달되는가를 살펴보았다. 더 나아가 가족 내에서의 아동 학대와 관련된 주제를 고찰하였다. Chapter 12에서는 또래, 매체, 보육 및 교육 기관의 역할을 아동 발달적 측면에서 고찰하였다. 가정이 생활의 전부였던 아동에게 연령이 증가하면서 접하게 되는 또래 집단은 아동의 사회화에 매우 중요한 기능을 담당하게 된다. 또한 21세기 디지털 시대와 관련하여 TV, 컴퓨터, 전자 게임 등이 아동의 인지 및 사회·정서 발달에 미치는 영향력도 절대로 간과할 수 없는 부분이다. 더 나아가 저출산과 맞물려 현 정부의 최대 관심사인 보육과 아동 발달과의 관계를 규명해 보았고, 취학 전 연령을 위한 유아교육기관과 학교가 아동 발달에 미치는 영향을 전반적으로 살펴보았다.

Part V를 통하여 아동 발달을 둘러싼 생태적 환경의 중요성이 새롭게 인식되며, 아동의 발달을 접근하는 데 있어서 총체적인 시각의 필요성이 인식되어지기를 기대한다.

Chapter 11

생태적 맥락과 발달 I : 가족

아동의 사회화 과정에 가족은 매우 중요한 역할을 수행한다. 체계 이론에서는 가족을 다양한 체계로 구분하고 아동에게 직접적, 간접적 영향력을 미치는 체계, 지속적인 발달을 이루어가는 체계, 가족보다 더 큰 사회에 포함되어 있는 체계, 가족 체계가 변화하는 체계로 구분하였다.

이러한 다양한 체계 안에서 가족은 아동의 성장과 발달에 영향을 미치는 중요한 역할을 수행한다. 이외에도 부모의 양육 태도, 형제 관계, 가족 내의 아버지의 역할 수행 등이 아동 발달과 밀접한 관련이 있다. 이혼가족, 재혼가족, 한부모가족 등 다양한 가족 형태 또한 아동 발달에 영향을 미치는 중요한 요소이다. 가족 내에서의 아동 학대의 유형과 현상을 이해하는 것은 아동 발달을 이해하는 중요한 내용이다.

1. 아동의 사회화와 가족

가족이 사회에서 담당하는 기능은 여러 가지다. 생산과 소비 기능을 담당함으로써 경제적 역할을 수행하기도 하고 자녀를 출산함으로써 인구를 재생산하는 기능을 담당한다. 가족 구성원에게 사회적 · 정서적 지지를 제공함으로써 위기를 극복할 수 있는 힘을 제공하는 기능을 하기도 한다. 이런 다양한 가족의 기능 중에서 가장 보편적인 가족의 기능은 바로 자녀를 양육(caregiving)하고 훈련(training)하는 기능이라고 할 수 있다.

사회화(socialization)란 개인이 자신이 속한 사회구성원들이 적합하다고 여기는 신념, 가치, 행동 양식을 습득하는 과정이다. 이러한 사회화 과정은 세 가지 단계를 거쳐 진행된다.

첫째, 개인의 반사회적이고 부적절한 욕구를 통제하는 단계. 사회구성원으로서 바람직하지 않은 욕구를 통제함으로써 사회구성원이 되어가는 기본적인 기능을 이해하게 한다.

둘째, 개인의 내적 발달(personal development)을 증진시키는 단계. 아동 개인은 가족 내의 다른 성인들과 상호작용을 통해 그 문화권에서 가치롭게 여기는 지식, 기술, 동기, 열망 등을 습득하게 되고 그 문화권이 인정하는 기능을 수행한다.

셋째, 사회적 역할을 이해하는 단계. 성공적인 사회화 과정을 달성한 아동은 경쟁력 있고, 적응력 있으며, 친사회적인 성인이 되며, 이때 성인은 자신의 자녀를 사회화함에 있어 그 역할을 성공적으로 수행하게 된다.

아동의 사회화에 관여하는 기관들은 가정 이외에도 학교나 교육기관, 또래 집단, 매체, 지역사회, 종교 단체들이 있다. 이러한 기관들은 가족 구성원들에게 정서적 지지를 제공하고, 가족의 응집력을 증가시키며, 가족 구성원의 건강한 정신 발달을 이끌어내기도 한다. 그러나 아동의 사회화에 있어서 가장 중요하고 핵심적인 역할을 수행하는 것은 바로 가족이라고 할 수 있다. 또한 생애 초기의 경험들이 아동의 사회적, 정서적, 지적 발달에 있어서 매우 중요한 역할을 수행하므로 아동의 사회화에 있어서 가족의 역할은 매우 중요하다고 할 수 있다.

1) 사회화와 가족의 역할

아동의 사회화에 있어서 가족 역할의 중요성은 오랫동안 학자들의 관심사였다. 1940년과 50년대에 가족이 담당하는 사회화에 대해 연구했던 발달심리학자들은 아동의 행동과 성격을 어머니가 결정한다고 보고 모자관계에 중점을 두고 연구하였다(Ambert, 1992). 그 이후 어머니에 의해 아동의 행동과 성격이 결정된다고 보는 일방적인 모델에 대한 비판이 생기면서, 생태학적인 관점에서 사회화 과정을 연구하는 것이 바람직하다는 주장을 제기했다(Minuchin, 1988). 가족을 하나의 사회적 체계(social system)로 보는 체계 이론은 Bronfenbrenner의 생태학적 이론과 유사한 개념이다. 체계 이론은 가족 내의 관계 형성이나 가족 구성원들 간의 의사소통과 같은 가족의 상호작용을 설명하는 이론이다. 이는 가족 안에서 각 구성원들이 서로 어떤 역할을 하고 있으며, 이 역할이 가족 전체 속에서 어떻게 작용하는지 보여준다. 체계 이론은 기본적으로 부모가 자녀의 성장에 영향을 준다는 것을 인정하면서도 다음 두 가지 사실을 강조한다. 첫째, 아동도 부모의 행동과 양육 행동에 영향을 미친다. 둘째, 가족은 복잡한 사회적 체계이며, 가족이 속한 지역사회나 문화권과 상호 호혜적인 관계망을 형성하고 협력적인 관계를 형성한다. 즉, 가족은 지역사회나 문화권에 영향을 미치고 이들로부터 영향을 받기도 한다는 것이다. 사회적 체계 이론에서 설명하는 가족의 역할은 다음과 같다.

(1) 아동에게 직접적, 간접적 영향력을 미치는 체계

체계 이론은 전체주의적(a holistic structure) 관점을 지향하기 때문에 하나의 사건이나 행동 문제에 초점을 맞추지 않고 상호 관련성을 고려하여 관계를(relationship) 설명한다. 이는 개인의 행동이나 문제가 가족의 다른 구성원에게 영향을 주기도 하고 영향을 받기도 하며, 사회 전체의 기능에도 영향력을 행사하는 것을 의미한다.

부모와 자녀들로 구성된 전형적인 핵가족의 경우에도 체계는 상당히 복잡하다. 부모뿐만이 아니라 자녀들도 상호 호혜적인 영향력을 행사한다. 예를 들어, 영아의 미소 행동이 엄마의 미소 행동을 유발하는 원인이 되며, 엄마의 영아에 대한 염려가 영아의 신중한 행동을 조장하는 원인이 된다. 각각의 가족 구성원들이 상대에게 영향을 주고 상대방으로부터 영향을 받는 것을 직접적인 영향력이라 할 수 있다. 또한 직장에서 아빠가 돌아왔을 때, 엄마와 영아 간의 이원적 관계는 가족 체계로 변환되어 남편과 아내의 관계, 아버지와 영아의 관계, 어머니와 영아 간의 관계가 된다(그림 11-1).

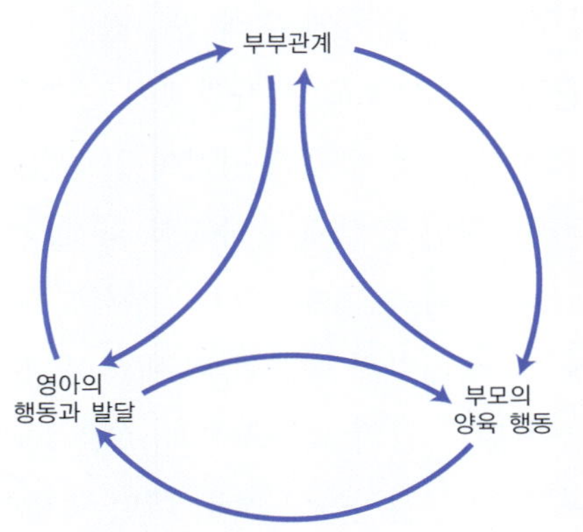

[그림 11-1] 사회적 체계로서의 가족

가족의 간접적 영향력은 가족 구성원 중 어느 두 사람 간의 상호작용이 구성원 중 다른 사람의 태도와 행동에 영향을 미치게 되는 현상이다. 아버지는 어머니와 영아 간의 관계에 영향을 미친다. 즉, 원만한 부부 관계는 영아에게 좀 더 애정적이고 반응적이 된다. 그러나 부부 관계가 원만하지 않은 경우 자녀를 양육함에 있어 긴장관계가 생기고 불만족을 경험한다. 동시에 어머니는 아버지와 영아 간의 관계에 영향을 미친다. 아내가 자녀 양육에 있어 아버지의 역할이 중요하다고 여기는 경우, 아버지들은 자녀 양육에 더 많이 참여하고, 또한 자녀에 대해 더 많은 이야기를 나눈다. 아동에게 가장 좋은 양육 환경은 부모가 상호지지적인 부모 역할을 수행할 때이다. 그러나 결혼관계가 원만하지 않거나 다른 일상의 스트레스를 가지고 있는 경우 자녀 양육에 대해 부부가 의견이 일치하지 않는 것은 아동기나 청소년기의 적응 장애를 불러일으키거나 결혼 만족도를 떨어뜨리는 원인이 된다.

부부 관계를 통해 부모는 아동에게 간접적으로 영향을 미치고 아동도 부모에게 직접, 간접적으로 영향력을 행사한다. 매우 충동적인 성향을 가진 걸음마기 영아를 양육하는 부모의 경우는 매우 강압적인 행동을 보일 수밖에 없고(아동이 부모에게 미치는 직접적 영향력), 이로 인해 아동은 더욱 반항적인 성향을 가지게 된다(부모가 자녀에게 미치는 직접적 영향력). 이런 경우 아내는 남편에게 자녀 양육에 대해 무관심하다고 비난하게 되고, 부모의 의무와 책임에 대한 논쟁이 일어나게 된다. 이는 아동의 충동적 성향이 부부 관계에 영향을 미치는 간접적 영향력이라고 할 수 있다. 즉, 가족 내의 모든 사람이 상호 호혜적인 관계에서 서로에게 영향을 주고받는 것이다.

(2) 지속적인 발달을 이루어가는 체계(developing system)

가족은 복잡한 사회적 체계일 뿐 아니라 역동적인 체계이다. 모든 가족 구성원들은 서로가 서로에게 영향을 주는 관계이다. 부부 관계, 부모-자녀 관계, 형제 관계 등은 가족 구성원의 발달에 영향을 미친다.

가족 체계 내에서 자녀의 발달과업에 맞는 양육 행동과 같은 예측된 변화와 형제의 죽음, 부부 관계의 긴장과 같은 예측되지 않은 변화들은 가족들의 상호작용에 큰 영향력을 행사한다. 이는 또한 아동의 발달에 영향을 미친다. 따라서 가족은 자녀의 성장과 발달이 이루어지는 체계이며, 이러한 역동성은 가족 구성원의 발달에 변화를 일으켜 지속적인 발달이 이루어지도록 한다.

(3) 가족보다 더 큰 사회에 포함되어 있는 체계(embedded system)

사회적 체계 이론은 모든 가족 구성원들이 좀 더 큰 문화 체계 속에 포함되어 있다고 본다. 즉, 가족의 종교, 사회 · 경제적 지위, 도덕 · 문화적 가치 등은 가족의 상호작용에 영향을 미치고 아동 발달에 영향을 미친다. 경제적 어려움도 부모 역할에 큰 영향을 미친다. 경제적 어려움으로 인해 부모는 우울감을 느끼게 되며 이는 자녀 양육을 소홀히 하는 원인이 된다. 그러나 경제적으로 어려움을 겪는 가족들이 자원봉사단체, 교회, 친구, 친척, 이웃 등과 같은 지역사회의 지원을 받을 경우에는 스트레스를 적게 경험하고 부모 역할 수행에 어려움을 덜 경험한다. 가족을 둘러싼 사회적 맥락(social context)이 가족의 역할 수행에 영향을 미친다.

가족은 사회적 체계이며 각각의 가족 구성원이 다른 사람의 행위에 영향을 미치는 것처럼 가족 내의 두 사람의 관계는 다른 구성원들의 상호작용과 관계에 영향을 미친다. 가족 구성원들이 성장해 가면서 관계는 변화되고, 모든 가족 구성원들의 역동성은 가족이 내포되어 있는 좀 더 넓은 사회적 맥락(social context)에 의해 영향을 받게 된다. 따라서 아동의 사회화는 부모와 자녀 간의 쌍방적 관계로만 이루어지는 것이 아니라 다양한 영향력하에 있다는 것을 알 수 있다.

(4) 가족 체계가 변화하는 체계

가족은 지속적인 변화가 진행되는 사회의 영향을 받는다. 급격한 사회 변화는 전형적인 가족의 구성과 가족의 생활 특성을 변화시킨다. 이러한 특성들은 독신자의 증가, 결혼 적령기가 늦어지는 현상, 출산율 저하, 여성의 사회 진출 증가, 한부모 가족 증가, 이혼율 증가, 빈곤 아동 증가, 재혼 가족 증가 등이다.

이러한 현상들은 현대 가족들이 과거 가족보다 훨씬 더 다양함을 보여준다. 전통적인 가족 형태를 이루는 비율이 1960년대는 50%였으나 1995년에는 12%에 불과하다. 가족에 대한 개념이 확장되고 있으며 맞벌이 가족, 한부모 가족, 조손가족, 재혼 가족 등 다양한 형태의 가족이 생겨나고 있다. 이러한 가족 체계의 변화는 아동 발달에 영향을 미치는 주된 원인이 된다.

2) 부모의 양육 태도와 아동 발달

부모의 양육 태도는 아동의 인지 발달, 사회성 발달, 정서 발달에 영향을 미치는 중요한 요인 중에 하나이다. 온정적이고 민감한 양육 태도를 보이는 부모의 경우는 영아와 자주 대화를 나누며 호기심을 자극하는 환경을 제공하려고 노력한다. 이러한 양육 행동은 자녀와 안정적인 애착을 형성하는 데 긍정적인 요소로 작용하고 영아의 사회성 발달과 지적 발달이 이루어진다. 영아를 돌보는 양육자의 온정적인 양육 행동은 영아가 특히 심리적으로 건강한 인간으로 자라나는 데 결정적인 역할을 하며, 영아기 이후의 삶의 기초가 된다. 부모의 양육 행동은 온정성, 반응성, 요구성, 통제성, 수용성 등과 같은 여러 다른 영역으로 기술된다.

Baumrind(1977, 1991)는 애정과 통제라는 차원으로 부모의 양육 방식을 네 가지 유형으로 나누었다. 애정 차원은 부모가 자녀에게 애정을 표현하고 지원하며, 자녀의 반응에 민감하게 반응하고 관심을 갖는 정도를 말한다. 통제 차원은 아동에게 부모의 지시에 따라 자녀가 행동하도록 자녀의 행동을 감독하고 조종하는 것을 의미한다. 부모의 양육 행동의 애정과 통제 차원이 둘 다 높은 경우는 권위가 있는 부모라 하였고, 통제 차원은 높지만 애정 차원이 낮은 경우는 권위적 부모로 분류했다. 애정 차원은 높은데 통제 차원이 낮은 경우는 허용적 부모라 하고, 마지막으로 애정과 통제 차원이 다 낮은 경우는 무관심한 부모로 분류했다(〈표 11-1〉).

〈표 11-1〉 부모 양육방식 유형

		통제성의 정도	
		낮음	높음
애정의 정도	애정이 많음	허용적인 부모 (permissive parent)	권위가 있는 부모 (Authoritative parent)
	애정이 적음	무관심한 부모 (uninvolved parent)	권위주의적 부모 (Authoritarian parent)

(1) 권위가 있는 부모

권위가 있는 부모(authoritative parents)의 경우는 애정 어린 태도로 자녀를 양육한다. 자녀를 따뜻하게 감싸주며 자녀의 행동에 대한 한계를 명확하게 설정해 준다. 할 수 있는 일과 해서는 안 되는 일에 대한 규칙을 명확하게 제시하고 이를 자녀가 이해할 수 있도록 설명하는 방식을 취한다. 또한 가족사와 관련된 의사결정 과정에 자녀가 참여할 수 있도록 함으로써 자녀가 결정된 일에 대한 책임 의식을 가질 수 있도록 한다. 권위가 있는 부모 밑에서 자라난 자녀들은 책임감 있고 자신감 있는 사람으로 성장한다.

(2) 허용적 부모

허용적 부모(indulgent parents)는 애정은 많이 주지만 통제 정도가 낮은 방식으로 자녀를 양육한다. 또한 자녀가 자신의 감정이나 욕구 등을 자유롭게 표현할 수 있도록 허용해 주지만 자녀의 행동을 자세히 관찰하지 않으며, 자녀의 행동을 통제하지 않는다. 허용적 부모의 자녀 경우는 규율을 무시하고 제멋대로 행동하며 자기중심적이고, 공격적이기도 하며, 독립심이 부족한 경향이 있다.

(3) 권위적 부모

권위적 부모(authoritarian parents)는 자녀를 양육할 때 통제를 많이 하지만 애정을 별로 주지 않는 독재적 방식으로 자녀를 기른다. 자녀는 부모가 정해놓은 규율을 지키도록 강요당하고 자녀가 납득할 수 있는 설명은 하지 않는다. 권위적 부모는 자녀의 의견을 무시하며 자신의 말이나 규칙을 무조건적으로 따라야만 한다고 생각한다. 이런 방식으로 자란 자녀들은 다른 사람에게 의존적이지만 반항적이기도 한 성격이 되기 쉽다.

(4) 무관심한 부모

무관심한 부모(neglectful parents)는 자녀에게 애정도 별로 보이지 않고 통제도 거의 하지 않는 방법으로 양육한다. 이 양육 방식은 가장 성공적이지 못하며 부모는 자녀를 거부하고 부모 자신의 스트레스나 문제들이 너무도 심각하여 자녀 양육에 관심을 쏟지 않는다. 이런 부모 밑에서 자란 자녀는 매우 공격적이며 울분을 나타내기도 한다. 또한 아동기에는 학업 수행 능력이 떨어지고, 적대감, 자기중심적 경향을 보이며 청소년기에 이르러서는 일탈 행동을 보인다.

부모의 양육 방식에 대한 Baumrind의 연구는 우리나라나 중국과 같은 동양권 부모의 양육 방식에 적용하였을 경우 다른 결과를 나타낸다. 전통적으로 동양권의 부모들은 다소 독재적 양육 방식으로 자녀를 양육하지만 자녀의 발달에는 긍정적인 영향을 미치는 결과를 보였다(황혜정 외, 2003). 우리나라는 전통적으로 부모들은 자녀를 감독하고 이끌어가는 훈육자의 모습이 강조되고, 자녀들은 부모에게 순종하는 것이 미덕으로 받아들여진다. 그러면서도 부모들은 자녀들에게 칭찬을 많이 하지 않으며 자녀를 사랑하는 마음을 표정이나 행동으로 표현하는 것도 절제되어 있는 편이다. 이것은 마치 Baumrind의 기준으로 보면 권위적인 양육 방식인 것처럼 평가될 수도 있다. 그러나 지속적인 부모의 지도와 감독은 자녀의 일탈 행동을 예방하는 것으로 알려졌다. 서양의 관점에서 말하는 권위가 있는 양육 방식은 부모와 자녀가 민주적이고 수평적인 관계를 상정하는 문화에서 최선의 양육 방식으로 받아들여진다. 하지만 동양에서는 부모와 자녀 간의 관계가 수평적이기보다는 위계적인 것으로 여겨지기 때문에 민주적인 의사결정과 애정 표현만을 기준으로 해서는 자녀들의 건강한 발달을 설명하기 어렵다.

우리나라의 경우는 엄부자모(嚴父慈母)가 전통적으로 내려오는 부모의 양육 방식을 나타내는 말이다. 자애로움은 자녀를 신뢰하고, 따뜻하고 관대하게 대하는 것을 말하고, 엄격함은 확고한 원칙을 가지고, 정해진 바를 일관성 있게 밀고 나가는 것을 말한다. 자애로움과 엄격함이라는 두 가지 차원을 가지고 우리나라 부모의 양육 방식과 자녀의 발달적 특성을 살펴본 연구(한국청소년상담원, 1996)에서 엄격하면서도 자애로운 부모가 가장 바람직한 양육 방식이라 밝히고 있다. 가장 바람직하지 않은 양육 방식은 엄격하지도, 자애롭지도 못한 부모이다. 그러나 우리나라 부모들의 양육 방식은 대부분 자애롭기만 한 양육 방식인 것으로 밝혀졌다(〈표 11-2〉).

〈표 11-2〉 우리나라 부모의 유형과 자녀의 특성

부모의 유형	부모의 특성	자녀의 특성
자애롭기만 한 부모	• 자녀의 모든 요구를 다 들어준다. • 단호하게 자녀들을 압도하기보다는 양보한다. • 말은 엄격하나 행동으로 보여주지 못한다. • 때로는 극단적으로 벌을 주거나 분노를 폭발하여 스스로 죄책감을 느낀다. • 벌 주는 것 자체를 잘못이라고 생각한다.	• 책임회피 • 쉽게 좌절하고 그 좌절을 극복하지 못함 • 버릇없고 의존적이며 유아적인 특성을 보임 • 인정이 많고 따뜻함
엄격하기만 한 부모	• 칭찬을 하지 않는다. • 부모의 권위에 의문을 제기하는 것을 허락하지 않는다. • 자녀가 잘못한 점을 곧바로 지적한다. • 잘못한 일에는 반드시 체벌이 따라야 한다고 생각한다.	• 걱정이 많고 항상 긴장하고 불안해함 • 우울하고 때로 자살을 생각하기도 함 • 책임감이 강하고 예절이 바름 • 지나치게 복종적, 순종적임 • 부정적 자아 이미지, 죄책감, 자기비하가 많음
엄격하면서 자애로운 부모	• 자녀가 일으키는 문제를 정상적인 삶의 한 부분으로 생각한다. • 자녀에게 적절하게 좌절을 경험케 하여 자기 훈련의 기회를 제공한다. • 자녀를 장점과 단점을 아울러 지닌 한 인간으로 간주한다. • 자녀의 잘못을 벌할 때에도 자녀가 가진 잠재력은 인정한다. • 자녀의 장점을 발견하여 키워준다.	• 자신감 있고 성취동기가 높음 • 사리분별력이 있음 • 원만한 인간관계를 유지함
엄격하지도 자애롭지도 못한 부모	• 무관심하고 무기력한 부모 • 칭찬도 벌도 주지 않고 비난만 한다. • 자식을 믿지 못한다(자녀가 고의적으로 나쁜 행동을 한 것으로 생각한다).	• 반사회적 성격으로 무질서하고 적대감이 많음 • 혼란스러워하고 좌절감을 많이 느낌 • 세상 및 타인에 대한 불신감이 짙음

출처: 정옥분(2002). 아동 발달의 이해

(5) 부모의 양육 방식에 영향을 주는 요인

부모의 양육 방식 중 권위가 있는 양육 방식은 자녀의 심리 · 사회적 발달에 있어서 가장 좋은 양육 방식 중에 하나로 인식되고 있다. 그러나 부모의 사회 · 경제적 지위, 인종, 사회 · 문화적 가치 등을 고려하는 생태학적인 관점으로 가장 효과적인 양육방식이 무엇인지를 밝혀낼 필요가 있다.

① 사회 · 경제적 지위와 양육 방식

가족의 사회 · 경제적 지위는 가족과 아동의 삶에 영향을 준다. 가족의 사회 · 경제적 환경에 따라 삶의 목표가 다르며, 가족 구성원의 가치관, 가정 문제들도 달라진다. 사회 · 경제적 배경은 자녀의 인지 및 언어 발달, 정서 발달, 사회성 발달, 학업성취도 등에 영향을 미친다(최은영 · 이지현, 2011).

중산층과 저소득층 부모들의 양육 방식을 비교해 보면 저소득층 부모들은 중산층 부모들보다 더 복종적이며 권위적인 양육 방식을 구사한다. 저소득층 부모는 부모의 권위에 복종하고 존중하기를 바라며 자녀의 독립심, 호기심, 창의적 사고방식을 중요하게 생각하지 않는다. 권위적이며 제한적인 양육 방식을 구사하고 엄격한 훈육 방식을 사용한다. 또한 자녀에게 합리적인 설명을 잘 제시하지 않고 온정적이지 않으며 애정적이지 않은 양육 방식으로 자녀를 기른다.

사회 · 경제적 지위에 따라 부모의 양육 방식에 차이가 나타나는 현상은 어느 문화권에서나 나타나는 보편적인 현상이다. 저소득층 부모들이 중류층 부모들보다 더 제한적이며 엄격한 양육 태도를 보인다. 이는 경제적 어려움으로 인해 부모가 스트레스를 겪게 되고 이러한 스트레스가 자녀 양육 방식에 영향을 미치기 때문이다. 경제적 어려움 그 자체가 심리적 불안감을 조장하며 삶에 대한 부정적인 생각을 조장하게 되는 것이다. 이로 인해 부모들은 애정적이며 온정적인 태도를 가질 수 없게 된다(Maccoby, 1990; McLoyd, 1989; Conger, et al., 1992, 1994, 1995). 가족이 경험하는 경제적 스트레스로 인해 부모는 무관심한 양육 행동을 보이며 이로 인해 아동은 발달적으로 부적절한 행동을 하게 된다(그림 11-2).

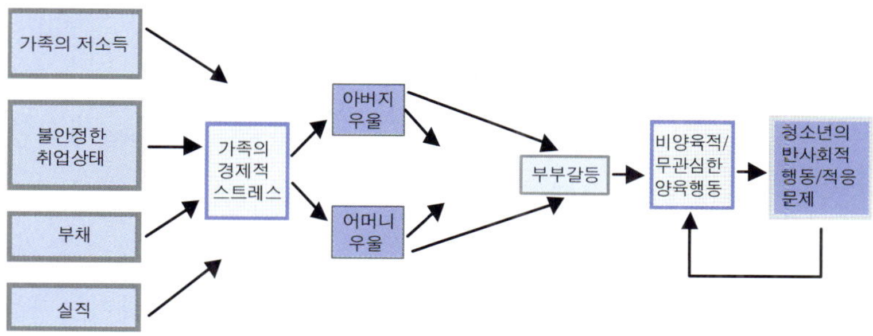

[그림 11-2] 가족의 경제적 스트레스, 부모 양육 행동, 청소년의 부적응 간의 관계 모형

출처: Shaffer(2000)

가족의 수입이 적거나, 부모의 직업이 안정적이지 못해 언제 직장을 그만두게 될지 모르는 상태일 때, 혹은 갚아야 할 부채가 너무 많거나 경제적 부양자가 직장을 잃어 가족 수입원이 끊어졌을 때, 부모는 가족의 생계를 유지해야 하는 부담과 긴장감을 갖게 된다. 이러한 경제적 압박감은 부모를 심리적 우울함에 빠뜨리게 하고 부부간 갈등을 일으켜 부부 싸움이 많아진다. 이처럼 가족의 경제적인 상황에 대해 고민하고, 심리적으로 불안정하며, 부부 관계조차 원만하지 못한 부모는 자녀에 대해 민감하게 반응하지 못하게 되어 양육적 역할을 제대로 수행하지 못하게 된다(Conger, et al., 1992, 1994, 1995; 황혜정 외, 2003, 재인용).

자녀 또한 부모의 잦은 싸움이나 우울한 심기에 대해 예민하게 되어 정서적 불안감을 경험하고 자존감이 낮아지며 학업 성취도가 떨어지고 원만한 친구 관계를 형성하지 못하게 된다. 이러한 부적응 현상이 더 장기적으로는 비행 행동으로 발전되어 반사회적이고 부적응적인 문제 행동을 유발시킬 수 있는 원인이 되는 것이다. 이러한 자녀의 문제 행동에 대해 부모는 다시 적대적인 양육 행동을 보임으로써 자녀의 바람직하지 못한 행동을 더 부추기는 악순환을 경험하게 된다(황혜정 외, 2003, 재인용; 이중섭 이용교, 2011).

2 문화적 요인과 양육 방식

부모의 양육 방식은 개인적이면서 동시에 관습적으로 이루어진다. 따라서 한 개인이 소속된 문화권이 지향하는 신념, 가치관, 행동 양식 등은 부모의 양육 행동에 영향을 미친다. 이러한 사실은 문화권이 서로 다른 나라의 부모들을 대상으로 양육 신념을 비교한 연구나 양육 신념이 세대에서 세대로 전수되고 있음을 밝힌 연구(Harrison, et al., 1994; Harwood, et al., 1996; MacPhee, et al., 1996; 김희진, 1995; 이완정 · 현온강, 1999)들에서 검증된 사실이다. 예를 들어, 미국 원주민들이나 히스패닉 부모들은 전형적인 미국 부모들과 다른 방법으로 자녀를 양육한다. 그들은 자녀가 친척들과 더 많은 유대관계를 형성하기를 바라고, 조용하고 차분하게 행동하기를 바라며, 다른 사람을 존경하고, 덜 독립적이며, 다른 사람과 경쟁적이지 않으며, 개인적 목표를 달성하기보다는 공동체의 목표를 달성하는 사람이 되는 것을 가치롭게 여긴다. 부모들은 자녀가 부모의 권위에 순종하기를 바라며, 자녀가 부모의 권위에 순종할 경우 깊은 애정과 온정적인 태도를 나타낸다.

한국 어머니들과 미국 어머니들의 양육 신념을 비교한 결과 한국 어머니들에 비해 미국 어머니들은 정서적 성숙, 복종, 사회적 기술, 자기 의견 확실하게 표현하기에 관련된 행동들이 빨리 발달하기를 기대하며(Lee, 1987), 한국 어머니들은 순종을 강조하고 독립심을 격려하며 조기 훈련을 강조한다(김희진, 1995). 또한 우리나라와 일본 부모들의 신념을 비교한 연구에서 한국 어머니들과 일본 어머니들은 자녀가 밝고 쑥쑥 잘 자라기를 바라고 있으나, 한국 어머니들은 자발적이며 자주적으로 행동하기를 기대하고, 의견을 확실히 말할 수 있는 아동으로 자라기를 원하는 반면, 일본 어머니들은 남을 잘 배려할 수 있는 아동이 되기를 우선적으로 기대하며, 친구와 사이좋게 잘 지내기를 원하고 있었다(임정미 · 이명조, 2000; 황혜정 외, 2003, 재인용). 이러한 연구 결과들은 부모의 양육방식이 문화권마다 다름을 보여주는 것이다.

3) 형제 관계와 아동 발달

핵가족화로 인해 가족 구성원의 수가 줄어들고는 있지만 여전히 많은 가정에서 아이들은 형제자매와 함께 성장하고 있다. 형제자매는 아동의 발달에서 부모와는 또 다른 영향을 미치는 중요한 인물이다. 형제가 있는 경우에는 가족 내에서 자연스럽게 사회적 · 인지적 도전을 경험하며 형제 간에 발달을 도울 수 있게 된다.

(1) 형제 관계와 가족의 변화

형제 관계는 대인관계 중에서 가장 오래 지속되는 관계이며, 부모-자녀 관계와는 달리 상호적이며 평등한 관계이다. 형제 간의 상호작용은 또래 집단 간의 상호작용과 상당히 유사하여, 빈번한 상호작용이 이루어지고, 솔직한 정서 표현, 상호 간의 관심과 애착의 증거를 볼 수 있다(Berndt & Bulleit, 1985). 형제 관계에서는 상호작용을 통해 서로를 모방하려는 경향이 강하게 나타나며, 특히 동생이 형을 모방하는 정도가 더욱 심하다. 동생에게 있어 손위 형제와의 상호작용은 지적 · 사회적으로 자극적이다.

또한 형제들은 함께 많은 시간을 보내며 다정하게 지내기도 하지만 희생을 하기도 하며 양보하고 이해하는 긍정적인 감정을 가지기도 하고 때로는 경쟁하고 질투하며 미워하는 부정적 감정을 가지는 모호한 관계이다. 대부분의 부모들은 둘째가 태어날 경우 많은 시간을 태어난 아기와 보내며 애정적인 관계를 형성하게 된다. 자연스럽게 닫이에게 보이던 관심과 사랑이 줄어들게 되며 이러한 변화로 인해 형제 간의 경쟁심이 유탈되게 된다.

형제 간의 경쟁 행동은 이성의 형제든 동성의 형제든 상당히 보편적으로 나타나는 현상이며 나이 차이가 적을수록 심한 편이다. 동생이 태어나면 형의 입지가 그전보다 좁아지면서 부모의 관심을 끌기 위해 경쟁을 한다. 경쟁적인 행동은 흔히 공격적인 행동을 보이거나 퇴행 행동을 보이는 것으로 나타난다. 공격적 행동은 종종 손위 형제가 주로 동생을 때리거나 꼬집으면서 적대감을 보이는 행동을 나타난다. 퇴행 행동은 컵으로 우유를 마시던 아이가 동생처럼 우유병으로 먹겠다고 떼를 쓰기도 하고 아기 같은 발음으로 말하면서 어리광을 부리는 등 부모의 애정을 되찾으려는 무의식적 의도에서 나타난다.

[사진 11-1] 형제자매 관계

그러나 형제 간의 상호작용은 대부분 우호적인 모습을 보인다. 손위 형제들은 부모를 대신해서 동생을 돌보는 역할을 하고 동생은 형에게 애착을 형성하기도 한다. 또한 놀이 상대로서 서로를 좋아하는 긍정적 측면이 강하게 나타난다. 형은 동생보다 발달적으로 앞서기 때문에 놀이를 하는 동안 재미있는 상대나 좋은 모델이 되기도 하고, 가르치는 역할을 하기도 한다. 동생의 놀이 수준에 형이 맞추기보다는 대부분 동생이 형을 모방하고 형이 하는 놀이에 끼어들기 때문에 동생은 인지적 능력이 발달하게 된다. 또한 형은 발달 수준이 더 낮은 동생들과 교류함으로써 상대의 수준에 맞춰서 의사소통하는 능력을 키울 수 있을 뿐 아니라 약자 편에서 배려하고 양보하는 경험을 하면서 사회적인 능력을 키우기도 한다. 이러한 과정은 형과 동생 모두의 발달을 상호적으로 돕는 것이다.

(2) 형제 관계와 부모의 양육 방식

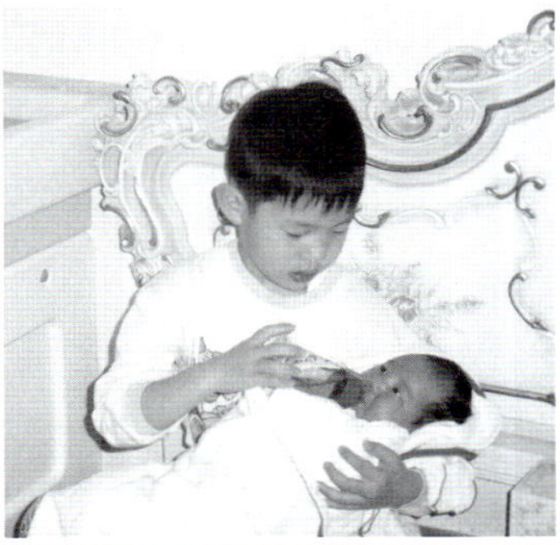

[사진 11-2] 동생을 돌보는 오빠

부모의 양육 방식과 아동의 성격에 따라 형제 관계는 경쟁적인 관계가 되기도 하고 서로 돕는 상호적 관계가 형성되기도 한다. 부모가 형제 중 어느 한쪽을 편애하거나 아동의 성격이 좀 더 자기중심적이라면 훨씬 더 경쟁적인 관계를 보일 것이다. 형제 간의 경쟁적인 관계는 상호적 관계보다 부정적인 결과를 가져올 수 있다. 따라서 이러한 경쟁을 줄이기 위해 부모가 할 수 있는 노력은 다음과 같다.

- 첫아이가 동생을 맞이할 수 있도록 미리 준비를 시키는 것이 필요하다. 첫아이에게 동생이 태어나면 사용하게 될 침대, 장난감, 젖병, 기저귀 등을 보여주고 함께 물건을 정리하거나 방을 정리하게 함으로써 변화를 느낄 수 있도록 배려해 줄 수 있다.
- 동생이 태어난 다음에 일어날 수 있는 일에 대해 자녀와 함께 이야기하고 규칙을 정함으로써 불안감을 덜어줄 수 있다.
- 동생이 태어난 후에도 일정한 시간을 정해놓고 첫아이와 함께 둘만의 시간을 가지는 것이 필요하다.
- 첫아이가 동생에 대한 욕구나 감정을 솔직하게 이야기할 수 있는 기회를 제공하며, 자녀 양육에 대한 의사결정 과정에 참여할 수 있는 기회를 제공해 준다.

4) 아버지의 역할과 아동 발달

(1) 아버지 역할의 중요성

현대사회에서의 아버지 역할은 어느 특정한 역할로 표현하기 어려울 만큼 다양함이 요구된다. 특히 부인의 취업, 이혼과 같은 가족 구조상의 변화로 인하여 아버지의 양육 참여가 강조되고 있는 상황에서 가정 내의 아버지 역할에 대한 관심은 점점 높아지고 있다. 또한 아버지의 역할이 충고자나 조언자보다는 좀 더 적극적 의미의 양육자의 역할을 요구한다.

아버지의 양육 참여와 관련된 연구들에서 밝혀진 사실은 어머니 역할뿐만 아니라 아버지 역할도 중요하다는 것이며(Parke, 1995), 아버지가 부모의 역할을 어머니와 함께 수행할 때 자녀의 발달이 더욱 촉진된다고 밝혔다. 이러한 중요성과 영향력은 자녀가 어린 경우에 국한되는 것이 아니라 자녀가 성장하여 성인이 될 때까지 지속된다. 부모가 양분된 역할만을 감당하는 것이 아니라 동등하게 부모 역할을 수행하는 것이 바람직한 모델이다.

(2) 아버지 역할과 아동 발달의 관계

① 신체 발달

아버지가 양육에 참여하는 것은 갓 태어난 신생아에게도 중요한 의미를 가진다. 최근에는 자녀 출생 전부터 부인과 함께 출산과 관련된 준비를 하고 분만에도 참여하여 함께 출산의 경험을 공유하는 양성적(androgynous) 아버지가 점차 증가하고 있다(Seward, 1991). 자녀가 태어나는 순간 아버지가 함께 있는 것은 부인의 외로움을 감소시키고 두려움을 줄어들게 하는 정서적인 지지를 제공할 뿐만 아니라 분만 과정에 걸리는 시간도 줄어들어 아기들의 출생 결함이 감소된다(Richman, 1982).

아버지와 어머니의 신체적 특징이 서로 다르므로 신생아에게 아버지는 또 다른 존재로 인식된다. 아버지와의 지속적인 상호작용은 신생아가 어머니 품에서 태어나 새로운 세상에 적응해 나가는 데 중요한 역할을 한다. 생후 6개월까지 아버지-영아와의 상호작용을 어머니와 비교한 결과 양은 어머니보다 적지만 신체적 자극이 많으며 놀이 행동이 활발하고 그 결과로 영아들의 감각 운동 능력이 더 뛰어나다는 것이다(Parke,

1996). 아버지들은 상호작용 과정에서 유아를 더 많이 움직여 주기 때문에 유아가 자신의 몸을 즐겁게 탐색할 수 있도록 도와주고 이로 인하여 유아들의 신체 발달이 조장되는 것이다.

우리나라 아버지들의 자녀 양육 참여 활동을 조사한 연구(양미경, 1998)에서도 아버지는 신체적 활동을 좋아하며, 여아보다는 남아와 보내는 시간이 많은 것으로 나타났다. 이러한 결과들을 보면 자녀 양육에 있어서 아버지 역할의 중요성을 알 수 있다. 아버지는 어머니보다 자녀에게 더 많은 자율성을 허락하는 경향이 있다. 자녀가 자율감을 형성할 때인 만 2세가 되면서부터 아버지는 유아의 자율성을 허용해 주는 안전한 버팀목으로 여겨지게 된다.

아동이 성장할수록 아버지라는 존재는 남성 그 자체 또는 남성과 여성의 차이를 탐색할 수 있는 기회가 된다. 남성으로서의 아버지는 남아에게는 내가 아니면서도 나와 같은 존재이기 때문에 마음이 끌리고 편안한 느낌을 줄 수 있고, 여아에게는 나와 다르기 때문에 호기심과 흥미를 자아내는 존재가 될 수 있다(Pruett, 2000).

과거에 비해 아버지들이 자녀 양육에 참여하는 시간이 늘어나고는 있지만 여전히 많은 수의 아동들이 어머니와 더 많은 시간을 보내고 있다. 자녀의 건강한 성장을 위해서는 아버지의 양육 참여가 요구된다(Santrock, 2004; 양진희, 2009).

② 인지 및 언어 발달

[사진 11-3] 책 읽어주는 아버지

아버지의 관심이 자녀의 인지 발달에 영향력이 있다는 연구들은 자녀 발달에 있어서 아버지 역할의 중요성을 강조한다(Biller, 1993; Lamb, 1995; Parke, 1995). 가정에서 아버지의 역할은 정서적이고 애정적이라기보다는 이성적이고 판단자적인 태도를 취하기 때문에 자녀의 인지 발달에 미치는 아버지의 영향은 어머니보다 중요하다. 만 4세 유아와 아버지의 양육 태도에 관한 연구에서는 아버지가 다정하고 자녀를 격려해 주며 잘 도와주는 경우 자녀의 인지 검사는 높은 반면, 차갑게 대하는 아버지의 자녀인 경우는 낮은 점수를 얻었다. 또한 민주적이면서 친숙한 양육 태도를 보이는 아버지를 둔 경우는 학업 성취와 관련된 성취동기가 높아졌으며, 제한적인 양육 태도를 보이는 경우에는 성취동기가 저하되었다. 거리감이 있고 독재적이며 처벌 위주인 아버지는 자녀의 성취동기를 저하시키고 자녀 활동에 긍정적으로 참여할 때 성취동기를 높이게 되었다. 아버지가 권위적인 양육 태도를 가진 경우 아동의 지적능력이 떨어지는 것으로 보고되었다. 온정적이고 수용적인 양육 태도인 아버지를 둔 경우에 자녀가 더 명철하고 창조적이며 융통성과 상상력이 풍부해진다.

남자아이의 지적 발달과 아버지의 양육 태도에 관한 연구에서 발견된 흥미로운 사실은 아버지와 아들이 친밀한 관계를 유지할 때 아들의 분석적 능력이 더 좋아지는 것으로 보고하였다. 이러한 연구들을 볼 때 현대사회에서 아버지의 역할은 매우 중요함을 시사받을 수 있다.

③ 사회성 및 정서 발달

아버지의 양육 방식은 자녀의 사회성 및 정서 발달과 관련이 있다. 예를 들어, 아버지가 권위 있는 양육 태도일 경우, 과잉 행동이나 공격적인 행동을 나타내는 자녀들이 적으며 분노나 우울과 같은 성격적 결함이 있는 자녀들의 수가 적다(Marsiglio, et al., 2000). 또한 아버지가 영아의 반응에 민감하고 반응적일 경우 영아는 자기 주변에 있는 것들을 탐색할 때 불안감을 느끼지 않으며, 흥미를 가지고 활발하게 탐색하게 된다. 또한 이런 영아들은 처음 보거나 이상한 물건을 보더라도 덜 무서워하며 호기심을 가진다. 대부분의 아버지들은 어머니들보다 더 적극적으로 영아와의 놀이에 참여하는 편이며, 자녀가 어려움에 부딪쳤을 때 즉각 도와주지 않기 때문에 아동의 적응력과 문제해결 능력을 키우는 데 도움이 된다.

아버지가 애정을 가지고 영아의 행동에 민감하게 반응하게 되면 영아들은 아버지와도 안정적인 애착 관계를 형성한다(Cox, et al., 1992). 어머니가 없는 동안 아버지가 영아를 많이 돌본 경우에는 영아들이 아버지의 말에 민감하게 반응하였으며, 주변 사물을 탐색하는 행동뿐만 아니라 사람과 상호작용 하는 행동을 많이 보였다. 장난감을 아버지에게 주며 웃고 소리 내면서 아버지와 같이 놀려고 먼저 시도하였고, 아버지가 어떻게 반응해 줄지 기대하면서 기다렸다(Pederson, et al., 1987). 아버지와 좋은 관계를 맺게 되면 어머니와 영아의 관계도 도움이 되며, 더 나아가 부모가 아닌 다른 사람에게 접근을 시도하고 관계를 맺는 데 있어 도움이 된다.

자녀의 성장기 동안 아버지가 가정생활에 얼마나 많이 참여하는가에 따라, 자녀들이 형성하는 남성 및 여성의 역할, 혹은 아버지와 어머니의 역할에 대한 관념이 다르게 형성된다. 아버지의 참여가 영향을 주는 것이다. 또한 아버지가 가정생활에 어떻게 관여했는지도 중요한 변인이다. 아버지가 친밀하게 자녀를 양육하는 경우 남아들의 남녀평등주의적 성향이 높아지는 것으로 밝혀졌다(Hardesty, et al., 1995). 딸의 성역할 관념도 아버지의 성관념에 따라 많이 좌우된다. 딸에 대해 남성 중심의 가치관을 갖고 한 개인으로서의 가치보다는 여성으로서의 성적인 가치를 강조하면서 여성성을 장려할 경우에는 딸도 전통적인 성역할 관념을 갖기 쉽다.

아버지가 자녀 양육에 긍정적으로 참여하는 경우에는 부정적으로 참여한 경우보다 자녀들이 자제력이 있고 덜 충동적이다(Mischel, 1962). 자신의 충동적인 욕구를 내면적으로 잘 통제하고 규칙을 잘 따르는 아동들은 아버지에 대한 동일시가 강한 아동들이었으며, 아버지에 대한 동일시 정도가 약할수록 도덕적인 문제를 더 많이 일으키는 경향이 있다(Hoffman, 1971). 아버지가 없는 경우는 남아나 여아 모두에게 자제력 면에서 부정적인 영향을 미치는 것 같다. 그동안 진행된 연구들에 의하면, 아버지가 양육에 긍정적으로 참여한 경우에는 자녀들이 자아존중감도 더 높고 대인관계 능력도 있었다(Amato, 1987). 자기 통제는 대인관계 능력이 있기 때문에 생기는 결과이기도 하지만 좋은 대인관계를 맺기 위한 선행 요인이기도 하다.

[사진 11-4] 눈사람 만들기를 함께 하는 아버지

다른 사람의 욕구나 권리를 배려하는 것은 성인이든 아동이든 모두에게 필요한 가치이다. 도덕적으로 민감한 태도와 행동은 아버지와 긍정적인 관계를 맺은 아동들에게서 더 많이 나타난다. 4세 된 유아들을 데리고 실험한 연구(Rutherford & Mussen, 1968)에 의하면, 유아들에게 사탕 두 봉지를 주면서 "네가 제일 좋아하는 친구 두 명에게 한 봉지씩 주어라"고 했을 때, 다른 친구에게 관대하게 나눠 준 아동들은 아버지가 그들에게 따뜻하게 사랑을 해준 가정의 아동들이었다. 어머니가 주는 영향을 잘 통제한 상태에서 아버지가 자녀들의 도덕적인 행동에 미치는 영향을 알아본 연구(Mosley & Thompson, 1995)에 따르면, 아버지들이 자녀와 사이가 좋은 경우에 일탈 행동, 우울, 슬픔, 거짓말하기 등의 문제 행동을 덜 보였고, 책임감도 있었다. 또한 부모에게 순종하며 다른 사람들과도 잘 지내며, 학교에서도 교사나 친구들과 잘 지내는 것으로 보고되었다.

4 협동적 부모 역할

자녀 양육에 있어서 협동적 부모 역할의 수행과 관련된 많은 연구들이 수행되어지고 있다. 가정 내에서 자녀의 발달에 미치는 아버지의 영향은 직접적으로만 영향을 미치는 것이 아니고 가족 체계 전체에 영향을 미치므로 간접적으로 영향을 발휘하기도 한다(Belsky, 1981). 아버지의 행동은 어머니의 행동과 서로 연결되어 영향을 주고받는다. 어머니가 아버지로부터 정서적으로 지원받는다는 느낌을 갖게 되면 자녀들에게 훨씬 더 인내심을 보일 수 있으며, 융통성을 발휘하고, 애정 있는 표현을 하는 어머니가 된다. 어머니의 양육 태도는 남편과의 관계에 의해 영향을 받으며 아버지의 양육 태도는 아내와의 관계에 영향을 받기 때문이다. 부부가 자녀 양육에 대한 가치가 다르거나 상호 부조화를 형성하는 경우, 그리고 온정적이지 않은 관계일 경우에는 자녀의 발달에 부정적인 영향을 미치게 되는 것이다.

아버지가 자녀들에게 애정을 보이는 가정에서는 형제들끼리 사이가 좋다. 형제끼리 사이가 좋으면 아동 각자에게 긍정적인 발달을 유도할 수 있다. 긍정적인 아버지 역할은 가족 체계 전체에 영향을 미쳐 각 가족 구성원들의 심리적 안정감에 간접적으로 영향을 미칠 수 있다.

2. 다양한 가족 형태와 아동 발달

1) 이혼 가족

우리나라의 경우 이혼율은 지난 수년간에 걸쳐 지속적으로 증가하고 있으며 2009년 OECD 통계에 따르면 한국 부부의 이혼율이 가입국 중 1위로 나타나 국내의 이혼 문제가 매우 심각한 것으로 드러났다(연합뉴스, 2010). 우리나라 이혼율의 변화를 살펴보면

1996년에는 1.7%이었으며 2000년도에는 2.5%로 증가하였고 2009년도에는 약 2.5%의 이혼율을 보이고 있다(성정현, 2011).

이혼율이 높아진다는 것은 한부모와 살게 되는 미성년 자녀들의 수가 많아지고 있는 것을 의미하며 이는 궁극적으로 아동의 발달에 부정적 영향을 미치는 원인이 된다. 과거에는 이혼하는 부부들이 자녀의 양육권을 가지기 위해 서로 다투는 경우들이 많았으나 최근에는 서로 자녀를 양육하지 않으려고 하기 때문에 자녀들은 부모가 이혼한다는 사실에 상처를 받고, 또 부모들이 자신을 거부하고 있다는 것에 더 큰 상처를 받게 된다. 또한 부부가 이혼에 이르기 전에 자녀들은 부모의 언쟁이나 구타와 같은 갈등 상황을 경험함으로써 극심한 스트레스를 받게 된다. 부부간의 갈등을 경험한 아동들은 적대적이고 공격적인 성향을 띠게 된다(Cummings & Davies, 1994). 오랫동안 부부 갈등은 우울, 분노, 비행과 같은 청소년의 부적응 행동과 관련이 있다(Davies & Cummings, 1994; Harold, et al., 1997; McCloskey, Figueredo, & Koss, 1995). 부부 갈등은 자녀의 정서 발달과 사회성 발달에 직접적인 영향을 미칠 뿐만 아니라 민감하고 친밀한 부모-자녀 간의 관계를 형성하지 못하는 원인이 된다(Erel & Burman, 1995; Harold, et al., 1997).

이혼에 대한 자녀의 반응은 아동의 발달적 시기에 따라 차이가 있다(〈표 11-3〉 참조). 대체적으로 유아기에 부모의 이혼을 경험하는 경우가 심리적으로나 정서적으로 가장 많은 영향을 받는다. 유아기에는 사건의 인과관계를 시간적으로 인접한 것으로 여기는 인지적 특성이 있기 때문에, 부모의 이혼이 자기의 잘못으로 발생했다는 잘못된 인식을 하게 된다. 따라서 자녀는 부모의 이혼에 대한 죄책감을 형성하게 되는 것이다. 또한 어떤 유아들은 부모의 이혼이라는 사건에 대해 자기 방어로써 퇴행된 행동을 보이기도 한다(황혜정 외, 2003, 재인용).

이혼 이후 자녀의 적응에 대한 연구들은 이혼이 자녀에게 부정적 영향을 미칠 것이라는 생각과는 다른 결론을 제시하고 있다. 청소년을 대상으로 부모의 이혼 이후의 적응에 대해 연구한 정현숙(1993)에 의하면, 이혼 이후의 시간이 길수록, 스스로 다양한 문제해결 방식을 많이 이용할수록, 부모의 이혼에 대한 태도가 더 긍정적일수록, 양육하고 있는 부모와 더 개방적인 의사소통을 할수록, 그리고 비친권 부모와의 접촉이 많을수록 부모의 이혼 후의 생활에 더 잘 적응하고 있었다. 특히 양부모와의 개방적인 대화가 긍정적인 적응에 가장 중요한 요인인 것으로 나타났다. 최초로 부모가 이혼했을 경우에는 그 상황에 적응하는 것이 힘들고 어렵게 여겨지지만 시간이 흘러갈수록 자녀들도 점차 부모의 이혼을 인정하고 받아들이게 되는 것이다.

〈표 11-3〉 발달적 시기에 따른 이혼에 대한 반응

유 아 기	학 령 기	청소년기
• 부모의 양육 포기와 유기 가능성에 대한 두려움 • 이혼이 자기 때문이라는 생각 • 심한 죄책감 • 정해진 방법으로 대처하기 • 놀이를 통해 안정을 찾고 과업을 성취하는 능력의 부족 • 공격성과 억압된 감정을 표출하는 행동 • 아기 같은 행동으로의 퇴행 • 충격, 분노, 우울의 증세	• 안정을 찾기 어려움 • 떠난 부모에 대한 동경 • 슬픔에 대해 침묵하거나 강한 언어적 부정 • 충동적 행동 • 부모의 화해를 원함 • 거부와 유기의 감정 • 부모 모두를 위해야 하는 갈등 • 교사, 형제, 또래에게 분노의 감정 표현 • 학교 성적이 나빠질 수도 있으나 학교는 만족감을 주는 장소가 될 수도 있음 • 자신과 부모에 대한 걱정과 수치심 • 요구하는 공격적인 행동	• 과도한 부담으로 가족으로부터 벗어나려 함 • 배신감 • 슬픔 • 떠난 부모에 대한 분노 • 회피

2) 재혼 가족

재혼 가족이란 배우자 한쪽이나 양쪽 모두가 재혼으로 자녀가 있거나 없으면서 하나의 가구를 유지하는 남편과 아내로 구성된 가정으로서 재결합 가족(reconstituted family, reconstructed family), 혼합 가족(blended family), 2개의 핵가족(binuclear family), 계부모 가족(step family) 등의 용어로 혼용되어 사용된다. 이혼율이 증가하면서 재혼율도 점점 증가하고 있는 추세이므로(박문희, 2002) 현대사회에서 재혼 가족은 보편적 현상이다. 재혼은 전혼 해체 사유에 따라 사별 후 재혼과 이혼 후 재혼으로 나뉜다. 재혼 이전의 전혼 해체 사유가 사별로 인한 재혼인 경우 새 배우자와 계부모로서의 역할이 전 배우자를 대신하는 반면, 이혼으로 인한 재혼인 경우 새 배우자와 계부모로서의 역할이 대리적이라는 점에서 가족 관계상 중요한 차이가 있다. 일반적으로 이혼 후의 재혼 가족이 친족이나 전 배우자의 친족으로부터 지원을 거의 받지 못하는 반면, 사별 후 재혼 가족은 상당한 사회적 지원을 받는 차이가 있다(정현숙, 2000).

재혼 가족은 여러 가지 면에서 초혼 가족과 다른 특징을 가지고 있다. 재혼 가족의 특징을 살펴보면 다음과 같다.

- 가족은 처음부터 부부 두 사람으로 시작하지 않고, 과거의 배우자와의 관계에서 이미 이루어진 부모-자녀 관계에서 출발한다.
- 한 사람 또는 두 사람의 친부모가 계부모 가족에 영향을 준다.
- 자녀는 두 가정의 성원으로서 기능하기도 한다.
- 가족은 복잡하고 확장된 가족 관계망을 갖는다.
- 계부모 가족에 영향을 주는 친부모, 즉 이전의 배우자와 관련된 강력한 삼각관계가 존재한다.
- 계부모와 의붓자식 간에는 법적 관계가 없다.

이러한 특징은 재혼 가족이 적응하는 데 어려움을 겪게 되는 원인이 된다. 부모의 재혼이 자녀에게 미치는 영향을 살펴보면 다음과 같다.

- 부모의 재혼으로 자녀는 부모를 빼앗겼다는 상실감을 맛본다.
- 부모의 재혼으로 자녀는 헤어진 친부모들의 재결합에 대한 기대나 소망을 포기해야만 한다.
- 부모의 재혼은 자녀에게 심리적 불안과 충격을 주는 사건으로 재혼 여부에 관계없이 동거하는 친부모와의 친밀하고 안정된 관계가 충격을 완화시킬 수 있다.
- 자녀에게 있어서 친부모의 애정을 다른 누군가와 공유해야 한다는 사실을 받아들이기 어렵다.
- 자녀는 재혼한 부모가 또다시 이혼할까 봐 두려움을 가질 수 있다.
- 자녀는 부모의 재혼 후 이전까지 생활해 오던 것과는 전혀 다른 생활 방식과 환경에 적응해야 한다.
- 자녀는 미처 애정 감정이 생기지 않은 새 부모의 훈육과 간섭을 받아야 한다.
- 부모의 재혼으로 인해 달라진 생활 환경 변화(이사, 전학, 동거 인물의 변화 등) 때문에 스트레스가 많아질 수 있다.

- 자녀가 사춘기나 청소년기인 경우 친부모나 계부모에 대한 반항이나 갈등이 심해질 수 있다.
- 자녀는 부모의 이혼이나 사별, 그리고 재혼 같은 일련의 과정 속에서 심리적 · 정서적 불안과 부적응, 학업 부진과 같은 문제를 겪기 쉽다.
- 자녀는 새로운 계형제와 종전의 특권, 의무, 물건 등을 나누어야 하는 상황에 놓일 수 있다.

3) 한부모 가족

한부모 가족은 한쪽 부모와 자녀로 구성된 가정으로 사별, 이혼, 미혼모부, 별거 등으로 발생한다(황은숙, 2011). 한부모 가정의 수는 매년 증가하여 1985년 848천 가구에서 2000년 1,247천 가구, 2005년에는 1,370천 가구로 약 50만 가구가 증가하였다(김현진, 2011). 한부모가 되는 원인을 살펴보면 이혼에 의한 것이 가장 높으며, 우리나라의 경우 남성의 재혼율이 여성의 재혼율보다 훨씬 높기 때문에 한부모 가족 중 한모 가족의 수가 한부 가족의 수보다 훨씬 많다(〈표 11-4〉 참조).

〈표11-4〉 한부모 가족 구성 추이

(단위: 1,000가구, %)

연도	전체 가구수	한부모 가구 수					한부모 가구 비율		
		유배우	사별	이혼	미혼	계	전체	모자	부자
1985	9,571	254 (30.0)	443 (52.2)	50(5.9)	101 (11.9)	848 (100.0)	8.9	-	-
1990	11,355	227 (25.5)	498 (56.0)	79(8.9)	85(9.6)	889 (100.0)	7.9	-	-
1995	12,958	216 (22.5)	526 (54.8)	124 (12.9)	94(9.8)	960 (100.0)	7.4	6.1	1.3
2000	14,312	252 (22.5)	502 (44.7)	245 (21.9)	122 (10.9)	1,124 (100.0)	7.9	6.3	1.6
2005	15,887	327 (23.8)	501 (36.6)	340 (24.8)	142 (10.4)	1,370 (100.0)	8.6	6.8	1.8

출처: 통계청 인구주택총조사보고서(각 년도), 김현진(2011), 재인용

대부분의 한부모 가족들은 경제적, 심리적 어려움을 겪고 있는 경우가 많다. 경제적 어려움으로는 거처를 마련하기 어려운 경우나 자녀 양육비와 교육비를 감당할 능력이 모자라는 경우이다. 한부모의 경우 자녀 양육비나 교육비를 한부모가 혼자서 감당해야 한다. 또한 전문직을 갖지 않은 경우, 노동이나 서비스업에 종사할 경우 자녀 양육과 교육에 필요한 충분한 경제적 여건을 가지지 못하여 어려움을 겪게 된다(서영숙 · 황은숙, 2004). 사회적 편견은 한부모 가족을 어렵게 하는 또 다른 원인이 된다. 한부모 가족이라는 이유만으로 부당한 대우를 당한다든지, 비도덕적인 존재로 인식하는 현상은 한부모들에게 심리적인 압박감을 제공하게 된다. 이러한 부정적인 인식이 문제가 되는 것은 그 영향력이 한부모에게만 국한되는 것이 아니라 자녀에게도 영향을 미친다는 사실이다. 예를 들면, 청소년 비행의 경우 용의자가 한모 · 한부 가족의 자녀라는 사실을 강조하거나 이혼한 부모가 재혼을 한 후 이를 비관해 비행에 빠지게 되었다는 등의 신문 기사나 뉴스 보도 등은 한부모 가족을 막연하게 부정적으로 보려고 하는 편견의 대표적인 예라고 할 수 있다(서영숙 · 황은숙, 2004). 이러한 사회의 편견은 한부모 가족 자녀들로 하여금 자신의 가족에 대한 부끄러움을 느끼게 하고 열등감을 갖게 하여 또래 관계 형성에 영향을 미치게 된다.

한부모 가족에 대한 사회적 편견과는 달리 한부모 가족의 자녀에 대한 연구들은 긍정적인 결과를 제시하고 있다. 한부모 가족의 자녀들은 자신의 또래보다 독립적이며 자립 의지를 갖고 성장하게 되며 자녀들이 가족의 의사결정에 적극적으로 참여하고 독립심이 증가된다(Hetherington, Anderson, & Hagan, 1991). 그리고 여성이 직업을 갖는 것에 대해 긍정적인 태도를 갖게 되고 가정에서 보다 융통성 있는 성역할을 한다. 특히 딸들은 어머니를 경제적 · 사회적 독립을 성취한 긍정적인 역할 모델로 본다(Bank, Forgatch, Patterson, & Fetrow, 1993).

최근에는 다양한 형태의 한부모 가족 지원 프로그램들이 제공되고 있다. 따라서 이러한 프로그램들을 활용함으로써 한부모 가족의 어려움을 극복해 나갈 수 있을 것이다(〈표 11-5〉 참조).

〈표11-5〉 시설유형별 한부모 가족 지원 프로그램

시설유형	프로그램 내용	대상
지역사회복지관	• 결연 후원 • 부모 교육 • 자조 모임 • 자녀 방과 후 보육 • 사례 관리	저소득층 한부모 가족
모자보호시설(쉼터)	• 입 · 퇴소 상담 • 주거 보호 • 생활지도 및 관리 • 가정폭력 피해 상담 • 자립 교육	주거 보호가 필요한 한부모 가족
지역자활센터	• 자활 상담 • 자활 공동체 • 취 · 창업 지원 • 자립 교육 • 인턴십 프로그램	자활 참여 의무 대상 한부모
건강가정지원센터	• 개별 / 가족 상담 • 부모 교육 • 심리치료 • 자녀 보육 · 교육 서비스 • 가족 문화 활동 및 캠프	일반 한부모 가족
한부모 가족지원센터	• 개별 / 가족 상담 • 부모 교육 • 자조 모임 • 자녀 보육 · 교육 서비스 • 가족 문화활동 및 캠프	일반 한부모 가족(조손가족 포함)

출처: 김현진(2011), 재인용

3. 아동 학대와 가족

2000년 개정된 아동복지법에는 아동 학대를 "보호자를 포함한 성인에 의하여 아동의 건강, 복지를 해치거나 정상적 발달을 저해할 수 있는 신체적, 정신적, 성적 폭력 또는 가혹 행위 및 아동의 보호자에 의하여 이루어지는 유기와 방임을 말한다"라고 규정하고 있다. 아동 학대가 발생하는 원인은 부모의 실직, 경제적 어려움, 한부모 가족, 가족 구성원의 유대가 약할 때, 사회적 고립, 소외된 경우와 같은 가정의 구조적 요인에 의한 경우나, 부모의 그릇된 양육 방법, 부모 자신의 학대 경험, 부모의 알코올이나 약물중독, 부모의 정서 불안 등과 같은 부모의 개인적인 요인에 의해 생겨나기도 한다. 또한 가정의 사회인구학적 변인들, 부모의 연령, 교육 수준, 직업 등도 학대와 관련되는데, 부모의 연령이 어릴 경우, 교육 수준이 낮은 경우, 비전문직에 종사하는 경우 자녀에 대해 보다 폭력적이다. 즉, 아동 학대는 복잡한 현상이기 때문에 학대가 이루어지는 원인을 한마디로 설명하는 것은 쉬운 일이 아니다.

1) 아동 학대의 유형

아동을 성인의 축소판으로 바라보던 중세시대의 아동관에서 근대에 들어서면서 아동을 성인과 다른 독특한 존재로 보호해야 한다는 인식이 확산되면서 아동 학대에 대한 관심이 생겨났다. 이에 따라 전통적으로 행해지던 아동에 대한 체벌이나 자녀의 유기, 매매, 살해 등의 아동 학대에 관심을 갖게 되었다. 특히 학대가 인간의 발달과 삶에 어떤 영향을 미치는가에 대한 소아전문가, 심리학자, 교육자, 사회사업가 등의 관심이 증대하면서 아동 학대가 심각한 발달상의 손상을 초래하고 아동의 정신 건강과 관련된 장애의 원인이거나 선행 요인이라는 사실이 확인되었다. 이러한 이유로 아동 학대의 문제는 개인 차원이 아닌 국가나 사회 차원에서의 개입이 보편화되었다.

아동복지법 제2조에 명시된 학대 정의 내용을 기반으로 아동 학대 유형을 신체 학대, 정서 학대, 성 학대, 방임, 유기로 구분할 수 있다. 보건복지부(2010)에서 수행된 전국 아동 학대 현황 보고서(2009년도 기준)에 따르면 중복 학대를 별도의 항목으로 집계할 경우 중복학대가 2,238(39.4%)로 가장 많았고 다음으로 방임이 2,025건(35.6%), 정서 학대가 778건(13.7%), 신체 학대가 338건(5,9%), 성 학대가 274건(4.8%), 유기사례가 32건(0.6%)의 순으로 나타났다. 2009년에 수행된 아동 학대 사례에 관한 내용을 볼 때 중복학대가 39.4%를 차지하고 있어 피해 아동들이 두 가지 유형 이상의 학대를 받았음을 알 수 있다. 이러한 현상은 2002년 자료에서도(보건복지부, 2002) 확인되는 바이다. 2002년보다 아동 학대 발생 건수는 2,105건에서 5,685건으로 2배 이상 증가하였으며 중복 학대의 비율도 29.6%에서 39.4%로 약 10%가량 증가했음을 알 수 있다. 다만, 신체 학대와 유기의 경우는 건수가 줄었으나 정서 학대, 성 학대는 증가하였다(〈표 11-6〉 참조).

〈표 11-6〉 아동 학대 발생 건수

학대 유형		사례수
단일 학대	신 체	476(22.6)
	정 서	114(5.4)
	성	86(4.1)
	방 임	672(31.9)
	유 기	134(6.4)
	소계	1,482(70.4)
중복 학대		623(29.6)
전 체		2,105(100.0)

출처: 보건복지부, 2002

학대 유형		사례수
단일 학대	신 체	338(5.9)
	정 서	778(13.7)
	성	274(4.8)
	방 임	2,025(35.6)
	유 기	32(0.6)
	소계	3,447(60.6)
중복 학대		2,238(39.4)
전 체		5,685(100.0)

출처: 보건복지부, 2010

2) 아동 학대가 아동 발달에 미치는 영향

학대받은 아동들은 다양한 신체적 · 정서적 · 행동적 문제 특성들을 보이는 것으로 확인되고 있으며 이는 건강한 성장 및 발달을 저해할 뿐만 아니라 나아가 또래 관계, 대인 관계 문제, 성인기에 걸쳐서까지 다양한 문제를 동반하는 것으로 보고되고 있다(보건복지부, 2002).

학대받은 아동은 또래 관계에서 공격적이거나 위축되며(Sternberg, et al., 1993), 또래로부터 거부되고(Hasketty & Kistner, 1991), 타인과의 관계를 형성하는 능력이 손상되어 있다(Briere & Runtz, 1990). 또한 불안정 애착을 형성함으로써 공감능력이 결여되며, 공격성 · 반사회성 · 충동성 · 수동성 · 무력감 같은 정신적 문제를 보이기 쉽고(Sroufe, 1998), 부정적 자아개념을 형성하여 불안감 · 낮은 자아존중감 · 비효율적 역할 수행 등의 행동 특징을 보인다(Browne & Finkelhor, 1986; Okun, Parker, & Levendosky, 1994). 학대 피해는 아동 학대를 더 많이 경험할수록, 그리고 지속적으로 경험할수록 더 심각한데, 아동 학대의 결과는 즉시 나타나지 않아도 누적 효과가 클 수 있으며 한 번의 학대에 의해서도 치명적인 상처를 받는다. 또한 피해의 경험이 일정 기간 후 가해의 경험으로 연계될 수 있다는 점에서 피해의 심각성은 크다 하겠다. 학대의 유형에 따라 아동 발달에 미치는 영향에 대한 내용은 〈표 11-7〉을 참조하기 바란다.

〈표 11-7〉 아동 학대 유형과 아동 발달에 미치는 영향

유형	아동 발달의 영향
신체 학대	• 상처가 관찰되지 않았다 하더라도 이들은 성인이 접근하면 공포를 보인다. • 다른 아동이 울 때 두려움을 표하거나 부모에게나 집에 가는 것을 두려워하는 등 예기치 못한 행동을 보인다. • 구타당하며 자란 아동이 성장하여 폭력자가 되거나 가정 및 사회 폭력의 근원이 되기도 한다. • 아동기 학대 경험은 대인관계에 장애를 가져와 어려서는 주위에 냉담하거나 반대로 과도하게 집착하기도 하며, 커서는 배우자를 구타하거나 자녀를 학대하는 등 학대가 세습되는 경향이 있다.
정서 학대	• 정서 학대는 잘 관찰되지 않고 그 피해의 정도를 확인하기 어려우며 신체 학대와 동반하여 나타나는 경우가 많으므로 그 피해도 신체 학대의 경우와 유사하다. • 위축되거나 우울 상태에 있으며 극과 극을 오가는 감정 상태, 무력감, 자기 비하, 낮은 자아존중감 등을 경험한다. • 반사회적 행동이나 파괴적이고, 공격적인 행동 · 돌출 행동 등을 하며 반복되는 움직임을 보이거나 말을 하지 않고 몸짓으로 의사소통을 시도하기도 한다. • 음식을 거부하기도 하고 횡설수설하며 위축되거나 잘 놀라 심한 경우 발달이 지체되거나, 또래 관계의 곤란, 자살 및 자해 행동에 이르게 된다.
방임	• 성장 실패를 경험하게 되는데 이는 부적절한 양육과 영양 섭취로 체중이 증가하지 못하고 성장이 지연되는 상태이다. • 신장과 체중이 3% 이하에 속하는 경우에 해당된다. • 방임 상태에 있는 아동은 자주 배가 고프다고 말하거나 계절에 맞지 않는 옷을 입고 있다. • 학교에 일찍 오거나 늦게 가는 등 학교에 머무는 시간이 유달리 길며 교실에서 자는 행동도 보인다.

성 학대	• 성적인 몰입과 행동적 문제들, 낮은 자아존중감과 부정적 자아개념, 우울 및 외상후 스트레스 장애 등의 다양한 증상을 보인다. • 불안, 우울, 대상관계 병리, 자기 파괴성, 물질 남용, 반사회적 성격, 정신병, 정신적 역기능 등과 같은 병리와 성 학대가 관련되며, 모든 임상척도에서 유일하게 높다. • 성 학대를 받은 아동은 나이에 맞지 않는 성 행동을 하거나 성지식을 가지고 있으며, 성적 방종, 고독, 우울, 가출 등의 증상을 보인다. • 성 학대를 당한 어린 아동은 정신에 대한 유능감과 사회적 수용도의 평정에서 자신을 높게 평정한 반면 좀 더 나이 든 아동은 낮게 평정하고 있는데, 어린 아동이 자신을 과대평가하는 것은 자신에 대한 감정에 방어적으로 대처하기 때문이다.

3) 학대의 예방

아동 학대가 심각한 문제가 되는 것은 학대 피해자인 아동이 신체적으로나 정서적으로 미성숙한 상태에 있어 자기 방어 능력이 없으며 신뢰하고 의존하는 보호자에 의해 학대가 행해진다는 점이다. 또한 아동 학대를 경험한 아동은 학습 효과로 인해 부모가 되어 자신의 자녀를 학대할 수 있는 가능성이 크다. 어린 시절 학습된 가정 폭력이 학교 폭력이나 사회 폭력으로 연결되기도 하며 학대를 경험한 아동이 후일 학대 부모가 되기 쉽다.

따라서 아동 학대의 예방과 치료는 국가와 사회가 개입하여 해결해야 할 과제이다. 보건복지부에서는 아동 학대와 관련된 현황을 분석하면서 아동 학대를 예방하기 위해 필요한 사항들을 다음과 같이 제시하고 있다(보건복지부, 2010).

- 아동 학대 신고율 증진을 위한 전국민 홍보 및 교육활성화
- 가족 보존을 위한 지역사회 자원연계의 활성화
- 다문화 가족의 가족 보존을 위한 지원정책 마련
- 아동보호전문기관 확대 설치
- 전문인력 확충
- 성 학대 피해 아동 전용 그룹홈 설치
- 아동 보호 전문기관 전산 시스템 개편
- 피해 아동 중심의 법적 근거 마련 및 사법제도 개선
- 신고자 및 상담원 신변안전 확보를 위한 법적 · 제도적 근거 마련

Chapter 12

생태적 맥락과 발달 II : 또래, 매체, 유아교육기관, 학교의 영향

본 Chapter에서는 생태적 맥락으로서 아동의 발달에 영향을 미치는 또래, 각종 매체, 어린이집 및 교육기관에 대해 살펴보고자 한다. 아동이 성장해 감에 따라 사회적 환경은 가정에서 또래 집단으로 확장되며, TV 및 컴퓨터 등 각종 매체는 아동의 일상생활에서 주요한 역할을 담당한다. 또한, 핵가족화와 여성의 취업에 따른 보육 및 유아교육의 문제와 학교에 입학하면서 교육기관의 영향력도 아동의 삶에서 절대로 간과할 수 없는 부분이다.

1. 또래와 아동 발달

현대의 아동은 핵가족화, 취업모의 증가, 조기 교육의 일반화 추세에 의해 어린이집이나 교육기관 등에서 또래를 경험하게 되는 시기가 과거보다 빨라졌다. 이에 따라 그들의 일상생활 및 발달에 미치는 또래 관계의 영향이 더 큰 비중을 차지하게 되었으며, 특히 유아기와 아동기의 부정적인 또래 관계가 고등학교 중퇴, 청소년 및 성인기의 범죄와 정신병리 등 사회생활에 부적응을 초래하고 장기적으로 영향을 미칠 수 있다는 차원에서 그 중요성은 매우 크다(Parker & Asher, 1987).

아동들은 언제부터 또래 상호작용을 시작하며 관계를 형성하는가? 태어난 지 얼마 되지 않은 아기들도 서로를 쳐다보고 만지는 등 관심을 보이며, 한 아기가 울면 따라 우는 등의 행동을 보인다. 이러한 초기의 관심은 성장하면서 또래 간의 상호작용으로 발전하고 수적으로도 급속하게 증가하게 된다. 반면에, 성인과의 상호작용은 점차 감소하는 양상을 보이는데, 출생부터 12세 사이 아동의 또래 및 성인과의 상호작용을 관찰한 결과, 평균적으로 46%의 시간을 또래와 보내며 15%를 성인과 함께 보내는 것으로 제시되었다(Ellis, Rogoff, & Cromer, 1981).

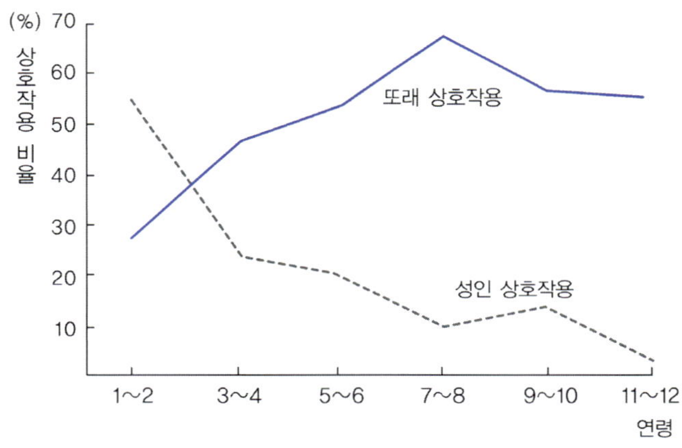

[그림12-1] 연령에 따른 상호작용 변화

1) 또래 관계의 발달

(1) 영아기 또래 관계

출생 후 2개월이 채 안 된 영아도 또래의 출현에 자극되고 상호 응시하며(Eckerman & Stein, 1982), 6~12개월 사이의 영아는 또래를 쳐다보고, 웃고, 소리 내고, 만져 보고, 미는 등 사회적 행동을 보인다(Brownell, 1990). 그러나 이 시기의 상호작용은 매우 초보적이며, 드물게 발생하고, 지속 시간도 길지 않다. 이러한 초보적인 사회적 행동은 점차 발전되어 만 1~2세 사이의 영아는 서로 물건을 주고받거나 한쪽이 뒤뚱거리면서 걸어가면 따라가는 것과 같은 서로 상보적인 사회적 상호작용을 하게 되며, 또래와 함께 있으면 웃고 즐거워하는 등 또래 관계에서의 긍정적인 정서와 장난감을 서로 빼앗으려다 울고 소리를 지르는 등 부정적인 반응도 함께 나타난다(Vasta, Haith, & Miller, 1992). 한편, 다른 영아와 함께 있는 경험이 많은 영아일수록 낯선 또래를 만나면 적극적으로 접촉을 시도하는(Becker, 1977) 등 영아기의 또래 경험은 이후 사회적 상호작용에 영향을 미치는 것으로 밝혀졌다.

(2) 유아기 또래 관계

만 2세부터 또래 간 상호작용은 급격히 증가하게 된다. 2~3세 아동은 놀이 유형에 있어 다른 아동들의 놀이를 지켜보는 방관자적 행동과 혼자 놀이가 지배적이나 3~5세가 되면, 장난감을 상호 교환하고 주제를 가지고 가상놀이를 하는 등의 놀이 형태로 발전한다. 또한, 7세경까지는 이성의 또래와 섞여서 노는 빈도도 높으나 대체로 7세 이후부터는 동성의 또래와 함께하는 시간이 급격히 증가하며, 이성 또래와의 상호작용은 제한된다.

(3) 학동기 또래 관계

초등학교 시기 아동의 또래 관계는 공동 목표와 독자적인 역할을 지니는 협동놀이와 규칙이 있는 게임의 형태 내에서 그 역할이 보다 세분화되고 복잡한 사회적 구조를 지니며, 놀이에 동원되는 기능이나 규칙의 인지적 복잡성 또한 점차 증가된다. 학동기의 또래 그룹은 유아기에 비해 급격히 확장되며, 가족과의 접촉은 줄어들고 또래로부터의 동료애, 조언 및 충고, 정서적 지지를 더 중요시하는 특성을 보이는 등 발달적 측면에 있어서도 매우 중요한 의미를 갖는다(Hartup, 1996).

2) 또래의 기능

또래가 아동의 발달에 미치는 영향은 매우 크다. 또래의 관계는 성인의 지시나 주도에 일방적으로 따르는 수직적인 관계가 아닌 서로의 의견을 자유롭게 교환하는 수평적인 관계이다. 이러한 상호작용을 통해 다양한 지식과 기술을 습득하고, 또래를 사회적 비교의 준거로 삼아 자신을 평가하며, 또래의 행동을 관찰 · 모방하고, 또래로부터 다양한 사회적 지원을 제공받는다는 점에서 또래와 효과적으로 관계를 형성하고 유지하는 능력을 습득하는 것은 매우 중요하다고 할 수 있다. Hartup(1983) 또한 아동은 또래와의 상호작용을 통해 사회적 역할과 규범을 배우고, 사회적 조망수용 능력을 발달시키며, 사회적 기술을 연습하게 된다고 보았으며, Ladd와 그의 동료들(1996)은 초등학교 입학 당시 친구를 가진 아동은 2개월 후에 학교에 더 잘 적응하였으며, 이러한 친구 관계를 계속 유지한 아동은 이후 학교생활에 대해 더 긍정적이고 행복하다고 느끼는 것으로 밝혀졌다.

최근 또래 관계의 발달적 의의에 대해 Bukowski와 Hoza(1989)는 첫째, 또래 관계는 성공적인 사회적 상호작용을 위해 기본적으로 요구되는 사회적 기술을 훈련시키며, 둘째, 아동에게 사회적 지원과 안전감을 느끼게 하고, 셋째, 사회관계 내에서 자아를 정의하게 되므로 자아개념 발달에 기여한다고 설명하였다.

3) 또래 수용 유형과 특성

또래 수용성은 아동들이 또래 집단 구성원들과의 관계에서 수용되는 정도로서 다른 아동들이 선호하는 정도를 나타내는 사회적 선호도와 또래에게 수용 또는 거부되는 정도에 따라 아동이 집단 내에서 차지하는 위치를 의미하는 사회적 지위로 구분할 수 있다. 아동의 또래 관계를 이해하기 위한 방법으로 주로 활용되는 사회성 측정법

(sociometry)은 '가장 좋아하는 아이'와 '가장 싫어하는 아이'를 찾아내어 이를 근거로 선호와 배척의 정도를 측정하는 것이다. 첫 번째 유형으로 많은 아이들로부터 선호의 대상이 되는 인기아(popular)가 있으며, 두 번째 유형으로 가장 많은 아이들로부터 '싫어하는 아이'로 지목되는 배척아(rejected)가 있다. 세 번째 유형은 고립아(neglected)로 선호의 대상도 배척의 대상도 아니며, 마지막 유형으로 일반아(average)가 있다.

또래로부터 인기가 있는 아동은 또래 갈등의 발생 빈도가 낮으며, 갈등을 해결하기 위해 비언어적인 저항보다는 언어적 저항을 더 많이 사용하고, 갈등이 종결되었을 때 더 긍정적인 정서를 보였다. 또한, 부모나 교사로부터 사회적으로 자신 있다고 평가되고, 일반적으로 화를 잘 대처하며 갈등을 최소화하고 관계를 지속하기 위하여 모욕과 위협 등을 피하고 직접적으로 반응하는 것으로 나타났다. 더 나아가, 또래로부터 수용도가 높고 인기 있는 아동은 거부아에 비해 친사회적인 행동을 하고 지도력이 있으며, 긍정적인 자아개념을 갖는 것으로 밝혀졌다(Fabes & Eisenberg, 1992).

이에 반해, 또래로부터 인기가 없는 아동은 또래 갈등을 자주 경험하고 갈등을 해결하기 위해 비언어적인 저항과 통제적인 전략을 더 많이 사용하며, 갈등이 종결된 후에 부정적인 정서를 더 많이 보였으며, 자아존중감은 낮은 것으로 밝혀졌다(Coie, Dodge, & Kupersmidt, 1990). 특히, 거부아들은 대체로 또래에게 공격적이고 학업 성취가 낮은 경향이 있으며, 파괴적, 요구적, 간섭적, 공격적이고, 무시아들은 수줍어하거나 위축된 특성을 보인다(Ramsey & Lasquade, 1996).

한편, 고립 아동의 행동 특성은 주로 공격 행동과 위축 행동의 두 가지 유형으로 분류할 수 있는데 공격적 행동은 공격 행동, 비협조적인 행동, 심하게 떼쓰는 행동으로 설명할 수 있으며, 위축적 행동은 극도의 사회적 반주장과 낮은 빈도의 사회적 상호작용을 하며 사람들과의 대인 접촉을 기피하는 행동으로 정의된다.

각 유형의 특성을 정리하면 다음과 같다(〈표 12-1〉).

〈표 12-1〉 또래 수용 유형별 특성

유 형	특 성
인기아	• 놀이 상황에서 주도적이며, 사회적 접촉을 많이 한다. • 놀이 상황에서 리더십을 발휘하며, 활동을 이끈다. • 언어를 많이 사용하며, 또래의 관심을 주도하고 유지하는 데 뛰어나다. • 우호적이고, 지지적이며, 남을 괴롭히는 행동을 피한다. • 또래의 의견을 수용하고 대안을 제시하면서 다른 사람의 견해에 반대한다. • 비공격적인 방법으로 갈등을 해결한다. • 그룹 활동에 흥미를 가지고 조심성 있게 개입한다. • 사회적 상황과 또래의 특성을 정확하게 읽고, 갈등 해결을 위한 적절한 행동을 선택한다.
거부아	• 부정적이고, 불쾌감을 많이 표현한다. • 불평이 많고, 칭얼거리며, 비밀을 누설한다. • 이유 없이 때리고, 밀고 물며, 언어적 폭력을 사용한다. • 사회적 상황을 잘못 이해하고, 친절한 또래의 행동을 적대적인 의도로 오해한다. • 또래를 회피하고, 혼자 놀이를 좋아한다.
고립아	• 혼자 놀고, 또래가 접근할 때 물러선다. • 사회적 상황에서 말이 없고, 염려를 많이 보인다. • 놀이 상황에 개입하는 데 능력이 부족하다. • 또래의 관심을 끌고 유지하는 데 능력이 부족하다. • 또래의 놀이를 이끌고 놀이 제안을 하는 등 사회적 기술과 주도성이 부족하다.

4) 또래 괴롭힘의 원인과 문제점

최근에 많이 대두되고 있는 또래 괴롭힘, 일명 왕따 현상은 긍정적이고 조화로운 또래 관계를 위협하는 것으로 점점 심각한 사회 문제가 되고 있다.

또래 괴롭힘은 한 명 또는 여러 명의 또래에 의한 부정적인 행위에 반복적으로, 그리고 지속적으로 노출되는 것으로 명백한 괴롭힘과 관계적 괴롭힘으로 크게 나눌 수 있다. 명백한 괴롭힘이란 직접적으로 신체적 · 언어적 방법들이 사용되는 것으로 때리기, 차기, 밀기, 욕하기, 별명 부르기, 말로 위협하기 등이 포함되며, 관계적 괴롭힘은 고의로 또래 관계에 손상을 입히기 위해 사회적 관계를 이용하는 것으로 나쁜 소문 퍼뜨리기, 또래 집단으로부터 소외시키기 등이 포함된다.

또래 괴롭힘은 발생률이나 형태에 있어 연령 및 성차에 따라 차이가 있는 것으로 보고되고 있다. Kochenderfer와 Ladd(1996)에 의하면, 21%의 아동들이 중간 또는 심한 정도의 괴롭힘을 경험하고 있으며, 초등학교 2학년에서 6학년 12%, 중학교에서 5%로 청소년 초기에 비해 아동기에 2배 이상의 아동들이 또래에 의해 괴롭힘을 당한다고 밝혀졌다. 또한, Boulton과 Smith(1994)에 따르면, 중학생은 남 · 여 모두 간접적인 괴롭힘이 빈번하게 나타났으나 초등학생의 경우 남아는 신체적 · 언어적 괴롭힘이, 여아는 간접적 괴롭힘이 잦은 것으로 나타났다.

한편, 지속적으로 또래 괴롭힘을 당한 아동들은 다양한 적응 문제에 처하게 되는데 일반적으로 또래 괴롭힘을 당하지 않는 아동보다 자아존중감이 더 낮고 더 걱정스러워하며, 학교 적응에도 어려움을 겪고 덜 행복해했으며 등교 거부도 있었다. 또한, 집중력이 손상되며 주의 산만함이 증가되고 우울증과 같은 증세를 보이고 외로움을 느끼는 것으로 보고되었다(Schwartz, Mcfadyen-Ketchen, Dodge, Petit, & Bates, 1998).

특히, 한국 사회에서 미래의 주역이 되어야 할 다문화가정 자녀들이 피부색이 조금 다르고, 말이 조금 서툴다는 이유로 따돌림을 당한다.

"한국 친구들은 말을 잘 못한다고 바보라고 욕하고, 이상하게 생겼다고 놀리기만 한다. '네 나라로 꺼져 버려' 라고 할 때는 참으려고 해도 눈물이 계속 난다. 엄마한테 얘기하면 엄마도 울까 봐 말을 안 한다." (다문화가정 자녀 B양)

"초등학교 때부터 친구들에게 아프리카 깜둥이라고 놀림을 당했다. 중1 때는 같은 초등학교 나온 아이들도 나를 더럽다고 피하고, 그래서 향수도 뿌렸는데 향수를 뿌렸다고 또 놀린다." (파키스탄에서 온 A양)

다문화가정 아이인 초등학교 1학년 루이 키우(8 · 가명) 양은 학교를 갔다 오면 "친구들이 이상하게 생겼다고, 공부 못한다고 놀린다. 학교 가는 게 너무 싫다" 고 투정이다. 베트남 출신의 엄마는 그때마다 마음이 너무 아파 눈물을 쏟아낸다.

5) 원만한 또래 관계를 위한 지침

① 또래와 잘 사귀지 못하는 아동은 자기보다 나이가 어리거나 나이가 많은 아이들과 먼저 어울리게 하는 것이 좋다.

또래는 똑같은 수준이므로 조금의 양보도 허용을 하지 않는다. 그러나 나이 어린 아동은 좀 만만해 보이므로 편하게 여겨 마음대로 해볼 수가 있고, 나이가 많은 아이들은 동생 취급하며 봐주기 때문에 마찰이 적게 일어난다.

② 무조건 다양한 아이들과 어울려 놀 수 있도록 기회를 마련해 주는 게 좋다.

흔히 부모들은 내 아이가 좀 더 나은 아이와 어울리기를 바란다. 그래서 또래 중에서도 괜찮은 아이를 골라 놀게 해주고 싶어한다. 그러나 이는 부모의 욕심일 뿐 실제로는 가능하지 않은 일이다. 사회성은 직접 아이들과 어울려 노는 가운데 발달하는 것이다. 서로의 집이나 놀이터를 왔다 갔다 하며 자유롭게 노는 가운데 진정한 사회성이 키워진다.

③ 어머니부터 이웃들과 활발한 교류를 한다.

이것이 자신 없으면 집을 개방하라. 집이 더러워지고 애들이 많아 북적거리는 것이 정신없다는 이유로 이웃과의 교류를 차단한다면 결국 주변 사람들과 단절되어 살아갈 수밖에 없다.

④ 두세 명의 단짝을 만들어주는 것이 중요하다.

혼자서 지내던 아이에게 어느 날 갑자기 친구를 사귀라고 몇십 명씩 되는 대집단으로 몰아버린다면 아이 입장에서 얼마나 두렵고 당황스럽겠는가? 대집단 경험은 두세 명의 소집단 경험이 익숙한 후에라야 가능한 것이다(신철희, 1998).

2. 매체와 아동 발달

1) TV

TV를 시청하면서 성장하는 아동에게 TV는 친구나 형제처럼 가족의 한 구성원이 되었다. 동시에, 부모로부터 점점 독립적이 되고 다른 환경과의 상호작용을 통해 자신의 가치나 태도를 인식하여 가는 시기에 가정이나 학교 못지않은 중요한 사회화 기관으로서 TV는 아동의 발달에 지대한 영향을 미치게 되었다. 예를 들면, 정원식(1988)은 TV 시청이 아동의 언어 발달과 인지 기능 습득에 효과가 있다고 하였으며, Seasame Street 프로그램을 많이 시청한 아동들이 그렇지 않은 아동들에 비해 알파벳 검사 점수 및 이름 쓰기 등에서 좋은 성적을 내는 것으로 나타났다(Greenfield, 1984). 반면, 이러한 긍정적인 측면과 함께 TV는 가족 간의 대화 단절(김규, 1987), 독서 및 놀이 시간 단축(황선미, 1987), 읽기능력이나 언어 이해력, 언어적 유창성 저해(Clements & Nastasi, 1993), 창의성 저하(박성은, 1990), 공격적 행동의 유발(김순혜, 1986) 등 부정적인 영향에 대해서도 언급되어 왔으며, 특히 제한 없는 TV 시청, TV와 실제와의 차이를 설명해 줄 수 있는 성인의 부재, TV 프로그램과 관련한 성인의 중재가 없는 시청은 아동의 공격적 행동과 낮은 성취 수준의 원인이 되는 것으로 보고되었다(Pierce, 1994). 우리나라의 경우 자녀 비디오 시청에 대한 부모의 공청은 24%, 통제는 13%에 머물렀다(문혁준, 2001). 더 나아가, 텔레비전 시청이 아동의 수면 장애와 잘못된 식습관(Center international de l' enfance, 1992)과 유아기의 잦은 TV 시청은 19세 여아의 비만과도 관련이 있는 것으로 나타났다(Anderson, Huston, Schmitt, Linebarger, & Wright, 2001).

바람직한 텔레비전 시청 습관을 위한 지침

- 가족의 텔레비전 시청 시간을 계획하고 아동들은 일정한 원칙에 따라 어떤 프로그램을 시청할 것인지를 미리 결정한다.
- 책을 읽어주거나 놀이 기회나 놀잇감을 많이 제공해 주고 다른 아동들과 함께 활동할 수 있는 기회를 갖게 한다.
- 아동이 텔레비전을 시청할 때는 부모가 함께 보면서 적절한 질문과 피드백을 통해 프로그램의 내용에 대한 이해도를 높일 수 있게 한다.
- 광고의 과장성이나 허위성을 아동들과 함께 찾아보고 문제점이 무엇인지 생각해 보게 한다.

TV의 부정적 영향 중에 가장 큰 논란은 공격성의 증가이다. 즉, 아동들이 폭력의 공포에 대해 면역이 생기며, 점차 폭력을 문제해결의 한 방법으로 받아들이고, 텔레비전에서 본 폭력을 모방하며, 극중의 특정 인물이나 피해자 또는 가해자를 동일시 할 수 있다는 것이다. 한 예로, 1983년 처음 인터뷰한 700여 명 중 하루에 TV를 1시간 이하 시청하는 청소년 중 심각한 폭력을 행사하는 비율은 5.7%였으나 TV 시청 시간이 하루 1~3시간인 청소년의 폭력 행사 비율은 18.4%, 그리고 하루에 3시간 이상 TV를 보는 청소년의 폭력 행사 비율은 25.3%였다. 그로부터 8년 후 같은 대상을 조사했을 때 하루 1시간 이하 TV 시청자의 폭력 비율은 1.2%인 반면 3시간 이상 TV를 보는 사람들의 폭력 비율은 10.8%로 나타나는 등 TV 시청과 폭력성 사이에 장기적으로 영향을 미치는 것으로 보고되었다.

2) 컴퓨터

최근에 가정과 학교에 컴퓨터의 보급이 확산되고 일상생활에서 차지하는 비중이 커짐에 따라 컴퓨터가 아동의 발달에 미치는 영향에 대해 관심이 고조되고 있다. 컴퓨터가 아동에게 미치는 긍정적 측면으로는 컴퓨터 활동이 아동의 창의적 사고, 추론능력, 문제해결 능력, 언어 발달, 수학능력 발달(Clements, 1987)에 도움이 되며, Kulik 등(1985)은 학교에서 컴퓨터 보조 학습(CAI)을 받은 아동은 통제집단에 비해 학업성취도와 학습에 대한 긍정적 태도를 높여주고 학교생활을 더욱 즐거워한다는 사실을 밝혔다. 반면에, 컴퓨터가 혼자놀이를 가능하게 하므로 또래 집단 내에서의 사회적 관계에 단절을 가져오는 데 대해 우려되고 있다.

인터넷 중독의 대표적인 하위 유형으로 게임 중독, 통신 중독, 음란물 중독이 지적되고 있다(어기준, 2000). 이러한 중독의 문제점으로 학업에 소홀하고 현실의 일상생활에 흥미를 잃어 인간관계보다 게임에 몰두하고, 게임을 하지 않으면 불안, 초조, 환상 등의 금단현상을 경험하는 것으로 보고되었다(Young, 1996).

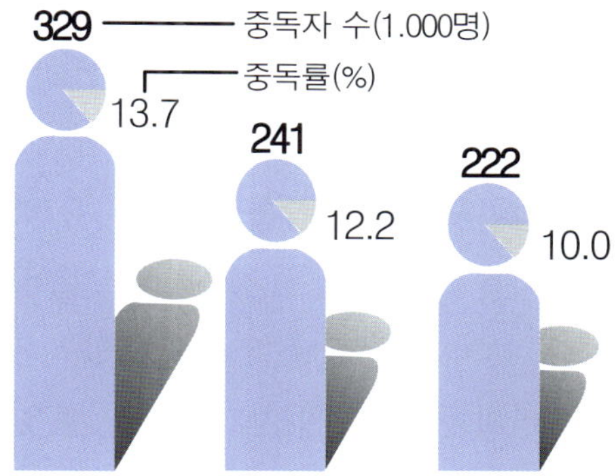

[그림 12-2] 청소년 인터넷 중독률 및 중독자 수

출처: 행정안전부

한국정보화진흥원이 2010년 인터넷 중독 실태를 조사한 결과, 아동·청소년의 인터넷 중독률은 12.4%로 성인 중독률(5.8%)보다 두 배 이상 높은 것으로 나타났다. 특히, 연령대가 낮을수록 중독률이 높은 것으로 조사됐다. 고등학생 10%, 중학생 12.2%, 초등학생은 13.37%로 나이에 따른 중독률 차이가 현격했다.

아동의 컴퓨터 사용에 대한 기본 지침(NAEYC, 1996)

- 아동의 연령에 적합한지, 아동 개인별로 적합한지, 문화적으로 적합한지를 검토해야 한다.
- 아동의 성별, 인종, 사회 계층 등에 관계 없이 모든 아동에게 컴퓨터 및 과학 기술의 교육적 사용에 대한 동등한 기회를 주어야 한다.
- 아동들이 사용하는 소프트웨어는 성별, 인종, 능력, 특정 집단에 대한 고정관념을 반영해서는 안 되며, 폭력성 또는 폭력적인 내용을 나타내서는 안 된다.

3) 전자 게임

컴퓨터 기술의 발달로 다양한 전자 게임이 등장하였으며, 전자 게임과 관련하여 컴퓨터 게임, 비디오 게임, 전자 오락 등 여러 명칭이 혼용되고 있다. 컴퓨터 게임은 개인용 컴퓨터를 이용한 게임을, 비디오 게임은 가정용 비디오 게임기나 휴대용 게임기를 이용한 게임을, 전자 오락은 아케이드 게임이라고도 불리는 전자 오락실 게임을 지칭한다. 전자 게임이 아동의 관심을 끄는 이유는 영화, 텔레비전, 비디오 등이 지닌 역동적인 시각적 이미지를 지니고 있을 뿐 아니라 그 어느 매체보다 능동적 상호작용을 가능케 하기 때문이다. 특히, 도전해야 할 목표가 있고 자신의 행동의 결과를 확인할 수 있으며 화면에서 이루어지는 일을 게임자가 통제할 수 있기 때문에 매력적이다(Griffiths & Hunt, 1995).

컴퓨터 게임의 유형은 아케이드(arcade), 어드벤처 / 롤 플레잉(adventure/role playing), 텍스트(text), 시뮬레이션(simulation)의 4가지로 대별된다(문화체육부, 1995). 아케이드 게임은 연속적으로 지나가는 화면에서 적을 공격하는 형태이며, 어드벤처 / 롤 플레잉 게임은 등장인물을 통해 탐험과 모험을 하는 유형이고, 텍스트 방식은 문자를 중심으로 하는 대화 형태이며, 시뮬레이션은 모의 실험을 하는 형태의 게임을 말한다.

한국청소년정책연구원은 '2010 한국 아동 · 청소년 인권 실태 조사' 에서 중 · 고교생의 25%, 초등학생의 19.9%가 게임을 하며 휴일을 보낸다고 응답했다고 밝혔다. 이는 'TV 시청' 이나 '친구와 놀기' 등 다른 활동들에 비해 압도적으로 높았다.

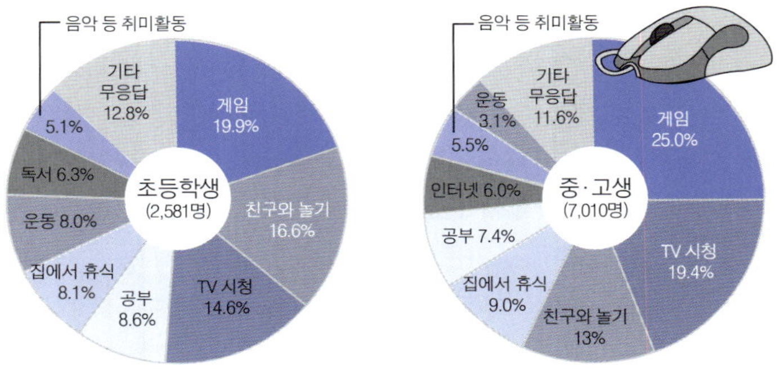

[그림 12-3] 청소년이 휴일을 보내는 방법

출처: 한국청소년정책연구원

전자 게임의 긍정적 영향에서는 정화 효과와 교육적 측면을 강조한다. 즉, 전자 게임이 놀이자의 분노, 좌절감 및 공격적 감정의 해소를 가능케 하여 공격적 행동을 감소시키며(Dorman, 1997), 컴퓨터를 다루는 능력의 발달 · 발견, 학습능력의 신장, 창의성의 발달 및 인지 발달을 가져오고 학습 동기의 증진, 타인과의 상호작용 유발 및 자신감과 자아존중감의 향상을 가져온다는 것이다(이순형 · 이소은, 1994; Pilay, Brownlee, & Wilss, 1999).

전자 게임의 부정적 측면으로 전자 게임이 충동성과 행동 장애 및 정서적 손상, 그리고 부정적 자아인식, 공격성 유발, 중독성, 사회적 고립 및 현실 세계와의 괴리 발생, 인종과 성 고정관념 강화, 신체 이상, 상상력 제한 등이 제시되고 있다(Phillips, Rolls, Rouse, & Griffiths, 1995; Cesarone, 1998).

생각해 보기

자녀들의 게임 중독에 대해 우려는 많이 하는데 지도는 안 한다는 전자 신문 보도를 보고 '우리 사회가 심한 중증에 걸려가고 있구나' 하는 생각에 마음이 무척 무겁다. 보도에 의하면 10대 청소년이 게임을 하는 데 부모의 제약을 받는다고 답한 비율이 44.2%로 절반 이상의 청소년들이 부모의 무관심 속에서 게임 중독에 빠져가고 있는 실정이다.

부모의 적절한 지도가 자녀들의 게임 선용 여부에 영향을 미치는 주요 요인이라고 하면서도 막상 부모로서 어떤 지도를 해야 하는지 막연할 때가 있다. 학교 수업 끝나고 학원가기 전까지 게임하고, 학원 끝나고 집에 가기 전에 PC방에 들러서 게임하고, 집에 와서도 잠자기 전에 또 게임을 하는 게임 중독 학생이 점차 늘어가고 있는 현실을 그대로 둘 수는 없다. 이런 상황을 국가나 학교가 해결할 수도 없다. 아버지가 그 책임을 져야 한다. 물론, 어머니도 동참할 수 있지만 아직까지는 IT기기에 대한 저항감 때문에 어머니보다는 아버지가 발 벗고 나서야 한다.

나는 인터넷 시대에 자녀들의 적절한 지도를 위해 게임 같이하기 · 대화 시간 늘리기 · 멘토가 되기 등 세 가지 방법을 제안하고자 한다.

우선 게임 같이하기다. 며칠 전 주말에 자녀들과 함께 놀러 온 가족과 단체 게임을 한 적이 있다. 어른은 어른끼리 한 편이 되고 자녀들은 아이들대로 한 편이 된 게임을 30~40분 했다. 그리고 게임이 끝난 뒤 각 팀에서 작전을 어떻게 세웠는지 서로 의견을 교환하면서 아이들에게 게임 전략에 대한 이야기를 들려주며 모두가 대단히 유익한 시간을 보낸 것이다. 물론, 아이들은 한 게임 더하고 싶어하고 우리들은 아이들끼리의 시합을 꼭 한 번만 하도록 허락해 주었다. 게임에 대한 우려만 할 것이 아니라 아이들과 같이 게임을 하며 시간을 적절히 보낸다면 아이들도 게임에 대한 인식이 달라질 것이다.

그다음은 대화 시간 늘리기. 유치원에 다니는 어린이가 자기 가족을 그려보라는 선생님의 말을 듣고 식구들 그림을 그렸는데, 다 그린 식구 그림 속에 아버지는 보이지 않았다. 아빠는 어디 있느냐고 선생님이 물어보니까 그 어린이가 아빠는 출근했다고 말해서 모두 깜짝 놀랐다고 한다. 물론 그 이야기를 전해들은 그 아이의 아빠가 더 놀란 것은 말할 필요도 없다. 새벽같이 출근해서 매일 밤 아이들이 잠든 다음에 집에 들어오는 아빠에 대한 그 아이의 인상은 아빠는 아예 집에 없는 사람으로 취급되고 있는 것이다.

주중 수요일 정도 일주일에 한 번은 집에 일찍 들어가는 가정의 날이 필요하다. 아이들한테도 소중한 시간이요, 본인의 건강을 위해서도 꼭 필요한 주중 휴식 시간인 것이다. 주말 아빠의 인식을 불식시켜야 한다.

또 하나는 멘토가 되는 것이다. 자녀에게 제일 좋은 멘토는 아버지이다. 규칙적인 프로그램으로 자녀의 멘토 역할을 감당해야 한다. 한 달에 한 번 정도는 자녀와 허심탄회하게 인생 상담을 하는 시간을 갖는 것이 중요하다. 서로가 말로 하기가 좀 쑥스러운 주제에 대해서는 이메일도 좋고 짤막한 문자 메시지도 좋다. 격려의 한마디 또는 좋은 인용구들은 자녀에게 새로운 용기를 북돋게 할 것이다.

여인갑 시스코프 대표

3. 유아교육기관과 아동 발달

현대사회의 경향에 따른 유아교육의 주목할 만한 변화는 사회구조의 급격한 변화, 기혼여성의 취업 증가와 유아교육의 연령이 하향화 되면서 유아교육에 대한 요구가 증가 되었다. 이로 인해, 유아교육기관이 가정의 기능을 대체해야 하는 상황에 놓이게 되면서 중요성이 대두되었고, 그 기능과 역할이 복잡해지고 있다.

1) 유아교육기관의 유형

우리나라 유아교육기관은 현재 교육 대상 연령 및 운영 시간에 따라 다양하게 운영되고 있으며, 관할 부처의 이분화로 인하여 교육과학기술부 산하의 유치원과 보건복지부 산하의 어린이집로 구분된다.

두 기관의 목적과 기능은 유사하여도, 여러 체제나 운영방식에 있어서는 다른 점이 많다. 따라서 본 절에서는 유치원과 어린이집로 나누어 살펴보고자 한다.

(1) 유치원

유치원은 1873년 독일에서 Frobel(1782~1852)에 의해 처음 설립되었으며, 지금까지 전 세계로 보급된 대표적인 유아교육기관이라 할 수 있다. 우리나라의 교육기본법 제9조에 유아교육, 초등교육, 중등교육 및 고등교육을 실시하기 위하여 학교를 둔다고 규정하고 있다. 유치원은 「유아교육법」(2004.1.29. 제정)에 의거하여 만 3세에서 초등학교 취학 전 유아의 교육을 위하여 설립 · 운영되는 학교로서, 교육과학기술부에서 제정하고 주기적으로 개정하는 유치원 교육과정을 근간으로 유아를 교육한다.

(2) 어린이집

어린이집이란 취업부모의 자녀를 주된 대상으로 보호자의 위탁을 받아 일반적으로 8시간 이상 운영되는 유아교육기관으로, 「영유아보육법」(1991.1.14 제정)에 의거하여 만 6세 미만의 취학 전 아동을 보육하는 시설을 의미한다. 유치원과 어린이집의 특성을 비교하면 다음 〈표 12-2〉와 같다.

〈표 12-2〉 유치원과 어린이집의 특성 비교

	유치원	어린이집
관련 법규	유아교육법	영유아보육법
관할 부처	교육과학기술부	보건복지부

<table>
<tr><th colspan="2"></th><th>유치원</th><th>어린이집</th></tr>
<tr><td colspan="2">대상 연령</td><td>유아(만 3세부터 초등학교 취학 전 아동)</td><td>유아(만 6세 미만의 초등학교 취학 전 아동)</td></tr>
<tr><td colspan="2">대상 계층</td><td>모든 계층 대상</td><td>모든 계층 대상</td></tr>
<tr><td colspan="2">정 의</td><td>"유치원"은 유아의 교육을 위하여 이법에 따라 설립·운영되는 학교를 말한다.</td><td>1. "보육"은 영유아를 건강하고 안전하게 보호·양육하고 영유아의 발달 특성에 적합한 교육을 제공하는 사회복지 서비스를 말한다.
2. "어린이집"은 보호자의 위탁을 받아 영유아를 보호하는 시설을 말한다.</td></tr>
<tr><td colspan="2">유 형</td><td>1. 국립유치원
2. 공립유치원
3. 사립유치원</td><td>1. 국·공립 어린이집
2. 법인 어린이집
3. 직장 어린이집
4. 가정 어린이집
5. 부모협동 어린이집
6. 민간 어린이집</td></tr>
<tr><td colspan="2">교육과정</td><td>유치원교육과정</td><td>표준보육과정</td></tr>
<tr><td colspan="2">운영 시간</td><td>반일제, 시간연장제, 종일제</td><td>1일 12시간 종일제 원칙이나 조정운영 가능</td></tr>
<tr><td colspan="2">교육과정 내용</td><td>건강, 사회, 표현, 언어, 탐구생활</td><td>사회관계, 의사소통, 자연탐구, 예술경험, 신체운동, 기본생활</td></tr>
<tr><td colspan="2">교육 일수</td><td>년간 180일</td><td>년 중 무휴(공휴일만 제외)</td></tr>
<tr><td rowspan="3">교사</td><td>자격증</td><td>유치원 정교사 자격증</td><td>보육교사 자격증</td></tr>
<tr><td>급여 기준</td><td>교육과학기술부 '공무원 보수 지침' 의 유치원·초등학교·중학교·고등학교 교원 등의 봉급표</td><td>보건복지부 지침 '보육교직원 보수 기준' 에서 보육교사의 봉급표, 수당표</td></tr>
<tr><td>직급</td><td>원장, 원감, 1급 정교사, 2급 정교사</td><td>원장, 보육교사 1급, 보육교사 2급, 보육교사 3급</td></tr>
<tr><td colspan="2">인가·설립</td><td>시·도 교육감이 인가</td><td>시장, 군수, 구청장이 인가</td></tr>
<tr><td colspan="2">설립 취지</td><td>유아에게 적합한 교육 환경을 제공하여 심신의 조화로운 발달 조장</td><td>건강한 사회 구성원으로 육성함과 아울러 보호자의 경제적·사회적 활동 원활을 통해 가정복지 증진에 기여</td></tr>
<tr><td colspan="2">실내 면적</td><td>1인당 4.2㎡ 이상</td><td>1인당 3.3㎡ 이상</td></tr>
<tr><td colspan="2">학급 편제</td><td>시·도 교육감이 결정</td><td>보육사업지침</td></tr>
</table>

2) 유아교육 및 보육이 아동 발달에 미치는 영향

어린아이를 유아교육기관에 보낼 경우 어머니와 영아 사이의 애착에 대해 많은 논의가 이루어져 왔다. Belsky(1988)는 생후 1년 이내에 시작한 보육이나 일주일에 40시간 이상의 종일제 보육 경험으로 인한 반복적인 분리 경험은 영아와 어머니 사이의 불안정 애착이나 불복종 행동 및 공격성을 증가시키는 것으로 보고하였다. 즉, 탁아 시작 시기나 탁아 시간이 아동 발달에 부정적인 영향을 미치는 중요한 요소임을 시사한 것이다. 반면 Lamb 등(1992)은 어머니가 주당 40시간 일하는 경우라고 해서 특별히 더 불안정 애착을 나타내지는 않는다는 상반된 결과를 주장하였다. 한편, Howes(1990)는 탁아를 시작한 시기 자체로 인한 영향보다는 보육의 질과의 상호작용을 더 중요하다고 제안하였다.

Woodworth와 Crnic(1996)은 부모의 성격이나 영아의 기질, 결혼만족도, 사회 · 경제적 지위, 취업 조건 등에서 취약 요인이 있는 경우 영아기 때 주당 20시간 이상의 탁아 경험이 영유아기의 문제 행동을 증가시키는 것으로 보고하여 아동을 둘러싸고 있는 여러 환경 체계 간의 상호 관계에서 이해되어야 한다고 주장하였다.

탁아 경험과 지적 발달에 있어서는 보육기관을 다닌 아동은 IQ 점수가 높고, 손과 눈의 협응을 잘하며, 놀이 자료 활용에 창의적이며, 주변적 세계에 대해 탐구적이었으며, 수를 세는 등의 수학능력이 더 높다고 보고되어 지적 발달에는 보육 경험이 긍정적으로 밝혀졌다(Lamb, 1998). 그러나 이러한 결과는 가정의 소득에 따라 달리 나타날 수 있으며, 사회 · 경제적으로 혜택받지 못하는 아동에게 더 뚜렷하게 나타난다는 점을 명심해야 한다.

한편, 유아교육기관의 질에 따라 24개월 아동의 언어 발달에 있어 차이를 보이는데, 낮은 질 또는 평균적인 질보다 질이 높은 기관의 아동이 어휘 표현 능력과 문장복잡성에서 뛰어난 것으로 나타났다(McCartney, 2004)(그림 12-4).

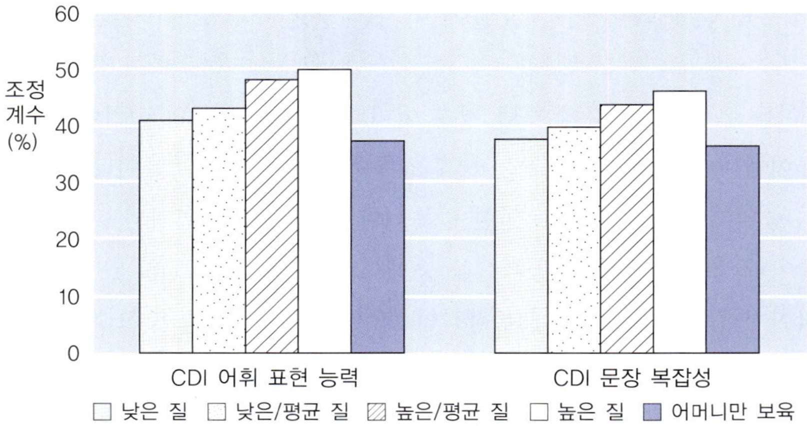

[그림 12-4] 어린이집의 질에 따른 아동의 언어 발달

유아교육기관의 유형은 매우 다양하기 때문에 아동의 발달에 미치는 영향에 대해 단정적으로 말하기는 어렵다. 그러나 Clarke-Stewart와 Fein(1983)의 연구에 의하면, 첫째, 유아교육기관에 다닌 아동은 긍정적 또는 부정적으로 또래와 더 많은 상호작용을 하며, 둘째, 가정에서 성장한 자녀보다 성인에게 덜 협조적이며 덜 반응적이다. 셋째, 사회적으로 더 자신감이 있고 성숙하며 외향적, 자기주장이 강하며, 독립적이고 언어표현력이 뛰어나며, 넷째, 세계에 대해 지식이 더 많고 스트레스 상황에서 더 안정되며 학교 입학 후 적응을 더 잘하는 등 유아교육기관의 경험은 아동의 발달에 있어 매우 중요하다고 제시하였다.

3) 유아교육 및 보육의 질

유아교육 및 보육의 질은 아동의 놀이 행동, 사회적 능력 및 사회 · 정서 발달과 적응에 영향을 미치는 것으로 나타났다.

유아교육 및 보육의 질의 구성 요인을 크게 구조적 요인과 과정적 요인으로 나누었다. 구조적 요인에는 집단 크기, 교사 대 아동 비율, 교사의 학력, 경력, 자격 기준과 같은 요인들이 포함되는데, 집단 크기가 작고, 교사 대 아동 비율이 낮을수록, 집단 크기가 작을수록, 교사의 학력이 높을수록, 경력이 길수록 아동의 발달에 긍정적인 영향을 미치는 것으로 나타났으며(Howes & Robenstein, 1985), 과정적 요인에는 교사의 민감한 반응성 수준, 교사, 부모, 영아 간 긍정적인 대인 관계와 의사소통, 발달적으로 적합한 행위와 경험 제공 등이 있는데, 교사의 반응은 아동의 인지, 사회, 정서, 언어 발달에 긍정적인 영향을 주고(Shore, 1997), 교사, 부모, 아동들 사이의 긍정적인 상호관계는 아동의 건강한 사회 · 정서 발달을 도모하는 데 결정적이라는 것이 밝혀졌다(Reinsberg, 1995).

환경의 영향을 가장 크게 받는 영유아기의 교육을 담당하는 교사는 영유아의 신체적, 지적, 정서적, 사회 및 도덕적 성장에 많은 경험을 제공함으로써 전인적인 성장을 돕는 주요 역할을 지닌다.

유아교사의 역할은 유아교육 및 보육을 위하여 사회가 유아교사에게 기대하는 행동 유형을 의미하며(이현섭 외, 1997) 부모, 영유아, 원장과 교사에 의해 기대되는 역할 범주의 행동을 말한다고 볼 수 있다. 유아교사의 역할은 교사로서 가르치는 지위뿐 아니라 그 집단의 다양한 문화 · 사회 · 제도의 기대, 그리고 개인적인 성향, 성원과의 상호작용 등이 복합적으로 작용하므로, 교직 장면에서 수행되는 여러 가지 행동들의 체계라 할 수 있다. 유아교사에게 기대되는 역할은 숙련된 기술에서 일상적 잡무까지 수량적으로 셀 수 없을 만큼 다양하다.

이연섭(1984)은 유아교사의 역할을 양육자, 교수자, 안내자, 의사결정자로 분류했다. 양육자로서의 역할은 영유아의 건강과 안전을 돌보며 사랑과 위안을 줄 수 있는 책임적 역할이며, 교수자로서의 역할은 영유아에게 지식을 전수하는 직접적 교수 방법과 영유아의 반응이나 행동을 이끌 수 있는 간접적 교수 방법에 의해 영유아를 지도하는 역할이다. 안내자로서의 교사는 영유아와의 끊임없는 상호작용을 통하여 교수하며, 영유아가 한 사람의 학습자로, 한 사람의 인간으로 안정감을 갖도록 도와주고 풍부한 환경을 제시하여 학습을 돕는 역할을 수행하는 것이다. 의사결정자로서 교사는 수업을 계획하고 실천하며 평가하는 전 과정에서 중요한 결정을 내리고 책임져야 하는 중요한 역할을 수행하는 것이다.

유아교사의 자질에 관한 견해는 유아교사의 역할에 대한 관점처럼 시대의 변천에 따라 달라져 왔다. 즉, 전통적으로 유아교사에게 보육과 보호의 역할이 강조되었을 때에는 영유아를 사랑하며 잘 돌볼 수 있는 특성의 자질이 요구되었다. 즉, 영유아를 대할 때 나타내는 개인적 성격에 중점을 두어 교사의 인성적 특성을 강조했다. 현대로 오면서 영유아를 교육의 대상으로 여겨 유아교사만의 특징적인, 그리고 복합적인 역할을 요구하는 전문적 자질이 강조되고 있다.

이은화 등(1995)은 유아교사의 자질을 개인적 자질과 전문적 자질로 구분하면서 개인적 자질 요소는 인성과 건강을, 전문적 자질 요소는 지식과 교수 기술, 교육관을 들었다. 각 요소의 내용은 다음의 〈표 12-3〉과 같다.

〈표 12-3〉 유아교사의 자질

교사의 자질		
개인적 자질	인성	영유아에 대한 사랑, 인간에 대한 사랑, 성실성, 봉사 정신, 사려성, 자발성, 도덕성, 원만한 인간관계
	건강	신체적 건강, 정신적 건강(긍정적 자아관, 타인에 대한 긍정적 사고, 건전한 인생관, 정서적 안정)
전문적 자질	지식	일반 교양 지식, 유아교육 및 보육 과정에 대한 지식, 교수 방법 및 평가에 대한 지식, 영유아에 대한 지식
	교수기술	유아교육 및 보육 과정 구성 기술, 프로그램 실천 및 평가기술, 의사소통기술, 부모 및 전문가 참여 기술, 창의성, 융통성, 교재교구의 제작 및 활용기술
	교육관	교육에 대한 소명감, 직업윤리, 전문성 함양의 노력

4. 학교와 아동 발달

학교는 전통적으로 아동의 지 · 덕 · 체의 조화로운 발달이나 지식과 인격을 겸한 전인적 인간의 형성을 목적으로 추구하는 사회적 조직체로 학교 교육의 본질적 기능은 새로운 지식을 발견하고 가르치는 교육 기능과 기존의 문화유산을 전달하고 습득시킴으로써 새로운 생활 방식을 익히게 하는 사회화 기능을 담당한다. 또한, 학교는 학생과 교사가 가장 활발하게 상호작용하는 사회제도이며 인간과 사회 환경과의 상호작용을 통하여 교육에 대한 욕구와 권리를 다루는 사회적 장소이며 기관으로(이성희 · 이경은,

1998) 교사와 학생의 대인 관계를 통한 상호작용은 학습뿐 아니라 학생의 성격 형성, 태도 및 행동에까지 크게 영향을 미친다(박용헌, 1983). 한 예로, 낮은 능력을 가진 아동은 특수 학급에 배정받게 되고 이들을 담당한 교사는 불만과 무능감을 호소할 수 있다. 또한, 이러한 교사의 부정적 정서 상태는 부적절한 교수법, 낮은 기대 수준, 통제적인 방법을 사용하게 되며, 이러한 결과는 학생들의 교실 이탈을 초래할 수 있고, 다시 교사의 신념과 교수법에 영향을 미쳐 결과적으로 낮은 능력의 아동들의 학업 실패라는 악순환을 거칠 수 있다(그림 12-5).

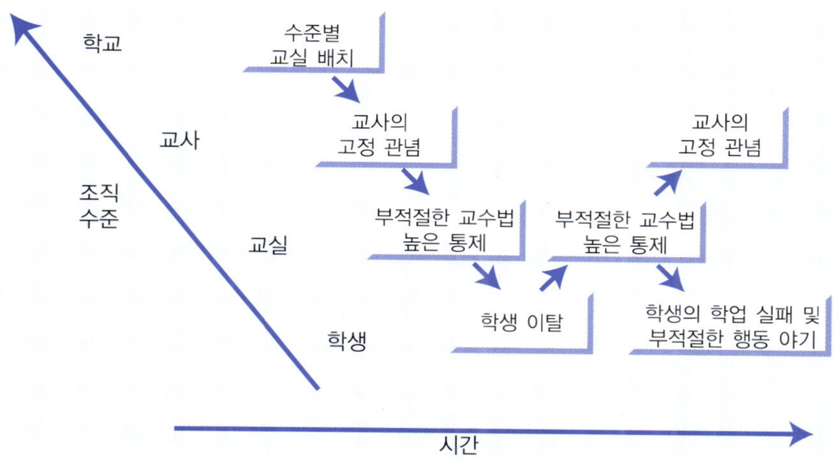

[그림 12-5] 학생과 교사와의 관계

출처: Eccles & Roeser(1999)

현대에 들어오면서 학교 교육이 보편화되고 대중화됨에 따라 학교의 규모가 커지고 보다 조직화되었으며, 사회가 요구하는 수단적 기능을 담당하기 위하여 학교 조직은 점차 관료화되고 형식화되었다고 볼 수 있다. 이러한 학교 조직의 성격과 기능의 변화는 오늘날 학교 교육에 있어서 많은 문제점과 역기능을 야기시켰으며, 특히 입시 위주 교육과 연계됨으로써 진학하기 위한 통과의례로 제도화된 학교 내에 수용된 아동들에게 많은 부정적인 영향을 미치게 되었다.

생각해 보기

통계청은 2010년 '우리나라 고3의 특징'에서 지난해 고3 학생은 평일 하루에 11시간3분 공부한 것으로 나타나 전체 학생의 공부 시간(8시간 1분)보다 3시간 정도 길었다고 밝혔다.

교제 · 여가 활동 시간은 1시간 47분으로 전체 학생(3시간)보다 1시간 13분 짧았으며, 개인 유지(수면 · 식사 등) 시간도 9시간 22분으로 전체 학생(10시간 24분)보다 1시간 적었다.

평균 수면 시간은 5.4시간이며, 남학생(5.5시간)이 여학생(5.3시간)보다 길었다. 고3 가운데 주 5일 이상 아침밥을 거르는 비율은 29.9%였으며 남학생(30.9%)이 여학생(28.7%)보다 높았다.

사교육 참여율은 56.8%로 전체 고교생의 참여율(62.8%)보다 6%포인트 낮았으며, 성적별 상위 10% 이내는 69.2%, 하위 20% 이내는 46.6%가 사교육을 받았다. 자원봉사 참여율은 97.0%로 전체 청소년(15~24세)의 53.0%보다 44%포인트나 높았다. 이는 대학 진학을 위한 점수취득용인 경우가 많다는 의미로 받아들여진다.

학교 수업 참여도를 보면 '열심히 받는다'(67.2%), '보통이다'(27.5%), '열심히 받지 않는다'(5.3%) 등의 순이었다. 학교생활 만족도와 관련해 '교육방법'에 만족하는 비중은 30.7%였으며 불만족은 23.3%였다. '교육 내용'에 대해서는 36.8%가 만족, 16.7% 불만족이라고 응답했다.

고민 문제는 공부가 69.1%로 가장 많았고, 외모(7.1%), 직업(7.0%), 가정환경(3.4%) 등이 뒤를 이었다. 고민 상담 대상은 친구가 48.5%로 가장 많았고, 부모(23.1%), 스스로 해결(20.4%) 등의 순이었다. 스승(2.2%)은 상대적으로 낮았다. 부모와 갈등을 겪는 주된 원인은 진학 및 진로(46.0%)와 학업 성적(38.2%)이 대부분이었다. '행복하지 않다'고 생각한 비율은 20.1%였는데, 그 이유로는 학업 부담(41.1%)과 진로 불안(34.6%)을 가장 많이 꼽았다. 학교생활에서 스트레스를 느낀다는 응답은 78.3%, 전반적인 생활에서 스트레스를 느낀다는 응답은 79.0%였다.

참고문헌

강민성 (2004). 한국의 아동보호체계 연구: 아동학대를 중심으로. 서울신학교 대학원.

강민정 (1997). 교사가 지각한 유아의 기질과 유치원 부적응 행동. 한국교원대학교 석사학위논문.

강옥경 · 김명순 (2005). 영아 언어의 이해. Comment La Parole Vient Aux Enfants, B. Boysson-Bardies(1996) 역.

곽금주 (2002). **아동 심리평가와 검사**. 서울: 학지사.

곽금주 · 오상우 · 김청택 (2011). **K-WISC-IV (한국 웩슬러 아동 지능검사)**. 서울: 학지사.

곽금주 · 박혜원 · 김청택 (2001). **K-WISC-III 지침서(한국 웩슬러 아동 지능검사)**. 서울: 도서출판 특수교육.

김 규 (1987). **텔레비전 환경론**. 서울: 나남출판사.

김경원 · 우남희 (2002). 아동의 창의성에 대한 심리적 관련 변인 연구. **아동학회지, 23**, 1-16.

김경희 (1997). 한국아동의 정서에 관한 심리학적 연구. **발달심리학회지, 10**(1), 43-56.

김미숙 · 박해경 · 박상헌 · 홍석균 · 조병은 · 원영희(2000). 저소득 편부모 가족의 생활실태와 정책과제. 한국보건사회연구원 정책보고서.

김민정 · 유연옥 (2011). 부모의 정서표현유형과 유아의 성별에 따른 자기조절능력. **한국아동교육학회, 20**(1), 95-111.

김민희 (1998). 유아의 기질과 어머니 기질 및 만족도에 따른 문제행동. 이화여자대학교 교육대학원 석사학위논문.

김상윤 (2001). **아동심리검사법**. 고신대학교 출판부.

김수정 · 곽금주 (2007). 영아기 기질의 발달적 변화와 영아기 사회적 부적응 행동 간의 관계: 초기 기질 특성과 기질의 변화 패턴을 중심으로. **한국아동학회지, 28**(6), 183-199.

김순혜 (1986). TV 공격장면과 애정 장면이 5-6세 아동의 공격 모방 행동에 미치는 영향. 중앙대학교 교육대학원 석사학위논문.

김안나 (2008). 여성결혼인민자 가정환경 변인과 유아기 자녀들의 언어능력과의 관계. 석사학위논문, 계명대학교 교육대학원 석사학위논문.

김양희 · 이형실 (1997). **결혼과 가족**. 서울: 중앙대학교 출판부.

김영지 (1994). 어머니에 대한 아동의 애착과 사회적 능력에 관한 연구. 전남대학교 대학원 석사학위논문.

김원경 · 우남희 (2002). 아동의 창의성에 대한 심리적 관련 변인 연구. 아동학회지, 23(2), 1-16.

김종순 (1989). 영아의 애착, 자아인식 및 사물영속성 보존 능력과 가정환경의 상호관련성에 관한 연구. 중앙대학교 대학원 박사학위논문.

김춘경 · 문혁준 · 신유림 · 심미경 · 옥경희 · 위영희 · 이경희 · 이정희 · 정계숙 · 정현숙 · 제경숙 · 조성연 · 천희영 (2002). 아동학개론. 서울: 학지사.

김태련 · 조혜자 · 이선자 · 방희정 · 조숙자 · 조성원 · 김현정 · 홍주연 · 이계원 · 설인자 · 손원숙 · 홍순정 · 박영신 · 손영숙 · 김명소 · 성은현 (2004). 발달심리학. 서울: 학지사.

김현진 (2011). 한부모가족 지원 프로그램의 현황과 과제. 열린부모교육학회 제6차 정기학술대회 발표집. 65-92.

김현택 · 김교헌 · 김미리혜 · 권준모 · 박동건 · 성한기 · 이건효 · 이봉건 · 이순묵 · 이영호 · 이주일 · 이재호 · 유태용 · 진영선 · 채규만 · 한광희 · 황상민 · 현성용 (2003). 현대심리학의 이해. 서울: 학지사.

김혜경 · 도미향 · 문혜숙 · 박충선 · 손홍숙 · 오정옥 · 홍달아기 (2008). 가족복지론(2판). 경기: 공동체.

김희수 (2003). 부모의 맞벌이여부가 초등학생 자녀의 자아개념과 학교적응에 미치는 영향. 서울교대 교육대학원 석사학위논문.

김희진 (1995). 자녀양육에 대한 한국과 미국 어머니들의 신념 비교 연구. 유아교육연구, 15(2), 5-22.

노안영 · 강영신 (2003). 성격심리학. 서울: 학지사.

뉴스위크 한국판 (1999). 귀여운 우리 아기. 서울: 중앙일보.

문수백 · 변창진 (1997). K-ABC 실시채점요강. 서울: 학지사.

문혁준 · 김진이 · 양성은 · 이은주 · 천희영 · 황옥경 (2010). 가족복지. 서울: 창지사.

민경환 (2002). 성격심리학. 서울: 법문사.

박문희 (2002). 이혼과 재혼에 대한 목회상담적 고찰. 이화여자대학교 신학대학원.

박미경 (2007). 교사를 통해 본 다문화 가정 유아의 특성 및 교사의 어려움: 결혼이민자 가정을 중심으로. 이화여자대학교 대학원 석사학위논문.

배영기 · 손남숙 (1997). 결혼문화와 예절. 서울: 학문사.

변화순 · 송다영 · 김영란 (2000). 가족유형에 따른 생활실태와 복지요구에 관한 연구. 한국 여성개발원 연구보고서.

변화순 (1997). 이혼가족을 위한 대책 연구. 한국여성개발원.

보건복지가족부 (2009). 2009년 전국 결혼 및 출산동향조사. http://www.mw.go.kr.

보건복지부 (2002). 2001년도 전국 아동학대 현황보고서.

보건복지부 (2010). 2009년도 전국 아동학대 현황보고서.

서봉연 · 유안진(1982). 인간발달. 서울 : 서울대학교 출판부.

서영숙 · 황은숙 (2004). 한부모가정과 이혼 이해교육프로그램 개발. 한국유아교육 · 보육행정학회, 8(1).

서현 · 이승은 (2007). 농촌지역의 국제결혼 가정 자녀가 경험하는 어려움에 관한 연구. 열린유아교육연구, 12(4), 25-47.

성정현 (2011). 사이버공간내 이혼경험을 통해 본 이혼문제의 현황과 과제: 한부모가족을 위한 실천적 과제를 중심으로. 열린부모교육학회 제6차 정기학술대회 발표집. 37-62.

성정현 · 여지영 · 우국희 · 최승희 (2009). 가족복지론(개정판). 서울: 양서원.

세계일보 (2003, 12월 22일). 머리 좋은 한국인.

손정락 역 (2002). 성격심리학. 서울: 시그마프레스.

송명자 (1995). 발달심리학. 서울: 학지사.

송명자 (2010). 발달심리학. 서울: 학지사.

송진숙 (2005). 유아의 문제행동에 영향을 미치는 유아의 기질, 사회적 능력, 정서지능 및 부모의 양육태도. 한국영유아보육학, 35, 143-161.

안라리 (2005). 유아의 개인변인 및 어머니의 정서성과 유아의 정서 발달, 사회적 능력의 관계. 이화여자대학교 대학원 박사학위논문.

양미경 (1998). 아버지의 자녀양육생산성과 3세 유아-아버지 간 애착안정성과의 관계. 상명대학교 박사학위논문.

양연숙 (2002). 타인양육 영아-어머니 애착에 대한 생태학적 연구. 대한가정학회지, 40(7).

양진희 (2009). 유치원의 아버지 참여 프로그램이 아버지의 자녀양육 참여도와 역할수행 및 어머니의 양육스트레스에 미치는 영향. 아동학회지, 30(6), 1-26.

여성가족부(2010). 2010년 제2차 가족실태조사. 연구보고 2010-15. http://www.mogot.go.kr.

여성가족부(2011). 판결 후에도 절반만 자녀 양육비 받고 있어. 2011. 2. 11. 보도자료.

연합뉴스 (2010). 우리나라 이혼율. 연합뉴스.

오성배 (2005). 코시안(Kosian) 아동의 성장과 환경에 관한 사례연구. 한국교육, 32(3), 61-83.

유 경 (2000). 아동의 혼합 정서 이해의 발달적 특성. 서울대학교 대학원 석사학위논문.

유연옥 (2003). 그림 창의성 검사(TCT-DP)에 의한 아동의 창의성 발달. 한국심리학회지: 발달. 16(2), 53-70.

유영주 · 김순옥 · 김경신 (2000). 가족관계학. 서울: 교문사.

이기숙 · 김득성 · 공미혜 · 김은경 · 전영주 · 손태홍 · 오경희 (2009). 결혼의 기술(2판). 서울: 신정.

이기숙 외 (1996). 유아교육과정. 서울: 교문사.

이옥경 · 이순형(1996). 과제의 부담과 종류에 따른 아동의 친사회적 도덕추론과 친사회적 행동. 아동학회지, 17(1), 275-288.

이완정 · 현온강 (1999). 영아 걸음마기 자녀 양육 신념의 세대간 비교 연구. 대한가정학회지, 37(4), 97-110.

이윤경 · 김선영 · 김성희 · 김지은 · 나종혜 · 문혁준 · 신인숙 · 안선희 · 천희영 · 최은미 · 황혜신 · 황혜정 (2003). 유아교육개론. 서울: 창지사.

이중섭 · 이용교 (2011). 부모의 학력이 청소년 자녀의 학업성취에 미치는 영향- 빈곤, 비행, 부모자녀관계, 자아존중감의 매개효과를 중심으로-. 한국가족복지학, 16(1), 65-88.

임정미 · 이명조 (2000). 한국 및 일본 유치원 학부모의 자녀 양육: 한국의 Y 유치원. 일본의 K 유치원을 중심으로. 미래유아교육학회지, 7(1), 137-159.

장유경 · 최윤영 (2008). 유아를 위한 수행형 다중지능검사의 표준화 예비연구. 아동학회지, 29(6), 163-176.

전경원 (1999). 유아 종합 창의성 검사. 서울: 학지사.

전경원 (2001). 유아 도형 창의성 검사. 서울: 학지사.

전예화 · 최미현 · 천희영 · 서현아 · 황해익 · 오경녀 (2010). 유아사회교육의 이해. 서울: 양서원.

정옥분 (2002). 아동발달의 이해. 서울: 학지사.

정옥분 (2003). 아동발달의 이론. 서울: 학지사.

정옥분 (2004). 발달심리학. 서울: 학지사.

정옥분 · Rubin, K. H., 박성연 · 윤종희 · 도현심 (2003). 영아기 기질 및 부모의 양육 행동에 따른 2～4세 아동의 행동억제에 따른 단기종단연구: 8개국 비교문화연구를 위한 기초연구. 한국가정관리학회지, 21(3), 29-38.

정정옥 · 이경희 · 임은숙 (2003). 아동발달의 이해. 서울: 문음사

정현숙 (1993). 부모의 이혼에 따른 자녀들의 적응. 아동학회지, 14(1), 59-75.

정현숙 (2000). 재혼가족에 대한 샐태 및 재혼 생활의 질에 대한 연구. 대한가정학회지 38(4).

정현숙 · 유계숙 · 최연실 (2003). 결혼학. 서울: 신정.

정현숙 · 유계숙 (2001). 가족관계. 서울: 신정.

조복희 (편) (1995). 아동발달의 이해. 서울: 교육과학사.

조복희 (2000). 아동발달. 서울: 교육과학사.

조성연 · 이정희 · 천희영 · 심미경 · 황혜정 · 나종혜 (2010). 아동발달. 서울: 신정.

조정문(1997). 정보사회에서의 가족 및 세대 공동체. 사회조사연구, 12(1), 46-71.

조채영 (1997). 소파 방정환의 유아교육 사상과 실천 연구. 부산대학교 대학원 석사학위논문.

중앙일보 (2001, 5월 9일). 책 읽는 아이 컴도사보다 창의적.

최규련(2007). 가족관계론. 경기: 공동체.

최미경 (2011). 어머니의 양육행동 및 아동의 자아존중감과 스트레스간의 관계. 아동학회지, 32(2), 105-121.

최미숙 · 황윤세 (2004). 유아발달에 관한 학술지 논문의 연구 경향 탐색. 유아교육연구, 24(5), 187-205.

최순영(2003). 인간의 사회 · 성격 발달 심리. 서울: 학지사.

최은영 · 이지현 (20100). 연령 및 가정의 사회경제적 지위에 따른 유아의 초기 문해 기술. 유아교육연구, 31(1), 61-85.

통계청 사회통계국 사회통계기획과(2011). 결혼생활에 대한 태도. http://kostat.go.kr.

통계청(2010). 2009년 이혼통계결과. 2010. 4. 22. 보도자료. http://kostat.go.kr.

통계청(2011a). 2010년 사회보고서. http://kostat.go.kr.

통계청(2011b). 전국(시도별) 평균초혼연령. http://kostat.go.kr.

통계청(2011c). 시군구별 혼인형태. http://kosis.kr.

한경혜 · 이정화 · 전미정(2009). 한국 가족의 변화와 아동 삶의 질. 아동학회지, 30(6), 1-14.

한국청소년 상담원(1996). 자녀의 힘을 북돋우는 부모. 서울: 청소년 대화의 광장.

한미라 · 전예화 · 신혜영 · 서현아 · 천희영 · 최미현 · 안부금 (2002). 현대 유아교육의 이해. 서울: 양서원.

한영민 (2005). 부모의 정서표현 및 유아에 대한 정서표현 수용태도와 유아의 자기조절능력과의 관계. 이화여자대학교 대학원 석사학위논문.

현은민 (2003). 재혼가족 아동의 가족적 · 사회적 측면에서 경험하는 문제와 대책 고찰. 한국가족관계학회지, 8(2), 101-126.

황은숙 (2011) 한부모가정 발생 전후의 생활실태와 지원확대 방안. 열린부모교육학회 제6차 학술대회 자료집. 3-33.

황혜정 · 김경회 · 이혜경 · 어주경 · 나유미 (2003). 아동과 환경. 서울: 학지사.

www.mogef.go.kr.

Ainsworth, M. D. S. (1973). The developmeny of infant-mother attachment. In B. M. Caldwell & H. N. Ricciuti (Eds.), *Review of child development research* (Vol/3). Chicago: University of Chicago Press.

Aligne, C.A., & Stoddard, J.J.(1997). Tobacco and children: An economic evaluation of the medical effects of parental smoking. *Archives of Pediatric and Adolescent Medicine, 151*, 648-653.

Allen, L., Cipielewski, J., & Stanovich, K. E. (1992). Multiple indicators of children's reading habits and attitudes: Construct validity and cognitive correlates. *Journal of Educational Psychology, 84*, 489-503.

Amato, P. R. (1987). *Children in Australian Families: The growth of competence.* NY: Prentice Hall.

Ambert, A. (1992). *The effect of children on parents.* New York: Haworth.

Anglin, J. M. (1993). Vocabulary development: A morphological analysis. Monographs of the Society for Research in Child Development, 58(Serial No. 238).

Asendorpf, J. B., Wardentin, V., & baudonniere, P. (1996). Self-awareness and other-awareness II: Mirror self-recognition, social contingency awareness, and synchronic imitation. *Developmental Psychology, 32*, 313-321.

Aslin, R. N., Saffran, J. R., & Newport, W. L. (1998). Computation of conditional probability statistics by 8-month-old infants. *Psychology Science, 9*, 321-324.

Atkinson, R.C., & Shiffrin, R.M. (1968). Human memory: A proposed system and its control processes. In Spence, K.W., & Spence, J.T.. *The psychology of learning and motivation* (Vol. 2, pp. 89-195). New York: Academic Press.

Au, T. K., & Glusman, M. (1990). The principle of mutual exclusivity in word learning: To honor or not to honor? *Child Development, 61*, 1474-1490.

Axia, G., Conichini, S., & Benini, F. (1999). Attention and reaction to distress in infancy: A longitudinal study. *Developmental Psychology, 35*, 500-405.

Baker, C. (1993). Foundations of bilingual education and bilingualism. Clevedon. England: Multilingual Matters.

Bandura, A. (1973). *Aggression: A social learning analysis. Englewood Cliffs.* NJ: Prentice Hall.

Bandura, A. (1977). *Social learning theory. Englewood Cliffs.* NJ: Prentice Hall.

Bandura, A. (1989). Social cognitive theory. In R. Vasta (Ed.), *Annals of child Development, vol.6* (pp.1-60). Greenwich, CT: JAI Press.

Bandura, A., Grusec, J. E., & Menlove, F. L. (1967). Some determinants of self-monitoring reinforcement systems. *Journal of Personality and Social Psychology, 5*, 449-455.

Bandura, A., Ross, D., & Ross, S. A. (1963). Imitation of film-mediated aggressive models. *Journal of Abnormal and Social Psychology, 67*(1), 3-11.

Bank, L., Forgatch, M., Patterson, G., & Fetrow, R. (1993). Parenting practices of single mothers: Mediators of negative contextual factors. *Journal of Marriage and the Family, 55*(2), 371-384.

Barabas, G., & Taft, L. T. (1986). The early signs and differential diagnosis of cerebral palsy. *Pediatric Animals, 15*(3), 203-214.

Baron, R. A., & Byrne, D. E. (1994). *Social psychology: Understanding human interaction* (7th ed.). Boston, MA: Allyn & Bacon.

Bates, E., O' Connell, B., & Shore, C. (1987). Language and communication in infancy. In J. D. Osofsky (Ed.), *Handbook of infant development* (2d ed.). New York: Wiley.

Baumrind, D. (1977). Socialization determinants of personal agency. Paper presented at the biennial meeting of the Society for Research in Child Development, New Orleans.

Baumrind, D. (1991). Effective parenting during the early adolescent transition. In P. A. Cowan & M. Hetherington (Eds.), *Family transitions. Hillsdale.* NJ: Erlbaum.

Belsky, J. (1981). Early humman experience: A family perspective. *Developmental Psychology, 17*, 3-23.

Belsky, J., Lerner, R. M., & Spanier, G. B. (1984). *The child in the family.* NY: Random House.

Bem, S. L. (1974). The measurement of psychological androgyny. *Journal of Consulting and Clinical Psychology, 42*, 155-162.

Bem, S. L. (1989). Genital knowledge and gender constancy in preschool children. *Child Development, 60*, 649-662.

Benokraitis, N. V. (2011). *Marriages and families*(7th ed.). NJ: Prentice Hall.

Berger, K. S.(2007). *The developing person through childhood and adolescence*(7th ed.). NY: Worth Publishers.

Berk, L. (1994). *Child Development* (3rd Edition). Boston: Allyn & Bacon.

Berk, L. E. (1994). *Child development* (3rd ed.). Boston, MA: Allyn and Bacon.

Berk, L. E. (1997). *Child development* (4th ed.). Boston, MA: Allyn & Bacon.

Berk, L. E. (2000). *Child development* (5th ed.). Needham Heights, MA: Allyn and Bacon.

Berk, L. E. (2002). *Child development.* Boston, MA: Allyn and Bacon.

Berk, L. E. (2003). *Child development.* (6th ed.). Boston, MA: Ally & Bacon.

Berk, L. E. (2006). *Child development* (7th ed.). Boston, MA: Allyn & Bacon.

Berk, L. E. (2007). *Development through the lifespan* (4th ed.). Boston, MA:Allyn & Bacon.

Berndt. T. J., & Bulleit, T. N. (1985). Effects of sibling relationships on preschoolers behavior at home and at school. *Developmental Psychology, 21*, 761-767.

Berns, R. M. (1994). *Topical child development.* Albany, NY: Delmar Publishers.

Best, C. T. (1995). Learning to perceive the sound pattern of English. In C. Rovee-Collier (Ed.), *Advances in infancy research.* Norwood, NJ: Ablex.

Best, D. L., Williams, J. E., Cloud, J. M., Davis, S. W., Robertson, L. S., Edward, J. R., Giles, H., & Fowlkes, J. (1977). Development of sex-trait stereotypes among young children in the United States, England, and Ireland. *Child Development, 48*, 1375-1384.

Bialystok, E. (1997). Effects of bilingualism and biliteracy on children' s emerging concepts of print. *Developmental Psychology, 33*, 429-440.

Bialystok, E., Shenfield, T., & Codd, J. (2000). Languages, scripts and the environment: Factors in developing concepts of print. *Developmental Psychology, 36*, 66-76.

Biller, H. B. (1993). Fathers and families: Paternal factors in child development. Westport Conne: Auburn House.

Biringen, Z. (1990). Direct observation of maternal sensitivity and dyadic interactions in the home: Relations to maternal thinking. *Developmental Psychology, 26*, 278-284.

Bjorklund, D. F. (1995). An interim evaluation of fuzzy-trace theory: Cautiousness, confirmation, and consciousness. *Learning and Individual Differences, 7*, 105-115.

Bjorklund, D. F., Miller, P. H., Coyle, T. R., & Slawinski, J. L. (1997). Instructing children to use memory strategies: Evidence of utilization deficiencies in memory training studies. *Developmental Review, 17*, 411-442.

Bloom., L., & Tinker, E. (2001). The intentionality model and language acquisition. Monographs of the Society for Research in Child Development, 66 (Serial No. 267).

Bodrova, E, & Leong, D. J., (1996). *Tools the mind: The Vygotskian approach to Early Childhood Education.* Englewood Cliffs, NJ: Merrill/ Prentice Hall.

Bodrova, E., & Leong, D. J. (1999). Scaffolding emergent writing in the zone of proximal development. *Language, Literacy & Learing, 3* (2), 1-18.

Bohannan, P. (1970). *Divorce and after: An analysis of the emotional and social problems of divorce.* Garden City, NY: Anchor.

Booth, A., & Edwards, J. N. (1992). Starting Over. *Journal of Family Issues, 13*(2), 179-194.

Borich, G. D., & Tombari, M. L. (1997). *Educational psychology* (2nd ed.). NY: Longman.

Bornstein, M. H., & Lamb, M. E. (1992). *Development in infancy: An introduction.* New York: McGraw-Hill.

Boysson-Bardies, B., Sagart, L., & Durand, C. (1984). Discernible differences in the babbling of infants according to target language. *Journal of Child Language, 11*, 1-15.

Bradley, R. H., Caldwell, B. M., & Rock, S. L. (1988). Home environment and school performance: A ten-year follow-up and examination of three models of environmental action. *Child Development, 59*, 852-867.

Brenner, E., & Salovey, P. (1997) Emotion regulation during childhood: Developmental, interpersonal, and individual considerations. In P. *Salovey & D. Sluyter (Eds.) Emotional literacy and emotional development* (pp. 168-192). New York: Basic Books.

Bretherton, I. (1985) Attachment theory. Retrospect and prospect. In I. Bertherton & E. Waters (Eds), Growing point of attachment theory and research. *Monographs of the Society for research in Child Development, 50*, Nos. 1-2, Serial No. 209.

Briere, J., & Runtz, M. (1990). Differential adult symptomatology associated with tree type of child abuse histories. *Child Abuse and Neglect, 14*, 357-364.

Brody, G. H., & Shaffer, D. R. (1982). Contributions of parents and peers to children' s moral socialization. *Developmental Review, 2*, 31-75.

Brody, N. (1997). Intelligence, schooling, and society. *American Psychologist, 52*, 1046-1050.

Bronfenbrenner, U. (1995). The bioecological model from a life course perspective: Reflection of a participant observer. In P. Moen, G. H. Elder, Jr., & K. Luscher(Eds.), *Examining lives in context*(pp. 599-618). Washington, D. C.: American Psycholgical Assiuiation.

Brook-Gunn, J., Klebanov, P. K., & Duncan, G. J. (2006). Ethnic differences in children' s intelligence test score. *Child Development, 67*, 396-408.

Browne, A., & Finkelhor, D.(1986). Impact of child sexual abuse: A review of the research. *Psychological Bulletin, 99*(1), 66-77.

Bruner, J. (1983). *Child' s Talk: Learning to Use Language*. New York: Norton.

Bukatko, D. & Daehler, M.(1995). Child Development: A Thematic Approach. Boston: Houghton Mifflin.

Bukato, D., & Daehler, M. W. (1998). *Child development: A thematic approach* (3rd ed.). Boston, MA: Houghton Mifflin Company.

Bullock, M. (1985). Causal reasoning and developmental change over the preschool years. *Human Development, 28*(4), 169-191.

Buss, A. H., & Plomin, R.(1984). *Temperament: Early developing personality traits*. Hillsdale, NJ: Erlbaum.

Cairns, R. B. (1998). The making of developmental psychology. In R. M. Lerner (Ed.),

Handbook of child psychology: Vol. 1. Theoretical models of human development (5th ed., pp.25-105). New York: Wiley.

Caplan, M., Vespo, J., & Hay, D. F. (1991). Conflict and its resolution in small groups of one- and two-year-olds. *Child Development, 62*, 1513-1524.

Carey, S. (1978). The child as a word learner. In M. Halle, J. Bresnan, & G. Miller (Eds.), *Linguistic theory and psychological reality*. Cambridge, MA: MIT Press.

Case, R. (1985). *Intellectual development. Birth to adulthood*. New York: Academic Press.

Case, R. (1998). *The mind's staircase: Exploring the conceptual underpinnings of children's thought and knowledge*. Hillsdale, NJ: Erlbaum.

Caspi, A., & Silva. P. A., (1995). Temperamental qualities at age three predict personality traits in young adulthood: Longitudinal evidence from a birth cohort. *Developmental Psychology, 66*, 486-498.

Cassidy, J., Parke, R. D., Butkovsky, L., & Braungart, J. M. (1992) Family-peer connections: The roles of emotional expressiveness within the family and children's understanding of emotions. *Child Development, 63*, 603-618.

Cernoch, J. M., & Porter, R. H. (1985). Recognition of maternal axillary odors by infants. *Child Development, 56*, 1593-1598.

Chess, S., & Thomas, A. (1984). *Origins and evolution of behavior disorders*. New York: Brunner/Mazel.

Clifton, R., Perris, E., & Bullinger, A. (1991). Infants' perception of auditory space. *Developmental Psychology, 27*, 187-197.

Conger, R. D., Conger, K. J., EIder, G. J., Jr., Lorenz, F. O., Simons, R. L., & Whitbeck, L. B. (1992). A family process model of economic hardship and adjustment of early adolescent boys. *Child Development. 63*, 527-541.

Conger, R. D., Ge, X., EIder, G. H., Jr., Lorenz, F. O., & Simons, R. L. (1994). Economic stress, coercive family processes, and developmental problems of adolescents. *Child Development, 65*, 541-561.

Conger, R. D., Patterson, G. R., & Ge, X. (1995). It takes two to replicate: A mediational model for the impact of parents' stress on adolescent adjustment. *Child Development, 66*, 80-97.

Cooley, C. H. (1902). *Human nature and the social order*. New York: Charles Scribner's Sons.

Cooper, R. P., & Aslin, R. N. (1990). Preference for infant-directed speech in the first month after birth. *Child Development, 61*, 1584-1595.

Coopersmith, S. (1967). *The antecedents of self-esteem.* New York: W. H. Freeman.

Cox, M. J., Owen, M. T., Henderson, V. K., & Margand, N. A. (1992). Prediction of infant-father and infant-mother attachment. *Developmental Psychology, 28*, 474-483.

Cozby, P. C. (2009). Methods in Behavioral Research. McGraw Hill.

Crain-Thoreson, C., & Dale, P. S. (1992). Do early talkers become early readers? Linguistic precocity, preschool language, and emergent literacy. *Developmental Psychology, 28*(3), 421-429.

Crick, N. R., & Dodge, K. A. (1994). A review and reformulation of social information processing mechanisms in children' s social adjustment. *Psychological Bulletin, 115*, 74-101.

Crowell. J. A., & Feldman, S. S. (1991). Mothers' working models of attachment relationships and mother and child behavior during separation and reunion. *Developmental Psychology, 27*, 597-605.

Cummings, E. M., & Davies, P. T. (1994). *Children and marital conflict: The impact of family dispute and resolution.* New York: Guilford Press.

Damon, W. (1977). *The social world of the child.* San Francisco: Jossey-Bass.

Damon, W. (1988). *The moral child.* New York: Free Press.

Davis, P, T., & Cummings, E. M. (1994). Marital conflict and child adjustment: An emotional insecurity hypothesis. *Psychological Bulletin, 116*, 387-411.

Davis, P. T., & Cummings, E. M. (1994). Marital conflict and child adjustment: An emotional insecurity hypothesis. *Psychological Bulletin, 116*, 387-411.

DeCasper, A. J., & Spence, M. J. (1986). Prenatal maternal speech influences newborns' perception of speech sounds. *Infant Behavior and Development, 9*, 133-150.

DeCasper, A. J., Lecanuet, J. P., Busnel, M. C., Granier-Deferre, C., & Maugeais, R. (1994). Fetal reactions to recurrent maternal speech. *Infant Behavior and Development, 17*, 159-164.

Denham, S. A., Zoller, D., & Couchoud, E. A. (1994). Socialization of preschoolers' emotion understanding. *Developmental Psychology, 30*, 928-936.

Dodge, K. A. (1986). A social information processing model of social competence in children. In M. Perlmutter (Ed.), *Minnesota symposia on child psychology* (Vol.18). Hillsdale, NJ: Erlbaum.

Donaldson, M. (1978). Children' s Minds. London: Fontana/Croom Helm.

Driscoll, A., & Nagel, N. G. (2002). *Early childhood education, families and educators* (2nd ed.). Boston, MA: Allyn & Bacon.

Dunham, P. J., Dunham, F., & Curwin, A. (1993). Joint-attentional statess and lexical acquisition at 18 months. *Developmental Psychology, 29*, 827-831.

Egeland, B., & Hiester, M. (1995). The long-term consequences of infant day-care and mother-infant attachment. *Developmental Psychology, 66*, 474-485.

Eimas, P., Siqueland, E., Jusczyk, P., & Vigorito, J. (1971). Speech perception in infants. *Science, 171*, 303-306.

Eisenberg, N., & Fabes, R. A. (1998). Prosocial development. In W. Damon (Series Ed.), & N. Eisenberg (Vol. Ed.), *Handbook of child psychology: Vol. 3. Social, emotional, and personality development* (5th ed., pp. 701-778). New York: Wiley.

Erel, O., & Burman, B. (1995). Interrelatedness of marital relations and parent-child relations: A meta- analytic review. *Psychological Bulletin, 118*, 108-132.

Eshleman, J. R., & Bulcroft, R. A. (2010). *The family*. Boston, MA: Allyn & Bacon.

Espy, K. A., Molfese, V. J., & DiLalla, L. F. (2001). Effects of environmental measures on intelligence in young children: Growth curve modeling of longitudinal data. *Merrill-Palmer Quarterly, 47*, 42-73.

Etaugh, C., & Rathus, S. A. (1995). *The world of children*. San Diego, CA: Harcourt Brace College Publishers.

Etzel, R. (1988). *children of smoker*. paper presented at the meeting of the American Academy of Pediatrics. New orleans.

Fabes, R. A., Eisenberg, N., Nyman, M., & Michealieu, Q. (1991). Young children' s appraisals of others' spontaneous emotional reactions. *Developmental Psychology, 27*, 858-866.

Fagot, B. I. (1985). Beyond the reinforcement principle: Another step toward under standing sex-role development. *Developmental Psychology, 21*, 1097-1104.

Fagot, B. I., & Leinbach, M. D. (1989). The young child' s gender schema: Environmental input, internal organization. *Child Development, 60*, 663-672.

Fagot, B. I., Leinbach, M. D., & O' Boyle, C. (1992). Gender labeling, gender stereo typing, and parenting behaviors. *Developmental Psychology, 28*, 225-230.

Fantz, R. L. (1961). The origin of form perception. *Scientific American, 204*, 66-72.

Fantz, R. L. (1963). Pattern vision in newborn infants. *Science, 140*, 296-297.

Feinman, S. (1992). *Social referencing and the social construction of reality in infancy*. New York: Plenum.

Fergusson, D.M., Lynskey, M.T.,& Horwood, L.J.(1993). Conduct Problems and Attention

Deficit in Middle Childhood and Cannabis Use by age 15. *Australian and New Zealand Journal of Psychiatry, 27.*

Field, T., Woodson, R., Greenberg, R., & Cohen, D. (1982). Discrimination and imitation of facial expressions by neonates. *Science, 218*, 179-181.

Flavell, J. H. (1978). The development of knowledge about visual perception. In C. B. Keasey (Ed.), *The Nebraska symposium on motivation: Social cognitive development* (Vol. 25, pp. 43?76). Lincoln: University of Nebraska Press.

Freud, S. (1933). *New introductory lectures in psychoanalysis.* New York: Norton.

Fried, P. A. & Watkinson, B. (1990). 36- and 48-month neurobehavioral follow-up of children prenatally exposed to marijuana, cigarettes, and alcohol. *Journal of Developmental Behavior Pediatrics, 11*, 49-58.

Gallup, G. G., Jr. (1979). Self-recognition in chimpanzees and man: A developmental and comparative perspective. In M. Lewis & L. A. Rosenvlum (Eds.), *Genesis of behavior* (vol. 2). *The child and its family.* New York: Pelenum.

Gardner, H. (2007). **다중지능**. 문용린, 유경재(옮김). 서울: 웅진 지식 하우스.

Gardner, L. I. (1972). Deprivation dwarfism. *Scientific American, 227*, 76-82.

Gelman, R., and Shatx. M. (1977) Appropriate speech adjustments: the operation of conversational co,qstraints in talk to two year-olds. In M. Lewis and L. Rnsenbium (Eds.), Interaction, Conversarion and the Development of Language. New York, Wiley.

Gibson, E. J., & Walk, R. D. (1960). The "visual cliff." *Scientific American, 202*, 64-71.

Gleitman, L. R., Newport, E. L., & Gleitman, H. (1984). The current status of the motherese hypothesis. *Journal of Child Language, 11*, 43-79.

Golinkoff, R. M. (1993). When is communication a "meeting of minds"? *Journal of Child Language, 20*, 199-207.

Grossmann, K. E., & Grossmann, K.(1984). The development of conversational style in the first year of life and its relationship to sensitivity an attachment quality between mother and child. Paper presented at the congress of the German Society for Psychology, Vienna, September 1984.

Hamlyn. (1970). Life, Love and Family Health: The Encyclopedia of Man, Woman and Child. London: Hamlyn.

Hardesty, C., Wenk, D., Morgan, C. S. (1995). Paternal involvement and the development of gender expectations in sons and daughters. *Youth and Society, 25*(3), 283-297.

Hardy-Brown, K., & Plomin, R. (1985). Infant communicative development: Evidence from adoptive and biological families for genetic and environmental influences on rate differences. *Developmental Psychology, 21*(2), 378-385.

Harlow, H. F., & Zimmerman, R. (1959). Affectional responses in the infant monkey. *Science, 130*, 421-432.

Harold, G. T., Fincham, F, D., Osborne, L. M., & Conger, R. D. (1997). Mom and dad are at it again: Adolescent perceptions of marital conflict and adolescent psychological distress. *Developmental Psychology, 33*, 333-350.

Harrison, A. O., Wilson, M. N., Pine, D. J., Chan, S. Q., & Buriel, R. (1994). Family ecologies of ethnic minority children. In G. *Handel & G. G. Whitchurch (Eds.), The psychosocial interior of the family* (pp. 187-210). New York: Aldine De Gruyter.

Harter, S. (1982). The perceived competence scale for children. *Developmental Psychology, 53*, 87-97.

Harter, S. (1990). Issues in the assessment of the self-concept of children and adolescents. *In A. LaGreca* (Ed.), *Through the eyes of a child* (pp. 292-325). Boston: Allyn and Bacon.

Harter, S. N., & Brassard, M. R. (1987). A major threat to children' s mental health. Psychological maltreatment. *American Psychologist, 42*, 160-165.

Hartshorne, H., & May, M. S. (1930). *Studies in the nature of character.* Vol. 1: *Studies in deceit.* Vol. 2: *Studies in self control.* Vol. 3: Studies in the organization of character. New York: Macmillan.

Harwood, R. L., Schoelmerich, A., Ventura-cook, E., schulze, P. Q., & Wilson, S. P. (1996). Culture and class influences on Anglo and Puerto Rican mothers' beliefs regarding long-term socialization goals and child behavior. *Child Development, 67*, 2446-2461.

Hasketty, M. E., & Kistner, J. A. (1991). Sosial interactions and peer perceptions of young physically abused children. *Child Development. 62*, 979-990.

Hay, D. F. (1994). Prosocial development. *Journal of child Psychology and Psychiatry, 35*, 29-72.

Hayes, D. P. (1988). speaking and wirting: Distinct Patterns of word choice. *Journal of Memory and Language, 27*, 572-585.

Heath, S. B. (1983). Ways with words: Language, life and work in communities and classrooms. Cambridge University Press.

Hefner, R., Rebecca, M., & Oleshansky, B. (1975). Development of sex-role transcendence. *Human Development, 18*, 143-158.

Herrera, C., & Dunn, J. (1997). Early experiences with family conflict: Implications for arguments with a close friend. *Developmental Psychology, 33*, 869-881.

Hetherington, E. M., & Frankie, G. (1967). Effects of parental dominance, warmth, and conflict on imitation on children. *Journal of personality and social psychology, 6*, 119-125.

Hetherington, E. M., Anderson, E. R., & Hagan, M. S.(1991). Divorce: Effects of on adolescents. In R. M. Lerner., A. C Petersen & J. Brooks-Gunn (Eds.), *Encyclopedia of adolescence*(Vol. 1). New York: Gerland.

Hetherington, E. M., Cox, M., & Cox. R. (1979). *Child psychology: A contemporary viewpoint* (4th ed.). New York: MeGraw-Hill.

Hoff-Ginsberg, E. (1985). Relations between discourse properties of mothers' speech and their children' s syntactic growth. *Journal of Child Language, 12*, 367-385.

Hoff-Ginsberg, E., & Shatz, M. (1982). Linguistic input and the child' s acquisition of language. *Psychological Bulletin, 92*(1), 3-26.

Hoffman, M. (1971). Identification and conscience development. *Child Development, 42*, 1071- 1082.

Hoffman, M. L. (1980). Moral development in adolescence, In J. Adelson (Ed), *Handbook of adolescent psychology*. New York: Wiley.

Hoffman, M. L. (1988). Moral development. In M. H. Bornstein & M. E. Lamb (Eds.), *Developmental psychology: An advanced textbook* (2nd ed.). Hillsdale, New Jersey: Erlbaum.

Hoffner, C., & Badzinski, D. M. (1989). Children' s integration of facial and sityational cues to emotion. *Child Development, 60*, 411-422.

Hower, J. T., & Edwards, K. J. (1979). The relationship between moral character and adolescent' s perception of parental behavior. *Journal of Genetic Psychology, 135*(1), 23-32.

Huttenlocher, J., Haight, W., Bryk, A., Seltzer, M., & Lyons, T. (1991). Early vocabulary growth: Relation to language input and gender. *Developmental Psychology, 27*(2), 236-248.

Huttenlocher, K., Haight, W., Bryk, A., Seltzer, M., & Lyons, T. (1991). Early vocabulary growth: Relation to language input and gender. *Developmental Psychology, 27*, 236-248.

Izafd, C. E. (1991). *The psychology of emotions.* New York: Plenum.

Jensen, A. R. (1969). How much can we boost I.Q. and scholastic achievement? *Harvard Educational Review, 33*, 1-123.

Jusczyk, P. W. (1995). Language acquisition : Speech sounds and phonological development. In J. L. Miller & P. D. Eimas (Eds.), *Handbook of perception and cognition: Vol. 11. Speech, language, and communication.* Orlando, FL: Academic Press.

Kagan, J. (1989). *Unstable ideas: Temperament, cognition, and self.* Cambridge, MA: Cambridge Uniwersith press.

Kaplan, P. S., Goldstein, M. H., Huckeby, E. R., & Cooper, R. P. (1995). Habituation, sensitization, and infants' responses to motherese speech. *Developmental Psychobiology, 28*, 45-57.

Kaufman, J. C., Kaufman, A. S., Kaufman-Singer, J., & Kaufman, N. L. (2005). The Kaufman Assessment Battery for Children-Second Edition and the Kaufman Adolescent and Adult Intelligence Test. In D. P. Flanagan & P. L. Harrison (Eds.), Contemporary intellectual assessment: Theories, test, and issues. New York: Guilford Press.

Keeney, T. J.,Cannizzo, S. R., & Flavell, J. H. (1967). Spontaneous and induced verbal rehearsal in a recall task. *Child Development, 38*, 953-966.

Keller, H., & Scholmerich, A (1987). Infant vocalizations and parental reactions during the first four months of life. *Developmental Psychology, 23*. 62-67.

Kellogg, R. (1970). Understanding children' s art. In P. Cramer (Ed.), *Readings in developmental psychology today.* Delmar, CA:CRM.

Kerckhoff, A. C., & Davis, K. E. (1962) Value consensus and need complementarity in mate selection. *American Sociological Review, 27*, 295-303.

Kerlinger, F. N. (1986) *Foundations of Behavioral Research.* New York: Holt, Rinehart & Winston.

Kiecolt-Glaser, J. K., Fisher, L. D., Ogrocki, P., Stout, J. C., Speicher, C. E., & Glaser, R. (1987). Marital Quality, Marital Disruption, and Immune Function, *Psychosomatic Medicine, 49*(1), 13-34.

Kliewer, W., Fearnow, M. D., & miller, P. A., (1996). Coping socialization in middle childhood: Tests of maternal and paternal influences. *Developmental Psychology, 67*, 2339-2357.

Knox, D. & Schacht, D. (1999). *Marriage and the family.* Belmont, CA: Wadsworth

Publishing Company.

Kopp, C. B (1987). The growth of self-regulation: Caregivers and children. In N. Eisenberg (Ed.), *Contemporary topics in developmental psychology*. New York: Wiley.

Kuhl, P.K., Andruski, J.E., Chistovich, I. A., Chistovich, L. A. Kozhevnikova, E. V., Ryskina, V. L. (1997). Cross-language analysis of phonetic units in language addressed to infants. *Science, 277*, 684-686.

Kuhn, D., Nash, S. C., & Brucken, L. (1978). Sex role concepts of two and three-year-olds. *Child Development, 49*, 445-451.

Kunzinger, E. L. (1985). A short-term longitudinal study of memorial development during early grade school. *Developmental Psychology, 21*, 642?646.

Laible, D. J., & Thompson, R. A. (2000). Mother-child discourse, attachment security, shared positive affect, and early conscience development. *Developmental Psychology, 71*, 1424-1440.

Lamb, M. (1995). The changing roles of fathers, In J. L. Shapiro, M. J. Diamond, & M. Greenberg (Eds.), *Becoming a father: Contemporary, social, developmental, and clinical perspectives* (pp. 18-35). New York: Springer Publishing Company.

Langlois, J. H., Ritter, J. M., Roggman, L. A., & Vaughn, L. S. (1991). Facial diversity and infant preferences for attractive faces. *Development Psychology, 27*, 79-84.

Langlois, J. H., Roggman, L. A., & Rieser-Danner, L. A. (1990). Infants' differential social responses to attractive and unattractive faces. *Development Psychology, 26*, 153-159.

Lanza, E. (1992). Can bilingual two-year-olds code-switch? *Journal of Child Language, 19*, 633-658.

Lee, C. L., & Bates, J. E. (1985). Mother-child interaction at age two years and perceived difficult temperament. *Developmental Psychology, 56*, 1314-1325.

Lee, H. S. (1987). A study of maternal developmental expectations in Korea and the United States. Unpublished doctoral dissertation. State University of New York, Buffalo.

Leinbach, M. D., & Fagot, B. I. (1986). Acquisition of gender labeling: A test for toddlers. *Sex Roles, 15*, 655-666.

Lester, B. M., Kotelchuck, M., Spelke, E., Sellers, M. J., & Klein, R. E. (1974). Separation protest in Guatemalan infants: Cross-cultural and cognitive findings. *Developmental Psychology, 10*, 79-85.

Lewis, M., & Broods-Gunn, J. (1979). *Social cognition and the acquisition of self*. New

York: Plenum.

Lewis, M., Alessandri, S. M., & Sullivan, M. W. (1990). Violation of expectancy, loss of control and anger expressions in young infants *Developmental Psychology, 26*, 745-751.

Lock, A., Young, A., Service, V., & Chandler, P. (1990). Some observations on the origin of the pointing gesture. In V. Volterra & C. J. Erting (Eds.), *From gesture to language in hearing and deaf children*. New York: Springer.

Lorenz, K. Z. (1943). Die angeborenen Formen moglicher Erfahrung. *Zeitschrift Für Tierpsychologie, 5*, 235-409.

Lsabella, R. A., & Belsky, J. (1991). Interactional synchrony and the origins of infant-mother attachment: A replication study. *Developmental Psychology, 62*, 373-384.

Maccoby, E. E. (1980). *Social development*. San Diego, CA: Hearcourt Brace Jovan ovich.

Maccoby, E. E. (1990). Gender and relationships: A developmental account. *American Psychologist, 45*, 513-520.

MacPhee, D., Fritz, J., & Miller-Hey, J. (1996). Ethnic variations in personal social networks and parenting. *Child Development, 67*, 3278-3295.

Mahler, M. S., Pine, F., & Bergamn, A. (1975). *The psychological birth of the infant*. New York: Basic Books.

Marsiglio, W., Amato, P., Day, R. D., & Lamb, M. E. (2000). Scholarship on father-hood in the 1990s and beyond. *Journal of Marriage and Family, 62*, 1173-1191.

Martin, C. L., & Halverson, C. F. Jr. (1983). The effects of sex-typing schemas on young children' s memory. *Child Development, 52*, 1214-1228.

Martin, C. L., & Halverson, C. F., Jr. (1981). A schematic processing model of sex typing and stereotyping in children. *Child Development, 52*, 1119-1134.

Martin, C. L., & Halverson, C. F., Jr. (1987). The roles of cognition in sex-roles and sex-typing. In cial organizations. *Journal of Personality, 72*, 413-436.

Masataka, N. (1996). Perception of motherese in a signed language by 6-month-old deaf infants. *Developmental Psychology, 32*, 874-879.

Matheny, A. P., Jr. (1989). Temperament and cognition: Relations between temperament and mental test scores. In G. A. Kohnstamm, J. E. Bates, & M. K. Rothbart (Eds.), *Temperament in childhood* (pp. 263-282). New York: Wiley.

Matin, C. L., & Halverson, C. F. Jr. (1983). The effects of sex-typing schemas on young children' s memory. *Child Development, 52*, 1214-1228.

McCloskey L. A., Figueredo, A. J., & Koss, M. P. (1995). The effects of systematic family violence on children' s mental heath. *Child Development, 66*, 1239-1261.

McDevitt, T. M. & Ormrod, J. E. (2002). Child Development and Education. Westwood, NJ: Pearson Education.

McLoyd, V. C. (1989). Socialization and development in a changing economy: The effects of paternal job and income loss on children. *American Psychologist, 44*, 293-302.

Mead, G. H. (1934). *Mind, self, and society*. Chicago: University of Chicago Press.

Meltzoff, A. N., & Moore, M. K. (1983). Newborn infants imitate adult facial gestures. *Child Development, 54*, 702-709.

Meltzoff, A. N., & Moore, M. K. (1989). Imitation in newborn infants: Exploring the range of gestures imitated and the underlying mechanisms. *Developmental Psychology, 25*, 954-962.

Meredith, N.V. (1978). Research between 1960 and 1970 on the standing height of young children in different parts of the world. In H.W. Reece & L. P. Lipsitt(Eds.), *Advances in child development and behavior*(Vol. 12). New York:Academic Press.

Miller, P. H. (1993). *Theories of Developmental Psychology* (3rd ed.). NY: W. H. Freeman and Company.

Miller, P. H. (1993). *Theories of developmental psychology* (3rd. ed.). New York: W. H. Freeman.

Minuchin, P. P. (1988). Relationships within the family: A systems perspective on development. In R. A. Hinde & J. stevenson-Hinde (Eds.), *Relationships within families: Mutual influences* (pp. 7-26). New York: Oxford University Press.

Mischel, H. N., & Mischel, W. (1983). The development of children' s knowledge of self-control strategies. *Developmental Psychology, 54*, 603-619.

Mischel, W. (1962). Father absenece and delay of gratification. *Journal of Abnormal and Social Psychology, 62*, 116-124.

Mischel, W. (1974). Processes in the delay of gratification. In L. Berkowitz (Ed.), *Advances in experimental social psychology* (Vol. 7). New York: Academic.

Moely, B. E., Hart, S. S., Leal, L., Santulli, K.A., Rao, N., Johnson T., & Hamilton, L B. (1992). The teacher' s role in facilitating memory and study strategy development in the elementary school classroom. *Child Development, 63*(3):653-72.

Moore, C., Angelopoulos, M., & Bennet, P. (1999). Word learning in the context of referential and salience cues. *Developmental Psychology, 35*, 60-68.

Moore, K. L. & Persaud, T.V.N(1993). Before We Are Born: Essentials of Embryology and Birth Defects. 4th edition. Philadelphia: W.B. Saunders Company.

Morrow, L. M. (2011). Literacy development in the early years: Helping children read and write. (7th ed.) Boston: Pearson Education.

Mosley, J., & Thompson, E. (1995). Fathering behavior and child outcomes: The role of race and poverty. In W. Marsiglio (Ed.), *Fatherhood: Contemporary theory, research, social policy* (pp. 148-165). Thousand Oaks, CA: Sage.

Murstein, B. I. (1980). Mate selection in the 1970's. *Journal of Marriage and the Family, 42*, 777-792.

Naigles, L. G., & Gelman, S. A. (1995). Overextensions in comprehension and production revisited: Preferential-looking in a study of dog, cat, and cow. *Journal of Child Language, 22*, 19-46.

Nelson, K. (1973). Structure and strategy in learning to talk. *Monographs of the Society for Research in Child Development, 38*(1-2).

Newcombe, N., & Huttenlocher, J. (1992). Children's early ability to solve perspectivetaking problems. *Developmental Psychology, 28*, 635-643.

Nisbett, R. (2010). 인텔리전스. 설선혜(옮김). 서울: 김영사.

Okun, A., Parker, J. G., & Levendosky, A. A. (1994). Distinct and interactive contributions of physical abuse, socioeconomic disadvantage, and negative life events to children's social, cognitive, and affective adjustment. *Developmental Psychopathology, 6*, 77-98.

Olson, D. H., & DeFrain, J. (1994). Marriage and the familly: Diversity and strength. Mountain View, CA: Mayfield Publshing Company.

Oshima-Takane, Y., Goodz, E., & Derevensky, J. L. (1996). Birth order effects on early language development: Do secondborn children learn from overheard speech? *Child Development, 67*, 621-634.

Padilla, A. M., Lindholm, K. J., Chen, A., Duran, R., Hakuta, K., Lambert, W. (1991). The English-only movement. Myths, reality, and implications for psychology. *American Psychologist, 46*, 120-130.

Parke, R. D. (1995). Fathers and families. In M . H. Bornstein (Ed.), *Handbook of parenting. Vol. 3* (pp. 27-64). Mahwah, N.J.: Lawpence Erlbaum Associates, Publishers.

Parke, R. D. (1996). *Fatherhood.* Cambridge. MA: Harvard University Press.

Paus, T., Zijdenbos, A., Worsley, K., Collins, D.L., Blumenthal, J., Goedd, J., Rapport, J., & Evans, A.C.(1999). Structural maturation of neural pathways in children and adolescents: An in vivo study, Science, 283, 1908-1911.

Pederson, F. A., Suwalsky, J. T. D., Cain, R., Zaslow, M. J., & Rabinovich, B. A. (1987). Paternal care of infants during maternal separations: Association with father-infant interaction at one year. *Psychiatry, 50*, 193-205.

Petitto, L. A., & Marentette, P. F. (1991). Babbling in the manual mode: Evidence for the ontogeny of language. *Science, 251*, 1493-1495.

Piaget, J. (1965). *The moral judgment of the child.* New York: Free Press.

Piaget, J., & Inhelder, B. (1956). *The child' s conception of space.* Routledge, London.

Piaget, J., & Inhelder, B. (1969). *The psychology of the child.* New York: Basic Books.

Poulin-Dubois, D., Serbin, L. A., Kenyon, B., & Derbyshire, A. (1994). Infants' intermodal knowledge about gender. *Developmental Psychology, 30*, 436-442.

Pruett, K. D. (2000). *Fatherneed: Why father care is as essential as mother care for your child.* NY: The Free Press.

Reese, E., & Cox, A.(1999). Quality of adult book reading affects children' s emergent literacy. *Developmental Psychology, 35*, 20-28.

Repacholi, B. M., & Gopnik, A. (1997). Early reasoning about desires: Evidence from 14- and 18-month-olds. *Developmental Psychology, 33*, 12-21.

Rice, F. P. (1998). *Human development* (3rd ed.). Upper Saddle River, NJ: Prentice-Hall.

Rice, M. L., Huston, A. C. Truglio, R., & Wright, J. (1990). Words from "Sesame Street": Learning vocabulary while viewing. *Developmental Psychology, 26*, 421-428.

Richman, J. (1982). Men' s experiences of pregnancy and childbirth. In L. McKee & M. O' Brien (Eds.), *The father figure* (pp. 89-104). London: Tavistock.

Roberts, J. E., Burchinal, M., & Durham, M. (1999). Parents' report of vocabulary and grammatical development of African American preschoolers: Child and environmental associations. *Child Development, 70*, 92-106.

Rogoff, B. (1998). Cognition as a collaborative process. In W. Damon, D. Kuhn, & R. S. Siegler (Eds.), *Handbook of Child Psychology* (vol. 2, pp. 679-729). Toronto: John Wiley & Sons.

Rosenstein, D., & Oster, H. (1988). Differential facial responses to four basic tastes in newborns. *Child Development, 59*, 1555-1568.

Rovee-Colleer, D. K. (1995). Time windows in cognitive development. *Developmental Psychology, 31*, 147-169.

Rubin, K., Fein, G., & Vandenberg, B. (1983). Play. In P.H. Mussen (Ed.), *Handbook of child psychology* (4th ed., pp. 693-774). New York:Wiley.

Ruff, H. A., & Lawson, K. R.(1990). Development of sustained, focused attention in young children during free play. *Developmental Psychology, 26*, 85-93.

Rutherford, E. E., & Mussen, P. H. (1968). Generosity in nursery school boys. *Child Development, 39*, 755-756.

Saarni, C. (1999). *The development of emotional competence*. New York: Guilford.

Saarni, C., Mumme, D. L., & Campos, J. J. (1998). Emotional development: Action, communication, and understanding. In W. Damon., R. M. Lerner., K. Deanna., R. S. Siegler., M. Eisenberg., I. E. Sigel., & A. K. Renninger (5th Eds.), *Handbook of child psychology, Vol. 3* (pp.237-309). New York: John Wiley & Sons, Inc.

Saffran, J. R., Aslin, R. N., & Newport, E. L. (1996). Statistical learning by 8-month-old infants. *Science, 274*, 1926-1928.

Samuels, S. (1986). Bases for the infant' s development of self-awareness. *Human Development, 29*, 36-48.

Santrock, J. W. (1994). *Child development* (6th ed.). Dubuque, IA: WCB Brown & Benchmark.

Santrock, J. W. (2001). *Child Development*(9th ed.). New York: McGraw-Hill.

Santrock, J. W. (2001). *Child Dvelopment*. New York: McGraw Hill.

Santrock, J. W. (2003). *Children* (7th ed.), NJ: McGrow-Hill.

Santrock, J. W. (2004). *Child development*. (10th ed). McGraw-Hill.

Scarr, S. (1997). Behavior-genetic and socialization theories of intelligence: Truce and reconciliation. In R. J. Sternberg & E. L., Grigorenko (Eds.), *Intelligence, heredity, and environment* (pp. 3-41). New York: Cambridge University Press.

Schaffer, H. R., & Emerson, P. E. (1964). The development of social attachments in infancy. Monographs of the Society for Research in Child Development, 29, 3 Serial No. 94.

Schaffer, H. R., & Emerson, P. E. (1964). The development of social attachments in infancy. Monographs of the Society for Research in Child Development, 29, 3 Serial No. 94.

Schickedanz, J. A., Schickedanz, D. I., Hansen, K., & Forsyth, P. D. (1993). *Understanding children* (2nd ed.). Mountain View, CA: Mayfield.

Schneider, W., & Pressley, M. (1997). *Memory development between 2 and 20*. Hillsdale,

NJ: Lawrence Erlbaum Associates.

Schnur, E., & Belanger, S. (2000). What works in Head Start. In M. P. Kluger & G. Alexander (Eds.), *What works in child welfare* (pp. 277-284). Washington, DC: Child Welfare League of America.

Schonert-Reichl, K. A. (1999). Moral reasoning during early adolescence: Links with peer acceptance, friendship, and social behaviors. *Journal of Early Adolescence, 19*, 249-279.

Selman, R. L. (1980). *The growth of interpersonal understanding.* New York: Academic Press.

Senechal, M., Thomas, E., & Monker, J. (1995). Individual differences in 4-year-old children' s acquisition of vocabulary during storybook reading. *Journal of Educational Psychology, 87*, 218-229.

Seward, R. (1991). Determinants of family structure: Effects on fatherhood. In F. W. Bozett & M. H. Hanson (Eds.), *Fatherhood and families in cultural context* (pp. 218-236). New York: Springer Publishing Company.

Shaffer, D. R. (1999). *Developmental psychology: Childhood & Adolescence*(5Ed.). CA: Brooks/Cole.

Shaffer, D. R. (2000). *Social and personality development* (4th ed.). Belmont, CA: Wadsworth.

Shaffer, D. R., & Kipp, K. (2007). *Developmental psychology* (7th Ed.). Belmont, CA: Thomson Wadworth.

Simonton, D. K. (2000). Creativity: Cognitive, personal, developmental, and social aspects. *American Psychologist, 55*, 151-158.

Smiunity, J. F., Veenker, K., & Veenker, S. (1989). *Your gifted child: How to recognize and develop the special talents in your child from birth to age seven.* New York, NY; Facts On File.

Snarey, J. R. (1985). Cross-cultural universality of social-moral development: A critical review of Kohlbergian research. *Psychological Bulletin, 97*, 202-232.

Snow, C. E. (1972). Mother' s speech to children learning language. *Child Development, 43*, 549-565.

Sroufe, L. A. (1998). The role of infant-caregiver attachment in development. In J. Belsky & T. Nezworski (Eds.), *Clinical implications of attachment.* Nj: Eribaum. 18-40.

Steele, B. F., & Plooack, C. B. (1974). Psychiatric study of parents who abuse infants and small children. In P. E. Helfer & C. H. Kempe (Eds.), *The battered child.*

Chicago: University of Chicago press.

Stein, Z., Susser, M., Saenger, G.,& Marolla, F.(1975). *Famine and Human Development.* NY: Oxford University Press.

Steinberg, L., & Meyer, R. (1995). *Childhood.* New York: McGraw-Hill.

Sternberg, K. J., Lamb, M. E., Greenbaum, D., Cicchetti, D., Dawud, S., Cortes, R. M., Krispin, O., & Lorey, F.(1993). Effects of domestic violence on children' s behavior promblems and depression. *Developmental Psychology, 29*, 44-52.

Stewart, L., & Pascual-Leone, J. (1992). Mental capacity constraints and the development of moral reasoning. *Journal of Experimental Child Psychology, 54*, 251-287.

Sullivan, M. W., Lewis, M., & Alessandri, S. M. (1992). Cross-age stability in emotional expressions during learning and extinction. *Developmental Psychology, 28*, 58-63.

Szepkouski, G.M., Gauvain, M., & Carberry, M. (1994). The development of planning skills in children with and without mental retardation. *Journal of Applied Developmental Psychology, 15*(2), 187-206.

Taddio, A., Katz, J., Ilersich, A. L., & Koren, G. (1997). Effect of neonatal circumcision on pain response during subsequent routine vaccination. *Lancet, 349*, 599-603.

Tashakkori, A., & Teddlie, C. (1998). Mixed Methodology: Combining qualitative and quantitative approaches. THousand Oaks, CA: Sage.

Thomas, A., & Chess, S. (1977). *Temperament and development.* New York: Brunner/Mazel.

Thomas, A., & Chess, S. (1986). The New York longitudinal study: From infansy to early adult life. In. R. Plomin & J. Dunn (Eds.), *The study of temperament: Changes, continuities, and challenges.* Hillsdale, NJ: Erlbaum.

Thomas, A., Chess, S., & Birch, H. G.(1968). *Temperament and behavior disorders in children.* N.Y.: New York University Press.

Thomas, R. M. (2000). *Comparing theories of child development* (5th ed). Belmont, CA: Wadworth.

Thompson, G. G. (1952). *Child Psychology.* Boston: Houghton Mifflin.

Thompson, R. A. (1998). Early socio-personality development. In N. Eisenberg (Ed.), *Handbook of child psychology: Vol. 3.* Social, emotional, and personality development (5th ed., pp. 25-104). New York: Wiley.

Tincoff, R., & Jusczyk, P. W. (1999). Some beginnings of word comprehension in 6-month-olds. *Psychological Science, 10*, 172-175.

Tomasello, M., Mannle, S., & Kruger, A. C. (1986). Linguistic environment of 1-and 2-year-old twins. *Developmental Psychology, 22*(2), 169-176.

Torrance, E. P. (1988). *The nature of creativity as manifest in its testing.* In R. J. Steinberg (Ed.), The nature of creativity. New York: Cambridge University Press.

Tucker, L. A. (1987). Television, teenagers, and health. *Journal of Youth and Adolescence, 16*, 415-425.

United States Bureau of the Census. (1995). Statistical abstract of the United States (115th ed.). Washington, DC: U.S. Government Printing Office.

Van den Boom, D. C. (1995). Do first-year intervention effects end Follow-up during toddlerhood of a sample of Dutch irritable infants. *Developmental Psychology, 66*, 1798-1816.

Visher, E. (1994). Lessons from remarriage families. *The American Journal of Family Therapy, 22*(4), 327-336.

Visher, E., & Visher, J. (1990). Dynamics of successful stepfamilies. *Journal of Divorce & Remarriage, 14*(1), 3-12.

Visher, E., & Visher, J. (1996). *Therapy with stepfamilies.* New York: Brunner/Mazel.

Vygotsky, L.S. (1978). *Mind and society: The development of higher psychological processes.* Cambridge, MA: Harvard University Press.

Walker, L. J. (1980). Cognitive and perspective-taking prerequisites for moral development. *Child Development, 51*, 131-139.

Walker-Andrews, A. S., & Grolnick, W. (1983). Discrimination of vocal expressions by young infants. *Infant Behavior and Development, 6*, 491-498.

Wallerstein, J. S. (1986). Child of divorce: An overview. *Behavioral Sciences & the Law, 4*(2), 105-118.

Weizman, Z., O., & Snow, C. E. (2001). Lexical output as related to children' s vocabulary acquisition: Effects of sophisticated exposure and support for meaning. *Developmental Psychology, 37*, 265-279.

Welch-Ross, M. K., & Schmidt, C. R. (1996). Gender-schema development and children' s constructive story memory: Evidence for a development model. *Child Development, 67*, 820-835.

Wentworth, N., & Haith, M. M. (1998). Infants' acquisition of spatiotemporal expectations. *Developmental Psychology, 34*, 247-257.

Werker, J. F., & Lalonde, C. E. (1988). Cross-language speech perception: Initial capabilities and developmental change. *Developmental Psychology, 24*, 672-683.

Wertsch, J. V., & Stone, C. A. (1985). The concept of internalization in Vygotsky' s account of the genesis of higher metal functions. In Wertsch, J. V. (Ed.), *Culture, communication, and cognition: Vygotskian perspectives*. N.Y.: Cambridge University Press.

Wertsch, J.V. (1985). Culture, Communication and Cognition: Vygotskian Perspectives. Cambridge: Cambridge University Press.

Wertsch, J.V. (1985). Vygotsky and the social formation of mind. Cambridge, Mass.: Harvard University Press.

Whitaker, R.C., Wright, J.A., Pepe, M.S., Seidel, K.D., & Dietz, W.H. (1997). Predicting obesity in young adulthood from childhood and parental obesity. *New England Journal of Medicine, 337*, 869-873.

Wiersma, W. (1995). Research Methods in Education: An Introduction. Boston: Allyn & Bacon.

Wong-Fillmore, L., Ammon, P., McLaughlin, B., & Ammon, M. S. (1985). *Learning English through bilingual instruction*. Rosslyn, VA: National Clearinghouse for Bilingual Education.

Woodward, A. L., & Markman, E. M. (1998). Early word learning. In W. Damon (Ed.), *Handbook of child Psychology* (Vol.2). New York: Wiley.

저자 소개

권민균 계명대학교 사범대학 유아교육과 교수
문혁준 가톨릭대학교 생활과학부 아동학전공 교수
권희경 건국대학교 인문과학대학 유아교육과 교수
성미영 서경대학교 인문과학대학 아동학과 교수
신유림 가톨릭대학교 생활과학부 아동학전공 교수
안선희 경희대학교 생활과학대학 아동가족학과 교수
안효진 인천대학교 사범대학 유아교육학과 교수
이경옥 덕성여자대학교 사회과학대학 유아교육과 교수
천희영 고신대학교 인문사회복지대학 아동복지학과 교수
한유미 호서대학교 인간개발학부 아동학전공 교수
한유진 명지대학교 인문대학 아동학과 교수
황혜신 상명대학교 생활환경학부 가족복지학전공 교수

개정 아동발달

초 판 1쇄 발행 2005년 1월 28일
초 판 9쇄 발행 2011년 1월 25일
개정판 8쇄 발행 2019년 1월 15일

지은이 | 권민균 문혁준 권희경 성미영 신유림 안선희
안효진 이경옥 천희영 한유미 한유진 황혜신
펴낸이 | 김기섭
편집인 | 서지현
펴낸곳 | 창지사 www.changjisa.com
153-802 서울시 금천구 가산디지털 1로 83 파트너스타워 1차 9층
전화 (02) 719-2211~3
팩스 (02) 701-9386
등 록 | 1977년 4월 28일 · 제1-421호

ISBN 978-89-426-0641-2 (93370)

값 21,000원